우리는＿＿＿＿왜
혼자이고 싶은가

우리는 _____ 왜
혼자이고 싶은가

냇 세그니트 지음 | 김성환 옮김

Retreat

한문화

니키와 에디, 그리고 라프에게

가끔 당신은 묘비명 같은
이런 말을 전해 듣지
"그는 모든 것을 내던지고
그냥 사라져 버렸어."라는
그런데 그 목소리는 항상
당신도 이해하리란 확신에 차 있지
그 대범하고, 순수하고,
광포한 움직임을

필립 라킨Philip Larkin,
'떠나감의 시(Poetry of Departures)'

차례

은거에 대한 욕구는 결코 드물지 않다. 반복되는 일상이 지루해서든, 숨 쉴 틈 없이 밀려드는 일에 치어서든, 세상의 가치 기준에 동의하지 못해서든, 골치 아픈 인간관계에 지쳐서든, 사람들은 가끔 세상으로부터의 일탈을 꿈꾼다. 하지만 우리나라 사람들은 이 욕구를 실제로 실행에 옮기기를 주저하는 경향이 있다. 혼자서만 편하겠다고 자리를 비우면 책임감이 없다는 비난을 면할 수 없는 데에다, 동료들과의 치열한 경쟁에서 뒤처질 우려도 있기 때문이다. 그래서 대부분은 이 욕구를 억누르거나 뒤로 미룬 채 지금껏 살아온 방식대로 그냥 살아간다. 그 중 일부는 쌓이는 스트레스를 적당히 해소하며 그럭저럭 적응하지만, 다른 일부는 근원적인 결핍감을 방치한 채 버티다가 무기력감이나 번아웃에 시달리기도 한다.

이 책의 저자 냇 새그니트 역시 비슷한 고민에 빠졌다. 그는 자신의 내면에서 은거 욕구를 발견하고는 그 정당성에 의문을 제기하기도 하고, 세상에서 고립되지는 않을까 두려워하기도 한다. 하지만, 그는 그 욕구를 그냥 묻어버리지도, 은거라는 활동의 가치를 모호한 채로 남겨두지도 않는다. 대신 세계 전역의 다양한 은거지를 방문하고 은거를 다룬 온갖 종류의 책을 탐색하면서, 은거라는 활동의 의미를 다양한 각도에서 광범위하게 재조명한다.

저자가 이 책에서 중요하게 다루는 은거 형태 중 하나는 종교적 의미에서의 은거이다. 잘 알려진 대로, 종교는 내면의 진리를 추구하기 위해 외부 세상으로부터 물러나는 것을 미덕으로 삼는다. 외적인 감각 자극은 내면 깊은 곳의 진리를 보지 못하도록 계속해서 관심을 잡아끌 뿐이므로 적당히 거리를 두는 것이 마땅하다는 식이다. 따라서 헌신적인 종교인은 수도원이나 사원, 동굴 같은 곳에서 장기간 은거하면서 감각 세계로부터 스스로를 고립시킨다.

이런 그들의 생활방식은 외관상 침울해 보이지만, 진실은 그와 정반대일 때가 많다. 각 종교의 수도사나 승려는 내적인 진리의 원천과 접촉하는 데서 오는 지복감과 평화를 누리면서 일반인보다 더 삶다운 삶을 살아가기도 한다. 저자가 주로 관심을 갖는 것은 바로 이런 유형의 은자들이다. 그는 기독교와 불교, 힌두교의 은수자를 직접 찾아가 그들과 교감하고, 그 경험적 기반 위에 은거 명상의 역사와 의미에 관한 다양한 분야의 지식을 첨부해 삶과 세상을 바라보는 은수자만의 독특한 시각을 생생하게 전달한다.

이런 탐색의 연장선상에서, 저자는 재충전과 쇄신이 목적인 보다 세속적인 형태의 은거에도 많은 지면을 할애한다. 다양한 성격을 띠는 여러 명상 휴양지와 사원을 방문해 은거 활동을 직접 경험하면서, 그곳에서 만난 일반인들의 태도를 묘사하거나 자신이 느낀 바를 가감 없이 기술한다. 이런 저자의 체험담은, 다양한 유형의 은거지에서 무엇을 기대할 수 있는지, 은거와 명상을 통해 얻을 수 있는 혜택은 어떤 것들인지 가늠해볼 수 있게 한다.

한편, 저자는 '세속의 수도승'에 해당하는 은둔 작가 및 예술가 공동체 구성원에게도 깊은 관심을 갖는다. 은거지에서 만난 여러 분야의 예술가를 인터뷰하고, 자신의 개인적인 경험담을 기술하고, 문인들의 은둔 성향에 관한 역사적, 문학사적 지식을 광범위하게 인용하면서, 은거 환경이 자신의 고유한 목소리를 찾는 데에 도움이 된다는 사실을 보여준다. 비록 맥락은 완전히 다르지만, 이런 유형의 은거는 내면으로 깊이 침잠해 자신의 본질적인 가치와 다시 접촉하도록 한다는 점에서 다분히 종교적이다.

저자가 은거의 순기능에만 초점을 맞추는 것은 아니다. 책에는 현실 도피적이거나 자기중심적인 은거의 사례도 풍부하게 실려 있다. 현실과의 접촉을 상실한 게임중독자를 만나 대화하기도 하고, 세상을 혐오하는 병적인 은둔자와 편지를 주고받기도 하며, 수도원에 얹혀사는 사회 부적응자를 찾아가 함께 생활하기도 한다. 그리고 이런 경험을 바탕으로 은거가 해로운 사람의 유형과 은거에 접근하는 그릇된 태도 등을 직간접적으로 보여준다. 또한 명상 앱을 활용한 디지털 은거의 잠재적 해악을 경고하고, 이윤추구에 명상을 이용하는 기업의 행태에 문제를 제기하기도 하는데, 이런 저자의 시각은 상업화된 명상의 부작용에 미리 대비할 수 있도록 독자를 준비시킨다.

저자는 각각의 특성을 지닌 여러 종류의 은거를 번갈아 다루면서, 사람들이 은거하는 이유는 무엇인지, 은거의 혜택과 잠재적 위험은 무엇인지 구체적으로 보여준다. 아마도 이 책의 핵심 가치 중 하나는 건설적인 유형의 은거와 파괴적인 유형의 은거를 분리해 혼동을 없앤 뒤, 은거의 순기능을 설득력 있게 보여주는 것일 테다. 특히 책에서는 은거와 명상의 효과를 입증하는 뇌과학 및 신경과학의 성과를 풍부하게 인용했는데, 이런 자료는 가만히 앉아서 휴식하는 것에 대해 내밀한 죄책감이나 망설임이 있었던 이들에게 큰 위안이 될 것이다.

저자는 코로나 때문에 강제 은거 상황이 지속되던 시기에 이 책을 썼다. 저자가 곳곳에서 암시하듯, 어쩌면 이런 상황은 일상에서 물러나 지금까지의 삶의 방식을 재고하게 하는 자연의 배려인지도 모른다. 지금까지 외면적이고 물질적인 가치만 지나치게 추구하면서 온갖 문제를 일으켰으니, 이제 세상과 잠시 거리를 둔 채 내적이고 정신적인 가치와 재접속하는 시간을 가져보라는.

이런 해석을 유효하다고 인정하든, 공상에 불과한 것으로 치부하든, 개인의 자유이다. 하지만, 이런 관점에 동의하든 하지 않든, 이 이례적인 경험을 성찰의 기회로 활용한다고 해서 손해 볼 일은 없을 것이다.

한 걸음 물러서서 그동안 소홀했던 자신의 내적 가치를 돌보는 시간을 갖는다면, 재충전되고 쇄신된 정신으로 삶의 문제에 더욱 효과적으로 대처할 수 있을 것이다. 이 책이 이끄는 대로 깊은 성찰과 사색의 여정에 기꺼이 빠져보길 권한다.

2023년 11월

옮긴이 김성환

하나

수도원에서 만난 침묵

나는 느슨하게 가부좌를 틀고 손을 무릎 위에 올린 채 바닥에 앉아 있었다. 척추는 일직선을 유지하고 턱은 몸쪽으로 살짝 당겼더니, 목뒤에서 기분 좋은 이완감이 느껴졌다. 눈은 코끝에서 1~1.5미터 정도 떨어진 지점을 바라보도록 훈련받았다. 입술을 오므린 채 빨대를 빨듯 숨을 들이쉰 뒤, 잠시 멈췄다가 다시 입술의 긴장을 풀고 배꼽 뒷부분의 근육을 끌어들이면서 숨을 내쉬었다. 하나, 둘, 셋. 호흡을 마칠 때마다 수를 셌고, 유리 같은 의식의 장을 배회하는 생각들을 알아차린 뒤 다시 호흡으로 돌아와 다음번 수를 헤아리려 했다. 하지만 생각의 부유물들에 휩쓸리는 바람에 그만 몇까지 세었는지 잊어버리고 말았다. 처음부터 다시 시작. 명상은 운이 좌우하는 사다리 게임과도 같다.

알아차린 뒤 놓아 보내라고 배운 생각들이 명상 후에 하고 싶은 일(주로 생각을 알아차리지 않아도 되는 상태에서 쉬는 일)과 관련될 경우 특히 더 나쁜 것은 아닌지 자문해 보았다. 당시는 8월 말이었고, 나는 데번주의 남부 해안가에 자리 잡은 밝고 바람이 잘 통하는 방 안에 머물고 있었다. 이 방을 에워싼 흰색 벽 앞에는 만다라 문양의 천이 느슨하게 걸려 있었는데, 열린 창문으로 불어 드는 바람에 둥글게 부풀어 오르곤 했다. 옥상 너머로 보이는 하늘은 구름 한 점 없이 맑고 푸르렀다. 구석의 스피커에서 흘러나오는 인도 음악은 너무나도 그윽하고 편안해서 단조롭지만 지루하다는 생각은 조금도 들지 않았다. 향로에서는 최면에 걸린 코브라의 유령처럼 연기가 피어오르고 있었다. 고요한 사색의 분위기 때문에 함부로 입을 여는 사람은 드물었지만, 참가자들은 쉬는 시간마다 자유롭게 대화할 수 있었다. 사람들은 대개 은거 명상 기간에 자신만의 영역으로 단호히 물러나 머물기를 택했다. 점심 식사를 하는 동안, 혼자만의 영역을 별로 중시하지 않는 것 같은('방해하지 마시오'라는 느낌을 덜 풍기는) 한 참가자에게 말을 걸어 보았다. 칼라는 켄터키주 루이빌 출신으로, 짧은 금발에 웃으면 보트에 시동을 거는 듯한 소리가 났다. 나는 그에게 이곳에 온 이유를 물어보았다.

칼라는 잠시 생각한 후 이렇게 답했다. "일상으로부터 물러날 기회를 찾아서요. 일과 가정에서 계속 스트레스를 받다 보니 도무지 견디기가 힘들더라고요. 여기 며칠 머문다고 스트레스가 해소되진 않겠지만, 스트레스와 거리를 두고 그게 얼마나 사소했는지 볼 수는 있겠죠."

"약간 이기적인 것 같다는 느낌을 지울 수 없군요." 내가 말했다. "그러니까 내 말은, 혼자서 휴가를 떠난 거잖아요. 가족도 없이. 게다가 더 나쁜 건, 자기 수양이라고 핑계 대며 휴가를 왔다는 거예요."

칼라가 웃으면서 말했다. "그럴지도 모르죠. 저는 이기적인 데에다 신성한 척까지 하네요. 하지만 가끔이라도 스스로에게 휴식을 주지 않는다면, 저는 더 나쁜 아버지가 되지 않을까요?"

나는 속으로 우리 아버지들은 일반적으로 휴식을 취하는 데에 꽤나 능숙하다고 생각했지만, 칼라의 말을 이해했다. 세상의 도전에 더 잘 대처하기 위해, 세상에서 더 잘 살아가기 위해 한동안 세상으로부터 물러난다는 것이 그의 생각인 듯했다. 점심 식사 후 우리는 바디스캔 명상을 하러 만다라가 걸린 방으로 돌아가 베개를 베고 두 발을 살짝 벌린 채 바닥에 누웠다. 오후 명상을 이끈 교사 이본은 삼십 대 후반의 여성으로, 황갈색 피부와 댄서처럼 유연한 몸놀림을 가진 채식주의자 같았다. 그녀를 보며 웨일즈 지역에서 히피 성향의 자급자족 운동이 일어났던 어린 시절을 떠올리다가, 몸에 집중하라는 충고를 들었다. 이본의 목소리가 부드러우면서 리듬감 있는 차분한 음악 속으로 파고들었다.

"숨 쉬는 동안 몸속의 감각들을 알아차리세요. 가슴과 등, 다리, 발에서 느껴지는 느낌들을 알아차리세요. 마음이 흩어지더라도 걱정마세요. 이건 시합이 아니랍니다. 그저 마음이 떠돌고 있다는 사실을 알아차린 뒤, 내 몸으로 다시 관심을 되돌려 놓으면 됩니다."

나는 내 발과, 작년에 허리 수술을 한 뒤로 양발에서 느껴지던 화끈거리면서도 얼얼한 감각으로 관심을 되돌려 놓았다. 하지만 그것도 잠시, 내 마음은 곧 다시 방황했다. 마음챙김이 시합은 아니지만 5초 이상 집중할 수 없다면, 나는 뒤떨어지는 것이 분명했다. 내 마음은 주관적인 감각과 기억의 영역을 두서없이 배회하면서 이리저리 옮겨 다녔다. 찌 릿찌릿한 발의 느낌, 좋은 소식을 전하기 전에 심각한 표정을 짓는 주치 의의 모습, 데번으로 오면서 아내에게 은거 명상 동안 지나치게 걱정하 는 성향을 누그러뜨리고 오겠다고 말한 기억 등등. 나는 이렇게 현재 에 머물지 못한 채 잡다한 생각에 잠기고 최악의 상황을 가정하는 습관 이 있었다. 데번의 요가 강습실 바닥에 누워 명상을 할 때조차 말이다.

사색과 기도, 명상에 잠기기 위해 한동안 일상으로부터 물러나는 관 행은 최소 청동기 시대 이후부터 인간 생활의 필수 요소로 자리 잡았 다. 붓다가 살던 기원전 4~5세기경에는 베다 시대로까지 거슬러 올라 가는 전통을 따르던 현인들이 석 달에 걸친 '왓사vassa', 즉 '우안거' 전통 을 이미 확립했다. 이 전통의 지침들 중 하나는 우기에는 여행을 피하라 는 것이었는데, 비 오는 동안 이동도 힘들었지만 습한 날씨에 밖으로 나 오는 동물들을 밟아 죽이지 않기 위해서였다. 이처럼 우안거는 강도 높 은 명상 훈련과 개구리 보호라는 이중의 혜택이 있었다. 광야에서 사십 일을 보낸 예수의 사례부터 250년 뒤 이집트 사막의 초기 교부들에 이 르기까지, 은거는 기독교 전통에서도 핵심적인 지위를 차지했다. 세상 을 포기하는 것은 하늘에 한 걸음 더 가까이 다가서는 행위로 보았다. 수도원에서 조용하고 고독하게 지내는 전통적인 은거는 현대에 이르러 새로운 형태의 은거에 자리를 내주고 말았다. 일부는 동양의 신비주의 를 서양식으로 각색해 은거의 영적인 성격을 부각하려 했고, 일부는 단기적이고 목표지향적인 웰니스 관광을 선호한 나머지 은거에서 종교적 색채를 완전히 벗겨내려 했다. 사실 베네딕트 수도사들의 솔렘 수도원 (Benedictine Abbey of Solesmes)과 뉴멕시코의 활력 넘치는 생식 은거 수련회는 큰 차이가 있지만, 비슷한 무언가를 약속하기도 한다. 바로 숨 쉴 공간이다. 이 은거지들은 정신없이 바쁘고 질식할 것 같은 현대적 생활양식에서 잠깐이나마 벗어날 수 있게 해준다. 은거는 오래전부터 인류의 압력 해소 장치였던 것이다.

그런데 압력을 해소할 필요성이 지금보다 더 컸던 적은 없는 것 같다. 현재 세계인구는 780억 명에서 계속 불어나는데, 역사상 처음으로 이 엄청난 인구의 절반 이상이 도심에 거주한다. 유엔은 2030년경이 되면 전체 인구의 3분의 1가량이 주민 수가 최소 50만이 넘는 도시에 살게 된다고 예측했다. 그러니 우리가 숨 쉴 공간을 찾아 헤매는 것도 그리 놀랄 일은 아니다. 글로벌 웰니스 연구소(Global Wellness Institute)는 2017년도에 명상과 같은 종교적 은거 수행이 주류를 이루는 웰니스 관광이 세계적으로 884조 원 규모의 가치를 창출했다는 연구 결과를 발표했다. 이는 2013년도의 647조 원에 비해 크게 늘어난 수치다. 현재 미국 성인의 14퍼센트 이상이 마음챙김 명상을 한다는 보고도 있다. 기독교 수도원에 들어가 수도사가 되는 경우는 지난 수십 년간 감소세를 거듭했지만, 중단기 수도원 은거 프로그램은 점점 더 인기가 높아지고 있다. 동양의 영향을 받은 대안적 은거 생활은, 비용과 업무 공백에 따른 불이익 때문에 특권층을 제외한 대다수 사람에게 부담이 됐지만, 그 수

요는 급속도로 증가했다. 명상 앱을 활용한 디지털 은거는 비록 문제가 많지만 이런 구조적 불평등에 대처하는 하나의 수단이 되었다. 최근 몇 년간 이 분야가 기하급수적으로 성장한 것도 이런 이유가 한몫했다.

이 모든 현상은 문화적, 정치적, 환경적 문제에 시달리는 터질 듯한 세상으로부터 벗어나고 싶어 하는 사람들의 충동을 대변한다. 이탈리아의 민속식물학자 조지오 사모리니Giorgio Samorini는 오랜 기간에 걸친 생태학적 위기가 '기존의 생활양식을 뒤엎는 요소(depatterning factors)'로 작용할 것이라고 예측했다. 또한 그런 급진적 변화는 오랜 기간 동안 확립한 생존 전략을 순식간에 쓸모없게 만들 것이라고 주장했다. 녹아내리는 빙하와 해수면 상승, 숲의 사막화에 직면한 우리는 한 걸음 물러서서 삶의 방식을 재고하도록, 또는 아예 세상에서 손을 떼고 서둘러 다른 곳으로 도망치도록 진화적으로 프로그램된 것은 아닐까? 우리는 겁에 질리고, 지치고, 신물이 났으며, 서구 자유민주주의를 장악한 재벌 포퓰리스트와 그들에게 그런 기회를 제공한 자유민주주의의 실패에 당혹감을 느낀다. 은거는 수도원이나 뉴에이지 재활 센터들로만 국한되지 않는다. 개인적이거나 정치적으로 곤경에 처해서든, 변화를 향한 열망 때문이든, 사람에 대한 혐오와 고요함에 대한 동경 때문이든, 은거는 이 정신없는 세상에서 벗어나고 싶어 하는 모두에게 호소력이 있다. 사회라는 직물로부터 스스로를 해방시킨다는 관념은 직물 그 자체만큼이나 오래된 개념인데, 아마 고대의 개념들 중 이보다 더 현대적인 것은 찾아보기 힘들 것이다.

이 책에서 나는 이 개념을 탐색할 생각이다. 현대적 의미의 은거는 명상과 기도에 평생을 바치는 가장 엄격한 형태의 은거에서부터, 좀더 유별나고 상업화한 선진국의 자기계발 수련회까지 스펙트럼이 다양하다. 이 책의 조사 작업을 위해 나는 세계 전역을 여행했을 뿐 아니라(프랑스와 인도, 맨체스터 교외 지역, 샌프란시스코, 에게해, 북극 등) 역사와 문학, 신경과학 등의 영역을 깊이 탐색하기도 했다. 이 모든 스펙트럼을 다 섭렵하고 다양한 전통과 문헌들을 두루 경험하면서 사람들이 왜 은거하려는지, 은거의 보상은 무엇이며 어떤 위험이 있는지, 그리고 히말라야 동굴의 은둔 수행자와 스페인 이비사의 온천 테라스에서 차이라테를 홀짝거리는 팔자 좋은 명상가 사이에는 어떤 공통점이 있는지 등을 알아내기 위해서였다.

내가 만난 은거자들(수도승, 명상가, 창작 작업에 몰두하는 예술가, 스트레스에 지친 임원, 세상을 등진 구도자, 방에만 머무는 게임중독자)과의 대화 내용 외에도, 세상으로부터 물러선다는 것이 무엇인지 경험하거나 시도해본 적이 있는 인지심리학자와 사회과학자, 철학자, 작가, 예술가, 종교사상가의 말을 광범위하게 인용했다. 그 목적은 다소 역설적이다. 다양한 사람들로 가득한 고독한 세계의 자화상을 그리는 것, 은거를 해부해보는 것이다. 그렇다고 해서 이 작업이 빈틈없이 철저하지는 않다. 단순히 독자들에게 부담을 주지 않기 위해 책에서 덜어낸 많은 영역 중에는 유대교 신비주의인 카발라Kabbalah의 은거 명상 전통도 있다. 하지만 나는 이 책이 주관적으로 왜곡된 렌즈를 통해서나마 은거라는 현상을 광범위하게 맛볼 수 있는 대표적인 연구 사례이자, 나도 모르는 사이에 점점 더 이끌리게 된 행동양식 속으로 빠져든 경험을 묘사하는 하나의 보고서가 되기를 희망한다.

힌두 철학에 근거해 인생을 4단계로 나눈 인도의 아시라마ashrama 체계에 따르면, 사십 대 후반인 나는 세속적 관심사에서 서서히 물러나기 시작하는 세 번째 단계인 바나프라스타Vanaprastha, 즉 '숲속 생활기'에 접어들었다. 이것이 중년의 위기에 대한 고대 인도인들의 반응이었다. 바나프라스타는 네 번째이자 마지막 단계인 산야사Sannyasa 즉 포기의 시기로 이어지는데, 이 지점에 이른 사람은 오두막으로 물러나 사색과 명상을 하면서 여생을 살아간다. 얼마 전까지만 해도 나는 대화가 영적인 문제로 향할 때마다 인문주의자를 자처하면서 대화 주제가 바뀌기만을 기다렸다. 나는 인생이 아내와 아이들, 부모, 친구, 자연, 예술, 일에 대한 사랑과 다름없다는 내 신념에 의문을 제기할 필요를 못 느꼈으며, 이런 것들을 잃었을 때도 그 외의 다른 것을 기대하거나 원해본 적이 없다. 마찬가지로 나는 힌두교와 불교에 공통적인 무집착의 원리에 관해서도 다소 의구심이 있었다. 우리는 분명 열정적으로 삶에 집착하며, 삶을 가치 있게 만드는 그런 집착의 대가로 상실과 이별 등을 겪지 않는가? 숲속에 거주한다니, 어린아이들의 아버지인 내가 세속적 관심사에서 서서히 물러난다는 것은 가능하지도, 바람직하지도 않았다. 물론 사람이 많은 도시보다야 숲이 더 낫긴 했지만 말이다.

내 종교적인 불성실함은 대략 이 정도였다. 하지만 시간이 지남에 따

라 나의 세속적인 성향에 나이 드는 것에 대한 반감이 배어든 것 같다
는, 미묘하게 모순되는 느낌을 인정하지 않을 수 없었다. 무언가가 끝난
것 같았고, 분위기가 바뀌었다는 느낌, 변화가 필요하다는 느낌이 들기
시작했다. 이것을 확인하는 최선의 방법은 세상으로부터 한 걸음 물러
서 보는 것이었다. 나는 이런 물러섬이 어떤 형태일지, 그리고 내가 그
일에 얼마나 소질이 있는지 전혀 몰랐다.

내가 은거에 애증이 있다면, 아마도 한 살 때 부모님이 나를 데리고 도
시에서 시골로 이사한 것과 연관이 있을 것이다. 내가 태어났을 무렵,
아버지는 에식스주에 있는 중학교에서 미술을 가르치기 위해 하루에
네 시간씩 통근했다. 부모님은 런던의 집을 팔고 시골의 더 싼 지역으로
이사한 뒤, 차액을 상업시설에 투자해 임대 수익을 올리기로 결심했다.
그러면 아버지는 학생들을 가르칠 필요 없이 그림을 그리면서 시간을
보낼 수 있었지만, 이 계획은 별 효과가 없었다. 석유 파동 때문에 상가
임대료가 낮아져 기본적인 생계조차 유지하기 힘들어진 것이다. 그래
서 웨일즈 서부 시골의 아주 싼 지역으로 옮겨, 1970년대 당시 침대가
두 개 딸린 작은 집과 주변의 땅 몇 평을 거의 헐값에 사들였다. 그 땅은
값이 쌌을 뿐만 아니라 염소, 닭, 돼지, 거위, 소 등을 기를 공간까지 갖
춰 우리 가족은 자급자족으로 생계를 꾸릴 수 있었다. 뉴욕 북부 허드
슨강 옆 작은 도시 픽스킬에서 자란 내 아버지는, 헨리 데이비드 소로
Henry David Thoreau가 매사추세츠주 월든 호수 옆의 숲에서 혼자 26개월

20

간 생활하면서 남긴 기록인 《월든Walden》을 아주 좋아했다. 소로의 전원 예찬은 공장 감독관이었던 할아버지와 함께 음침한 도심 외곽 지역에서 자란 아버지에게 특별한 호소력이 있었던 것이 틀림없다.

이제 아버지는 가정의 부를 늘리는 대신 우리의 가난이 문제가 되지 않도록 만드는 일에 힘을 쏟기 시작했다. 우리 가족은 우리가 먹을 채소와 육류를 직접 생산해냈다. 냉동고에 든 돼지로 우리는 일 년 넘게 고기와 햄, 소시지를 먹을 수 있었다. 직접 생산할 수 없는 물품은 지역 사람들과 교환하면 그만이었다. 우리는 농사를 짓는 시골 공동체였다. 길옆에는 방앗간이 있었고, 우리는 염소젖을 밀가루로, 아티초크*를 거름으로 교환할 수 있었다. 반문화적 자급자족 운동의 위대한 구루 존 시모어John Seymour가 '부분적 특성화(partial specialisation)'라고 부른 독립 생산자들간의 이런 상부상조 문화는, 더 질 높은 삶을 위한 여유시간을 확보해 줄 거라고 확신했다. 없어도 되거나, 혼자서 더 싼 값에 생산해낼 수 있는 물품을 사기 위해 하루 종일 일하는 산업화된 노동의 악순환을 피한다면, 런던에서는 불가능했던 예술적 창작 작업에 투자할 시간을 낼 수 있을 것 같았다.

이것이 나약한 이상주의에 불과하다는 사실이 밝혀지는 데에는 그리 긴 시간이 걸리지 않았다. 웨일즈 촌구석의 작은 공동체를 이스라엘식 집단농장처럼 운영한다는 것은 초보자들에게는 터무니없는 일이었다.

---

* 식용, 약재 등으로 널리 활용되는 국화과 식물 – 옮긴이

값싼 부동산 가격으로 꽤 많은 사회 부적응자와 이상주의자가 모여들었지만, 서로 너무 멀리 떨어져 살았기 때문에 효과적인 물물교환 체계를 지탱할 만한 인구밀도가 확보되지 않았다. 인근의 사람들은 웨일즈어를 하고, 사회적으로 보수적이며, 전입자를 환영하면서도 미묘하게 배타적이고, 지속가능성 같은 개념에 호의적인 지역 원주민이 대부분이었다. 사실 땅으로 되돌아가는 것은 결코 쉽지 않았다. 자족 공동체에 참여하는 이웃이 턱없이 부족한 상황에서 세 식구가 먹고살 충분한 음식을 마련하려면, 새벽 5시 30분에 일어나 염소젖을 짜야 하는 것은 물론, 땅을 파고 씨를 뿌리고 사료를 먹이고 똥을 치우면서 해질녘까지 소처럼 일해야 했다. 고귀하고, 때로는 만족스럽고, 햇살이 비치는 짧은 순간에는 황홀하기까지 했지만, 소로가 약속한 여유로운 유토피아와는 너무도 거리가 먼 삶이었다. 소로는 이렇게 썼다. '여름 아침에 가끔 평소처럼 목욕을 한 뒤, 해가 뜰 때부터 점심때까지 햇살이 비치는 문 앞에 앉아 몽상에 잠긴다. 소나무와 히코리 나무, 옻나무에 에워싸인 채, 방해받지 않는 고독과 고요함 속에서… 해가 서쪽 창문으로 넘어가면…' 나는 그제야 시간이 흘렀음을 알게 된다. 정말 대단하다, 헨리 데이비드. 《월든》은 우리를 그럴듯하게 속여 넘겼다.

몇 년간 시골의 작은 집에 머물면서 작품 활동에 충분한 시간을 쏟지 못한 아버지의 사정은 더욱 심각해졌다. 답답하고 피상적이라고 느껴 떠나왔지만, 지금은 후회하는 뉴욕 예술계와의 물리적, 정서적 거리감과 가족 전체의 고립 때문이었다. 결국 부모님은 작고 비좁은 공동체인 우리 가족 내부로만 관심을 쏟게 되었다. 예상했던 것보다 훨씬 자족적인 삶이었고, 다섯 살인 내게는 천국에 가까운 환경이었지만, 돌이켜 생각해보건대 부모님은 당시 생활이 결코 만족스럽지 못했을 것이다. 모든 것은 결국 변하기 마련이지만, 그 사이 많은 시간이 흘렀는데도 성인이 된 나는 여전히 고립된 장소에 대한 매혹과 동시에 그 장소가 주는 두려움을 분리할 수가 없다. 내가 아이들을 도시 중심부의 주요 도로 옆에서 키우게 된 것은 분명 고립에 대한 이런 두려움 때문일 것이다.

아주 가까운 지인들에게서도 내면으로 물러서는 좀더 일반적인 분위기를 감지했다. 친구들은 모습을 드러냈다 감추기를 거듭하지만, 최근에 적어도 내 지인들에 한해서 말하자면(그리고 그들이 보기 드문 특권을 누린다는 점을 감안하면), 자리를 비우는 경우가 더 길고 단호해졌다. 한 친구는 일을 그만둔 뒤 골든리트리버를 키우기 위해 피크 디스트릭트로 이사했는데, 이것은 분명히 완전한 은퇴였다. 사람에게 넌덜머리가 났을 때 가까이하게 되는 동물인 개를 데리고 간 데다가 '키운다'는 말까지 했기 때문이다. 또 다른 친구는 사하라 사막 변방에 있는 와르자잣에서 300시간이나 되는 요가 지도자 훈련을 받으면서, 가족을 모로코로 데려와 그곳에 명상센터를 만들 계획을 세우고 있다. 가까운 친구 필은 랑군에서 상좌부 불교의 스님이 될 뻔했지만, 최근에 다시 네팔의 오두막으로 돌아와 3개월간 고요하고 고독한 명상을 이어가고 있다. 다른 친구들은, 비록 모습을 감추진 않았지만, 집에서 마음챙김을 훈련하거나 아침에 명상을 하는 식으로 정신적인 은거 활동에 전념하고 있다. 이 모두는, 업무 스트레스와 모호하고도 지속적인 불만족감, 환경 파괴와 암울한 정치적 상황에 대한 두려움이 만들어낸 일종의 집단적인 물러서기 현상으로 볼 수 있을 것이다.

오스카라는 친구도 있다. 그는 이십 대 초반에 사라지고 싶다는 충동이 억누를 수 없을 정도로 강력해지는 경험을 했다. 오스카는 사람들과 함께 있기가 어색하고 불편한 다른 청소년들과 마찬가지로 십 대 시절에도 비슷한 경험을 했지만, 성인이 되면서 그 느낌이 사라지기는커녕 견딜 수 없을 정도로 더 강력해지는 것을 느꼈다. 어린 시절 가족과 그리스의 섬으로 휴가를 갔을 때, 그는 바다와 하늘을 잇는 경계의 색조가 천천히 변해가는 풍광을 보며 위안을 얻었다고 한다. 대학을 졸업한 여름에 오스카는 다시 에게해 북부로 가서 그와 비슷한 평화를 안겨주는 무언가를 찾아 섬에서 섬으로 여행을 다녔다. 하지만 그는 그 평화를 찾을 수 없었다. 그 섬들은 어린 시절의 기억과는 너무나도 달랐다. "어딜 가든 사람들이 북적였어." 오스카가 내게 말했다.

오늘날까지도 크레타섬의 남부 해안은 상대적으로 잘 보존되어 있는데, 이 지역의 여름이 너무 덥고 지형이 너무 험해서 개발자들이 함부로 손을 댈 수 없었기 때문이다. 오스카는 익숙한 것에서 멀어지는 데에서 오는 신선한 느낌을 찾아 키오스 섬과 키클라데스 제도를 거치며 2개월간 남부로 강행군한 끝에, 9월 초순에야 그곳에 도착했다. 마침내 그는 유럽의 끝자락에 이르렀다. 그와 북아프리카 해안 사이에는 작고 메마른 가브도스 섬뿐이었다. 남서쪽 모퉁이의 엘라포니시에서 출발한 그는, 화이트 산맥의 헐벗은 석회석 봉우리가 바다로 이어지는 동쪽으로 40~48킬로미터가량을 걸었고, 수지아와 아기아 루멜리 사이의 어딘가에서 결국 원하던 장소를 찾았다. 도착하고 나서야 막연한 느낌에 불과하던 것이 뚜렷한 형태로 드러났지만, 그 장소는 그가 찾던 것과 정확히 일치했다. 작고 호젓한 만에서 위로 9미터가량 떨어진 지점에 석회석 동굴이 하나 있었는데, 입구는 사람 키 높이, 깊이는 5미터 정도였다. 이 동굴은 그 해안을 구성하는 수백 개의 온천 중 하나가 만들어낸 것으로, 리비아해 너머로 사하라 사막의 바람이 불어들긴 했지만, 기본적인 생활은 할 수 있었다.

오스카는 그곳에 자리를 잡았다. 인근 마을까지 6킬로미터를 걸어가 오렌지 5킬로그램과 땅콩 한 자루를 이고 돌아왔고, 배낭에 넣어온 천을 바위에 깔고 그 위에서 잠을 잤다. 그는 자신이 질서 있는 일상 속으로 아주 빠르게 스며든다고 느꼈는데, 그가 특별히 의도해서도, 원래 규칙적인 생활 습관을 지녀서도 아니었다. 오히려 금욕적인 분위기의 주변 환경이 시공간의 여백을 구분하는 일정한 체계를 요구하는 것처럼 느껴졌기 때문이다. 일출 무렵의 아침 식사. 한 시간의 요가 수행. 가까운 해안을 거닐고, 해안선이 희미해져 하늘을 향해 녹아들 정도로 멀리까지 바다를 탐색하는 세 시간의 수영. 점심 식사 후 절벽을 따라 산책한 뒤 하는 한두 시간의 독서.(그해 여름 오스카는 너덜너덜한《전쟁과 평화》문고판을 가져갔는데, 짐이 더 가벼워지도록 읽은 만큼 페이지를 찢어내면서 책을 읽었다.) 해가 뉘엿뉘엿 저무는 늦은 저녁 해안가에서 하는 명상. 아주 가끔 산책하거나 카누를 즐기는 사람들과 나누는 인사. 그는 이들에게 고개를 끄덕이거나 미소 지을 뿐이었는데, 자신의 깊은 고요함이 스스로를 정당화한다는 자신감이 있었기 때문이다. 생필품을 구하기 위해 이틀에 한 번꼴로 하는 짧은 여행. 그렇게 5일은 10일이 되었고, 10일은 보름이 되었으며, 다른 곳으로 가고 싶다는 생각은 그를 이곳으로 보낸 불안과 함께 날이 갈수록 줄어들었다. 오스카가 원한 것은 헤엄칠 수 있는 바다와 바람이 동굴 속에 만들어내는 기묘한 음악 정도가 전부였다.

이것이 29년 전의 일이었다. 몇 번 예외는 있었지만, 오스카는 거의 매년 그 동굴로 돌아가 최대 5주쯤 머물렀다. 내가 알기로 오스카는 삶을 즐기며 재미있게 말도 잘하는 다소 괴팍한 외향형 인간이었는데, 분위기를 주도하는 그의 능력은 체격과도 어느 정도 연관이 있었다. 그는 190센티미터가 넘는 키에 빅토리아 시대의 차력사처럼 상체가 발달한, 말하자면 완전히 주변을 압도하는 평균 이상의 인물이었다. 그러나, 시간이 지나면서 그의 유쾌한 태도가, 사교적이면서도 고독을 몹시 갈망하는 한 인물이 세심하게 주조해낸 가면이었다는 사실을 이해했다. 그가 동굴로 들어간 것은 결국 자신의 모습을 꾸며내는 노력을 잠시 내려놓고 쉬기 위해서였다. 고요함 속에서 보낸 그 기나긴 시간들은 오스카의 말로는, 사색의 기회라기보다는 마음을 비울 기회였다. 세상으로 돌아갔을 때 더 잘 대처할 수 있도록 일이나 인간관계, 자기 정체성 등에 대한 걱정을 내려놓고 쉴 기회 말이다.

은거는 보통 5주면 충분했다. 더 길어지면 그는 다시 되돌아가고 싶지 않다는 충동을 느끼곤 했다. 그곳에서 두 달 넘게 머물던 해(10년쯤 전, 로위나를 만난 지 얼마 안 된)에 오스카는 다시는 세상으로 돌아가지 않겠다고, 바다 밖으로 멀리 떠내려가 무無를 느끼면서 그 속으로 잠겨들고 싶다고 생각했다. 세상을 포기하는 동시에 세상과 완전히 하나가 되는 그런 상태를 갈망한 것이다. 하지만 그때 갑자기 추위가 엄습했고, 오스카는 최대한 빠른 속도로 헤엄쳐 해안으로 돌아왔다.

나는 데번에서 명상을 처음 경험하지는 않았다. 데번으로 가기 몇 달 전, 두 시간씩 여덟 번 진행된 마음챙김 강좌에 등록했다. 필이 미얀마와 네팔에서 한 경험에 비하면, 집에서 버스로 20분 거리인 곳에서 진행된 이 강좌는 그야말로 맛보기에 불과했다. 마음챙김 수련은 더 오랜 기간의 강도 높은 은거 수행을 위한 준비 단계로 널리 각광받는다. 특히 너무 바빠 시간을 내기 힘들거나, 경제적 여유가 없는 사람들은 헤드스페이스Headspace나 캄Calm 같은 앱으로 명상에 입문하기도 한다.

강좌는 조지 왕조 양식으로 지어진 타운하우스의 꼭대기 층에서 진행했는데, 이 건물의 우아한 비율은 폴리스티렌으로 된 천장패널과 형광등의 윙윙거리는 소리에 가려졌다. 명상 지도 교사는 키가 크고 날씬한 오십 대 초반의 심리치료사인 바네사였다. 붉은 머리칼에 리버풀식 억양을 지닌 그녀는 평소에는 점잖고 친절했지만, 때로는 당혹스러운 모습을 보이기도 했다. 가끔 강의를 빼먹은 것이다. 어쨌든 그녀는 매주 우리에게 주의집중이라는 과업을 달성하는 데에 도움이 되는 다양한 접근법을 소개했는데, 식사 과정 및 호흡 알아차리기, 바디 스캔, 걷기 명상, 스트레스와 불쾌한 자극 마주하기 등이다. 여섯 번째와 일곱 번째 강좌 사이의 일요일에는 오전 10시에서 오후 4시까지 진행되는 '은거 명상(retreat day)'이 있었다. 이날 수강생들은 거의 완전한 침묵 속에서 새로 배운 기법들을 훈련했다.

강좌에 참석한 수강생 열 명은 명상 훈련에 흥미를 느끼는 정도가 제각각이었다. 나스린은 집에서 해본 명상 경험으로 구체적이고 통찰력 있는 이야기를 들려준 반면, 파울라는 대체로 팔짱을 낀 채 수수방관했다. 그녀는 자신의 부족한 열의를 집단 토론에 참여하는 것으로 대신했다. "수련하고 싶다는 생각이 전혀 안 들어요." 그녀가 3주차 수업이 시작되었을 때 고백했다. "아무래도 저는 명상이 잘 안 맞나봐요."

나머지 사람들은 이 둘 사이 어딘가에 있었다. 크웨임과 브렛은 항상 적극적이지는 않았지만, 사려 깊고 배우고자 하는 열의가 강했다. 해리는 의사 표현이 분명했는데, 종종 늦은 시각에 자전거 헬멧의 턱끈을 늘어뜨린 채 신발을 바닥에 끌면서 강의실로 들어오곤 했다. 두 번째 수업 시간에 그는, 자기가 권위를 싫어하는 '해커hacker'라서 집에서 한 명상을 기록하지 못했다고 변명하기도 했다. "대학 때도 마찬가지였어요. 하지만 저는 지금껏 아주 잘해왔죠." 그가 말했다. 그는 대학에 다닐 때도 숙제를 해본 적이 단 한 번도 없었다고 한다.

마지막으로, 신비스럽고 자기관리가 철저한 레이첼이라는 여성도 있었는데, 웨스트런던에 있는 병원의 성공회 사제였다. 그녀는 산뜻한 단발머리를 하고 격자무늬로 된 울 스커트 위에 두 손을 포갠 채, 가끔 호기심을 느낀 듯 고개를 옆으로 까닥였다. 이런 차이점은 있었지만, 우리는 꽤나 화합이 잘 됐다. 몇몇 수강생의 부주의함과 성인 강좌 특유의 지루함도 있었지만, 명상 수업이 있는 화요일 오후는 마치 다른 세상처럼 느껴졌다. 열의가 덜한 명상가들조차 속도를 늦추고 한 걸음 물러나 조용히 자신을 되돌아보겠다는 생각으로 수업에 참석한 것 같았다.

요즘 유행하는 마음챙김 명상은 미국의 반문화 운동에 뿌리를 두었다. 1950년대부터 불교는 기독교에 반감을 가진 미국의 젊은이들에게 영향력을 발휘했다. 불교 특유의 무신론은 새롭게 부상한 반권위주의 정신과도 잘 맞아떨어졌다. 스즈키 순류Shunryu Suzuki 선사와 티베트의 초감 트룽파 린포체Chogyan Trungpa Rinpoche 같은 명상 스승들은, 미국으로 이민 와서 샌프란시스코 선 센터San Francisco Zen Center와 훗날 샴발라 인터내셔널Shambhala International로 알려진 바즈라다투 협회Vajradhatu 같은 불교 명상센터들을 설립했다. 한편, 미국의 젊은 스승들은 이들과 정반대 방향으로 나아갔다. 매사추세츠주 바 지역에 통찰명상협회(Insight Meditation Society)를 설립한 조셉 골드스타인Joseph Goldstein과 잭 콘필드Jack Kornfield는 태국에서 평화봉사단(Peace Corps) 단원으로 시간을 보내면서 숲속의 스승들에게 명상을 배웠다. 그 후에도 인도, 미얀마 등지에서 배운 명상법을 바 지역과 스피릿 락 명상센터에서 가르치면서 훗날

'위빠사나 운동(vipassana movement)'으로 알려진 운동을 선도했다.

위빠사나 명상(상좌부 불교의 스승 마하시 사야도Mahasi Sayadaw와 그의 제자 우 빤디따U Pandita가 골드스타인과 콘필드에게 전수한 명상법)은 몸과 마음의 변화를 섬세하게 알아차리는 사띠빳타나satipatthana 수행을 통해 통찰력을 얻는 것이 주된 목적이다. 골드스타인과 콘필드의 혁신적인 점은, 경전 독송과 같은 종교적이고 의례적인 측면은 줄이고 명상적 요소는 강화해 이 수행을 미국인의 취향에 맞게 변형했다는 것이다.

존 카밧 진Jon Kabat-Zinn은 여기서 한 걸음 더 나아갔다. 1965년, MIT에서 분자생물학 박사과정 중이던 카밧 진은 미국 태생의 선승 로시 필립 카플로Roshi Ohilip Kapleau가 진행하는 명상 강좌에 참석했다. 이후 카밧 진은 카플로의 가르침에 내재한 잠재력과 그 가르침을 다른 분야에 적용하는 일에 점점 더 흥미를 느꼈다. 명상이 몸과 마음에 대한 자각을 강화한다면, 만성 통증과 우울증처럼 다루기 힘든 문제에는 어떤 식으로 영향을 미칠까? 카밧 진의 야심은 두 문화를 하나로 융합하는 것이었지만, 그가 속한 학문 영역에서 의학적 문제를 종교적 방식으로 다루려 했다가는 강의실에서 쫓겨날 것이 뻔했다. 그의 해결책은 간단했다. 종교적인 측면을 전부 제거하는 것이었다. 그래서 1979년까지 그는 마음챙김 명상에 하타 요가를 결합하고, 무엇보다 종교적 색채를 걷어낸 후 MBSR, 즉 '마음챙김 기반 스트레스 감소 프로그램'이라고 이름 붙인 기법을 발달시켰다. 그 후로 지금까지 카밧 진은 동양의 종교 전통을 '세속화'했다는 비난에 반대해왔다. 어쨌든 현대화된 마음챙김의 궁극적인 목적 역시 개인을 보편적이고 자애로운 '하나(oneness)'에 연결시키는 것이었기 때문이다. 그럼에도 이 기법은 강조점을 명상의 합리적 혜택에 둔 만큼 진실을 호도하는 말장난이라는 비난을 완전히 벗지는 못했다.

카밧 진의 '마음챙김 기반 스트레스 감소 프로그램'은 그때까지만 해도 서양 문화의 변방에서나 보던 기법을 대중화하는 데에 결정적인 역할을 했다. 그것은 위빠사나 운동이 비옥하게 다진 토양 위에 피어난 한 송이 꽃이었다. 지금까지 2만 명 이상이 매사추세츠 대학에 있는 카밧 진의 클리닉에서 진행하는 8주간의 훈련 프로그램에 참여했다. 현재 마음챙김 훈련은 전체 대안의학 시장의 7.4퍼센트를 차지했는데, 미화로 약 1백5십억 달러에 이르는 규모다. MBSR을 비롯한 다른 치료적 접근법들은 의료 시스템을 통해 세계 전역으로 보급된다. 종교적 외피를 벗겨낸 마음챙김 명상은 과학적 연구 대상으로 주목받기도 했다. 지금까지 진행된 수백 건의 무작위대조시험은 MBSR을 비롯한 다른 프로그램이 우울증 및 집중력 상실과 연관된 두뇌 부위를 억제할 뿐 아니라, 스트레스 호르몬인 코르티솔 수치를 낮추고 집행 기능과 작업 기억, 시공간 처리 능력 등을 향상시키는 데에 도움을 준다고 입증했다. 해탈은 뒷전으로 밀려났다. 이제 마음챙김 명상은 학문적으로도 뒷받침되는 물질주의자의 만병통치약이 되었다.

곧 마음챙김과 관련된 대규모 사업이 모습을 드러내기 시작했다. 2007년, 소프트웨어 엔지니어이자 구글 직원인 차드 멍 탄Chade-Meng Tan은, 동료들의 스트레스 관리와 집중력 향상을 돕기 위해 고안된 마음챙김 훈련 프로그램을 기반으로 한 '서치 인사이드 유어셀프Search Inside Yourself'를 공동 설립했다. 그 후 이 조직은 세계 전역의 기업 및 비영리 단체 직원들의 마음챙김을 촉진하기 위한 비영리 단체 '서치 인사이드 유어셀프 리더십 협회Search Inside Yourself Leadership Institute'로 분리되었다. 그 결과, 한때는 수도승과 다르마dharma(붓다가 가르친 영원한 진리를 일컫는 불교 용어)를 추구하는 구도자의 전유물이, 이제는 투자 대비 수익률이 아주 높은 일종의 비즈니스 상품처럼 다뤄졌다. 실리콘 밸리가 선도하면 나머지 문화는 따라하기 마련이다. 미국 국립보완의학통합센터 (US National Center for Complementary and Integrative Health)의 2017년도 보고서에 따르면, 미국 성인의 14.2퍼센트(3천6백만 명 이상)가 명상 훈련을 한다. 마음챙김 명상은 더 이상 대안이 아니라 오히려 명상을 하지 않으면 약간 이상한 사람으로 취급받는 시대가 된 것이다.

바네사가 종을 울리자 명상이 시작되었다. '앉아서 하는 명상'을 할 때 바닥이나 의자 중 선택할 수 있었지만, 바닥을 선택한 사람은 아무도 없었다. 나는 척추가 의자 등받이에 닿지 않도록 허리를 세우고 앉았다. 불편한 가부좌 자세를 유지하기는 힘들었지만, 허리 정도는 세울 수 있었다. 나는 귀 쪽으로 어깨를 서서히 끌어올리는 내 습관에 저항하면서 지도받은 대로 콧등을 조준선 삼아 바닥에 있는 가상의 초점에 집중했다.

"숨을 들이쉬세요." 바네사가 말했다. 요점은 자의식을 내려놓고 자연스럽게 숨을 쉬는 것이었다. "단순히 숨이 숨을 쉬도록 내버려두세요."

나는 바네사가 말한 대로 들숨과 날숨을 놓치지 않고 따라가면서 호흡을 알아차렸다. 존재하는 것은 오직 호흡뿐이었다. 들숨 그리고 날숨. 그때 이런 생각이 일어났다. '정확히 호흡의 어느 부분에 집중해야 하지? 코끝의 감촉? 후두의 느낌? 폐? 호흡의 소리? 가슴의 움직임?' 미처 알아차리기도 전에 나는, 곧 익숙해진 추상적 사고의 흐름 속으로 빠져들었다. 나는 약 10~15초 정도가 지난 후에야 경험의 본성에 관한 두서없는 사색(호흡의 현상학)에 몰두하느라 호흡 자체를 알아차리지 못했다는 사실을 깨달았다. 데번에서도 똑같은 일이 있었다. 호흡으로 주의를 되돌리려 아무리 애를 써도 내 마음은 도무지 말을 듣지 않았고, 잠시 돌아왔다가도 곧 다시 곁길로 빠져버리곤 했다. 이런 잡념이 오래 지속될수록 내 몸은 점점 더 불편해졌고, 이런 상태는 두 가지 생각을 더 불러일으켰다. 하나는 내가 늙은이라는 것, 다른 하나는 제멋대로인 내 마음 상태가 머리를 비운 채 몸에 관심을 기울이길 꺼리는 내 고질적인 성향의 반영일지도 모른다는 것이다. 바네사는 마음이 배회하는 것은 자연스러운 일이니 자책할 필요 없다고 수없이 말했지만, 아무리 봐도 마음챙김은 몇몇 사람들만 지닌 일종의 성격적인 특질인 것 같았다.

수업이 끝난 후 강의실을 나가다가 파울라와 레이첼이 나누는 대화를 엿듣게 되었다. 여섯 번째와 일곱 번째 강좌 사이의 '은거 명상'에 관해 이야기하고 있었다. "쉽지 않을 거야." 파울라가 말했다. "하루 종일 명상을 한다니! 정말 너무해." 레이첼 또한 내면의 반항아가 훈련을 빼먹으라고 압박하는 것이 분명했다. 구두끈을 묶으려고 허리를 숙이면서,

나는 내가 레이첼 편을 들고 있다는 사실을 깨달았다. 우리들 중 가장 고요하고, 침묵에 가장 익숙한 레이첼은 타고난 명상가였다. 그런데 그 레이첼이 어깨를 움츠리며 코트를 걸치더니 이렇게 말하지 않는가. "지옥 같을 거야. 난 창문 밖으로 뛰어내릴지도 몰라."

바네사의 마음챙김 강좌를 통해 내게는 없다는 것을 확인한 그 능력, 즉 몸에 관심을 기울이는 능력은 이탈리아 북부에 있는 모데나 레지오-에밀리아 대학University of Modena and Reggio Emillia의 신경과학 교수 주세페 파그노니Giuseppe Pagnoni의 주된 관심사이다. 주세페의 외모에는 그 자신의 관심사가 고스란히 반영되어 있었다. 키가 크고 마른 몸매에 머리까지 바짝 깎은 그는, 자신이 오랜 기간 연구해온 선승들처럼 고요한 분위기를 풍겼다. "명상 중에는 고유수용성감각으로 주의력이 집중됩니다." 그가 말했다. 고유수용성감각이란 몸의 각 부위가 상대적으로 자리 잡은 위치에 관한 인식(이 경우에는 자세에 관한 인식)을 말한다. "저는 명상이 더 구체적이고 현실적인 인식과 연관된 내적 모델(internal model)의 측면을 최적화하는 데에 실제로 도움이 된다고 생각합니다."

자세에 관심을 집중하면 뇌는 몸에 더 주의를 기울이며, 몸이 있는 장소와 주변 환경까지 더 잘 알아차리게 된다. "정신이 산만해졌을 때 나타나는 추상화된 두뇌의 양상을 원래대로 되돌려놓는 데에 도움이 되지요." 주세페가 말했다.

우리 모두는 이 사실을 경험했다. 공상에 빠져 잠시 자신이 어디에 있는지 잊어버릴 때가 그런 경우이다. 생각에 골몰할 때는, 주변 환경에서 오는 자극을 처리하는 두뇌 부위가 상대적으로 둔해진다. 우리는 객관적인 현실보다는 스스로 구축한 내적 모델에 더 의존하기 시작한다. 게다가 이런 상황에서 스트레스나 우울감, 불안감까지 느낀다면 자신만의 편견에 근거한 부정적이고 습관적인 사고패턴 속으로 휘말려 들기 쉽다. 이럴 때 우리는 자기만의 방식에 갇힌 채 뻣뻣하게 굳어, 세상이 던지는 자극에 순발력 있게 대응하지 못한다.

명상의 목적은 이 과정을 역전하는 것이다. 주세페의 견해에 따르면, 이 과업은 수도원이나 명상센터에서 은거할 때 가장 온전히 달성할 수 있다. 하지만 교통 체증에 갇히거나 대형마트의 청소용품 코너에 있더라도, 낡은 사고 습관으로부터 한 걸음 물러나 있을 수만 있다면, 그 자체로 일종의 은거라 할 수 있다. 현대의 신경과학자들은 뇌가 일종의 예측 기계처럼 작동한다는 데에 의견이 일치한다. "모든 생명체는 놀라움을 경험할 가능성을 최소화하기 위해 애씁니다." 주세페가 말했다. "그리고 이 목적을 달성하는 최적의 방식은, 다음에 유입될 감각 자극을 미리 예측하고 예측 오류를 최소화하려 애쓰면서, 주변 상황이 전개되는 방식에 관한 내적 모델을 구축하는 것입니다."

시간이 지남에 따라 우리는, 주변 환경에 대한 경험을 활용해 앞으로 마주할 상황의 예측 모델을 구축하고, 또한 이미 발생한 오류(내적 모델과 실제 현실 간의 차이)를 받아들여 기존 모델을 끊임없이 개선함으로써 되도록 오류를 최소화한다. 예를 들어, 탁자 위에 놓인 한 잔의 커피를 인지할 때 우리의 인식은, 커피에 관한 기존 지식과 그 특정 커피에서 오는 감각 자극을 비교대조하는 과정을 거친다. 로스팅된 커피콩의 연기와 향기를 시각과 후각을 통해 받아들여 커피에 관한 기존의 기억과 비교해보는 것이다. 진화론적 관점에서 보면, 지각의 이런 예측적인 측면은 명백한 이점이 있다. 우리의 감각 기관이 피로해지는 것을 미연에 방지하는 일이다.

하지만 여기에는 불리한 점도 있는데, 나이가 들수록 기존 지식(우리의 내적 모델)에 대한 의존도가 높아지는 경향이 있기 때문이다. 만일 우리가 '예측 오류를 더 많이 수용하면 할수록 내적 모델도 그만큼 더 개선된다'는 생각을 받아들인다면 다소 역설적이게도, 내적 모델은 붕괴될수록 더 실효성을 갖는다는 결론에 이른다. 결국 놀람을 최소화하기 위해 우리는 놀람을 추구해야 하며, 그렇지 않으면 주세페의 말처럼 '우리의 내적 모델은 과도하게 적합해져, 안정적 환경에서는 매우 정확하고 효율적이지만, 상황이 변할 경우에는 다소 불안정하고 부적절해질지도' 모른다. 오류는 우리의 마음을 생동감 있게 유지해준다. 예술가와 운동선수가 잘 아는 것처럼, 어떤 일을 제대로 해내려면 그 일을 반복적으로 실패하는 경험이 필요하다. 이와는 반대로, 우리가 더 경직되면 될수록 놀라운 경험을 받아들일 가능성도 줄어들고, 결과적으로 우리의 내적 모델이 지닌 정확성도 더 떨어진다.

주세페가 연구를 통해 입증한 것은, 명상이 예측과 연관된 두뇌 부위의 활동을 이완시키는 경향이 있다는 것이다. 예를 들어, 선불교禪佛敎의 명상법인 좌선坐禪은 다른 명상법과 마찬가지로 주의력은 고양시키는 반면, 움직임은 제한한다. 우리의 두뇌가 외부 세상과 자신의 몸 양측에서 오는 신호를 극도로 정확하게 받아들일 수 있게 하는 것이다. 아주 고요히 앉아 고도로 주의 깊은 상태를 유지하는 행위는, 입력되는 자극에 대한 신뢰도를 크게 높인다. 이런 변화는 세상에 관한 기존 지식에서 눈앞에서 벌어지는 현재의 경험으로 주의력의 초점을 옮겨 우리가 내적 모델에 덜 집착하게 만든다.

"결과적으로 당신은 기존의 습관적인 사고패턴에서 한결 자유로워집니다." 주세페가 말했다. 다소 역설적이게도, 엄격하고 고된 명상 훈련(바네사가 우리에게 전해주려 애쓴 그 태도)이 우리를 오히려 더 유연하고 자유로우며 경험에 대해서도 더 개방적인 사람으로, 한마디로 더 생생하게 살아 있는 사람으로 만들어 주는 것이다.

기독교의 관상 훈련과 불교의 명상 전통에서 비롯한 훈련은 엄청난 차이가 있다. 그러나 기독교의 특정 명상 훈련과 마음챙김 명상 사이의 유사점에도 관심을 기울일 필요가 있다. 동방정교회에서 사용하는 '헤시카즘hesychasm'은 고요히 기도를 올리는 핵심적인 수행을 지칭하는 용어이다. 초기 동방교회의 신학, 특히 14세기 교황인 니사의 그레고리(St Gregory of Nyssa)가 발달시킨 신비신학은 신성에 관한 부정적 개념화에 근간을 둔 '부정신학(apophatic theology)'의 성격을 띠고 있었다. 신은 지식 너머에 존재했으며, 따라서 오직 부정 어법으로만 묘사할 수 있었다.

부정신학의 요소는 십자가의 성 요한(John of the Cross)에서 형이상학적 시인에까지 이르는 신비주의자의 시에서 어렵지 않게 찾아볼 수 있다. 부정신학은 존 던John Donne의 '부정하는 사랑(Negative Love)'과 같은 시[몇몇 판본에는 '무(The Nothing)'라는 제목으로 실림]에서도 볼 수 있는데, 이 시에서 시적 화자는 이름 붙일 수 없는 것에 이름 붙이기를 거부함으로써 모든 이해를 초월하는 신적인 사랑을 형이상학적으로 소환해낸다. '부정 어법을 통하지 않고는 결코 / 표현할 수 없는 그것이 가장 완벽하다면, / 나의 사랑이 바로 그러하나이다.' 애정의 대상에 관해 어떤 식으로든 묘사할 수 있다면, 그 대상은 사랑할 가치가 없었다. 부정 어법은 형언할 수 없는 것을 묘사하는 하나의 방식이었지만, 그 대상은 부재하기는커녕 무한 그 자체였다.

신의 형언할 수 없는 성격은 헤시카즘의 기반을 이루었다. 헤시카즘이란 말은 그리스어로 '고요함'이나 '침묵'을 뜻하는 '에시치아esychia'에서 파생한 것으로, 의도적이고 산만한 사고에서 기도를 분리하는 과정을 가리키는 용어이다. 신을 접근할 수 없는 곳에 두기는커녕 헤시카즘은 모든 시각적, 개념적 내용을 제거하는 일종의 기도를 통해 '테오시스theosis', 즉 신과 신비적으로 합일하는 기회를 제공했다.

예배자는 입술이나 마음이 아닌 자신의 존재 전체로 기도를 올려야 했다. 따라서 헤시카즘을 따르는 수도사들은 '주 예수 그리스도, 신의 아들이시여, 죄인인 저에게 자비를 베푸소서.'와 같은 문장을 만트라처럼 반복하는 예수 기도(Jesus Prayer)를 암송했다. 이것은 던의 부정 어법에서 한 걸음 더 나아간 것이다. 신의 형언할 수 없는 성격을 묘사하는 대신, 이 기도는 언어가 스스로 허물어지는 심적 상황을 조성함으로써 그러한 신의 성격을 현실 속에 직접 구현해 냈다. 이 기도는, 하나의 단어를 계속 반복해서 말하면 그 의미가 점차 사라지는 심리학적 현상인 '의미 포화(semantic satiation)'와도 비슷한 면이 있다. 하지만 헤시카즘의 예수 기도는 그 의미가 의식을 벗어나 몸과 마음, 영혼을 포함하는 전체 인격을 흠뻑 적실 때까지 반복된다는 점에서 의미 포화와 차별화된다.

물론 기독교식 기도와 불교 명상 간의 근본적 차이점은 유념할 필요가 있다. 하나는 창조자인 신과의 합일을 추구하는 반면, 다른 하나는 '공(nothingness)'에 관한 이해를 추구하기 때문이다. 하지만 헤시카즘의 예수 기도와 마음챙김 명상의 사례에서 보듯이, 목적이 다른 이 수단들은 서로 놀라울 정도로 닮았다. 예수 기도를 반복하는 동안 수도사는 고개를 숙이고 눈을 '가슴 부위에 고정'한 채 앉아서 호흡을 조절한다. 그리고 헤시카즘의 기도와 마음챙김 명상은 모두 생각을 깨어 있는 의식 아래에 두면서 몸과 마음의 경계를 허무는 과정이 따른다. 마음챙김 명상에서는 몸 그 자체가 마음챙김이 된다. 자신의 전 존재로 기도를 올리는 사람은 스스로 기도 자체가 된다. 또한 마음챙김 명상과 비교되는 신체적 요소들(고개 숙인 자세, 고정된 시선, 호흡 조절 등)은 집중 상태를 돕기 위한 것인데, 불교에서는 이런 집중 상태를 명상 대상과의 합일, 즉 '사마디samadhi'라고 한다. 신과 합일되는 상태인 테오시스는 신의 선물인 동시에 그 선물을 받을 수 있도록 스스로를 준비시키는 일종의 명상 과정이기도 하다.

73세의 넥타리아 수녀는 11세 때부터 그런 준비를 해왔다. 그녀를 만난 것은 데번 여행을 떠나기 몇 주 전에 명상 강좌를 듣다 말고 잠시 그리스에 들렀을 때였다. 당시 나는 항구 도시 피레우스에서 출발해 펠로폰네스 반도에서 좁은 협곡으로 분리된 작은 돌섬 이드라섬까지 수중익선을 타고 직접 이동해야 했다. 넥타리아 수녀의 수도원 아기아 마트로나Agia Matrona는 이 섬의 유일한 도시인 이드라 항구 뒤쪽으로 난 지그재그형 산길을 따라 2킬로미터쯤 올라가야 도착하는 곳에 있었다. 넥타리아 수녀가 신앙생활에 전념하기 위해 문맹인 부모님을 뒤로하고 처음 그 산길을 오른 후 62년 동안, 이 수도원은 새로운 수도사를 불러들이기 위해 애썼다. 하지만 이제 산 위에서 성소를 지키는 사람은 오직 넥타리아 수녀와 밖에서 은그릇을 닦고 있는 마트로나 수녀 둘뿐이었다.

우리 다섯 사람(나, 넥타리아 수녀, 통역자 해리엇, 우연히 함께 섬에 도착한 젊은 프랑스 연인 한 쌍)은 기다랗고 조명이 흐린 응접실 탁자에 둘러앉아 있었다. 응접실 한쪽 벽에는 전례복을 차려입은 성직자들 사진과 성화가 걸려 있었고, 다른 쪽 벽에는 캠핑용품 대여점에서 볼 법한 암갈색의 나무 무늬 주방 기구가 진열되어 있었다. 이런 음침한 어둠 한가운데 작은 창문 세 개가 푸른 하늘과 바다가 펼쳐진, 꿈결처럼 황홀한 풍경을 향해 뚫려 있었다. 바깥에서는 금속성의 무언가가 철커덕거리는 소리를 내고 있었다.

나는 커피를 한 모금 마신 뒤 해리엇을 통해 넥타리아 수녀에게 수도원에 들어오기 이전의 삶을 얼마나 기억하는지 물었다. "많이는 기억 못 하신대요." 해리엇이 전했다. 그녀의 목소리는 치직거리는 라디오에서 들려오는 플루트 소리처럼 소녀다움과 연로함이 동시에 묻어났다. 말을 알아듣지 못하는 내게는 더더욱 그렇게 들렸다. 내가 들을 수 있는 것은 음악 소리가 전부였다. "학교에 다니셨대요." 해리엇이 계속해서 통역했다. "그 뒤에는 야간학교와 교회학교에 다니셨고, 뭐 그런 얘기들이에요." "열한 살에 수도원에 들어가는 건 상당히 드문 일 아닌가요?" 내가 물었다. "그래요, 아주 드문 일이죠." 그녀는 이 질문에 약간 짜증이 난 듯 답했다. "어떤 사람들은 훨씬 더 나이가 들어서 오지요, 성인이 된 후에요. 그런 느낌을 언제 품느냐에 달린 거죠."

내가 아기아 마트로나에 온 이유 중 하나는, 무엇이 넥타리아 수녀를 헤시카즘적 묵상의 삶으로 이끌었는지 알고 싶어서였다. 그녀의 특정 성격이 그런 삶에 적합한 것은 아닌지 궁금했다. 바네사의 마음챙김 강좌에 참석해본 경험만 놓고 보면, 고요한 묵상에 잠긴 채 10분 이상 앉아 있는 것만으로도 대단한 성취로 느껴졌다. 피레우스에서 수중익선을 타고 섬으로 오는 동안 나는 캄Calm 앱으로 '불안 이완 명상'을 했는데, 시작한 지 90초쯤 지나자 마음이 정신없이 옮겨 다니기 시작했다. 물방울 맺힌 지저분한 창문 너머의 에게해에서 크레타 섬의 오스카에게로, 런던의 로위나에게로 그리고 내 가족과 그들을 남겨두고 떠난 내 행동에 대한 변명으로.

전날 아침 해리엇은 이드라 항구에서 산 위로 나를 안내했다. 미적인 면에서 보자면, 별장과 교도소를 뒤섞은 듯한 이 수도원은 그다지 특별하달 것이 없었다. 산비탈에 매달린 무거운 흰색 상자들의 기능적인 조합, 그것이 전부였다. 수도원 아래에는 커다란 관목지대가 울타리처럼 닭들을 가두고 있었다. 수도원에서 내려다보면 이 섬이 얼마나 깔끔하고 텅 비어 있는지 한눈에 들어왔다. 항구를 이루는 집들, 하얀 쌍각류 조개처럼 곤두서 있는 요트들, 그리고 바다로 이어지는 메마른 자갈 비탈 한가운데에 기묘하게 자리 잡은 향나무 무리, 이 정도가 고작이었다. 육지에서 겨우 8킬로미터 거리인데도 이드라 섬은 꽤 먼 곳 같았고, 시간상으로도 아주 멀리 떨어져 있는 것처럼 느껴졌다. 차가 거의 없다는 이유가 한몫했을 것이다. 이 섬은 항구에 있는 쓰레기차들을 제외하고는 모터가 달린 운송 수단이 출입할 수 없었다.

나는 자문해 보았다. '이 정도 수준의 침묵이 필요한 사람, 62년 동안 산꼭대기에 있는 수도원에 은거할 정도로 고요함을 좋아하는 사람은 과연 어떤 사람일까?' 넥타리아 수녀는 예복인 이소래싸 대신 평범한 차림이었다. 헐렁한 회색 튜닉과 흰색 페인트가 묻어 지저분한 회색 스커트, 검은색 크록스 신발 한 켤레가 전부였다. 유일하게 격식을 갖춘 의상은, 얼굴을 내놓는 타원형 구멍이 뚫린 히잡 같은 면사포인 아포스톨닉뿐이었다. 얼굴은 또 얼마나 인상적인지! 피부는 검었고, 마치 바닷바

람에 펴지기라도 한 듯 놀라울 정도로 주름이 없었으며, 눈은 움푹 들어
가 있고, 선이 굵은 코는 시계의 시침처럼 아래를 가리켜 그녀의 풍모는
저녁예배에 걸맞아 보였다.

수녀들은 하루를 어떻게 보내는지 물어 보았다. "수녀님들은 새벽 5
시 30분에 일어나 바로 기도하러 갑니다." 해리엇이 말했다. "그 후 아
침을 먹고 나서 또 다른 짧은 기도문들을 암송해요." 허드렛일을 하며
보내는 긴 하루가 이어지고(요리, 청소, 건물 유지 및 관리, 당나귀와 닭 돌
보기 등), 하루의 끝 무렵에는 1시간 30분 동안 기도 시간과 저녁 식사,
그리고 잠들기 전에 2시간가량 개인 기도 시간을 갖는다고 한다. "그들
은 결코 멈추지 않아요." 해리엇이 말했다. 그녀는 손가락으로 방과 복
도를 가리키며 말했다. "이 공간이 얼마나 거대한지 그리고 얼마나 빈틈
없이 깨끗한지 보일 겁니다. 모두 수녀님들이 직접 손으로 치우신 거에
요. 이제 나이 든 할머니들인데 말이죠."

수도원 밖에서 보내는 시간은 어떨까? 넥타리아 수녀는 수도원을 떠
난 적이 있기는 할까?

"약 2주에 한 번 정도 걸어서 항구마을에 가신다고 합니다. 비스킷과
커피를 사러요."

"그럼 섬 밖으로는요?"

"한 번이요."

"섬 밖으로 단 한 번밖에 나가보지 않으셨다고요?"

"백내장 수술을 받으러 가셨대요. 아테네에 있는 병원에서요."

"그 큰 도시는 어떻게 찾아가셨대요?"

그녀는 대답하기 전에 한동안 침묵했다. "좀 힘드셨대요." 해리엇이 통역했다. "수녀님은 한없이 고요한 여기에 너무 익숙해서 도시에 있는 동안 좀 힘드셨대요."

"뭐 다른 인상을 받으신 건 없나요?"

"수녀님은 꽃집이 마음에 드셨답니다."

이어지는 고요함, 철커덕거리는 소리, 의자에 앉아 자세를 바꾸는 프랑스 남자의 속삭이는 음성. "그 모든 자극을 경험한 후에 여기로 되돌아와 낯선 느낌을 받지는 않으셨나요?"

그녀는 어깨를 으쓱하면서 해리엇에게 주도권을 넘겼다. "몇 년 전 일이라 기억이 잘 안 나신대요." 해리엇이 말했다. 그녀가 내 질문들에 공공연하게 경멸을 표한 것이 아니라면, 분명 내 말을 넌지시 무시하는 것이었다. 사실 나는 그녀가 우리가 아니라 그 프랑스 연인을 상대하는 것 같다는 느낌이 점점 들었다. 내 질문을 듣고 답을 할 때는 그들 쪽으로 몸을 돌렸기 때문이다. 어쩌면, 아무 말도 하지 않는다는 단순한 이유 때문에 말이다. 아이폰 녹음 앱과 성가신 질문지를 손에 쥔 나는 은거와는 거리가 먼, 완전히 소음덩어리였다.

헤시카즘은 그 자체로 하나의 은거이다. 외부 세상과 내면의 소음에서 신적인 고요함으로 방향을 전환하는 것, 그것이 헤시카즘의 본질이다. 수도원에 들어가는 것은 이 목적을 위한 수단, 고요하고 깊은 기도에 알맞은 환경을 조성하는 하나의 수단일 뿐이었다. 수녀에게 신념에 관해 묻는 일이 그녀를 그 신념의 겉모습 정도로, 살아 숨 쉬는 신성의 구현체가 아니라 그냥 기도만 올리는 사람쯤으로 취급하는 부적절한 일이라는 사실을 나는 점차 깨달았다.

그래도 계속 질문했다. 그녀는 단 한 번도 외로움을 느낀 적이 없을까? "없으시대요." 해리엇이 통역했다. "수녀님들은 누가 여기로 오고 싶어 하면 상당히 좋아하고 또 그들을 수녀로 대접해주지만, 사람을 그리워하는 일은 없대요." 이 말이 끝나자 그녀는 자리에서 일어나 그 프랑스 연인에게 예배당을 구경시켜 주겠다며 손짓을 했다. 해리엇과 나는 질벅한 커피 찌꺼기가 담긴 커피잔과, 한없이 느린 리듬으로 영원토록 철커덕거릴 것만 같은 건물 밖의 나른한 소음과 함께 덩그러니 남겨졌다.

우리가 은거를 하는 이유는 더 섬세하게 주의를 기울이기 위해서이다. 산만한 요소를 제거한 고요한 환경에서는 아주 강력하게 집중할 수 있고, 이는 계속 선순환한다. 마음챙김과 명상은 매력적이게도 이처럼 순환적인 성격을 띠는데, 그 자체를 강화하는 것이 주된 목적이다. 피아노 연습에 집중하면 더 실력 있는 피아니스트가 되겠지만, 마음챙김에 집중하면 집중 자체에 더 능숙해진다. 주세페 파그노니 같은 신경과학자들 사이에서는 집중력 강화라는 명상의 혜택이 얼마나 강력하고 지속적인지 의견이 갈린다. 조지아주 애틀랜타시에 있는 에모리 대학교Emory University의 주세페와 연구팀은 3년 이상 매일 명상을 한 12명의 선불교 명상가와, 명상 경험이 전혀 없는 12명의 피험자를 대상으로 자기공명

영상 실험을 해보았다. 물론 이 실험은 규모가 작고, 대다수 명상 연구들처럼 초보적이고 감질나긴 한다. 어쨌든 그 결과는, 명상가들의 경우 주의 과정 및 보상체계와 연관된 기저핵의 회백질 밀도가 나이를 먹어도 거의 혹은 전혀 감소하지 않았다. 원래 회백질의 밀도는 20세 무렵에 정점을 찍은 후부터 대개는 곧바로 감소하는 추세이다. 이때 뇌실은 확장되며, 회백질이 감소하면서 두개골 속 물의 부피는 증가한다. 말하자면 뇌가 묽어지는 것이다. 하지만 주세페의 연구 결과에 따르면, 명상가들의 경우는 이런 일이 일어나지 않았다고 한다.

신경과학자들은 단기적 '상태 영향(state effects)'과 뇌의 구조적 변화를 동반하는 장기적이거나 영속적인 '특질 영향(trait effects)'을 구분한다. 2005년에 하버드 의과 대학의 연구자 사라 라자르Sara Lazar는, 경험 많은 위빠사나 명상가 20명의 두뇌를 스캔하여 나이 및 연령대가 비슷한 대조군 피험자들의 스캔 결과와 비교해 보았다. 그 결과, 명상가들은 주의 집중과 연관된 전전두엽의 피질 밀도가 훨씬 더 높았다. 그리고 다른 종적 연구들에 따르면, 오래 명상을 한 사람들은 편도체(측두엽 깊은 곳에서 '투쟁-도피 반응'을 조절하는 원시적 세포 그룹)와 전전두엽 피질(좀더 복잡한 인지 행동을 담당하는 영역)의 연결성이 더 높았다고 한다. 명상가들은 원초적인 두려움과 스트레스 반응을 이성적으로 통제하는 데에 더 뛰어나다는 뜻이다. 말하자면, 초연하고 차분하고 집중된 상태에 더 잘 머물 수 있는 것이다. 흔히 '뇌가소성(neuroplasticity)'으로 부르는 이런 특질 영향을 입증하려면 더 많은 연구가 필요하지만, 명상은 어쩌면 단지 스트레스 감소뿐 아니라, 경험에 대한 개방성까지 높이는지도 모른다. 명상은 대체로 우리를 더 현명하게 만들어주는 것 같다.

또한 이런 혜택들은 빠른 속도로 누적된다. 몇몇 연구는 초보 명상가도 고작 8분 정도만 마음챙김을 훈련하면 집중력이 눈에 띄게 향상될 수 있다는 점을 보여주었다. 2주간 명상을 하면 이리저리 방황하는 마음의 성향이 줄어들고, 작업기억° 능력 역시 향상될 수 있다고 한다. 주세페는 여기서 조금만 더 노력하면 뇌 영상 장비로 촬영했을 때 회백질 부위에서 구조적 변화가 일어난 것을 확인할 수도 있다고 확신했다. 그는 이렇게 말했다. "몇 달간의 강도 높은 훈련만으로도 해부학적 변화를 일으킬 수 있다는 강력한 증거가 있습니다."

몇몇 과학자는 명상의 효과가 숙련된 명상가보다 초심자에게 더 뚜렷하게 나타날 것이라고 믿는다. "종종 초심자가 더 강력한 효과를 본 사례가 있는데, 아마도 그들이 변화에 아주 민감하기 때문일 겁니다." 주세페가 설명했다. "그들이 경험하는 이 새로운 활동은 분명 일상적으로 경험하는 것과 매우 다르게 느껴질 겁니다."

그러나 오래도록 지속 가능한 변화를 일으키려면 지속적인 노력이 필요하다는 점에는 의심의 여지가 없다. 마음챙김 강좌에 참석했을 때 내가 집중력을 향상시키는 중이라는 생각은 명상을 하면 할수록 희미해졌고, 뇌의 해부학적 변화 같은 것은 아예 기대조차 하지 않게 되었다. 나

● 정보를 일시적으로 보유하여 일상적 작업을 처리할 수 있도록 해주는 단기 기억 능력 - 옮긴이

는 내 불성실함을 마음챙김 워크북의 지시사항 탓으로 돌리기 시작했다. 이제 '숨이 스스로 숨 쉬게 하라'는 말은 하나의 조롱처럼 들렸다. 그것은 팔 없는 남자에게 주어진 수영 지침이나 다름없었다. '마음이 떠돈다는 사실을 알아차리고 마음을 다시 호흡으로 되돌려 놓는 과정은, 호흡에 대한 알아차림을 유지하는 것만큼이나 가치가 있다.' 아니, 도대체가 마음을 다시 호흡으로 되돌려 놓을 수 있어야 말이지!

아무리 애써도 가장 기본적인 수준의 집중조차, 그리고 지금 이 순간에 대한 아주 잠깐의 알아차림조차 할 수 없을 것 같았다. 마치 몸은 피로하지만 마음은 안정시키지 못한 채 잠을 청하려 애쓰는 것과도 같았다. 파르마시 근처의 푸덴지 선원 주지 파우스토 타이텐 과레스키는 명상적 은거가 효과를 발휘하려면 '엄청난 노력'이 필요하다고 했는데, 이 노력은 의식적인 의지가 아니라 강력한 수행과 내려놓음을 통해서만 이를 수 있었다.

"마음만으로는 그 상태에 이를 수 없습니다." 주세페도 동의했다. "그 상태는 발견되어야 할 그 무엇입니다."

나는 명상과 몸의 자세에 대한 자각을 통해 경계심과 이완 사이의 그 절묘한 지점을 감지해내려 애써봤지만, 아직은 그 상태를 발견할 수 없었다. 어쩌면 나는 그 상태에 결코 이를 수 없는지도 몰랐다. 사마디 samadhi, 즉 진정한 집중 상태는 누구나 얻을 수 있는 경지는 아닌 것 같았다. 내가 보기에 방법은 오직 하나밖에 없었다. 계속해서 수행하고 더 엄격하게 훈련하는 것이다. 앞으로 이비사에서 열릴 6일간의 집중적인 은거 명상 동안 이런 습관이 계발될 수 있을지도 모른다는 생각이 들었다. 나는 이 프로그램에 등록해볼까 고민하다가 가족들과 긴 시간을 떨어져 있어야 한다는 부담감에 포기했다. 누가 이 아름다운 섬에 와서 '심오한 내면의 변화'를 경험하려 하겠는가? 명상은 집에서도 얼마든지 할 수 있었다. 몇몇 과학자는 명상적 은거 수행의 본질적인 내성적 태도가 정신건강에 문제가 있는 사람뿐 아니라 일반인에게도 해로울 수 있다고 믿는다. 나는 마음챙김 강좌에 참석했을 때 바로 이런 의심을 품었던 적이 있다. 은거에 적합한 사람이 있는가 하면 그렇지 않은 사람도 있다. 어쩌면 나는 은거에 그다지 적합하지 않은 사람인지도 몰랐다.

타이텐 과레스키는 명상적 은거에서 비롯하는 '고요함과 내적인 침묵 상태', 즉 헤시키아hesychia를 '종교적 성질을 띤 광대한 배경'에서 일어나는 하나의 부름으로 묘사했다. 그는, 우리가 진정으로 명상 상태에 이를 수 있는 것은 이 광대한 배경이 우리를 개인적으로 부를 때뿐이라고 생각했다. 헤시카즘을 따르는 수도사가 기도에 엄청난 노력을 쏟아붓는 것은 신이 부여하는 은총을 향해 스스로를 열어놓기 위해서이다. 카라바조Caravaggio의 '마태를 부르심(The Calling of St Matthew)'이란 그림에서, 예수는 세관 건물로 들어가 다른 네 명과 함께 탁자에 앉은 세무 관리인 마태를 손가락으로 가리킨다. 그들 중 누가 마태인지는 모호한데, '누구, 나?'라고 말하듯 스스로를 가리키는 수염 달린 남자이거나, 상석에서 동전을 세는 말쑥한 젊은이 중 하나일 것이다. 누가 마태이든 이 그림의 함의는 명백하다. 침묵하고자 하는 충동은 종교적이든 아니든,

음침한 방 안을 가로질러 남자들의 얼굴을 환히 밝히는 백색 광선처럼 우리를 엄습한다는 사실이다.

아기아 마트로나에서 넥타리아 수녀가 프랑스 연인에게 예배당을 구경시켜 주려고 자리를 비운 후, 나는 좁은 문을 통해 뜰로 나가려다 잠시 머뭇거렸다. 그곳에서는 1977년 서원한 이후 넥타리아의 유일한 동료로 지내온 마트로나 수녀가 낮은 담장 옆에 앉아 황동으로 만든 성물을 닦고 있었다. 그녀는 나를 올려다보며 형식적으로 고개를 끄덕였다. 마트로나 수녀는 넥타리아 수녀보다 훨씬 더 진지하게 빈곤 서약을 한 듯했다. 스커트는 지저분했고, 엉겨 붙은 회색 머리카락은 면사포 밖으로 산만하게 삐져나와 있었다. 넥타리아 수녀나 바네사처럼, 그녀는 거리감에서 비롯한 특유의 카리스마가 있었다. 거리를 두려는 그녀에게 이끌려, 나는 '깔리스페라Kalispera'•라고 중얼거리면서 예배당으로 들어갔다.

넥타리아 수녀와 프랑스 연인은 예배당에 없었다. 예배당은 비좁은데도 휑뎅그렁하고 황량한 느낌을 불러일으켰다. 스타치디아stacidia(키 높이에 팔걸이가 있는 목재 등받이 의자)가 죽 늘어선 횡렬 너머로 빨강, 주황, 보라, 녹색으로 밝게 채색된 성인들이 군청색 벽 위에 나란히 놓여 있었다. 천장에는 화려하게 장식된 은제 향로가 사슬로 매달려 있었고, 성화벽에는 이 수도원의 성인으로 추앙받는 키오스의 마트로나Matrona

---

• 그리스인들의 오후 인사말 – 옮긴이

of Chios를 금박으로 새겼다. 동방정교회의 내부 장식이 시각적으로 화려한 것은 헤시카즘 기도의 고요함에 대한 일종의 보상적 대립물로, 귀로 거부한 것을 눈에다 쏟아부으며 신성한 진리를 시각적으로 구현해내고 있었다. 성 마트로나의 축일인 10월 20일에는 200명의 이드라 섬 사람들이 마트로나를 기리기 위해 수도원으로 올라온다고 한다. 방문자들이 돌아가면 수도원은 다시 침묵에 휩싸인다. 응접실로 돌아와 보니 방 안이 텅 비어 있었다. 해리엇은 넥타리아 수녀와 함께 밖에서 당나귀에게 먹이를 주고 있었다. 나는 앉아 있던 탁자 위에 놓인 신용카드 크기의 코팅된 그림을 못 보고 지나칠 뻔했다. 넥타리아 수녀가 남긴 선물이었다. 그림 속에서 수도원의 성인인 성 마트로나는 두 손을 모은 채 완벽히 고요한 눈빛으로 내 어깨 너머의 어딘가를 응시하고 있었다.

차를 타고 데번의 은거 명상센터에서 집으로 돌아오는 동안, 넥타리아 수녀와 그녀가 준 선물에 관해 생각해 보았다. 나는 성 마트로나 카드를 지갑 속에 넣어두고 가끔 꺼내 보았는데, 마치 내가 그녀에게 한 질문의 답처럼 느껴졌다. 고요함. 침묵. 인내. 스톤헨지에 다다랐을 무렵, 등 뒤로 저물어가던 해는 회갈색 들판 위로 솟은 돌들을 밝게 비추면서 선글라스를 쓰고 차양을 내린 채 서쪽으로 향하는 반대편 차들을 눈멀게 했다. 달리는 차는 명상 공간이자, 수도원 골방이자, 빠른 속도로 이동하는 은거 명상지로, 여행의 길이와 상관없이 우리에게 약간의 휴식을 주었다. 차 안에서 우리는 도로에 시선을 고정한 채 침묵이나 음악으로 긴장을 풀 수 있었다. 그 순간, 도로가 아래로 꺼졌고 스톤헨지는 잠시 사라졌다가 다시 눈앞에 나타났다. 그런데 그때 갑자기 생각 너머에 있는 무언가가, 혹은 어떤 느낌이 스치고 지나갔다. 그것은 내 몸과 차, 백미러를 비추는 주홍빛 햇살, 아스팔트를 스치는 타이어의 속삭임, 들판에 길게 드리운 그림자 모두에 깊은 평온함을 불어넣어 주었다. 하지만 무언가 느꼈다는 사실을 알아차린 순간, 그 느낌은 생각으로 에워싸였고, 나는 그 생각을 놓아 보내야 한다는 사실을 잊어버렸다. 그 느낌은 너무 빨리 사라져서 애초에 경험하기는 했는지조차 불분명했다.

둘

휴양과 휴가로 변질된
웰니스형 은거

"바로 이 순간에 마음을 내려놓으세요." 젬마가 말했다. "여러분의 몸에, 여러분의 호흡에 마음을 내려놓으세요." 구름 한 점 없는 날들이 이어진 후 이비사는 마침내 가을에 자리를 내주었다. 나는 눈을 감고 양발이 반대편 넓적다리 아래에 단단히 끼워지도록 좌골을 이리저리 움직였다. 양손은 손바닥이 위로 가도록 무릎 위에 놓은 채 엄지와 검지로 원환을 그린 갸나 무드라jnana mudra 자세를 취했다. 힌두교에서 엄지는 최상의 실재 브라흐만Brahman을, 검지는 개인적 영혼 지바jiva를 상징한다. 바깥 어딘가에서 물웅덩이로 떨어지는 빗물 소리가 들렸다. 이 명상은 일종의 준비 작업이었다. 현재 순간에 몸을 자각하면서 아사나asanas, 즉 자세를 취할 수 있도록 호흡을 조절하고 마음을 가라앉히는 것이 목적이었다.

　"이 아침 시간, 지금 이 순간에 여러분의 몸을 그저 관찰하기만 하세요." 젬마가 말했다. "5분 전이 아닌 바로 지금 이 순간에 집중하셔야 합니다."

젬마는 킬마넉 출신의 스코틀랜드인이었다. 요가를 지도할 때 소리 나는 향처럼 주술적이고 마음을 가라앉히는 듯한 그녀의 목소리는 우리 가 곧 견뎌야 할 자세를 예감하듯 길게 늘어졌다. "바아로 지그음, 호흡 에 집주웅하세요오." 내가 카사 파르바티Casa Parvati에 온 것은 수행을 한 단계 끌어올리기 위해서였지만, 지금은 혹시 실수로 빼먹은 중간 단계 는 없는지 의구심을 품게 되었다. 요가에는 '인yin'요가(느리고, 정적이고, 명상적이고, 인대에 큰 부담을 주는)가 있는가 하면, 지금 내가 하는 것처럼 좀더 역동적인 '빈야사vinyasa' 요가도 있다. 빈야사 요가에서는 한 자세 를 오래 유지하지도, 자세를 교정하지도 않은 채 한 아사나에서 다음 아 사나로 이어서 넘어간다. 빈야사 요가는 자세에 능숙하기만 하면 발레 처럼 우아하게 동작을 연결할 수 있는, 일종의 필기체 요가이다. 데번에 서 이 요가를 처음 접했을 때, 나는 땀으로 바닥을 흥건히 적셨지만, 주 변의 여성들은 민들레 홀씨처럼 가뿐하게 자세를 연결했다. 나는 진이 다 빠졌지만, 그 무자비함에도 약간의 혜택은 있었다. 얼마나 큰 고통을 겪는지 제대로 숙고할 시간조차 없었다는 것.

우리는 태양 예배 자세를 취하기 위해 매트 앞쪽으로 옮겨갔다. "숨을 쉬면 쉴수록 몸은 생명력으로 더 많이 충전됩니다." 젬마가 말했다. "여 러분이 만들어내는 이 프라나, 이 에너지는 여러분 몸에 좋은 영향을 미 칩니다."

프라나는 '생명력'으로서의 호흡을 뜻하는 말로, 동양의 '기氣'와도 비숫한 면이 있다. 우리는 다양한 아사나를 연달아 취했다. 플랭크로 더 잘 알려진 고정된 팔굽혀펴기 자세 팔라카 아사나에 이르자 복부 근육이 떨리기 시작했다. 다음으로 나무 자세(한쪽 발바닥을 넓적다리 안쪽에 붙인 채 다른 쪽 다리로 서는 자세)로 옮겨갔는데, 나는 너무 격렬하게 떨어서 똑바로 서 있기조차 힘들었지만, 곧 진정되었다.

"이 모든 자세를 취할 때 관심과 집중, 자각, 의도가 동반되지 않으면 그저 체조에 불과해요. 그건 요가가 아닌 몸동작일 뿐이에요." 젬마가 말했다.

우리는 사바 아사나, 즉 시체 자세를 취하기 위해 바닥에 누웠다. 발을 벌리고 팔을 양쪽으로 늘어뜨린 뒤, 눈을 감은 채 호흡했다. "그대로 녹아내리세요." 젬마가 말했다. "내려놓으세요." 이 내려놓음은 마치 되살아나는 과정처럼 느껴졌다. 몸의 모든 부분이 마음과 일체가 된 채, 생생히 되살아나며 거의 진동하다시피 했다. 행복했다. 단순한 현존.

이비사는 다양한 유형의 망명자와 수도자, 난민 등을 수용해온 긴 역사가 있다. 1930년대에 이 섬은 파시즘을 피해 망명길에 오른 유럽 예술가와 지성인의 안식처가 되었다. 위대한 유대계 독일인 사상가인 발터 벤야민Walter Benjamin은 1932년 봄과 1933년 여름을 이곳에서 보냈는데, 임대료도 쌌지만 개발되지 않은 이 '유럽의 변방'이 퇴행적 현대 문화의 영향권 밖에 있다는 이유가 컸다. 물론, 1936년 발레아레스 제도가 스페인 국수주의자의 손에 넘어갔으나, 1960년대 무렵에는 각지의 보헤

미안이 프랑코 장군 치하에서 고립된 채 방치됐던 이 섬으로 대거 몰려들었다. 작가 폴 리처드슨Paul Richardson이 말했듯이, 이비사섬을 장악하다시피 한 히피와 사회 부적응자, 베트남 병역기피자 무리가 이 섬에 끌린 이유 중 하나는 이비사섬의 이교적 카리스마 때문이었다. 실제로 이섬은, 적어도 이비사시 외곽에서는, 기원전 7세기경 카르타고인이 섬에 정착할 무렵 발달시킨 의례를 계속 지켜나가고 있었다.

이 모두가 오래전 일이지만, 이 섬의 신비주의적 역사의 메아리는 대안적 사상을 환대하는 문화적 분위기와 함께 여전히 남아 있었다. 길게 이어진 오르막 산길 끝에 자리 잡은 카사 파르바티는 아름다운 형태로 완벽하게 복구된 고대식 대농원이었다. 6일간의 나의 '원기 회복용' 은거는, 데번과 바네사의 마음챙김 강좌에서 배운 기법을 한두 단계 더 심화할 기회였다. 또한 좀더 상업화한 환경에서 이루어지는 명상 수행을 경험해볼 기회이기도 했다. 나는 자문해 보았다. 은거의 혜택은 돈으로 살 수 있을까? 비용을 더 많이 지불하면 더 많은 혜택이 돌아올까? 그들이 제공하는 '깊은 치유'와 '고대의 요가 철학'은 진정으로 가치 있는가, 아니면 사치스러운 휴양을 영적 탐구로 영리하게 포장한 것에 불과한가? 분명 카사 파르바티는, 파란색과 흰색으로 구성된 환상적인 웹사이트와 일류 여행 잡지에 실린 별 다섯 개짜리 리뷰들을 보유한 가장 호화로운 명상 시설 중 하나였다. 나는 부유하고 요가와 영성에 조예 깊은 런던 서부의 상류층 동료 명상가를 만나게 되리라 기대하며 이곳에 도착했다. 카사 파르바티는 분명 그런 곳이었다. 이곳은 클럽을 찾기엔 너무 늦은 나이라고 느끼는 사람들이 좋은 인맥을 쌓기에 적합한 장소였다. 테라스에 드리워진 그늘막이 내리쬐는 햇볕을 은은하게 여과해 주었다. L자형 실외 소파들 앞에는 고급 수영장과 나무들로 뒤덮인 언덕의 풍경이 펼쳐졌다.

이 은거 명상센터를 관리하는 회사는 소피라는, 말주변 좋은 사십 대 영국인 여성이 운영하고 있었다. 아니나 다를까, 그녀는 광고 관련 학과를 졸업한 뒤 자신과 타인을 치유하는 '더 높은 목적'에 헌신하기 위해 이곳에 와 있었다.

"여기서는 은거가 훨씬 더 친밀하게 느껴진답니다." 수영장 옆에 앉아서 토르티야와 샐러드를 먹으면서 그녀가 말했다.

이비사를 비롯한 유럽 전역의 은거 명상센터는, 미국의 자기계발 분야를 장악하다시피 한 캘리포니아주 빅 서 지역의 에솔렌Esalen 같은 대형 웰니스 센터에 비하면 규모가 작은 편이다. 그래서 친밀감이 느껴진다는 점이 좋다. 카사 파르바티는 한 번에 12명 이상을 수용하지 않는다.

"여기 온 사람들은 한 명의 개인으로 대접받습니다." 소피가 말했다. "참가자는 이 모든 과정을 거치는 동안 개별적으로 지도받을 수 있죠."

접어서 세워둔 파라솔들이 소나무 향을 품은 바람에 유령처럼 펄럭였다. 소피와 나눈 대화는 곧 익숙한 느낌을 불러일으켰는데, 바로 극도로 이완된 불편함이었다. 이곳에는 햇살과 고요함, 명상 수행 등 좋아할 만한 것이 정말 많았다. 하지만, 지진의 진원을 치유하는 '에너지 마스터'나 '에이즈를 제거하고 치유'하는 크리야 요가의 효능에 관한 이야기 등

소피의 다소 급진적인 주장은 종종 나를 당황스럽게 했다. 이런 이야기는 카사 파르바티의 세속성과는 사뭇 다른 상당한 수준의 신념을 보여주었는데, 이후에 아토스 산에서 목격하게 될 신비적 열정에 비해 결코 덜하지 않았다.

토니는 처음으로 만난 동료 명상가였다. "미안합니다." 그가 말했다. "잠시 숨 좀 돌릴게요." 토니는 주요 도로에서 산 위로 이어지는 누더기 같은 도로들 사이에서 길을 헤맸다. 나도 카사 파르바티에 대해 불편한 마음이 있었지만, 토니는 마음을 가라앉히기 위해 갖은 애를 다 써야 했다. 잠수함의 둥근 창처럼 보이는 뿔테 안경에 다부진 체격, 런던 남부 억양을 갖춘 토니는 이혼의 상처를 치유하기 위해 은거 명상처를 찾았다. 그는 혼자서 무턱대고 코사무이로 여행을 다녀온 후 카사 파르바티로 이어지는 링크를 클릭했다고 한다.

"사십 대에 혼자 태국에 갈 수는 없지요." 그가 말했다. "그건 뭔가 안 좋아 보여요."

다른 여섯 명의 명상가 중 넷은 이탈리아인이었다. 밀라노에서 온 젊고 말쑥한 시리얼 회사 임원으로 거의 방 안에서 지내다시피 한 지아니를 제외하면, 이 이탈리아인들은 각자 나름의 질병이 있었다. 그런데 그들의 병은 기적적으로, 다섯 번째 날 마지막 저녁 식사 몇 시간 전에 말끔히 사라져 버렸다. 나머지 두 명은 오십 대 중반의 친한 친구 사이인 조와 프랜이었다. 프랜은 자가 치료의 대안을 찾아 이곳을 방문한 단골이었다.

"스트레스를 받으면 저는 한 시간 만에 와인 한 병을 다 들이켜요." 그녀가 내게 말했다. 프랜은 고급 승마 용품 회사의 상무였다. 지난번에 그녀가 여기에 왔을 때는 깊은 행복감, 식습관 개선, 술에 대한 집착 감소 등 효과가 약 6주간 지속되었다고 한다. "그런데 승마 철이 시작됐어요." 그녀가 말했다. "경주는 정말 재미있지만, 그때가 되면 이 안 좋은 습관들로 다시 빠져들어요. 그리고 일에서 오는 스트레스, 그건 정말, 휴, 와인! 그래요, 술이 그 모든 걸 해결해줘요." 프랜이 이 은거 명상에서 가장 가치 있게 여긴 것은 거리였다. 단지 물리적인 거리만이 아니라 그녀를 스스로와 멀어지게 하고 더 안 좋은 상태로 끌어내리는 습관들과의 거리 말이다. 그녀 자신으로 돌아오려면 익숙한 환경에서 벗어나야 했던 것이다.

힌두교 성자이자 《요가 수트라Yoga Sutras》의 저자 파탄잘리Patanjali에 따르면, 요가의 궁극적인 목적은 카이발리야kaivalya, 즉 고립이다. 기원전 2세기에서 기원후 4세기 사이로 추정하지만 파탄잘리의 생존 시기가 정확히 언제인지, 그의 저서로 알려진 경전은 혼자 집필했는지 등에 대해서는 여전히 의문의 여지가 있다. 아무래도 이 요가 경전은, 기원후 325년에서 425년 사이에 단일 저자가 현존하지 않는 고대 자료들을 엮은 것으로 보인다. 파탄잘리가 말한 카이발리야는 사실 물질로부터 영혼을 고립시키는 과정을 뜻한다. 하지만 순수한 영혼을 추구하는 요기는 세상과 세속적 관심사들 그리고 그 자신과 신성神性 사이에 가로놓인 물질성으로부터 스스로를 고립시키는 과정을 실제로 거쳐야 했다.

자아의 소멸을 통한 해방, 이것은 힌두교와 불교의 형이상학에 공통적인 개념이다. 따라서 아사나라는 자세에 초점을 맞춘 서양식 요가는 사실 목적에 이르는 수단이자, 엄격한 명상을 위해 몸을 준비시키는 하나의 과정에 불과하다.(카사 파르바티에서 젬마는 이 관계를 완전히 거꾸로 이해했다. 그녀에게 명상은 아사나를 위한 준비 과정에 불과했다.) 하지만 엄격히 말하면 요가는 그 자체가 목적으로서, 경전에서도 영혼의 해방으로 이끄는 완벽한 명상적 몰입 상태인 '사마디'와 사실상 동의어로 사용한다. 예를 들어, 일반적으로 더 부드럽고 덜 역동적인 요가를 뜻하는 '하타 요가hatha yoga'는, 사실 만트라 염송과 같은 더 헌신적인 형태의 요가와 구분되는 신체적 요가 훈련 전체를 가리키는 용어다. 실제로, 대부분의 고대 경전에서는 하타 요가라는 말을 기법 자체보다는 하타('힘'이라는 의미)라는 수단을 통해 얻는 상태를 묘사하는 데에 사용한다. 요가는 활동이 아닌 그 활동의 목적, 즉 외부 세상과 궁극적으로는 자아로부터 물러난 합일의 경지를 나타내는 용어인 것이다.

샷 비르 싱 칼사Sat Bir Singh Khalsa는 하버드 의과대학의 의학부 조교수이다. 그의 관심 분야는 요가 치료인데, 불면증과 만성 스트레스, 주의력 조절장애, 불안 등을 다스리는 요가와 명상의 효능을 주로 연구한다. 요가를 통해 자아를 소멸하는 것이 어떻게 스트레스와 연관된 장애를 완화한다는 것일까? 샷 비르의 작업은, 종교적 경험이라는 고도로 주관적인 현상을 좀더 객관적인 신경학 용어로 설명하려는 신생 학문인 '신경신학(neurotheology)'과 관련되어 있다. 이는 본질적으로 명상 경험의 신경학적 대응물을 추적하는 주세페 파그노니의 작업과도 다르지 않다.

"저는 영성 체험에도 생물학적인 기반이 있다고 봅니다." 줌Zoom으로 대화하는 동안 삿 비르가 말했다. 초월이나 우주적 의식과의 합일감이 다양한 신체적, 정신적 훈련을 통해 강화할 수 있는 신경생리학적 과정에서 비롯한다는 것이다. 육십 대 후반인 삿 비르는 신적 창조물의 완벽함을 기리기 위해 체모를 자르지 않는 시크교도의 케시 전통에 따라 은빛을 띤 희고 긴 수염을 길렀는데, 이 모습은 그의 진지한 학문적 태도와 재미있는 대조를 이루었다. 삿 비르는 이십 대 초반부터 아사나와 프라나야마(호흡 조절), 명상, 만트라 등을 조합해 척추 끝에 있는 신성한 에너지인 샥티Shakti를 일깨우는 쿤달리니 요가를 수행했다고 한다.

"물론, 우리는 신체적인 면에서 요가가 유연성과 근지구력을 키운다는 사실을 압니다." 정신적인 효과도 마찬가지로 중요한데, 삿 비르는 이 둘을 구분하는 일을 영 내키지 않아 했다. "현대 의학에서 우리는 몸과 마음을 분리했습니다. 한편에는 정신과 의사가, 다른 한편에는 몸을 치료하는 의사가 있는데, 이들은 절대 서로 대화하지 않지요. 이건 말도 안 되는 일이에요." 몸과 마음은 불가분의 관계로 얽혀 있다. 마사지를 받거나 뜨거운 물로 목욕하면 신체적 효과와 정신적 효과가 서로 영향을 주고받으며 선순환의 고리를 형성한다. 몸을 이완하면 마음이 이완되고, 그렇게 되면 다시 몸도 더 누그러지는 것이다.

"요가도 같은 작용을 합니다." 삿 비르가 말했다. "특히나 스트레칭과 몸의 긴장을 알아차리는 일을 통해서 말이죠."

뇌 속에서 벌어지는 일은 여전히 분명하지 않은 채로 남아 있다. 2017년, 서던 캘리포니아 대학에서는 38명의 피험자를 대상으로 3개월에 걸쳐 요가 및 명상 은거 활동의 효과를 연구했다. 그 결과, 피험자들에게서 뇌유래신경영양인자(BDNF)의 혈장 수치가 크게 증가한 것으로 드러났다. 여기서 뇌유래신경영양인자란 뉴런의 성장과 생존에 관여하는 단백질로, 염증과 스트레스 반응 및 기분 등을 조절하는 데에 핵심적 역할을 담당한다. 또한 연구자들은 인터류킨10으로 알려진 단백질인 항염증성 '시토카인cytokine'의 수치는 증가한 반면, 염증성 시토카인인 인터류킨12의 수치는 감소했다는 사실도 함께 밝혀냈다. 염증이 우울감과 불안, 스트레스의 위협 요인으로 작용한다는 것은 잘 알려진 사실이다. 한편, 보스턴 대학 의과대학원의 크리스 스트리터Chris Streeter 박사는, 요가 수행이 항불안제와 술 등을 통해 분비되는 신경전달물질인 가바GABA의 수치를 증가시킬 수도 있다는 사실을 밝혀냈다. 가바는 뉴런의 흥분성을 억제해 마음을 진정시키는 효과가 있다고 알려졌다.

서던 캘리포니아 대학의 연구는, 뇌유래신경영양인자와 시토카인 수치에 미치는 효과가 아사나보다 명상적 태도에서 비롯했을 것이라는 가정하에 진행했다. 그렇다고 신체적 요소(정신적 요소와 별개로 볼 수 있다면)가 스트레스를 줄이는 데에 한몫을 담당할 가능성까지 배제한 것은 아니다. 한 가지 가설은 자율신경계의 기능에 관여하는 기다란 형태의 뇌신경인 미주신경과 연관된다. 여기서 자율신경계란 우리가 거의 또는 전혀 통제할 수 없는 신경계의 측면을 말한다. 심장박동과 호흡, 소화, 성적흥분, 투쟁-도피 반응처럼 의식적인 마음이 그곳에 가 있는지와 상관없이 계속 기능해야 하는 모든 작용을 조절하는 것이다. 말하자면, 의식적인 마음의 행정업무를 돕는 공무원인 셈이다. '미주신경 긴장도(Vagal tone)', 즉 심박수 조절과 위장관 운동성 등에 관여하는 미주신경의 활동 정도는 요가 수행과 심호흡에 영향을 받는 것으로 알려졌다. 미주신경을 자극하면 뇌유래신경영양인자와 가바 수치가 증가하는 데에 영향을 미치는 것으로 추정된다.

여기서 핵심은 호흡이다. 호흡의 빈도는 자율신경계에 직접적인 영향력을 미치는 것으로 보인다. 자율신경계는 교감신경계와 부교감신경계로 구성되는데, 전자는 투쟁-도피 반응(삿 비르의 표현처럼 '숲속에서 곰과 싸울 수 있도록 준비시키는' 기능)을 관장하고, 후자는 성적흥분과 침 분비, 소화, 배변 등과 같은 정지 상태에서의 활동을 자극한다고 알려졌다. 교감신경이 우리를 각성시킨다면, 부교감신경은 욕조에 물을 받고 향초를 켜는 역을 담당하는 셈이다. 이 두 체계는 상호보완적으로 기능하면서 신경과학자들이 '교감-부교감 균형(sympathovagal balance)'이라 부르는 상태, 즉 곰과 싸우고자 하는 충동과 잠옷 차림으로 소파에 드러눕고자 하는 충동 사이의 절충점으로 우리를 이끈다.

"현대를 살아가는 사람들 대부분은 교감신경 쪽으로 많이 치우친 교감-부교감 균형 상태를 유지합니다." 삿 비르가 설명했다. "거리로 나서면 우리는 차를 피해야 하고, 충동구매 욕구를 억누르려 애도 써야 합니다. 현대 사회에 만성적인 스트레스가 그토록 큰 문제가 되는 건 바로 이런 이유입니다." 요가와 명상은 자율신경계에 영향을 미쳐 이 균형을 바로잡아준다. "요가와 명상을 하면 교감신경의 활동을 누그러뜨리고 부교감신경의 활동을 촉진합니다. 호흡을 하면 즉시 이런 결과를 볼 수 있지요."

삿 비르는 스트레스 반응 관리를 장기적으로 훈련할 경우, 뇌 구조를 영구적으로 변화시킬 수 있다고 본다. "당신은 더 이상 편도체를 자극하지 않습니다. 두려움을 인식하고 처리하는 그 뇌핵 덩어리 말이에요. 따라서 당신의 편도체는 점점 더 작아집니다. 전처럼 많이 사용하지 않으니까요." 단기적인 효과는 일시적이지만, 역시나 주목할 만하다. 주세페 파그노니와 마찬가지로, 삿 비르 역시 초심자가 요가의 혜택을 더 빨리 경험할 것이라고 주장했다. "그들의 원숭이 마음은 조용해질 겁니다." 그가 말했다. "그들은 더 이상 스트레스를 받지 않아요. 스트레스에 더 이상 반응하지 않으니까요."

스트레스가 줄어들면 시간이 지나면서 마음의 상태가 영구적으로 변한다." 몇 개월에서 몇 년간 규칙적으로 훈련하는 사람들, 즉 명상과 요가에 전념하는 생활방식을 선택한 사람들은 평온하고 차분한 마음 상태를 더 깊고 지속적으로 경험할 겁니다." 이완 요법으로 시작한 것이 시간이 지나면서 자아 초월의 수단으로 서서히 변형되는 것이다. "2년에서 3년쯤 수행하고 나면 사람들은 '요가가 내 삶을 바꿨다'고 말할지도 모릅니다."

이런 변화를 겪다 보면, 종종 삶의 목표를 물질주의에서 더 자비로운 사람이 되고자 하는, 좀더 높은 차원으로 전환하기도 한다. 이런 긍정적인 심리학적 변화는, 실제로는 '마음을 가라앉히고 명상 상태에 들어 세상과의 합일감을 더 잘 경험할 수 있도록 중추신경계와 두뇌의 조건들을 형성해낸 결과'일 뿐이다. 자아에 대한 집착이 줄어들면서 우리는 점점 더 친절해진다. "이것을 영성(spirituality)이라 부르고 싶다면, 뭐 그래도 됩니다." 샷 비르가 말했다.

벌거벗은 젊은 남자가 벌거벗은 젊은 아시아계 미국인 여자에게 자신이 참석하는 6일간의 워크숍을 설명 중이었다. "이걸 '친밀감 언어의 바이오 해킹'이라고 한답니다." 그가 말했다.

"아 그렇군요." 그녀는 젊은 남자보다는 바다 위를 떠다니는 다시마숲 쪽에 시선을 둔 채 대화하는 중이었다. 우리는 캘리포니아주 빅 서의 은거 명상센터 에솔렌 인스티튜트Esalen Institute의 절벽 옆에 붙은 실외 유황온천에 서 있었다. 카사 파르바티 및 에솔렌의 뒤를 이은 세계 전역의 상업적 은거 명상센터처럼, 이 곳의 프로그램은 물질주의적 인생 목표에서 한 걸음 물러설 기회를 명백히 물질주의적인 가격에 제공했다.

젊은 남자가 계속 말을 걸었다. 그가 바이오 해킹 워크숍을 특별히 좋아하는 이유는, 일터에서는 말할 수 없는 주제에 관해 다른 사람들과 이야기할 수 있어서였다. 인간관계나 뭐 그런 것들 말이다. "이 워크숍은 정말이지, 인간적으로 완전히 연결된 느낌이 들게 해줘요." 그가 말했다.

그녀는 캘리포니아인이 거칠게 반대의견을 표할 때 종종 써먹는 발랄하면서도 무뚝뚝한 미소를 지어 보였다. "인간적으로 연결된 느낌은 다른 상황에서도 얼마든지 느낄 수 있을 텐데요."

그는 더 이상 말을 잇지 못했다. 한 가지 점만 제외하면 이건 전형적이면서도 가슴 아픈 한 미국인 남성의 구애 현장이었다. 그는 과거 그의 할아버지만큼이나 조심스러울 뿐 아니라 소심해졌고, 그녀는 퉁명스럽게 주도권을 행사하며 남성과 거리를 두었다. 유일한 차이점은 그들이 벌거벗고 있다는 사실뿐이었다. 하지만 그녀는 물속에 선 채로 상체를 그와 신선한 바닷바람에 노출한 만큼, 상황의 성격은 극적으로 배가되었다. 그것은 마치 1950년대 사람들이 흔히 겪은 '무도회 전야의 악몽'과도 같았다. 사실 에솔렌에서 몸을 노출하는 것은 나체주의자의 야영지에서만큼이나 흔해서 성적으로 별로 흥분되지도 않는다. 역시나 벌거벗은 몸을 물속에 담그고 있던 나로서는 무척 다행스러웠지만, 그래도 노출된 살결이 보이지 않는 구석으로 눈을 돌리면서 아무렇지 않은 척해야 했다.

한때는 평판 나쁜 온천 휴양지였던 에솔렌은(1950년대 이후 이 '점판암 온천'은 LA와 샌프란시스코 지역 동성애자의 기호에 영합하면서 한동안 저널리스트 헌터 톰슨Hunter S. Thompson•의 날카로운 감시를 받기도 했다.) 새로운

• 참여 관찰에 기반을 둔 공격적인 글쓰기 양식으로 유명한 미국의 언론인 겸 작가 – 옮긴이

'인간 잠재력 회복운동(Human Potential Movement)'의 중심지를 표방하며 1962년에 설립되었다.

이곳의 설립자는 스탠퍼드 대학 심리학과를 졸업한 마이클 머피Michael Murphy와 딕 프라이스Dick Price인데, 이들의 의도는 일련의 세미나와 '경험적 활동'을 통해 인간 의식에 잠재된 가능성을 탐색하는 것이었다. 험준하고 강렬하게 아름다운 캘리포니아 해안가의 이 온천 지대는, 센터 이름을 따온 이 지역의 인디언 부족 에솔렌이 베이 에어리어에서 남쪽으로 이주한 이래 최소 6천여 년 동안 종교적 또는 치유적 목적으로 활용한 듯하다. 에솔렌 부족은 다양한 물(바닷물, 온천수, 주변의 개울에서 흘러드는 담수 등)이 모여드는 이곳이야말로 죽은 이들을 묻고 숭배하기 알맞은 장소라고 생각한 것 같다. 훗날 머피와 프라이스는 이곳이 환각제와 동양 신비주의, 자기실현에 사로잡힌 시대의 새로운 중심지가 될 것이라고 예견했다. 이들의 감독하에 에솔렌은 마이클 머피의 스탠퍼드 스승인 프레데릭 슈피겔베르크Frederic Spiegelberg가 '무종교의 종교(the religion of no religion)'라고 부른 운동의 성지로 자리 잡게 되었다.

에솔렌을 미국 전역에 널리 알린 사건을 하나 꼽자면, 1963년 성사된 독일 태생의 정신분석가 프릿츠 펄스Fritz Perls의 방문을 들 수 있다. 원래 정통 프로이트 학파였던 펄스는(비록 만나지는 못했지만 그는 1936년도에 프로이트를 직접 방문했다.) 억압된 기억에만 초점을 맞추는 스승의 기법에 점차 환멸을 느끼다가, 결국에는 실존주의 심리학과 선불교의 도움을 받아 '현재'에 초점을 맞추는 새로운 기법을 개발했다. 그는 이 기법을, '형태'나 '모양'을 의미하는 독일어 단어를 빌려와 '게슈탈트 치료(Gestalt therapy)'라고 불렀다. 그에게 중요한 것은 어린 시절의 트라우마가 아니라 지금, 여기에서 느끼는 주관적인 경험 그 자체였다.

환자들은 이 접근법을 매우 불편하게 느낄 수 있다. 우선, 10명에서 15명의 환자가 방 안에 모여 앉아 일종의 '대면 집단'을 형성하게 했다. 오래도록 억압된 트라우마는 더 이상 중요하지 않았으므로, 펄스는 기꺼이 새로운 트라우마를 제공했다. 그는, '나는 나다, 나는 틈날 때마다 섹스를 한다, 나는 뱃사람 뽀빠이다.'를 모토로 삼을 만큼 다혈질적인 성격과 거친 입, 넘치는 성욕을 지니고 있었다. 펄스는 환자들을 '뜨거운 의자'에 앉히기를 좋아했다. 환자를 사람들 앞에 앉힌 뒤, 공격적이고 조롱 섞인 비평으로 환자의 방어 기제를 들춰내면서 그의 인격을 특성별로 해체해 나갔다. 견디든 자리를 박차고 나가든 마음대로 하라, 이것이 치료의 원칙이었다. 게슈탈트 치료는 과거를 잊고, 아무리 고통스럽더라도 자신의 주관이 투영된 눈앞의 현실을 직시하게 함으로써 환자를 일관된 전체, 즉 '게슈탈트Gestalt'의 상태로 이끌어 주었다.

곧 기적적인 새 치료법에 관한 소문이 퍼지기 시작했다. 펄스는 자신에게 치료받고 1.0의 시력을 회복했다는 환자들의 안경으로 사무실 벽을 도배하기도 했다. 1967년, 심리학자 윌 슈츠Will Schutz가 합류해 펄스의 게슈탈트 요법을 발달시켜 나갔지만, 치료상의 책임은 치료자에서 환자의 동료들로 옮겨갔다. 역시나 힌두교의 아난다ananda, 즉 지복의 개념에 영향받은 슈츠는, 모든 인간이 억제되지 않은 온전한 기쁨의 상태로 태어났지만 훗날 사회에 의해 억압당하고 왜곡되었다고 주장했다. 슈츠의 게슈탈트 요법은 그 근원적인 기쁨을 되살려내도록 고안되었다.

펄스는 슈츠와 그의 추종자들을 '즉흥적인 기쁨밖에 모르는 소년들'이라 부르며 무시했지만, 그들의 접근법은 상호의존적인 단일체나 다름없었다. 이 둘 모두는 현재 순간에 대한 자각을 중시하는 동양의 명상 전통과 서구의 현대 심리학을 하나로 융합한 결과물이었기 때문이다. 이 융합의 결과는, 관찰할 수 있는 현실에 뿌리를 둔 채 그 너머의 의식을 동경하면서도 기성 종교에 대해서는 '오컬티즘의 진흙탕'이라고 할 만큼 경멸 어린 태도를 취하는, 일종의 탈신비화된 신비주의였다. 펄스와 슈츠의 게슈탈트 요법은 즉각적인 만족을 이끌어낼 수 있도록 고대의 영성 훈련을 캘리포니아식으로 새롭게 소화해낸 결과물이었다.

60년대 말 즈음, 에솔렌은 게슈탈트 요법과 역시나 '지금 여기'의 중요성을 강조하는 상호보완적인 다른 훈련들(요가, 명상, 마사지 등)로 세계적인 유명세를 떨치게 되었다. 에솔렌은 한 번쯤 꼭 찾아가 머무를 가치가 있는 장소였다. 비틀즈 멤버 조지 해리슨은 시타르(인도의 현악기) 연주가 라비 샹카르Ravi Shankar와 함께 즉흥 연주를 하기 위해 헬리콥터로 이곳을 방문하기도 했다. 배우 샤론 테이트 역시 살해당하기 전날 밤 이곳에서 펄스와 함께 머물며 지도를 받았다. 또한 당대의 히피 무리들도 세계적인 뮤직 페스티벌이 열리곤 하는 베이 에어리어에서 이곳으로 넘어와 캠핑을 하면서 엄청난 양의 환각제를 소비했다.

"세계의 영성 센터들은 수십 년마다 자리를 바꿉니다." 구글의 전직 프로덕트 매니저로 2017년 에솔렌의 상임이사로 임명된 벤 타우버Ben Tauber가 말했다. "1960년대에는 샌프란시스코가 그런 중심지 역할을 했습니다. 샌프란시스코의 어느 지역이냐고 묻는다면, 에솔렌이라고 답하겠습니다."

거의 60여 년간 에솔렌이 추구해온 급진적인 비전은 주류 문화의 일부로 통합되었다. 요즘에는 참가자 대부분이 5일에서 7일간 진행되는 워크숍에 참석하기 위해 이곳을 찾는다. 그들은 요가과 명상을 훈련하고, 에솔렌의 토대가 되는 종교적 전통('불교 탄트라와 마하무드라의 길')을 공부하고, 대면 집단('트라우마, 기억, 그리고 자기 회복', '고통은 잠시뿐이다' 등)에 소속되어 자신의 심리적 장애물과 한바탕 대결을 벌인다. 프릿츠 펄스는 1970년에, 윌 슈츠는 2002년에 각각 세상을 떠난 후, 요즘 게슈탈트 치료는 훨씬 온건하고 좀더 정중한 분위기에서 진행된다. 워크숍의 대안 중 하나는 인요가, 기공 그리고 '삶의 패턴을 춤으로 표현하고 실현할 수 있도록' 돕는 게슈탈트 무브먼트 등 주말 동안 개최되는 일일 강좌들이다. 방문자의 대략 절반 정도가 베이 에어리어와 LA 출신으로, 사회경제적 입지는 서로 비슷하지만 연령대는 매우 다양하다. 시간과 재정이 넉넉한 젊은 중산층 대학 졸업자, 호화 유람선은 내키지 않는 종교적 성향의 은퇴자, 점점 늘어가는 부유한 중년층 세대, 스트레스에 지쳐 유익한 취미 생활을 찾는 전문직 종사자 등이다. 에솔렌은 내가 이비사 같은 곳에서 경험한 현실을 좀더 뚜렷하게 구현해낸 하나의 사례에 지나지 않았다. 은거는, 적어도 웰니스 산업이 운영하는 상업화된 형태로만 국한해 말하자면, 사실상 특권층의 전유물이다.

올더스 헉슬리Aldous Huxley의 이름을 딴 대나무 바닥의 미팅룸에서(에솔렌 설립자에게 지적으로 가장 영향을 미쳤을 만한 심리학자 에이브러햄 매슬로Abraham Maslow의 이름을 딴 공간도 있었다), 나는 벨벳 쿠션에 머리를 댄 채 담요 아래에 누워 있었다. 데바라는 치료사가 소리굽쇠와 크리스탈 싱잉볼, 가죽끈이 달린 소형 심벌즈 '팅샤'를 두드리면서 이리저리 걸어 다녔다. 헉슬리는 주요 공간 위층의 작은 미팅룸으로, 겉모습은 호화스러운 헛간 같았다. 에솔렌의 '인식의 문'*들은 전부 맞춤형으로 제작되었다. 주변 바닥에 엎드린 채 카펫에 귀를 기울이는 40여 명의 다른 참가자와 함께, 나는 순수한 조화와 자각의 상태를 목표로 '성스러운 소리 여행' 중이었다. 스트레스를 받거나 불안을 느끼면 세포가 나쁜 주파수대에서 진동하지만, 싱잉볼 같은 도구의 소리를 들으면 조화로운 주파수대를 회복하는 데에 도움이 된다고 데바는 설명했다.

그런데 사실 이 훈련은 세탁기 위에서 잠들려고 애쓰는 것이나 다름없었다. 데바가 도구들을 두드릴 때마다, 나는 뺨이 사정없이 떨리는 것을 느낄 수 있었다. 호흡 명상에서 호흡을 집중의 대상으로 활용하듯, 이 명상의 목표는 소리를 주의력의 초점으로 활용해 할 일 목록과 막무가내로 솟아나는 기억들, 정신적 쓰레기들을 떨쳐내는 것이었다. 하지

---

* 올더스 헉슬리가 쓴 책의 제목 – 옮긴이

만 이날 아침의 바디 스캔 명상 때처럼, 나는 쿠션과 향냄새가 너무 편안해서 팅샤 소리가 들릴 때까지 그만 잠들고 말았다. 팅샤가 울리면 우리는 자리에서 일어나 반가부좌 자세로 명상해야 했다.

"여기서는 모든 것이 감미롭게 느껴지는군요." 반대편에 있는 남자가 미소를 지으며 말했다.

소리 여행이 끝난 후, 나는 워싱턴에서 온 마케팅 담당 이사인 크리스타와 대화를 나누었다. "이 아름다운 장소에 있다 보면 감각이 되살아나는 걸 느끼게 돼요." 머물던 방에서 붓다 가든으로 걸어가는 동안 그녀가 말했다. "바다에서 불어오는 시원한 바람, 바위에 부딪히는 파도 소리, 따뜻한 목욕물, 이 모든 것이 감각의 문을 활짝 열어주는 것 같아요. 저는 그동안 이런 감각을 경험하는 데에 시간을 거의 내지 않았다는 사실을 깨달았어요."

햇살이 내리쬐고 부드러운 바람이 부는 완벽한 오후였다. 크리스타와 나는 말끔하게 정돈된 허브 나무와 핑크빛 꽃들이 에워싼 벤치에 걸터앉았다. 나무가 있는 정원과 탁 트인 부지 전체를 뒤덮은 자연스럽게 잘 다듬어진 잔디밭 너머에는 죽데기(통나무 표면에서 잘라낸 널조각)로 만든 울타리와 바다 위로 솟은 절벽이 있었다. 잔디가 무한대로 펼쳐진 듯한 느낌을 주는 이 풍경은 매혹적이면서도 약간 기묘했다. 크리스타는 개인 생활을 무시한 채 밤늦게까지 책상에 앉아 기계처럼 일하는 '극단적 일중독' 성향이 자신에게 있다고 인정했다. "저는 일단 일을 시작하면 먹는 것도, 씻는 것도 잊어버린 채 일에만 몰두해요. 정신을 차리고 보면 새벽 1시죠. 그냥 일만 하는 거예요."

이제 오십 대 초반인 그녀는 '새로운 의도'를 품고 살겠다고, 알아차리지 못한 채 삶이 줄줄 새어나가지 않도록 하겠다고 스스로와 약속했다. "인생 3막인 다음 25년은 경이로운 시간이 될 거예요." 그녀가 말했다. "제가 주의를 기울이기만 한다면 말이죠." 에솔렌의 '경험적이고 감각적인' 특성은 지금 여기에 주의를 기울이겠다는 크리스타의 의도와 정확히 일치한다. "중요한 건 새로운 무언가를 배우는 것도, 마음의 영역을 확장하는 것도 아니에요. 정말로 중요한 건 그저 존재하는 거예요."

최근 들어 에솔렌은 정신적 토대인 반문화 운동의 원칙을 저버렸다고 비난받았다. 원인 중 하나를 꼽자면, 이런 단체에 기대하는 '진실성'이라는 막중한 짐 때문이다. 물론 '무엇이 진짜인가?'라는 문제는 모든 형태의 관광업에서 성가신 일이고, 특히 중산층이 대상인 경우는 더 까다롭지만, 제공되는 서비스가 진실성 그 자체일 때는 그 부담이 훨씬 크다. 사람들은 신체적·정서적·영적 차원의 진실성과 온전성을 회복하기 위해 에솔렌 같은 장소를 찾기 때문에 그곳에서 온전한 서비스를 보장받아야 한다. 착취나 부정의 흔적이 감지되기라도 하면 게임은 그것으로 끝이다. 이 문제는 현대식 자기 계발이 동양 종교와 서양 심리치료가 뒤죽박죽된 복합적인 성격을 띤다는 사실 때문에 한층 더 복잡해진다. 당신이 등록한 요가나 명상, 기공 훈련이 지난주 화요일 캘리포니아에서 만들어졌다면 문제가 될까? 이 경우는 돌팔이인가 아니면 현대적

재창조인가? 나는 미국이나 유럽은 물론 인도의 은거 명상지에서도 계속 이 질문에 맞닥뜨렸다. 스스로의 구원 가능성을 믿고자 하는 인간의 강렬한 욕구를 감안할 때, 당신은 자신이 속은 것이 아니란 사실을 어떻게 확신하는가?

또 다른 비난은 에솔렌이 중산층의 기호만 배타적으로 충족시켜 왔다는 것인데, 이런 비판은 전혀 새롭지 않다. 반문화 운동은 사실 그 옹호자들이 원한 것만큼 평등주의다운 운동은 아니었다. 에솔렌의 교사였던 에이브러햄 매슬로는 그의 유명한 '욕구 위계 모형(Hierarchy of Needs)'에서 이점을 분명히 보여주었다. 그에 따르면, '자기실현'은 음식과 따뜻한 집, 휴식 등과 같은 인간의 기본 욕구가 충족되고 나서야 비로소 가능했다. 당시 미국에서 환각과 영성에 탐닉할 여유시간이 있었던 것 역시 전후 경제적 호황의 혜택을 입은 백인 대졸자 젊은이들뿐이었다. 톰 울프Tom Wolfe는 1964년에 이미 이 문제를 지적했다. 그는 《전기 쿨에이드 산 실험(The Electric kool-Aid Acid Test)》이란 책에 이렇게 썼다. '에솔렌은 교육받은 중산층 성인들이 여름 휴가철에 찾아와 기분 전환을 하고 한가하게 몸이나 푸는 장소였다.' 1990년에는 고속도로에 있는 에솔렌 진입 표지판 위에 '부유한 백인들을 위한 헛소리'라는 그래피티가 그려지기도 했다.

에솔렌의 상업적 성공은 설립 당시 주요 고객으로 삼았던 층의 규모가 더 커졌다는 사실로도 증명된다. 스스로를 SBNR(spiritual, but not religious), 즉 '영적이지만 종교적이지는 않은' 사람으로 묘사하는 히피와 구도자의 숫자가 크게 늘어난 것이다. 그렇게 유대—기독교 신자가 빠져나간 자리를 형이상학적 도박꾼이 차지했다. 게슈탈트 심리학자로 2000년대 초부터 에솔렌 회장직을 맡은 고든 휠러Gordon Wheeler는 이들 SBNR을 서양 사회의 '모달 그룹modal group', 즉 주류는 아니지만 기독교인과 근본주의자, 무신론자보다 규모가 더 큰 집단으로 묘사했다. 이제 모든 경영 컨설턴트는 힐링 크리스탈 팔찌 하나쯤은 차고 다녀야 했다. 2017년, 에솔렌은 고속도로에서 일어난 산사태 때문에 8개월 동안 문을 닫았다. 매달 13억 이상의 재정적 타격을 입은 후, 사람들은 에솔렌이 가장 부유한 계층의 비위만 맞추는 기관으로 전락했다고, 이제는 고대 종교의 전통을 빌려다 세속적인 웰니스 상품으로 포장하는 최고급 리조트 기업과 별반 다르지 않다고 비판했다. 이렇게 반문화 세력이 자본에 점차 잠식돼 가는 현상은 그리 드물지 않았다.

에솔렌에서 시간을 보내자면 분명 비용이 많이 든다. 주말 동안 머무는 비용만 해도 무려 400만 원에 이르며, 한 주 동안 머물려면 거의 900만 원이 넘는다. 에솔렌은 빅테크 분야에서 일한 벤 타우버를 상임이사로 임명하면서 종교적 내용으로 구성한 기존의 프로그램에 디지털 색채를 가미했다. 내가 방문했을 때도 워크숍 목록에 '의식하는 인공지능', '블록체인과 가상화폐' 같은 프로그램이 있었다. 이 선택으로 에솔렌은, 사업이나 돈과 관련해 걱정과 불안을 품은 청년 기업가를 이용해 실리콘 밸리의 치료 기관으로 변질되고 있는 것은 아닌지 의심을 샀다. 사실 에솔렌은 주차장에 새로 설치된 테슬라 전기차 충전소만큼이나 이질적인 장소로 변했다.

벤 타우버 후임으로 온 테리 길비는 이런 관점에 이의를 제기했다. "맞아요, 주말 동안 에솔렌에 머물려면 400만 원이 듭니다." 그가 말했다. "하지만 참가자들은 그동안 음식도 먹고, 워크숍에도 참가하고, 은거 활동에 참여할 기회도 얻죠." 바다 전망의 개인실, 삼나무 데크, 실외 욕조, 개방형 벽난로가 있는 고급 숙박 시설 역시 비싼 비용을 지불하고 응접실 바닥에 누워 있는 참가자들이 누리는 혜택 중 하나였다. 에솔렌은 특정한 한 가지 필요를 충족시키기 위해, 즉 점점 더 물질주의적이고 파편적이고 삭막해지는 사회에서 벗어나 휴식을 취할 은신처를 제공하기 위해 존재하는 장소였다. 이 목표를 위해 에솔렌 같은 센터가 스스로 거부해야 마땅할 물질만능주의에 굴복하는 모순된 태도를 보이지만, 테리는 여기에 아무런 거리낌이 없는 듯했다. 사실 산사태 이후 에솔렌은 '운영방식 개편'과 '사업 정리' 중 하나를 선택할 수밖에 없었다.

에솔렌의 단골이자 대형 의료보험 업체 카이저 퍼마난테의 기술 감독이었던 테리는, 벤 타우버처럼 영성과 기술의 세계 양쪽에 걸쳐 있었던 만큼, 히피적 신비주의와 경영 전문용어를 기묘하게 섞어 사용했다. 에솔렌이 방문객에게 '속도를 늦추고, 접속을 끊고… 다른 차원에서 주변 사람들과 유대감을 느끼고, 고요히 앉아 사색에 잠길' 기회를 계속 제공하고자 한다면, 운영자가 추구해야 할 목표는 결국 단 하나밖에 없었다. 더 높은 차원의 서비스를 제공하는 것이다.

저녁 식사 후 나는 모래가 깔린 길을 따라 돌아와서 다시 온수 욕조에 몸을 담갔다. 탈의실에서 옷을 벗고 샤워한 뒤, 그 벌거벗은 연인과 함께 머물던 공용 온탕 속으로 미끄러져 들어갔다. 지평선에서 어둠이 깔린 내륙의 산들로 이어지는 드넓은 하늘에는 별들이 구멍처럼 뚫려 있었다. 그곳에서는 여기저기서 흐릿하게나마 썩은 달걀 냄새가 났다. 나는 프레즈노에서 온 전문 공중 곡예사 겸 힐러인 아메시스트와 잡담을 나누게 되었다. 목욕 시설 내부는 대체로 조명이 어두워서 아메시스트의 외관을 정확히 파악하기는 힘들었다. 주변의 다른 사람도 여기에 턱뼈, 저기에 쇄골, 이런 식으로 달빛에 비친 희미한 윤곽으로만 간신히 식별할 수 있었다. 옷을 다 벗어야 했지만, 바로 그 사실 때문에 이 목욕 시설은 해 질 무렵에 특히 더 인기가 있었다. 이런 분위기 때문인지 이곳에 모인 사람들은 세속적인 고백 같은 대화를 나누곤 했다.

아메시스트에게 여기에 온 이유를 물어보았다.

"아, 저는 '와일드 우먼스 웨이'에 참석하려고 왔어요." 그녀가 말했다.

"그게 뭐 하는 건지 말해줄 수 있나요?"

"5일간 진행되는 워크숍이에요." 아메시스트가 설명했다. "기본적으로 해방된 여성성의 원형을 존중하는 과정이에요. 제 말 아시겠어요?"

"아직 잘 모르겠네요."

"한마디로, 대지와 연결되고 조류와 별 같은 것들의 움직임을 느끼는 거예요. 평소 억눌려 있던 날것 그대로의 여성성이 표현될 수 있도록 기회를 제공하자는 거겠죠."

"그 과정은 구체적으로 어떻게 진행되나요?"

"가장 중요한 건 여성성의 원형을 느끼고 구현해내는 거예요." 아메시스트가 다시 자신을 얻은 듯한 목소리로 말했다. "예를 들면, 몸이 노래를 부르게 할 수도 있고요. 아니면 무엇을 느끼는지 묻고 그 느낌에 맞게 몸을 움직일 수도 있어요."

"몸에 질문을 한다고요?"

"그렇죠. 그런 뒤에 그 느낌이 움직임으로 표현돼 나오도록 내버려 두면 돼요." 아메시스트의 확신은 처음 나타났을 때만큼이나 빠르게 시들해진 듯 보였다. 에솔렌에서 나눈 대화는 대개가 이런 식이었다. 나도 상대도 대화를 나누는 주제에 관해 분명히 이해하지 못한 것이다. 어두운 바다 앞의 유황온천에서 나눈 이 대화 역시 그 의미가 아메시스트의 광대뼈에 비친 달빛만큼이나 희미하고 모호했다. 그녀에 따르면, 이런 은거의 근본적인 목적은 알려지지 않은 것을 향해 마음의 문을 연 채로 생생히 살아 있는 것이었다.

"이건 훌륭한 태도예요." 그녀가 말했다. "무슨 일이 일어나는지 보자는 거죠."

목욕 후, 밝게 불이 켜진 숙소로 돌아오다가 온천에서 본 젊은 남성과 마주쳤다. 난간에 몸을 기댄 채 바다를 바라보던 그는 자신을 에릭이라고 소개했다. 나는 그에게 '친밀감 언어의 바이오 해킹'에는 어떤 활동이 있는지 물어보았다.

그는 확신을 못 했다. "뭐 지금까지의 경험으로 보자면 훈련이나 강연 같은 것들로 구성된다고 추측할 수 있겠죠."

잘 다듬어진 머리에 목 주변 단추를 푼 셔츠 차림의 에릭은 스포츠 바•
나 공항 라운지에서 흔히 볼 수 있는 유형으로 보였다. 그는 워크숍의
세부 사항 같은 것은 부수적이라고 여기는 듯했다. "여기서 누릴 수 있
는 주요 혜택은 비슷한 생각을 가진 사람들을 만날 수 있다는 거예요."
그가 말했다. 에릭은 새크라멘토에서 온 부동산 중개업자였다. 그는 여
가 시간에 컨트리클럽에 가서 골프를 치면서 시간을 보내곤 했다. 그에
게 에솔렌은 평소 억눌린 것들을 해소하기 위한 하나의 배출구와도 같
았다. 에릭은 불빛이 비추는 나무 너머로 이제는 어둠 속에서 하나가 된
바다와 하늘을 바라보았다.

"제 컨트리클럽에서 스프에 글루텐이 첨가된 건 아닌지 묻는 사람은
저밖에 없습니다." 그가 말했다. "어떻게 보면 저는 취향이 좀 특이한 것
같아요. 하지만 이곳에 오면 저는 여기가 내 집인 것 같은 느낌을 받습
니다. 무슨 말인지 아시겠죠?"
삿 비르 싱 칼사가 일상의 모든 일에서 벗어나는 해방감이라는 의미로
'휴가 반응(the vacation response)'이라고 부른 효과는, 분명 단기간의 은
거에서 비롯한 중요한 혜택 중 하나이다. 삿 비르는 이렇게 말했다. '당
신은 더 이상 부엌으로 걸어 들어가지도, 탁자 위에 놓인 고지서를 들여
다보지도 않습니다. 누구도 당신에게 소리를 지르거나 윽박지르지 않
으며, 전처가 전화를 걸어 당신을 찾는 일도 없습니다.' 이런 의미의 은

• 술을 마시면서 스포츠 경기를 시청할 수 있도록 꾸며놓은 술집 - 옮긴이

거는 책상 밑에 일주일 동안 숨어 있는 것과 별 다를 바 없다. '은거지에는 스트레스 반응을 일으키는 모든 이미지와 소리가 없습니다.' 지금까지 연구한 수많은 결과는 '자연 속에 머물면 마음을 진정시키는 데에 도움이 된다'와 같이 상식적인 사실을 입증했다. 가시광선 중 녹색은 파장의 길이가 중간 정도이고, 파란색은 파장이 가장 짧다. 몇몇 연구자는 이런 조건 덕분에 녹색과 파란색을 더 쉽게 인식하기 때문에, 나뭇잎이나 바다를 볼 때 신경계가 안정된다고 주장하기도 한다.

그렇다면 카사 파르바티나 에솔렌 같은 은거지가 제공한다고 주장하는 추가 혜택은 어떤가? 그런 혜택은 정말 있는가, 아니면 이런 은거지에 갈 바엔 차라리 해먹 위에서 책을 읽는 것이 훨씬 더 나은가? 요가와 명상(또는 기공, 소리 명상, 여성성을 표현하는 춤 등)의 구체적인 효과를 확인하기는 극히 어렵다. 하지만, 삿 비르와 그 동료들이 연구한 결과는 아사나와 명상 기법을 집중적으로 훈련하면 고요하고 푸르른 환경에 대한 '휴가 반응'을 몇 배는 증폭할 수 있다는 사실을 보여주었다.

물론 조직화된 스케줄에서 얻는 혜택도 간과해서는 안 된다. 스케줄이 제대로 짜여 있을 때, 우리는 할 일이 아무것도 없다는 그 역설적인 부담감에서 벗어날 수 있다. 사실 은거는 선택으로부터의 휴가나 다름없다. 어디에서 먹고 어느 해변으로 갈지, 벼룩시장이나 이화산*, 놀랍도록 흥미진진한 인형의 집 박물관 중 어디로 갈지 선택해야 하는 고충

---

* 땅속 천연가스나 뜨거운 물이 분출되면서 진흙을 함께 내뿜어 화산처럼 형성된 작은 언덕 – 편집자

을 겪지 않아도 되는 것이다. 해안가에서 보내는 한 주는 우리를 더 고요하게 만들 수도, 그렇지 않을 수도 있다. 하지만, 삿 비르의 관점에서는 해안가에서 요가를 하며 보내는 한 주는 마음을 고요하게 만들어줄 가능성이 훨씬 더 높다. 게다가 그런 은거는 해부학적 차원에서 영구적인 변화를 일으키는, 장기적인 수행의 시작점이 될 수도 있다. 말하자면 은거는 휴양의 효과를 두 배로 높이는, 매우 강도 높은 휴가인 셈이다.

※

이비사 일정을 마감하기 이틀 전 점심 시간. 채식 성향의 주방장 헤이즐이 글루텐을 함유하지 않은 밀가루로 만든 유부 국수와 아보카도 샐러드, 표고버섯 파테*, 얇게 썬 만체고**('양의 젖은 분자 크기가 작아서' 괜찮다고 한다) 등을 준비했다. 나는 조와 프랜 옆으로 의자를 끌고 왔다. 은거가 거의 끝나가는 지금, 그들은 무슨 생각을 할까? 즐거운 시간을 보냈을까?

"모든 것이 좋았어요." 조가 말했다. 이어서 낮은 목소리로 덧붙였다. "음식만 빼고요." 지난밤 헤이즐은 끈적끈적한 스피루리나*** 가닥이 든 샐러드를 내놓았다. 프랜은 헤이즐이 준비한 거의 모든 음식에 느글

● 각종 재료를 갈아 만든 소를 채우고 밀가루 반죽을 입혀 오븐에 구운 정통 프랑스 요리 – 편집자
●● 양젖으로 만든 치즈 – 옮긴이
●●● 다양한 영양소를 함유한 해조류의 일종 – 옮긴이

거리는 해조류가 들어 있는 것 같다면서 불평했다. "솔직히 말해, 좀 구역질 나요."

"뭐가 제일 그리웠어요? 음식 중에서요." 그날 밤 우리는 은거지에서의 마지막 밤을 기리기 위해 인근의 이탈리아 레스토랑을 예약해두었다. 음식과 관련된 모든 제약은 사라질 예정이었다.

"빵이요." 조가 말했다. "밀이 든 빵."

"와인도요." 프랜이 말했다. "근데 와인도 음식으로 치나요?"

"좋아요." 내가 말했다. "헤이즐과 가장 거리가 먼 음식 나열하기 놀이를 해봅시다. 자, 프랜부터."

"맥도날드에 있는 그거, 뭐라고 하지? 아이스크림 같은 거."

"맥플러리." 조가 말했다.

"리세스 피넛 버터 컵 초콜릿이 든 맥플러리요."

"나도 생각났다." 조가 말했다. "그레그의 소시지롤 샌드위치."

"긴스터즈의 하루 종일 아침 식사 패스티 샌드위치." 내가 말했다. "마더스 프라이드의 식빵으로 만든 거요."

이후 조와 나는 직장을 그만두고 요가 술집 체인 사업을 하는 것에 관해 이야기를 나누었다. 회사명으로는 '가슴, 무릎, 턱(The Chest, Knees and Chin)'과 '견상자세(The Downward Dog)' 등이 거론되었다. 우리는 저차원의 풍자로 완성된 이 작은 반란을 꽤 즐거워했다. 은거 활동을 상당히 즐긴 만큼, 이곳의 원칙은 얼마든지 악의 없는 놀림의 대상이 될 수 있었다. 다음날 아침, 나는 특히 힘들었던 자세(바퀴 자세, 선 상태로 손이 바닥에 닿을 때까지 몸을 뒤로 구부리는 차크라사나(chakrasana)를 취한 채 30초나 견뎌야 했다. 내 지구력은 갈수록 나아지고 있었다. 이 점에는 의심의 여지가 없었는데, 그 와중에도 평온함을 느꼈기 때문이다. 몸과 마음은 이완되어 있었다. 모두가 그랬다. 조가 특히 놀랐던 것은, 다른 사람과 함께 있는 일이 진심으로 편안하게 느껴졌다는 사실이다.

"우리에겐 공통되는 면이 있어요." 조가 말했다. "제가 보기에 우리가 서로에게 개방적일 수 있는 건, 여기에 온 목적이 같기 때문이에요. 집에 있을 때보다 은거지에서 보낸 요 며칠 동안 사람들을 더 잘 알게 된 것 같아요."

조는 이런 식으로 인정하는 일에 관대한 성격이 아니었다. 오히려 내가 조와 함께 보내는 시간을 좋아한 것은 그녀의 친밀감 속에 섞인 회의주의의 흔적 때문이었다. 조는 표현을 억제함으로써 오히려 더 두드러지는, 영국식의 다정함을 지닌 사람이었다. 은거지에서는 이런 태도가 그리 드물지 않았다. 우리는 한 걸음 물러서되 완전히 돌아서지는 않고, 자신과 비슷한 사람들과 더 많은 시간을 함께하는 데에서 오는 일종의 유대감을 만끽했다. 이완되면 될수록 더더욱 방어하지 않게 되고, 동료들과의 유대감이나 동질감도 그만큼 더 커지는 기분이었다. 각자의 방어 심리가 서로의 유대를 가로막았던 셈이다. "이런 관계는 마음을 재충전하는 것 같아요." 조가 계속 말했다. "다시 인류에 소속된 데서 오는 일종의 만족감 같은 걸 안겨줘요."

카사 파르바티 곳곳에 있는 소파와 보조 테이블 위에는 여기서 체험할 수 있는 요법들이 적힌 메뉴판이 있었다. 반사요법*, 아유르베다식 마사지, 샤머닉 힐링shamanic healing. 추측하기에, 이 요법들은 내가 이비사에서 보게 되리라 예상했던 바로 그 돌팔이 서비스였다. 게다가 카사 파르바티에서 제공하는 모든 서비스 가운데 가장 소소했다. 그런데 내 동료들은 이들 중 '헛소리 경고등'이 가장 크게 울릴 것 같은 요법을 가장 신뢰하는 것 같았다. 소냐라는 신비스러운 스위스 여성이 이끄는 시간당 20만 원짜리 '신체 변환 치료(Somatic Transformation Therapy)'였는데, 조는 점심시간에 메뉴를 보고는 그 서비스를 받아보기로 했다.

"정말요?" 내가 말했다. "그거 약간 허튼소리처럼 들리지 않아요?"

조가 잘 모르겠다는 듯 손을 들어 올렸다. "전 좋다고 들었어요."

그날 오후, 나는 수영장 옆 안락의자에서 먼 곳을 응시하는 조를 만났다. 그녀는 감정을 추스르기 위해 담배를 피워댔다. 조가 거의 말을 할 수 없는 상태였기 때문에 그녀와 소냐 사이에 무슨 일이 있었는지는 알 수 없었다.

"당신도 한번 해봐요." 그녀가 숨을 헐떡이면서 말했다. 나로서는 그녀처럼 건조하고 냉정한 사람의 입에서 나온 이 말을 완전히 무시할 수 없었다. 게다가 나는 수강료 20만 원 외에는 사실 잃을 것도 없었다.

소냐는 큰 키에 날씬하고 말쑥했으며, 헝클어진 긴 머리와 최면을 거

---

* 신체의 특정 부위에 압력을 가해 압력점과 연계된 기관을 자극함으로써 기능을 향상시키는 기법
  – 편집자

는 듯한 녹색 눈빛 때문에 다소 야생적으로 보이기도 했다. 카사 파르바티에서는 모두가 느긋하게 이완된 태도였지만, 소냐는 그 태도가 너무 지나쳐서 오히려 정반대의 인상을 풍겼다. 그녀는 거의 비정상으로 보일 만큼 느긋하게 이완되어 있었기 때문에, 처음 그녀를 보자마자 나는 문밖으로 뛰쳐나갈 뻔했다. 마치 사이비 종교로 빠져들고 있는 것만 같았다. 소냐는 내게 겉옷을 전부 벗고 치료용 침상 위로 올라가라고 했다.

"어떻게 도와드릴까요?"

삼각팬티 차림으로 침상 위에 엎드린 내게 선택의 여지는 별로 없었다. 허리 수술을 한 뒤부터 다리 아래쪽과 발이 계속 따끔거린다고 했다. 내가 말하는 동안 소냐는 내 오른쪽 발을 발가락 끝부터 부드럽게 마사지하기 시작했다. 그러다가 그녀가 갑자기 엄지손가락으로 내 엄지발가락을 꽉 눌렀다. 그때의 고통은 한 번도 경험해보지 못한 것이었는데, 마치 그녀가 엄지손가락 대신 꼬챙이로 내 살을 뚫고 중추신경계를 직접 자극하는 것만 같았다. 견디기 힘들 정도로 고통스러웠지만, 어떤 면에서는 좋게 느껴지기도 했다.

"괜찮아요?"

그렇다, 아니다, 둘 다였다. "크으!"

"계속 숨을 쉬면서 통증 속으로 숨을 불어넣으세요." 소냐가 말했다.

소냐는 엄지손가락으로 오금 위쪽에 있는 근육을 꾹 눌렀다. 와, 이건 그야말로 순수한 고통 그 자체였다. 그렇게 소냐는 다리, 등, 목의 압점을 자극하면서 매번 참기 힘든 고통을 선물했는데, 계속 반복하는데도 강도가 조금도 줄지 않았다. 나는 마치 피부에 전극이 연결된 실험체처럼 치료용 침상 위에서 몸을 부들부들 떨었다. 소냐는 내 흉골 안쪽 어딘가에서 이어지는 '에너지 블록', 즉 만성적인 긴장이 있다고 결론지었다. 사실 나는 치료를 시작한 지 30분쯤 후부터 그곳에서 미세한 진동을 느꼈다. 처음에는 심호흡에서 비롯한 과호흡증후군으로 생각했다. 하지만, 그 느낌은 좀더 깊은 곳에서 올라왔고, 어지럽지도 않았으며, 시간이 지날수록 점점 더 강력해졌다. 가슴에서부터 위쪽으로 올라와 콧등을 가로지르는 아파치 인디언 문양처럼 얼굴의 중심부를 진동시켰다.

"이 긴장을 처음으로 느낀 건 몇 살 때였나요?" 소냐가 물었다.

"11살이요." 나는 거짓으로 답했다. 아니, 이게 거짓말이 맞나? 그건 나도 모르게 내뱉은 말이었다. 아마도 내가 11살 때 중학교 입학시험에 합격하면서, 행복하고 평등했던 어린 시절과 멀어져야 했기 때문일 것이다. 그때 나는 부모님을 실망시키지 말고 영리하게 행동하라는 그 모든 압력과 함께 처음으로 등수가 매겨지는 경험을 했다. 나 자신 속으로 움츠러들고 싶다고 처음으로 생각한 것도 아마 그때였을 것이다. 하지만 나는 내면으로 도망치는 대신 뻐딱해지기 시작했다.

"놓아 보내세요." 소냐가 말했다. 비록 놓아 보낼 그 기억이 다소 불분명했지만, 그렇게 하려고 애썼다. 진동은 더 격렬해졌고, 콧등 좌우로 압력까지 느껴졌다. 30분쯤 후, 진동은 발가락 끝으로 빠져나갔고, 치료는 끝났다. 나는 다 죽어가는 목소리로 고맙다고 인사한 뒤, 저녁 식사를 건너뛰고 하루를 그대로 마감해야겠다고 생각하며 방으로 돌아왔다.

잠시 낮잠을 잔 후, 나는 생각을 고쳐먹었다. 레스토랑은 쇄석을 깐 길이 나 있는 소나무 숲 아래로 2~3킬로미터 떨어진 곳에 있었다. 빠르게 회복한 지아니를 비롯한 명상가 친구들은 비좁은 승용차 두 대에 몸을 구겨 넣었다. 나는 어두워지는 빛과 따뜻한 대기가 너무도 아름다운 저녁이어서 그냥 걷기로 마음먹었다. 몇백 미터쯤 내려간 지점에서 지아니가 자신의 붉은 색 피아트500 승용차를 내 옆에 세우면서 말했다.

"어이 히피, 타세요."

"꺼지세요, 지아니!"

"이런, 또라이 같으니라고."

으드득거리는 자갈 소리와 함께 피아트가 시야에서 사라졌고, 내 귀는 다시 숲의 소리에 젖어들었다. 솔잎 끝을 스치는 바람 소리, 매미 우는 소리, 아래쪽 계곡에서 들리는 개 짖는 소리. 돌이켜보면, 사이비나 헛소리쯤으로 여겼던 내면의 목소리를 무시하고 소녀의 침상 위에 누운 내 행동이 나는 약간 짜증스러웠던 것 같다. 하지만 6일 동안 훈련하고 건강식을 먹은 후 따뜻한 저녁 공기 속을 걷는 기분이 아주 좋았던 터라, 짜증은 곧 들뜬 행복감으로 변했다. 계곡에서 종이 울리기 시작했다. 발터 벤야민은 올드타운 달트빌라에 있는 이비사 대성당의 종탑에 특히 매혹되었는데, 그 종탑의 시계에는 '많은 이의 마지막 날(Ultima Multis)'이라는 위협적인 어구가 각인돼 있었다고 한다. 어느덧 나는 그의 마지막 날들을 생각하고 있었다. 1940년 당시 비만한 데다 천식까지 앓았던 48세(지금의 내 나이)의 그는, 바뉘르스 쉬르 메르까지 들이닥

친 나치를 피하기 위해 걸어서 피레네 산맥을 넘어 스페인으로 향했지만, 결국은 입국을 거절당했다. 만일 먼 길을 걸어 다시 프랑스로 돌아간다 해도 나치에게 붙잡힐 것이 뻔했다. 방랑벽이 있는 위대한 학자 겸 시인이었던 발터 벤야민은 이제 더 이상 한 발짝도 움직일 수가 없었다. 그래서 그는 치사량의 모르핀을 복용했다. 어디로 가든 그를 기다리는 것은 죽음뿐이었으니.

얼얼하고 화끈거리던 발의 느낌은 이제 사라지고 없었다. 처음에는 확신할 수 없었지만, 숲에서 빠져나와 하늘을 배경으로 검은 실루엣을 드리운 교회 종탑 쪽으로 우회전했을 때, 나는 멋진 사실을 깨달았다. 숲속을 거닐며 발터 벤야민에 관한 생각에 잠겨 있는 동안에도 따끔거리는 느낌을 거의 느끼지 않은 것이다. 그 기쁨이란! 나는 내 발에 초점을 맞춘 바디 스캔으로 확인해야 했다. 정말이었다. 몇 년 만에 처음으로 내 발은 더 이상 불쾌감을 일으키지 않는 정상 수준으로 돌아와 있었다.

소냐는 압점을 자극해 갇힌 에너지를 해방시켜 허리 수술로 악화된 만성적 긴장을 치료해 주겠다고 말했다. 소냐에게 치료받은 덕인지, 요가와 명상을 배운 덕인지는 잘 모르겠다. 어쨌든 나는 놓아 버리는 법을, 내 몸을 무시하는 것이 아니라 집중적으로 관심을 기울여 그 느낌을 완화하는 법을 배우게 된 것 같았다. 과자극 진통(hyperstimulation analgesia) 이론은 강력한 자극이 고통 신호를 억제하는 두뇌 부위를 활성화할 수도 있다고 주장한다. 전통 의학에서도 이 이론을 언급하는데, 전반적인 고통을 줄이기 위해 특정한 부위에 강력한 고통을 일으킨다는 것이다. 그렇다면 나는 어느 쪽을 믿은 것일까? 신비주의인가, 물질주의인가? 동양인가, 서양인가? 소냐의 손길인가, 의학 교과서인가? 아마도 내가 믿은 것은 의학 교과서였던 것 같다. 나는 무엇이 사람들을 이런 은거 명상지로 이끄는지 알 것 같았다. 바로 '믿고자 하는 욕구'였다.

이제 밖은 어두워졌다. 교회에서 100미터쯤 떨어진 곳에서 다 허물어져 가는 농가 옆을 지나게 되었다. 개가 다시 짖어대기 시작했고, 음울하고 황량한 계곡에 울려 퍼지는 금속성의 메아리에 나는 가벼운 불안감에 휩싸였다. '개조심'이라는 표지판을 보기도 전에, 그 개는 이미 내 뒤를 바짝 쫓고 있었다. 그런데 그때 또 다른 개가 길 반대편에서 달려왔고, 무리 본능에 이끌린 다른 개들도 잇달아 나타났다. 모두 여덟 마리였는데, 이 사악한 잿빛 잡종견들은 새 생명을 얻은 내 발목에 이빨을 박아 넣기 위해 침을 흘리고 으르렁거리면서 뒤쫓아 왔다. 개들은 내가 도망치길 바랐겠지만, 문득 '왜 그래야 하지?'라는 생각이 들었다. 나는 도망치는 대신 뒤돌아서서 무리의 우두머리를 정면으로 바라보았다. 검은 털에 붉은색 눈을 한 작은 개로, 귀는 뿔처럼 쫑긋했고 입 주변의 수염은 침 때문에 삐죽삐죽 뻗쳐 있었다. 나는 할 수 있는 유일한 일을 했다. 손가락을 치켜들고 주변에서 들리는 교회 종소리보다 더 크게 '안 돼, 안 돼!'라고 소리쳤다.

셋

수도사의 침묵과
명상가의 침묵

뼈가 으스러질 것만 같았다. 나는 고딕 양식을 흉내 낸 듯한 수도원으로 걸어갔다. 비는 세차게 퍼부었고, 하늘은 너무 어두워서 오후 3시밖에 안 됐다는 사실을 믿기 힘들 정도였다.

　중세 신학 체계에 따르면, 수도원은 악마의 공격에 대비해 지어진 공간이라고 한다. 악마는 도시에 부하들을 파견하면서 시간을 낭비하고 있었다. 도시에서는 이미 모든 사람이 악에 포섭된 상태였기 때문이다. 하지만 수도원과 수녀원은 달랐다. 악에 대항하는 난공불락의 요새인 이 공간들을 압도하려면 무자비하고 지칠 줄 모르는 맹공격이 필요했다. 해 질 녘이 되면 수도원 회랑 너머의 하늘은 날개 달린 흉물들로 가득 찼을 것이다. 성당의 종은 신도들을 소집하고 해산하는 기능 외에 유해 조류 퇴치기와 도난 경보기 역할도 함께 했다. 악마를 몰아내는 것이 종소리의 주된 기능 중 하나였던 것이다.

　신도들이 저녁 예배를 마친 뒤 줄지어 성당 밖으로 나왔고, 하늘은 완전히 어두워져 있었다. 빗줄기가 다소 잦아들긴 했지만, 주변의 음울한 분위기는 너무 강렬해서 거의 흥분과 짜릿함마저 불러일으킬 정도였다. 매번 울리는 종소리는 난간 위에서 종종걸음치는 악귀들뿐 아니라 우리에게도 경고를 보내는 것 같았다.

　프랑스 북서부의 사블레쉬르사르트에서 걸어서 1시간 30분 거리인 솔렘 수도원은, 1010년에 베네딕도 수도원의 분원으로 설립되었다. ('솔렘'은 엄숙하다는 뜻의 '살럼solemn'과 비슷한 발음이지만 둘째 음절에 강세가 있다.) 이 수도원은 여러 우여곡절을 겪었다. 백년전쟁에서 영국군이 파괴한 이후 더 작은 규모로 재건되었고, 1790년 프랑스 혁명 당시 국민 의회가 모든 종교를 폐지했을 때는 수사들을 전부 수도원 밖으로 내보내야 했다. 1830년 무렵, 방치된 수도원은 철거 위기에 직면했다. 하지만, 이 지역 출신으로 당시 르망에 살던 프로스페르 게랑제Prosper Gueranger 신부가 부르봉 왕정복고 시대의 약화한 반교권주의를 활용해 기금을 모금해서 폐건물을 다시 사들였다. 베네딕도회를 다른 가톨릭 교단과 구분하는 특징 중 하나는 수도원이 완전히 독립되어 있다는 사실이다. 516년 이탈리아 수사 누르시아의 베네딕도가 작성한 '성 베네딕도 수도 규칙서'에 실린 규칙 중 대부분은, 오직 수도원장의 말만 따르는 수사들로 구성된 독립적인 공동체를 설립하는 일과 연관된다. 게랑제가 자신만의 야심 찬 비전을 추구할 자유를 누렸던 것은 교단의 이런 특성 때문이었다. 그가 수도원장으로 임명된 지 단 5년 만에 솔렘은 폐허나 다름없는 건물에서 대수도원의 지위로 격상되었다. 그뿐 아니라 성 베네딕도가 직접 설립한 몬테 카시노Monte Cassino 수도원에 버금가는, 프랑스 베네딕도회의 대표적인 수도원 중 하나로 자리 잡았다.

19세기 말에 이르러서는 뒤죽박죽 섞여 있던 낡은 수도원 건물들이 하나의 거대한 구조물로 대체되었는데, 이 건물은 오늘날까지 남아 사르트 지방을 감시하듯 굽어보고 있다. 작가 패트릭 리 퍼머Patrick Leigh Fermor가 프랑스 수도원에서 정기적으로 은거한 1950년대에는(그의 탁월한 견문록《고요해질 시간(A Time to Keep Silence)》에서 언급함), 게랑제의 네 번째 후임자가 백 명이 넘는 성대한 형제단을 이끌고 있었다. 세계 전역의 기독교 수도원처럼 프랑스 수도원도 점점 그 수가 줄었지만, 솔렘은 그레고리안 성가의 유명세와 수도원의 지위 덕분에 지금까지도 45명의 수사를 거느린 프랑스 최대의 수도원으로 남았다.

6세기 때와 마찬가지로 지금도 베네딕도 교단의 기도는 소리와 침묵 사이에 있다. 성 베네딕도 수도 규칙서에서 베네딕도는 불필요한 잡담과 속담의 인용을 경고하면서 '말이 너무 많으면 죄에서 벗어날 수 없다'라고 했다. 한가하기 이를 데 없는 말은 그 대가로 영혼을 지불해야 했다. 반면, 침묵은 겸손을 뒷받침하고 교단의 화합을 위협하는 잔소리를 억제했다. 베네딕도 수사는 은둔자가 아닌 '공중(cenobitic)' 수사였는데, 그들이 혼자가 아니라 다른 사람들과 함께 살기 위해 사회에서 물러나기로 결정했다는 뜻이다. 사람들은 종종 중세의 종교 교단이 유럽 민주주의 발달에 끼친 영향력을 과소평가한다. 하지만 로완 윌리엄스Rowan Williams가 지적했듯, 13세기에 처음 열린 영국 의회의 절차들은 도미니크회의 의사 결정 체계가 모델이었다. 베네딕도 같은 교단들의 규칙서는 모든 사람이 친밀하게 지낼 수 있도록 고안된 것으로, 특히 침묵을 지키는 것은 공동의 유대감을 도모하는 데에 반드시 필요했다. 또한 침묵은 말로는 표현할 수 없는 신의 완전성에 더 가까이 다가가게 해주는 하나의 수단으로 생각했다. 수도원 의례의 특징인 떠들썩한 종소리와 합창 소리 등은 신을 예찬하는 행위이자 소음들 주변의 침묵을 부각하기 위한 일종의 장치였다. 실제로 미사에 참석해보면, 나지막하게 외치는 '할렐루야'의 뒤를 잇는 고요함이 또 다른 차원으로 향하는 문처럼 느껴진다는 사실을 실감할 수 있다.

또 다른 종소리가 저녁 식사 시간을 알렸다. 은거에 참석한 사람은 모두 여섯 명이었는데, 우리는 수도원 부원장 조프루아 신부가 손을 씻어줄 때까지 식당 옆 회랑에 줄을 서 있었다. 그는 눈썹이 짙은 근엄한 젊은 남성으로, 마치 묵상을 위해 무장이라도 한 듯 타원형 철 테 안경을 쓰고 있었다. 수도원장은 업무차 자리를 비우는 일이 많았기 때문에 부원장이 수사들의 손을 씻어주는 일을 대신해야 했다. 수도원의 수장을 맡은 사람은 세상사에 완전히 무심할 수 없었다. 사실 수도원장 돔 필리페 듀퐁은 수도원의 수장뿐 아니라 지역 공동체의 대표이기도 했다.

조프루아 신부는 은제 물병으로 회랑 벽 한구석에 있는 석제 대야 라바보lavabo(손을 씻는 의례의 명칭이기도 함)에 물을 부으면서 우리 손을 씻겨주었다. 우리는 문상객처럼 고개를 숙이고 가슴 앞에 두 손을 모은 채 식당 안으로 걸어 들어갔다. 다섯 개의 화강암 기둥이 2열의 화려한 아치를 떠받친 식당 내부의 과장된 장식은, 내가 단지 근엄함을 연기할 뿐이라는 느낌을 한층 더 강화했다. 우리는 식당 중앙의 탁자에 앉았고,

수사들은 방 전체를 구획한 육중한 벽기둥 옆의 탁자에 자리를 잡았다. 분위기는 근엄하면서도 다소 연극적이었다. 이곳은 고요한 묵상을 위한 장소인 동시에, 패트릭 리 퍼머가 말했듯, 엄숙함을 연기하는 일종의 무대장치 같기도 했다. 회색 벽돌과 커다란 벽난로, 검은 의복을 입고 수프 그릇을 향해 몸을 구부린 인물들이 있는 이곳은, 중세의 이상을 낭만적으로 구현한 연극 무대를 연상시켰다.

식사는 대체로 침묵 속에 진행되었다. 감사 기도가 끝나자 한 수사가 설교단으로 올라가 헤드마이크를 차고 책 한 권을 읽기 시작했다. 나중에 확인해 보니, 영국이 프랑스의 이 지역을 파괴할 당시 프랑스 왕이었던 찰스 7세에 관한 역사서였다. 수사의 목소리는 글을 읽는 것이 아니라 하나의 음조, 즉 렉토 토노recto tono로 노래를 부르는 듯 매우 기묘했지만, 어떤 면에서는 팟캐스트를 듣는 것 같기도 했다. 아니, 팟캐스트보다는 오히려 뉴스를 듣는 것에 더 가까웠다. 우리가 생선 반죽과 양배추가 뒤섞인 소박하면서도 맛있는 메밀 팬케이크를 씹는 동안 그 뉴스는, 삐걱대는 의자 소리, 접시를 긁는 포크 소리 등 침묵으로 부각된 자질구레한 소리의 배경이 되었다.

중세의 대표적 수도원인 클뤼니 수도원에서는 침묵에 대한 헌신이 너무 철저해서 수사들이 복잡한 수신호 체계를 발달시킬 정도였다. 훗날 이 수신호 체계는 트라피스트Trappists나 카르투지오Carthusians 같은 다른 침묵의 교단들이 수용하고 발전시켰다. 꿀을 표현하기 위해 수사들은 자기 손가락을 핥았고, 평신도를 표현하려면 수염을 쓰다듬는 시늉을 했다(동방정교회와는 달리 서양의 수사들은 수염을 기르지 않았다). 또한 종교 문헌 이외의 것을 표현하기 위해서는, 오직 개들만 그런 불경한 것에 관심을 기울일 것이란 뜻으로 자기 귀를 긁었다. 하지만 현대의 베네딕도회에는 그런 수신호 체계가 없어서, 우리는 손가락으로 소금을 가리키고, 입 모양으로 '고맙습니다'를 흉내 내며, 온몸으로 무언극을 하면서 소통하려고 애써야 했다. 예를 들어, 내가 반대편에 앉은 프랑스 노신사에게 와인을 건네자, 그는 고개를 흔들면서 격하게 칼질하고 빵을 베어 무는 동작을 취해 보였다. 프랑스인 특유의 태평함을 지닌 노신사의 입 모양만으로는 포도주(du vin)와 빵(du pain)을 구분하기 힘들었던 것이다.

수사들은 고개를 수그린 채 빠르게 식사했다. 그리고 이 모든 상황의 배경에는 내 이해의 범위를 넘나드는 전쟁, 탐욕, 음모에 관한 유감스러운 이야기가 약간의 변화도 없는 단음조로 지칠 줄 모르고 계속되었다. 그 수사는 자신의 목소리에서 개성을 지우고 오직 내용만 부각하기 위해 무던히도 애쓰는 것 같았다.

베네딕도 수도회 특유의 친절함은 수도회 규정에도 명시돼 있다. 성 베네딕도는 규칙서에 이렇게 썼다. '이곳을 방문하는 모든 손님은 예수님처럼 환대받아 마땅하다.' 손님을 환대하는 전통은 무서울 정도로 금욕적인 이집트 사막의 교부들로까지 거슬러 올라간다. 《사막 교부들의 가르침(Saying of the Desert Fathers)》에서 한 방문객이 늙은 은둔자에게 말한다. '저를 용서하십시오, 신부님! 저는 당신이 규칙을 어기도록 만들었습니다.' 그러자 은둔자는 답한다. '내 규칙은 그대를 환대하고 평화로운 상태로 돌려놓는 것입니다.' 수도원이 번창하던 중세에는 손님을 환대하는 것이 건강한 후원 관계를 유지하는 필수적인 수단이었다. 몽 생 미셸에 있는 수사 식당 아래에는 귀족을 맞이하기 위한 기사의 방(Knights' Hall)이 따로 있을 정도였다. 솔렘에서는 기독교 신자와 비신자 모두 책을 읽고, 수도원 내부를 산책하며, 종교 재판에 참석하거나 영적 위안을 구하면서 수도원 게스트하우스에 1~7일 정도 머물 수 있다.

다른 종교의 은거 전통과 비교할 때, 은거자가 기독교 수도원에서 누리는 자유가 더 강력하게 침묵과 조우하게 한다는 사실은 주목할 만하다. 힌두교나 불교의 은거 명상에 참석하면, 종교적 헌신의 수준과 관계없이 요가나 명상에서 유연성이나 차분함 같은 물리적 혜택을 얻는다. 하지만 솔렘 같은 곳에서는 기도하고 묵상하고 산책하는 것 외에는 할 일이 거의 없어서, 다른 일을 하려고 하면 특이한 사람으로 취급받기 쉽다. 침묵은 널리 퍼져 있었다. 영국에 마지막 남은 트라피스트 수도원인 마운트 세인트 버나드 수도원을 방문했을 때, 여섯 명의 아일랜드인 가족이 낡은 흰색 승합차를 주차하고 있었다. 열린 차창으로는 '쓰리 리틀 버즈'라는 노래가 시끄럽게 울려 퍼졌다. 그들은 다른 가족과 심각한 불화를 겪은 후 몸을 피할 곳을 찾아 다니는 중이었다. 내가 느끼기에, 그들이 이곳에 온 이유는 아주 현실적인 한편, 더 정신적인 형태의 은거를 원하는 이들의 욕구와 충돌했던 것 같다.

솔렘에서 은거자를 맞이하는 일은 방문객 책임자인 마이클 보젤 신부가 맡았다. 그는 원래 코네티컷 출신으로 1978년 스물다섯의 나이로 솔렘에 왔다. "수도원에서 하는 은거 생활은 종종 자신조차 제대로 이해하지 못하는 방식으로 그들에게 영향을 미칩니다." 우리가 게스트하우스 1층에 있는 그의 작은 사무실에 앉아 있는 동안 마이클 신부가 말했다. 편안한 검은색 신발을 의복 밖으로 내놓은 채 두건을 쓰고 앉아 있는 마이클 신부는 세상의 안과 밖 양쪽에 걸쳐 있는 듯 보였다. 약간 거리감이 느껴지는 그의 목소리 때문에, 따뜻하고 평범하면서도 마치 그가 다른 곳에 존재하는 듯한 느낌을 더 강하게 받았다.

"많은 사람이 매우 지치고 녹초가 된 상태로 이곳을 찾습니다. 이곳에서의 경험은 그들의 심장과 마음과 몸에 매우 이롭습니다. 제대로 된 식사, 아름다운 예배, 편안한 잠자리 때문이겠지요. 하지만 그보다 훨씬 의미 있는 무언가가 영향을 미치지 않는다면 그런 효과가 나지는 않을 겁니다."

마이클 신부는 이곳에서 아무리 짧은 기간 은거하더라도 수사들이 하는 수도원 생활의 혜택과 비슷한 무언가를 얻을 수 있다고 확신했다. 그에게 은거는 수도 생활의 축소판이었다. "수도원을 방문하는 사람 중 약 95퍼센트는 어떤 식으로든 이곳의 삶 속으로 깊이 뛰어들고 싶어 하는 것 같습니다." 방문객 중에는 수도원 의례 절차에 완전히 통달한 사람도 있었다. "그들은 의식을 치르고 기도 드리는 법을 압니다. 바로 예배에 참석해도 부족함이 없죠." 좀더 모호한 이유로 이곳에 이끌린 사람들도 있었다. "고속도로를 오가다 솔렘 표지판을 본 사람들은 '와 아직도 수도승이 남아 있어? 이 21세기에? 정말 저기서 살고 있는 거 맞아?'라고 묻겠지요."

케임브리지 대학의 수도원 건축 전문가 막스 스턴버그Max Sternberg 박사와 인터뷰했을 때, 그는 말했다. "수도원은 그 당시보다 지금 훨씬 더 많이 은거지로 활용됩니다." 여기서 '그 당시'란 물론 12~13세기 초에 걸친 서양 수도원의 전성기를 말한다. 수사들은 고립된 생활을 했지만, 중세의 대수도원들은 모두가 갖춰야 할 신심의 살아 있는 증거로 지역 공동체의 한 부분을 이루었다. 돈과 땅이 필요한 수도원의 현실적인 사정은 중보 기도(양자 사이의 화해와 일치를 도모하는, 타인과 공동체를 위한 기도)의 대가로 재원을 기부하고자 하는 지역 귀족의 욕구와 맞물려 일종의 교환 문화를 탄생시켰다. 교회당 입구에 자리 잡은 공간 나르텍스narthex는 바로 그 상징이다. 나르텍스는 수사들의 검소함을 나타내기 위해 나무로 만들었는데, 충분히 부유하기만 하면 여성을 포함해 비신도 기부자도 발을 들일 수 있었다. "나르텍스는 기본적으로 세상과 소통하기 위해 마련된 공간이었습니다." 막스가 설명했다. 이 공간은 내부인 동시에 외부였고, 성스러운 동시에 세속적이었다. 수도원과 제도권 종교의 영향력이 쇠퇴한 19세기 이래로, 수도원은 공동체의 중심부에서 변방으로 밀려났다. 이제 수도원은 교환의 장소라기보다는 세상과 동떨어진 채 고립된 은거의 장소에 더 가까웠다. 마이클 신부가 묘사했듯이, 솔렘 같은 장소는 외부인에게 '종말론적 표식'과 같았다. 하지만 이곳은, 돌과 금속에 새겨진 '죽음을 기억하라(memento mori)'는 문구처럼 육체적 죽음을 상기시키는 장소라기보다는, 세상에서의 삶을 포괄하는 '생명(Life)'과 영원히 기쁨에 찬 신의 사랑을 보여주는 하나의 살아 있는 증거였다. 구시대적이고 터무니없어 보이는 이런 신념은, 가까이 다가가 보면 깊이 음미할 가치가 있는 하나의 신비로 탈바꿈한다.

"수도원에 한 번도 와본 적 없는 사람들이 이곳을 다녀가면서, '이 말을 꼭 전해야겠어요. 이곳에서의 삶, 이게 진짜 삶이에요. 저 바깥은 절대 진짜 세상이 아닙니다.'라고 말하곤 합니다. 우리는 이런 말을 수없이 들었지요."

마이클 신부는 수도원에 들어가겠다는 결심과 실행 사이의 기간이 예상외로 짧았다고 고백했다. 그는 대학 졸업 후 잠시 은거하기 위해 이곳을 찾았다. "저는 수사가 되는 상상을 단 1초도 해본 적이 없습니다." 그는 은거를 마치고 미국의 집으로 돌아온 후에야 비로소 이곳에서의 은거 생활이 자신에게 미친 영향을 깨달았다. 세속에서의 삶에 따라붙는 고질적인 불만족감을 의식하게 된 것이다. 반면, 솔렘은 그에게 명료한 확신과 함께 신에 이르는 지름길을 제공했다. "어떤 종교 전통에서는 침묵 그 자체가 목적입니다." 그가 말했다. "그러나 우리에게는 침묵이 하나의 수단, 신과의 조우를 위한 일종의 준비 과정일 뿐입니다. 우리 안팎에서 너무 많은 일이 일어난다면 제대로 기도를 드릴 수 없겠지요."

가톨릭 수도회는 세상으로부터 물러나는 정도가 제각각이다. 도미니크회와 프란치스코회처럼 복음 전도와 목회 활동에 참여하는 탁발 수도회가 있는가 하면, 까말돌리회Camaldolese처럼 금욕적이고 뼛속까지 침묵으로 가득한 봉쇄 수도회도 있다. 고립되어 있으면서도 목회와 교육에는 개방적인 베네딕도회는 그 중간에서 봉쇄 수도회 쪽으로 약간 치우쳐 있다. 그렇지만 고립의 정도는 교단 내에서도 다소 차이가 난다. 몇몇 베네딕도 수도원은 목회 활동에 적극적이지만, 솔렘을 포함한 다른 수도원들은 엄격하게 격리된 생활을 추구한다는 점에서 시토회Cistercians에 더 가깝다. 이들이 중요시하는 것은 묵상적인 삶이다.

수사들은 새벽 5시 30분에 하루를 시작한다. 먼저 '비질스의 기도(Office of Vigils)'를 〈시편〉 94장의 다음 구절과 함께 렉토 토노로 암송한다. '백성 중의 어리석은 자들아, 너희는 생각하라. 무지한 자들아, 너희가 언제나 지혜로울까.' 7시 30분에는 아침 기도 예배인 찬과(Lauds)가 열리고, 10시에는 미사가 있다. 점심시간 전후인 1시와 1시 50분에는 육시과(Sext)와 구시과(None), 저녁 5시에는 만과(Vespers), '위대한 침묵(Great Silence)'의 시간이 도래하기 전인 저녁 8시 30분에는 수사의 약점을 노리며 처마에서 킬킬거리는 악령과 어둠을 물리치기 위한 고대의 속죄 의식인 종과(Compline)가 각각 열린다. 의례가 없는 시간 동안 수사들은 베네딕도회의 좌우명대로 기도하고 일하는 데에 전념한다. 베네딕도 수사들은 노동이 기도를 방해하기는커녕 돕는다고 믿는다. 육체노동은 침묵과 겸손, 복종의 태도를 견지하는 데에 도움이 될 뿐 아니라, 협동을 장려하고 어느 정도 자급자족할 수도 있어 공동체의 유대 또한 강화하기 때문이다. 이런 면에서 노동은 이미 그 자체로 하나의 기도나 다름없다. 따라서 베네딕도 수사들은 물품 관리 담당 수사의 감독하에 땅을 관리하거나, 주방일을 돕거나, 책을 제본하거나, 찢어진 의복을 수선하는 등의 임무를 부여받는다.

그 가운데서도 강조점은 항상 개인적인 기도와 렉시오 디비나lectio divina, 즉 거룩한 기도에 있다. 거룩한 기도란 경전 구절을 분석하는 묵상적 독서의 한 형태인데, 여기서 말하는 분석은 신학적이거나 문헌학적인 분석이 아니다. 읽는 이가 그 구절 속으로 들어가 살아 있는 말씀 속에 머물면서, 그 구절이 구현하는 예수의 평화에 참여할 수 있게 하는 분석이다. 기독교를 깊이 이해하지 못한 사람에게는 이런 기도가 매우 이질적일 것이다. 또한 신성神性을 향한 열렬한 사랑을 경험해보지 못한 사람이 이 오랜 신념의 강렬함을 이해하려면, 존 던 같은 형이상학적 시인에게 의지하는 수밖에 없을 것이다. 사실 솔렘에서의 생활은 겉보기로만 금욕적이었다. 우리에게는 포기로 느껴지는 것이 수사들에게는 더없는 풍요와 충족감에 이르는 길에서 장애물을 제거하는 청소 작업에 불과했다.

다음 날 아침 미사에서 나는 이 수도원 교회에서 가장 오래된 본당 맨 뒷좌석에 앉았고, 수사들은 성가대석에 자리를 잡았다. 내 뒤에는 오르간과 낡은 스테인드글라스 창문들이 배치되어 본당은 시간이 지날수록 점점 더 밝아졌고, 트레서리*의 그림자가 짙게 드리워진 양옆의 창

---

* 창의 테두리와 윗부분을 구성하는 장식적인 골조 - 옮긴이

문에서는 벽을 지탱하는 유령 지지대처럼 빛이 대각선으로 쏟아져 내렸다. 수사들은 빡빡 깎은 머리를 숙인 채 조용히 앉아 있었다. 패트릭리 퍼머가 방문했을 때만 해도, 낮은 신분의 농사꾼 계층에서 선발한 '평수사(lay brothers)'와 교육받은 부르주아나 넓은 토지를 소유한 상류층에서 모집한 '수사제(choir monks)'를 구분했다. 이들 중 수사제('형제님(Brother)'이 아닌 '신부님(Father)'으로 불리는)는 성직자로 임명되어 성례를 주재할 수 있었지만, 평수사들은 육체노동의 짐에서 자유롭지 못했다. 하지만 사회적, 기술적 변화에 맞게 가톨릭 교회를 개혁하면서 평등 정신을 새롭게 수용한 제2차 바티칸 공의회 이후로는 구분이 흐릿해졌다. 평수사와 수사제란 용어는 폐기되었으며, 성직은 계급보다는 공동체의 필요에 맞게 임명했다. 이제 수사들은 적합한 조건만 갖추면 누구든 사제 서품을 받을 수 있다.

그러나 미사 중에는 평수사와 수사제가 외관상으로 여전히 구분되었다. 수사제는 형제들이 입는 검은 의복 대신, 전례 시기에 따라 색이 달라지는(당시는 강림절이라 제의복은 보라색이었다) 제의복 아래에 흰색 의복을 받쳐 입었다. 스무 명 정도가 모인 그날 아침에는, 게랑제가 솔렘의 자매 수도원으로 건립한 인근의 성 세실리아 수도원에서 온 수녀님세 명, 얇은 모직 옷과 짧은 누비 외투를 단정히 차려입은 중년 남성들인 내 동료 은거자 다섯 명, 피로에 지친 모습에 어딘가 찔리는 데가 있어 보이는 마을 사람 한 명도 포함되었다. 그는 자신의 낡은 노키아 폰을 더러운 손가락으로 연신 두들겼는데, 술 냄새가 너무 심해서 냄새만

맡고도 그가 마지막에 마신 와인의 시음기를 쓸 수 있을 정도였다.

가끔 들리는 의자 삐걱대는 소리를 제외하면, 교회 내부는 내 청각 기관의 소리가 들릴 정도로 고요했다. 그때, 옷감 부스럭거리는 소리와 함께 수사들이 일어나 노래를 불렀다. 초기 기독교 미사에서는 칸토르cantor라 불린 노래 담당 성직자 한 명만 성가를 부를 수 있었다. 하지만 훗날 로마제국이 기독교를 국교로 공인하면서 예배 공간이 더 웅장하고 넓어짐에 따라, 성가는 그 음악이 채워야 하는 공간의 규모에 맞게 거듭 발전했다. 칸토르는 스콜라 칸토룸schola cantorum, 즉 성가대에 자리를 내주었는데, 이들은 갈수록 정교해지고 엄숙해지는 미사에 맞춰 점점 더 복잡한 노래를 불러야 했다. 8~9세기경에 이르러 둘 이상의 멜로디로 구성된 다성 음악 대신 합창에 중점을 둔 로마식 성가는, 갈리아 지방에서 비롯한 프랑스식 레퍼토리와 융합되어 오늘날 그레고리안 성가로 불리는 합창 양식으로 굳어진다.

그레고리안 성가의 혁신적인 면은 가사 한 음절에 많은 음표를 배당하는 장식적 선율법인 멜리스마melisma를 도입했다는 것이다. 멜리스마는 유대교의 토라Torah 성가나 인도의 라가raga, 이슬람교 무엣진muezzin의 기도 요청 같은 전통에서도 발견되며, 훗날의 음악에서도 드물지 않게 찾아볼 수 있다. 머라이어 캐리의 '비전 오브 러브Visioon of Love' 마지막 부분을 9초 동안 장식하는 '올all' 부분은 전형적인 멜리스마적 후렴구이다. 성 아우구스티누스의 말을 빌리면, 멜리스마는 '성가를 음절의 구속에서 자유롭게 해방'시키는 데에 도움이 된다. 가사도 중요하지만,

영광의 찬가를 순수한 톤으로 리본처럼 길게 늘어뜨리는 수사들의 노랫소리를 듣다 보면, 다시 침묵 속으로 잠겨 들기 전에 말로 표현할 수 있는 것 너머의 신성을 향해 마지막으로 손을 뻗는 수사들의 몸부림이 연상된다.

물론 노래는 수사들을 교육하는 유용한 수단이 되기도 했다. 8세기경 칸토르에서 합창으로 전환한 후부터 가톨릭 교단에서는 〈시편〉을 의례 기간만이 아니라 야외에서 노동할 때도 부르는 관례가 자리 잡기 시작했다. 이로써 수도원장은 수사들이 나태한 백일몽에 사로잡힌 것이 아니라(서로 잡담을 나누는 것은 더더욱 아니고) 신에게 집중하고 있다는 사실을 쉽게 확인할 수 있었다. 동양의 명상 전통에서처럼, 일하면서 부르는 노래는 몸과 마음을 산만한 잡념에서 해방시켜 하나의 반복적인 과정에 묶어두기 좋았다.

　2세기경 시리아에 은자隱者의 생활 방식이 존재했다는 증거가 남아 있지만, 제대로 조직된 형태의 수도원 제도는 대략 3세기 이집트로 거슬러 올라간다.(기원후 1세기, 시리아의 무역산업이 발달한 덕분에 지역의 기독교인들은 은거 전통이 훨씬 더 오래된 인도와 중앙아시아 지역의 힌두교 및 불교 상인과 접촉할 수 있었을 것이다. 종교적 은거는 인류의 역사만큼이나 오래됐는지도 모른다.) 기원후 270년을 전후해 하 이집트 코마 지역 출신의 청년 안토니Antony는 부유한 부모에게 물려받은 땅을 포기하고 나일강 삼각주 서쪽의 니트리아 광야에 있는 오두막으로 몸을 숨겼다. 역사가 디아메이드 맥클로흐Diarmaid MacCulloch가 지적하듯, 이집트의 지리는 그 자체로 고행을 권하는 면이 있었다. 알렉산드리아에서 아스완까지, 이 집트는 사막으로 에워싼 좁고 긴 농경지대를 이루고 있어 어디에 살든 뒷문을 열고 나가면 황무지를 마주할 수 있었다.

〈마태복음〉에서 예수는 이렇게 말했다. '네가 온전하고자 할진대, 가서 네가 가진 것을 팔아 가난한 자들에게 주라. 그리하면 하늘에서 보화를 내리리라. 그리고 와서 나를 따르라.' 안토니의 은거를 이례적으로 만든 것 역시 재산을 포기한 점이었다. 영감에 찬 은둔자에게 이 문제는 골치 아팠겠지만, 사람들은 안토니의 뒤를 따랐다. 은거자가 되고자 하는 많은 이가 그의 곁에서 함께 예배를 올리고자 몰려들었다. 이들은 로마제국이 부과하는 세금과, 끊임없이 기독교인을 박해한 디오클레티아누스 황제를 피해서 온 사람들이었다. 디오클레티아누스의 후임자 콘스탄티누스 황제가 기독교로 개종한 소식은 기독교도에게 은거를 위한 새로운 동기를 부여했다. 기독교인이 당한 박해는 활발한 논쟁 거리였지만, 기독교는 이제 어엿한 국교가 된 만큼, 신자들로서는 새로운 형태의 순교자적 고통이 필요했다. 더 이상 로마 군인들 손에 극심한 고문을 당할 일이 없어진 시점에, 사막으로 은거하는 것은 스스로를 희생하는 하나의 방법이 되었다. 성 예로니모는 신체적 죽음 대신 사회적 죽음을 택하는 것을 '백색의 순교'라고 불렀다.

홀로 고독하게 수행하던 과거의 풍습은, 한 무리의 수사들이 수도원장의 권위와 공동의 규율 아래 함께 생활하는 공동체적 수도 양식으로 바뀌었다. 군인이었던 성 파코미우스Pachomius the Great와 안토니의 이집트인 동료들 덕분이었다. 파코미우스가 창설한 초기 수도원들은 버려진 마을(이 마을들이 버려진 것 역시 로마제국의 과중한 세금과 디오클레티아누스의 잔혹 행위 때문이었다)의 폐허 위에 건립되었다. 파코미우스는 파괴된 공동체를 재건하면서 규율과 집단적 유대감을 적절히 혼합해 활용했는데, 그가 창안한 수도원 제도의 군사적 성격은 오늘날의 수도원에서도 쉽게 찾아볼 수 있다.

은거를 혼자 하든 집단적으로 하든, 수사들의 목적은 같았다. 자신의 물질적 자아를 사막화하는 것이었다. 이점에서 그들은 기독교적인 삶에서 영적인 싸움의 중요성을 강조한 3세기 기독교 학자 알렉산드리아의 오리겐(Origen of Alexandria)의 영향을 보여준다. 신의 군사 대 악마의 군사의 싸움. 따라서 초기 기독교 수도원은 사실상 경쟁적으로 금욕하는 전장이나 다름없었다. 시리아와 이집트의 수사들은 서로 더 많이 포기하려고 경쟁하기도 했다. 안토니와 파코미우스의 뒤를 잇는 이집트의 위대한 금욕주의자 암모니우스Ammonius는 육욕을 제어하기 위해 벌겋게 달아오른 쇠막대기로 자신의 성기를 지졌다고 한다.(이 행위가 효과가 있었는지는 기록되지 않았다.) 시리아 동부의 은자들은 불결하다고 악명이 높았다. 시리아 사막으로 은거하려다 자신에게는 잘 맞지 않다고 판단한 성 예로니모는, 그들이 가슴의 청결함만큼이나 몸의 더러움을 중시한다고 언급하기도 했다. 수사들은 기둥에 몸을 묶은 채 하루 1시간만 자거나 나무 상자 속에서 생활했다. 가족적인 유대는 모두 단절했는데, '친척들과의 추억'이 악마의 소행이라고 믿었기 때문이다. 구원받고자 한다면 수사는 죽은 사람, 세상에 대해 죽은 사람이 되어야 했다.

어떻게 보면, 수도원 생활로 대변되는 평생에 걸친 은거는 기독교와 다소 어울리지 않는다. 중심 교의가 무아(anatta), 즉 자아의 부재인 불교는 수도원 생활처럼 자기를 부정하는 훈련에 몰두하는 것이 매우 자연스럽다. 자아의 소멸은 수행하는 불교도 모두의 의무이기 때문이다. 프라티모크샤pratimoksa, 즉 불교의 계율에 따라 이 의무를 수행하는 것은 같은 목적에 이르는 좀더 확실한 수단에 지나지 않는다. 이는 아브라함에 뿌리를 둔 종교들과의 근본적인 차이점이다. 유대교와 이슬람교는 금욕적인 독신 서약에 회의적이다. 이들 종교의 변방에서도 금욕적이고 신비주의적인 전통이 발견되지만, 제도화한 수도원 생활에 비할 바는 아니다. 사실 이슬람교에서는 수도원 제도를 금하며, 과도한 자기 부정은 이슬람답지 못하다고 생각한다. 예언자의 말을 기록한 《하디스hadith》에는 이런 구절이 있다. '온건함, 온건함! 이를 통해 그대는 목표에 이르리라.'

예수는 자기희생을 설교했지만('가서 네가 소유한 것을 팔아라'), 기독교의 목표는 결코 자아의 소멸이 아니었고 오히려 그 반대에 가까웠다. 즉, 탄생은 신체적 완결체인 육신을 영광되게 하는데, 기독교의 맥락에서 몸에 깃든 영혼은 신이 부여한 매우 근본적인 것이었다. 《구약성서》나 《신약성서》에서는 수도원을 단 한 번도 언급하지 않는다. 그러므로 맥클로흐의 주장처럼, 기독교의 수도원 제도를 종교가 주류화하는 것에 대한 저항이자 반작용으로 보는 것이 도움이 될 것이다. 기독교가 여전히 유대교의 이단으로 탄압받던 때에는, 기독교인이 스스로를 예수의 죽음과 부활에 관한 특수한 지식을 부여받은 소수의 선택받은 집단에 포함시키기가 훨씬 쉬웠다.

하지만 사도 시대(Apostolic Age)에 이르러 기독교가 널리 전파되자, 경건한 대중에서 금욕주의자를 구분해내는 수단으로 영적 경쟁의 관례들이 성행했다. 금욕주의자는 모든 소유물과 감각적 쾌락을 포기하고, 술자리와 부부간의 사랑을 걷어차 버리는 행위를 통해, 자신을 희생하는 초인적 기독교인으로 부각했다. 기독교가 전파되기 이전의 로마에서, 신은 의례에 정통하다면 누구나 접근할 수 있는 존재였다. 케레스Ceres•를 부르기만 하면 그곳에 있었다. 하지만 기독교는 초월적 존재를 사유화해 이런 고대 종교들과 거리를 두기 시작했다. 인간을 필멸자로 만드는 거의 모든 것을 포기하고 신과의 가까움을 증명한 극소수의 중재자 계층에 신성에 접근할 권리를 전적으로 위임한 것이다.

이 점에 비춰보면 수도원의 침묵은, 성공회 교회 사제가 주재하는 일상적 예배에 참석을 거부하는 급진적 저항 행위처럼 보인다. 입을 다물고 말하지 않는 것은 신도 자신의 독립성에 대한 주장과 다름없었다. 스케티스 사막에서 마카리오스Macarius와 함께 삼 년을 보낸 아바 아가톤Abba Agathon은, 조언을 자제하는 법을 익힐 때까지 삼 년이나 입에 돌

• 로마 신화에 등장하는 풍작의 여신 – 옮긴이

을 물고 지냈다고 한다. 침묵은 하나의 매개체, 즉 기도라는 현미경의 슬라이드 글라스에 떨어진 일종의 기름이기도 했지만, 세속적 권위를 향한 소리 없는 항거이기도 했다.

"난 그 무엇보다 사막의 침묵이 좋아." 사라가 담배에 불을 붙이면서 말했다. "왜냐하면 그건 매우 강렬한 침묵이거든."

사라와 나는 자갈밭 위에 앉아 있었고, 그녀의 작은 친구 조는 날카로운 발톱이 달린 발로 우리 앞을 폴짝폴짝 뛰어다니다가, 마치 영적인 목표처럼 해안가의 움푹 파인 곳으로 사라져버렸다. 조가 사라진 곳에는 오줌을 누기에 더없이 적당해 보이는 바위들이 있었다. 나는 작가이자 가톨릭으로 개종한 은자이기도 한 사라 메이틀랜드Sara Maitland를 만나기 위해 스코틀랜드 남서부에 와있었다. 그녀는 47세에 가족과 친구들을 뒤로하고 갤러웨이와 에이서 경계 지역에 있는 고립된 오두막에 들어가 살기로 결심했다. 넥타리아 수녀가 에게해에 있는 차 없는 섬의 고요함마저 충분하지 않다고 느낀 것처럼, 사라도 가끔 스코틀랜드 황야 지대에서 경험하는 것보다 더 깊은 침묵을 갈망했다. 최근 그녀는 성 카테리나 수도원이 있는 시나이 사막에서 40일간의 두 번째 은거를 막 끝낸 참이었다. 성 카테리나 수도원은 오래된 기독교 수도원 중 하나이다. 외관상 사라는 그곳과 잘 어울렸다. 머리는 거칠고 희끗희끗했으며, 치아는 엉망으로 방치된 상태였고, 손톱은 맹금류의 발톱처럼 길게 구부러져 있었다.

"사막의 교부들은 소리에 매우 민감했어." 사라가 말했다. "지오포닉geophonic한 소리와 바이오포닉biophonic한 소리, 앤트로포닉anthrophonic한 소리가 어떻게 구분되는지 알아?"

사라의 설명에 따르면, 지오포닉한 소리란 바람, 천둥, 흐르는 물 같은 자연이 만들어내는 소리를 뜻했다. 바이오포닉한 소리란 동물이 만들어내는 소리였고, 앤트로포닉한 소리란 인간이 내는 소리였다. 세 유형의 소리에 대한 민감도는 사람마다 다르지만, 일반적으로 우리를 가장 거슬리게 하는 것은 앤트로포닉한 소리(말소리, 코 고는 소리, 누군가의 이어폰에서 새어 나오는 드럼과 베이스 소리 등)였다. 갤러웨이로 옮겨오기 전에 사라는 스카이 섬의 고립된 오두막에서 40일을 혼자 보냈다. 오두막은 우레와도 같은 폭포 소리(멀리서 들리는 비행기 엔진 소리 같은)가 나는 개울 옆에 있었지만, 그 소리는 그녀의 침묵을 조금도 방해하지 못했다. 지오포닉한 소리는 앤트로포닉한 소리와는 달리, 침묵과 조화를 이루거나 침묵 속으로 흡수되는 듯했다. 하지만 초기의 금욕주의자들은 그렇지 않았다. 《사막의 교부들의 가르침》에서 언급했듯이, 5세기의 위대한 은자인 아르세니오스Arsenius는 앤트로포닉한 소리를 포함한 그 어떤 소리의 방해도 용납하지 않았다.

"정말로 웃겨." 사라가 웃으면서 말했다. "아르세니오스가 수사들을 방문했는데, 아주 시끄러운 소리를 내는 갈대밭 옆에 살고 있더래. 그래서 이렇게 말했대." 이 대목에서 사라는 아르세니오스를 화나게 하려는 듯 목소리를 세 배쯤 크게 냈다. "이 갈대밭 옆에 계속 머문다면 어떻게 위대한 침묵을 느낄 수 있겠는가!"

사라가 자갈 위에 계속 앉아 있고 싶어 해서 담배를 마저 피우게 내버려 두었다. 나는 조를 따라 해변 위쪽으로 계속 올라가다가 해변의 북서쪽 구석에 자리 잡은 절벽 밑에 이르렀다. '니니언의 동굴'은, 5세기경에 여기서 6킬로미터쯤 떨어진 휘돈 지역에 석조 교회를 지은 한 선교사의 개인 은둔처였다고 한다. 비드Bede*는 음울한 환경 한가운데에 극적으로 자리를 잡은 니니아의 교회를 '칸디다 카사Candida Casa'('빛나는 백색의 집'이란 뜻으로, '휘돈'이란 지명의 어원이기도 함)라고 불렀다. 사라는 전에 내게 이렇게 말했다. "스코틀랜드의 기독교를 콜럼바Columba가 확립했다고 생각한다면 그건 아주 잘못됐어!" 사실 칸디다 카사는 이오나에 있는 성 콜럼바 수도원보다 최소 150년은 더 오래되었다. 칸디다 카사야말로 스코틀랜드 기독교의 탄생지이다. 그리고 니니언의 동굴은 그 교회 설립자의 은둔처였는데, 그는 신에게 더 가까이 다가가도록 해준다고 느낀 이 동굴을 '끔찍한 암흑의 장소'로 불렀다고 한다.

나는 동굴 속으로 들어가 보았다. 동굴 안은 폭이 3미터, 깊이가 6미터 정도였고, 천장에서는 물방울이 떨어졌으며, 습기로 반짝이는 동굴 벽은 솜씨 좋게 새겨진 십자가 봉헌물들로 뒤덮여 있었다. 하드리아누스 성벽 북쪽에 세워진 첫 번째 기독교 교회이자, 아일랜드에 수도원 제도를 들여온 사도들의 교육 장소였던 칸디다 카사는, 중세에 주된 순례

---

* 영국 사학의 시조라 불리는 영국의 신학자 겸 역사가 - 옮긴이

장소로 각광받았다. 그들 중 상당수는 아마도 기도를 드리기 위해 내가 지금 서 있는 이곳에 잠시 들렀을 것이다. 이 십자가들은 그들이 남겼는데, 그 옆에는 '누구누구 다녀감'처럼 신앙심이 덜한 낙서도 보였다.

나는 다시 동굴 밖으로 나왔다. 지평선 바로 위, 대략 섬이 있을 법한 곳에서는 1월의 태양이 자갈 해변을 황금빛으로 바꿔놓으며 눈부신 빛의 얼룩을 퍼뜨렸다. 조는 절벽 앞에 죽어 있는 솜뭉치 같은 무언가를 향해 짖어댔다. 사라는 해변 끝자락의 자갈밭 위에서 바다 저편을 응시하고 있었다. 나는 한동안 멈춰 서서 파도 소리에 귀 기울이며 해변의 침묵을 음미했다. 침묵 속에 살아 숨 쉬는 데에서 오는 위안이란! 나는 내가 사는 곳을 사랑했지만, 종종 이런 침묵을, 집 밖에서 끊임없이 나는 자동차 소음이 잠시라도 멎은 그런 순간을 갈망해왔다. 섬 안쪽 어딘가에서 도요새 한 마리가 높은 음조로 울었지만, 그 소리는 소리라기보다는 침묵의 일부로 느껴졌다.

급진적으로 고독을 추구했다는 점 외에도 사라의 이력은 여러모로 인상적이다. 그녀는 첫 번째 소설 《예루살렘의 딸(Daughter of Jerusalem)》로 30세 미만의 작가가 쓴 최고의 소설에 주는 '서머싯 몸 상'을 받았다. 이후로 사라는 그녀의 맹렬한 지성이 돋보이는 종교적 우화와 단편집, 신학적 성격의 비소설류를 스물다섯 권이나 출간했다. 그녀는 1950년 스코틀랜드 지역에 뿌리를 둔 최상류층 군인 가정에서 여섯 남매 중 둘째로 태어났다. 애정이 넘치고 '매우 사교적인' 부모님은 사라를 '자기주장이 강하고, 논쟁적이고, 재치 있고, 부모 이외의 모든 권위를 다소 못마땅하게 여기는' 사람으로 성장하도록 '노골적으로' 격려했다. 어떻게 보면 사라의 69년 인생은 소리에서 점차 해방되는 과정이나 다름없었다. 영국 성공회가 여성혐오와 반동 정치의 대명사가 되기 전에 옥스퍼드에서 영국 가톨릭 집단에 소속된 그녀는, 작가로 활동하는 내내 계속 시류에 저항해야 했다. 40대 초반 무렵 사라는 로마 가톨릭으로 개종했지만, 두 아이 중 둘째가 집을 떠난 후에야 비로소 갈망해온 묵상적 삶에 온전히 전념할 수 있었다. 1990년 결혼 생활을 마감한 그녀는 더럼주 위어데일 계곡 위에 고립된 오두막으로 거처를 옮겼다. 나는 솔렘에서 마이클 신부와 동료 수사들이 추구한 금욕이 기도를 방해하는 장애물을 체계적으로 제거해 나가는 과정에 불과하다는 사실을 알고 큰 충격을 받았다. 마찬가지로 사라에게도 침묵을 추구하는 일은 신과의 직접적 대면을 향한 열망과 뗄 수 없었다.

2008년 출간한 회고록 《침묵의 책(A Book of Silence)》에서 그녀는 이렇게 말했다. '침묵은 신성과의 접촉을 앞당길 수 있는 초점이자 장소이다. 내가 보기에 사람들이 끊임없는 소음으로 침묵을 깨려고 하는 것은, 그 성스러운 접촉에서 오는 신성한 공포를 회피하려 하기 때문이다.'

우리가 소음을 만들어내는 것은 침묵이 우리에게 드러내는 것에 부응하지 못할지도 모른다는 두려움 때문이다. 아이러니하게도, 주된 목표와 관심사가 침묵이었던 사라는 자신의 목소리 크기를 제대로 조절하지 못했다. 내가 지역의 가톨릭 공동체에서는 그녀의 은거 생활을 어떻게 생각하느냐고 묻자, 그녀는 이렇게 답했다. "다른 사람은 다 꺼져버리라고 해!" 우리는 집으로 돌아왔고, 사라는 여기서도 가끔 목소리를 높였는데, 굳이 사라를 변호하자면 저녁 요리에서 나는 지글거리는 소리 때문이었을 것이다. 바깥에서는 달빛 한 점 없는 어두운 밤이 단열재처럼 창문을 사방에서 감싸 안고 있었다. 사라의 오두막은 인근 마을에서 약 6킬로미터 정도 떨어져 있었다. 이웃집의 불빛이 전혀 없는 그녀의 식탁에 앉아 있다 보니, 마치 빛과 온기가 담긴 캡슐 속에 든 채로 끔찍한 어둠 한가운데에 버려진 것 같았다. 조는 하품하면서 소파에서 일어나 담배 상자와 과자 봉지로 가득한 휴지통 옆에 가서 코를 킁킁거렸다.

"물론 묵상적인 삶에도 리듬은 있어." 사라가 말했다. 사라는 영국 태생의 티베트 스님으로 해발 4천 미터 높이의 히말라야 동굴에서 12년간 혼자 은거한 것으로 유명한 텐진 빠모Tenzin Palmo를 특히 동경했다. "텐진 빠모는 우리가 고요할 때, 완전히 고요할 때, 예를 들면 이탈리아에 가서 나이 든 수녀님들에게 명상하는 법을 가르칠 때, 그때 우리도 참여하게 된다고 믿었어."

"그 순간 우리의 관심을 끄는 것에 참여하게 된다는 말이겠죠."

"바로 그거야. 그리고 그게 텐진 빠모의 장점이야. 그녀는 '함부로' 강경한 주장을 내세우지 않아. 나는 강경하게 주장하고 나서 그 말을 지키지 않는 사람과 관계가 별로 좋지 않아. 물론 내가 그런 사람을 싫어하는 건 그들의 태도가 나를 '완벽하게' 반영하기 때문이지!"

사라는 웃고 또 웃었다. 그녀의 웃음소리는 뜨거운 기름에 차가운 무언가가 떨어질 때 나는 소리를 연상시켰다. 그녀가 한 텐진 빠모의 이야기를 고려할 때, 큰 소리로 말하는 사라의 습관은 다소 모순되지 않은가, 생각했다. 황야 지대에서 개와 단둘이 22년간 생활한 결과, 갑자기 고성을 지르는 성향을 지니게 됐을 것이란 설명만으로는 부족했다. 그보다 나는, 소리 지르고 주목받고 싶어 한 그녀의 충동이, 고등 교육을 받은 자신감 넘치는 다섯 남매와 함께 성장한 사람이 지닐 만한 그 충동이, 고독과 침묵을 향한 강렬한 충동의 이면인 것 같다는 인상을 받았다. 말하자면, 침묵은 신에게 주목받는 하나의 수단인 것이다. 고요히 앉아 있을 수 없다면, 그녀는 아마도 탁자를 두드리며 비속어를 내뱉었을 것이다. 하지만 사막에서처럼, 또는 나 같은 방문객이 방해하지 않을 때처럼 침묵할 수 있었다면, 그녀는 신과의 합일을 향한 열망에 상응하는 확신에 차서 분명 침묵했을 것이다.

근본적으로 은자적인 침묵에 관한 사라의 견해는 기독교적인 것만큼이나 불교적 이상에도 가까웠다. 초기 동방교회에서처럼, '부정신학적인' 기도는 확실히 말할 수 있는 모든 것(즉, 신이 아닌 것들)을 확언함으로써 신에 대한 지식에 다가서는 부정의 방식에 의지했다. 그것은 말과 생각과 이미지가 없는 기도로, 기도를 올리는 이는 서서히 자기 비움, 즉 '케노시스Kenosis'의 과정 속으로 빠져들었다. 여기서 자기 비움이란 자아의 소멸이 아니라, 영혼이 영원에 가까워지는 만큼 자아의 경계가 흐려지는 해소의 과정을 뜻한다. 그것은 침묵의 의미 자체이자, 모든 세속적 관심사를 떨쳐내고 사막의 텅 빔을 끌어안는 이유이기도 하다.

사라가 조리대에서 뒤로 돌면서 나무 숟가락을 서랍에 넣었다.

"기도가 잘될 때는 기도하는 게 너무 좋아!" 그녀가 말했다. 세찬 바람이 휘몰아쳐 창문이 덜거덕거렸다. "누군들 다른 걸 하고 싶겠어? 섹스보다 훨씬 좋은데!"

사라가 '은거(retreat)'라는 단어에 반감을 가진 배후에는, 고요한 기도가 주는 주이상스jouissance(쾌락의 냄비 위로 끓어오르는 희열의 거품), 즉 기쁨이 있었다. "나는 그게 물러나는 일이라고 생각하지 않아. 내 생각에는 앞으로 나아가는 과정이야."

"그렇지만 어쨌든 소음이나 비속함, 산만함 같은 것들로부터 물러서고 있는 거 아닌가요?" 내가 물었다.

"아니, 물러나는 게 아니지. 더 나은 곳으로 나아가는 거지."

처음으로 사라의 목소리에서 질책의 기미를 감지했다. 그녀는 이 부분에서만큼은 조금의 망설임도 없었다. "내 생각에 은거는 의사나 교사, 촛대 공예가처럼 다른 직업을 가진 사람을 묘사하기에 더없이 적절한 단어 같아. 그들은 자기 삶의 다른 측면을 탐색하기 위해 며칠간 그 일에서 손을 떼곤 하니까. 뭔가 다른 것을 위한 공간을 창조하기 위해 평소 하던 일에서 한걸음 물러서는 거지."

수사나 수녀, 그리고 사라 같은 독립적인 묵상가에게는 사정이 정반대였다. 그들에게는 세속의 삶 속으로, 소음과 스트레스, 광적인 자극이 가득한 세계로 다시 들어가는 것이 물러섬이자 퇴보이자 굴복이었다. "아마도 내가 엄격한 군대식 가정에서 자라서 그런 것 같아." 그녀가 말했다. "그렇지만 어쨌든 물러선다는 말은 내겐 패배나 다름없어."

장진호 전투는 한국전쟁 동안은 말할 것도 없고, 20세기의 전투 가운데 손꼽히는 소모전 중 하나이다. 당시 3만 명의 유엔군이 한반도 북동쪽에 수력 발전으로 전력을 공급하는 인공 호수인 장진호 인근에 주둔하고 있었다. 1950년 11월, 마오쩌둥은 중국 의용군으로 구성된 12만 병사에게 장진호를 포위해 유엔군을 박살 내라고 명령했다. 하지만 중공군은 한 가지 중대한 실책을 범했는데, 포위망을 제대로 완결 짓지 못해 유엔군에게 퇴로를 내주고 만 것이다. 올리버 스미스Oliver P. Smith 장군이 이끄는 유엔군은 남쪽으로 100킬로미터쯤 떨어진 항구 도시 흥남으로 이어지는 얼음 덮인 산골짜기로 후퇴했고, 흥남에 이른 그들은 38선 남쪽으로 안전하게 이동할 수 있었다.

사상자 수는 그야말로 어마어마했는데, 중공군의 지칠 줄 모르는 공습 때문만은 아니었다. 영하 30도까지 떨어진 날씨에 무기가 작동하지 않고, 필수 보급 물자가 얼음덩어리가 돼버린 탓도 있었다. 언 땅을 파낼 수 없어 참호가 부족했던 군인들은 동료의 얼어붙은 시체를 모래주머니 대용으로 활용하기도 했다. 16일에 걸쳐 후퇴하는 동안, 약 1만8천여 명의 미국인과 동맹군이 목숨을 잃거나, 부상당하거나, 실종되었다. 흥남에서 철수한 후 유엔군은 다시는 북한 땅에 발을 들이지 않았다. 물론 그 후로 북한은 문화적, 경제적 후퇴를 거듭해 세계에서 가장 고립된 미지의 국가로 남았다.

장진에서의 후퇴가 패배가 아닌 전략적 철수라는 것은 자명한 사실이다. 중공군 사상자는 훨씬 더 많았다. 15만에 이르는 중공군 가운데 의용군으로 구성된 9병단은 전체 병력의 1/3을 잃었다. 그들 중 약 2만 명은 추위와 물자 부족 때문에 사망한 것으로 추정한다. 그리고 최정예 의용군으로 이루어진 여덟 개 부대 중 두 곳은 전사자 수가 너무 많아 부대를 해산시킬 수밖에 없었다. 유엔군은 북한 지역을 잃었지만, 중공군이 타격을 입은 덕에 남한은 침략을 면할 수 있었다.

"후퇴는 빌어먹을!" 5연대와 7연대가 장진호 남쪽 도로로 빠져나가는 동안 스미스 장군이 말했다. "우리는 후퇴하는 것이 아니라 다른 방향으로 진격하는 중이다."

나폴레옹의 모스크바 철수, 로버트 리Robert E. Lee의 게티즈버그 철수 등 모든 굴욕적인 군사적 후퇴에는 최종 승리를 위해 재원을 비축하거나 적을 유인하는 등의 전략적 요소가 포함된다. 파르티아인Parthian으로 알려진 고대 이란 사람들은 후퇴를 가장하기로 유명했다. 그들은 적이 쫓아오게 만든 뒤 말안장에서 몸을 돌려 적에게 화살을 퍼부었다. 등자가 발명되지 않았던 당시만 해도 결코 쉬운 기술이 아니었다. 떠나면서 내뱉는 가시 돋친 한마디를 뜻하는 '파르티안 샷Parthian shot'이란 표현은 바로 여기서 유래했다.

군사적 철수를 뜻하는 '후퇴(retreat)'라는 표현의 유래는 아마도 14세기 말까지 거슬러 올라갈 것이다. 해 질 무렵, 북을 쳐서 병사들을 불러들이는 공식적 철수 절차를 뜻하는 '후퇴 신호를 보내다(beating a retreat)'라는 표현은, 폐위당한 왕 제임스 2세의 부대 소속이던 한 장교가 1690년 공표한 문서에서 처음 발견된다. '제너랠generalle은 새벽 3시에… 후퇴 신호는 밤 9시에 보내라.('제너랠'은 지금의 '레벌리reveille', 즉 기상나팔을 말함)' 이 의식은 지금까지도 지켜진다. 미군 부대에서 '후퇴'는 하루의 끝을 알리는 신호로, 깃발이 내려가는 동안 나는 나팔 소리나 대포 소리, '투 더 컬러즈To the Colours' 연주 소리 등으로 표현한다. 분명 이 후퇴 의식에는 그 어떤 패배의 의미도 없다. 대신 군인들은, 다음 날 아침에 일어나 총칼을 휘두르기 전에 먼저 충분한 휴식이 필요하다는 아주 오래된 이해를 품은 채 막사로 향한다.

프랑스어에는 '도약하기 위해 뒤로 물러서다(reculer pour mieux sauter)'라는 유용한 표현이 있다. 비록 잠재적 에너지와 탄성, 뒤로 당겨진 화살의 긴장감 등은 사라졌지만, 이 표현을 '2보 전진을 위한 1보 후퇴' 정도로 좀더 자연스럽게 옮길 수 있겠다.

영적인 자기 탐구나 검열을 위한 기간을 뜻하는 '은거'라는 표현은 18세기 중반부터 사용했다. 하지만, 은거라는 개념의 유래는 예수회 공동 창설자인 로욜라의 성 이냐시오St Ignatius Loyola가 《영신 수련(Spiritual Exercises)》을 집필한 시기까지 2세기 정도 더 거슬러 올라간다. 성 이냐시오의 영적인 각성은 군인으로서 겪은 불운에서 시작되었다. 그는 1521년 팜플로나 전투에서 입은 포탄 부상을 회복하던 중 종교적 삶으로 부름을 받는다. 수년간 집필한 《영신 수련》은 침묵과 고독 속에서 30일 내내 계속되는 일련의 기도와 묵상으로 구성된 책이다. 신성과 친밀한 관계를 맺어나가는 이 과정을 통해, 예수회 수사들은 서서히 신과 연결되는 진정한 느낌을 구분해내는 능력인 '분별력(discernment)'을 얻는다.

수사들이 삶으로부터 한걸음 물러서는 것은 더 잘 준비된 상태에서 세상으로 돌아오기 위해서이다. 아시시의 성 프란체스코St Francis of Assisi는 탁발하면서 대중에 복음을 전파하는 교단을 설립해 서양 수도원의 전통적 은거 양식을 크게 바꿔놓았다. 그럼에도 그는 종종 포교 활동 대신 아시시 지역의 산꼭대기에 자리 잡은 카르체리 은둔소에서 묵상 기도에 전념했다.

사라 메이틀랜드의 생각과는 좀 다르지만, 우리는 재충전을 염두에 둔 이런 '활시위 당기기'로서의 은거가 기독교의 심장부에 자리 잡은 급진적 역설과 연관된다고 주장할 수도 있겠다. 사막의 교부 대 마카리오스Macarius the Great는 이런 약속을 남겼다. '비방이 칭찬과 같아지고, 가난이 부유함과 같아지고, 손실이 얻음과 같아질 때 그대는 죽지 않으리라.' 마찬가지로 〈마태복음〉에서 예수는, '너희 원수를 사랑하며, 너희를 박해하는 자를 위하여 기도하라'고 선언했다. 〈누가복음〉에서 예수는 한 걸음 더 나아간다. '무릇 내게 오는 자가 자기 부모와 처자와 형제와 자매와 더욱이 자기 목숨까지 '미워하지' 아니하면 능히 내 제자가 되지 못하리라.' 불교에서는 일반인이 세상에서 물러나 비쿠스Bhikkhus, 즉 승려들의 공동체에 합류할 때 치르는 의례를 파빠쟈pabbajja, 즉 '앞으로 나아가기'라고 한다. 이런 관점에서 보면 은거는 하나의 '진보'이다.

광야에서 40일간 단식한 예수와, 알 히라 동굴에서 대천사 가브리엘에게 《코란》을 전수받은 무함마드와, 보리수 아래에서 49일간 명상에 잠긴 고타마 붓다에게 그랬듯이 말이다. 성 베네딕도만큼이나 사막의 교부들도 은거를 진보로 인식했다. 성 그레고리에 따르면, 동굴 속에서 3년간 숨어 지낸 성 베네딕도는 그를 발견한 양치기들이 '짐승'으로 오해할 정도였다고 한다. 그는 그 동굴을 나온 후 수도회를 창설하고, 베네딕도회 수사들이 오늘날까지 지키는 규칙을 정리했다.

나는 세속의 모든 것을 포기하는 데에 대찬성이었지만, 수건과 관련해서 당시의 내 상황은 웃을 일이 아니었다. 샤워장에서 방으로 가려면 복도를 가로질러야 했는데, 나는 물방울로 장식된 쇄골을 노출한 채 발끝으로 살금살금 걸어야 했다. 작은 수건으로 하체를 가려보려 했지만 크기가 너무 작아서 엉덩이 한쪽은 어쩔 수 없이 드러내 놓을 수밖에 없었다. 수도원에서 그리 보기 좋은 모습은 아니었을 것이다. 《고요해질 시간》에서 패트릭 리 퍼머는 르아브르 근처에 있는 솔렘 신도회 소속 수도원 성 완드릴 St Wandrille에서 일상에 적응하기가 얼마나 힘들었는지 회고했다. 그가 곤란했던 이유 중에는 술이 부족한 탓도 있었다.(솔렘에는 이런 문제가 없었다. 라벨이 없는 병에 담긴 질 좋은 적포도주를 점심시간과 저녁시간마다 제공했기 때문이다. 게다가 고백하건대, 나는 솔렘 수도원에 머무는 동안 길 건너편 술집을 몇 번 찾기도 했다.) 그러나, 그가 묘사한 주된 이유는 수도원 밖의 세상과 '닮은 데가 없을' 뿐만 아니라, '사실상 정반대되는' 빛과 소리, 분위기를 지닌 장소에서 머물며 느끼는 이질감 때문이었다.

나는 그의 말을 이해했다. 마이클 신부와 수사들이 환대해 주었지만, 내 눈에는 솔렘이 너무 황량해 보였다. 첫째 날 저녁에 집으로 보낸 왓츠앱 메시지에도 이런 느낌을 담았다. 아내는 현명하게도, '감당해야 해, 온전히 받아들여'라고 답해 주었다. 이비사나 에솔렌과 비교했을 때, 이곳의 은거 생활은 한층 더 높은 수준의 자립심이 필요해 보였다. 잡담을 나눌 동료도, 수련과 명상이 주는 질서도 없는 상황에서 나는, 원래는 신앙심으로 가득해야 마땅할 텅 빈 공간 속으로 내던져진 기분이었다. 신이 없는 침묵은 실로 두려운 것이었다. 우리가 소음을 만드는 것은 침묵이 우리에게 드러내는 것들을 두려워하기 때문이다. 내가 수건으로 소란을 피운 것도, 예배당 이외의 공간에서 차분히 머물기가 심각하게 어려웠던 것도, 편두통 같은 느낌을 달고 다니다시피 한 것도, 다 이런 두려움 때문이었다.

패트릭 리 퍼머의 해답은 수면이었다. 첫 이삼일 동안 그는, 마치 수도원의 은거 생활이 시차로 피로를 몰고 오기라도 한 것처럼, 시간의 대부분을 자면서 보냈다. 나는 도로 건너편 술집에서 맥주를 마시며 약간의 위안을 얻었다. 라 솔레미엔느는 도무지 가망이 없어 보이는 술집들 중 하나였다. 지역 신문과 아스파라거스 통조림 등을 파는, 반은 상점인 그곳은 손님이 시체처럼 보일 정도로 삭막하고 황량한 80년대식 인테리어와 형광등 조명들로 꾸며져 있었다. 그러나 다른 한편으로 이곳은 프랑스인 특유의 정중함이 넘쳐나는 일종의 낙원이기도 했다. 지역 주민들은 술집에 들어오면 일단 멈춰서 구석에 앉아 땅콩에 크로넨버그 맥주를 마시는 나를 발견하고는 '봉주르 므슈bonsoir, m'sieur'라고 인사하거나, 다가와 악수를 청하며 내게 붙은 외부인 딱지를 떼어주곤 했다. 그곳에서 보낸 시간은 은거로부터의 은거나 다름없었다. 말하자면, 다시 삶으로 돌아가는 물러섬이었던 것이다. 크리스 스트리터 박사가 말했듯, 나는 그렇게 그곳에 앉아 맥주가 '신경의 흥분을 억제하고, 마음을 진정시키고, 긴장을 누그러뜨려' 주기를 기다렸다.

내 친구 필이 술을 대하는 태도도 마찬가지였다. 대학 시절, 나를 비롯한 나머지 친구들은 기분 좋게 취하려고 술을 마셨지만, 필은 마음을 안정시키기 위해 술을 활용하는 것 같다는 인상을 강하게 풍겼다. 내가 보기에 그는 평소에 너무 날카롭고 강렬해서 정신을 안정시켜 줄 무언가가 필요했던 것 같다. 이런 점은 필이 담배를 피우는 방식에서도 잘 드러난다. 담배를 빨아들일 때 그는 담배의 모든 정수를 남김없이 다 뽑아내고야 말겠다는 태도였다. 그가 추구한 것은 아주 진하고 강력한 효과였다. 내가 필과의 관계를 가장 소중히 여긴다면, 아마도 그와의 우정이 영원히 지속되지 않을 것 같다는 느낌 때문일 것이다. 그는 언젠가 사라져버릴 테니, 필과 함께하기를 즐기고자 한다면 아직 시간이 남아 있을 때 하는 것이 좋겠다고 느낀 것이다.

필이 랑군에 있는 불교 사원에서 파빠쟈 의례를 치렀다고 이메일을 보냈을 때, 나는 그리 놀라지 않았다. 분명 슬펐고, 과잉 교육으로 목적

의식을 상실해버린 사람들의 불확실한 삶에서 벗어나 자신만의 길을 찾은 그가 부러웠지만, 놀랍지는 않았다. 필의 이메일로 미루어보건대, 상좌부 승려의 삶으로 '나아가겠다'는 그의 말은 세상을 완전히 등지겠다는 소리나 다름없었다. 심리 검사를 통과한 그는(몇 년 후 나는 불교와 기독교 수도원들이 그곳의 이질적인 생활방식에 매료된 정신이상자들을 꽤 많이 끌어들인다는 사실을 알았다), 이제 사마네라samanera, 즉 초심자 승려가 비쿠로서 정식 수계를 받기까지 거쳐야 할 오랜 학습과 명상을 시작했을 터였다.

그 후로는 더 이상 이메일도 오지 않았다. 필이 결심을 굳히고는, 그를 평생 승단에 묶어둘 구족계인 우빠삼빠다upasampada를 받고자 이삼 년에 걸친 수련 과정에 들어갔을 것이라고 추측할 수밖에 없었다. 하지만 내 추측은 빗나갔다. 몇 년 후 필은 영국으로 돌아와 교사로 재교육을 받은 뒤 결혼해서 가정을 꾸렸다. 랑군에서 보낸 시간으로 그의 특수한 욕구가 충족됐는지, 아니면 단순히 그가 은거와 포기의 삶을 살아갈 준비가 부족했는지 나로서는 알 수가 없었고, 사실 알려고도 하지 않았다. '젊은 시절 저는 비참할 정도로 잘못되어 있었나이다.' 성 아우구스티누스는 《고백록(Confessions)》에서 신에게 말한다. '저는 당신께 순결을 구하면서 "저에게 순결과 금욕을 허락하소서. 하지만 당장은 아닙니다."라고 기도했습니다.'

솔렘과 라 솔레미엔느를 오가며 첫 며칠을 보낸 후, 나는 수도원 생활의 리듬에 적응하기 시작했다. 정오 이후 짧은 기도를 끝내고 점심 식사를 한 후에는 식당 근처의 방에서 커피를 마셨는데, 그때 우리는 짧게나마 잡담을 나눌 수 있었다. 그 외에는, 저녁 식사 시간에 몸짓을 하거나 자갈길을 걷는 동안 가끔 정겹게 고개를 끄덕이는 등의 의사소통 정도만 허용되었다. 클레망 부아소는 지난 47년 동안 매년 7일간 솔렘에서 은거했다. 그가 솔렘을 찾은 이유 중 하나는 그레고리안 성가였지만, 가장 큰 충족감을 느낀 것은 베네딕도회의 규칙이었다.

그는 이렇게 말했다. "이곳의 규칙을 지키면 기독교인으로서의 삶을 더 충실히 살아가게 됩니다."

우아한 목례와 함께 클레망이 이곳에 온 이유를 설명했다. 4~5세기 동안, 사막의 교부들이 신심이 충만하다고 생각한 순례자는 '예루살렘에서 온 방문객'으로 불렸다. 반면, 여행자나 영적인 관광객처럼 단순한 호기심으로 찾아온 사람은 '바빌론에서 온 방문객'으로 불렸다. 수도원 측에서는 대개 그들에게 수프 한 그릇을 건넨 뒤 제 갈 길을 가도록 내버려 두었다. 클레망은 '예루살렘에서 온 방문객'이었다. 나는 그와 '바빌론에서 온 방문객'의 차이가 결국 시간에 대한 인식으로 귀결되는 것 아닌가, 생각했다. 잘 알려졌다시피, 오랜 기간의 침묵과 정적(또는 나 같은 바빌로니아인이 활동적이지 않다고 느낄 만한 상태)은 시간관념을 마비시키는 경향이 있는데, 물론 종교적 경험의 본질적 측면 중 하나이다. 사라가 말했듯, 영원한 신을 믿으면 현세적 질서에 덜 집착할수록 신을 더 가깝게 느끼며, 신의 무시간성에도 더 깊이 잠겨 들 것이다.

물론 수도원 생활에는 또 다른 측면이 있다. 침묵에 따라오는 질서인데, 공동생활에서는 반드시 필요하다. 클레망은 바로 이 질서를 좋아했다. 미사는 단 1분도 늦지 않고 10시 정각에 시작됐다. 하지만 우리에게는 기도 시간을 알리는 종소리가 시간의 흐름에 대한 자각을 더 마비시키는 것 같았다. 나는 의례들 사이의 빈 시간 동안, 특히 구시과와 만과 사이에 있는 식후의 지루한 3시간 동안, 시계를 볼 생각을 전혀 안 할 정도로 그 종소리(사람이 손으로 치는 것처럼 탁-딩, 탁-동 하고 소리를 내는)에만 의지하기 시작했다.

이런 환경은 달리의 시계 그림처럼 마치 시간이 녹아 없어지는 듯한 느낌을 불러왔다. 시간관념의 와해는 내가 솔렘에서 경험한 가장 재미 없는 현상인 동시에, 점차 그 느낌에 익숙해지면서 가장 큰 만족감을 느낀 현상이기도 했다. 넷째 날 마이클 신부에게 시간을 때울 일거리를 요청하자, 갈퀴 한 자루와 중세 느낌이 물씬 풍기는 나무 수레를 활용해 노란색과 갈색으로 길과 화단을 뒤덮은 나뭇잎을 청소해 달라고 했다. 한 시간쯤이나 지났을까. 첫날 잠시 만난 팔십 대의 앙투안느 신부가 가던 길을 멈추고 내가 모아둔 나뭇잎들을 물끄러미 바라보더니, 강한 영어 억양으로 말했다. "현실을 상기시켜주는 사물들이로군요."

"네, 그렇죠." 나는 짧게 답한 뒤 쾌활하게 덧붙였다. "기도하고 일하라!(Ora et labora!)"

잠시 침묵이 이어진 후 신부가 다시 물었다. "지금 뭐라고 하셨죠?(Excusez-moi?)"

라틴어 발음 때문인가 해서 나는 다시 말했다. "기도하고 일하라!"

앙투안느 신부는 당황스러운 듯했다. "네에(Oui)?"

순간, 내가 무슨 짓을 저질렀는지 깨달았다. 베네딕도 수사 앞에서 성 베네딕도의 말을 인용한 것이다. 그것도 일요일 오후에 정원을 가꾸다 말고 옆집 울타리에 기대 친구에게 인사를 건네는 듯한 태도로 말이다.

"별말 아닙니다. 좋은 오후 보내세요!" 내가 말했다.

"그래, 그래요. 즐거운 시간 보내세요!" 앙투안느 신부가 자리를 뜨려고 몸을 돌리면서 어색한 손짓과 함께 말했다. 이 말이 내게는 혼자서 실컷 즐거워하란 소리로 들렸다. 수도사에게 조롱당한 듯한 기분이란! 당혹감이 누그러들기까지 시간은 좀 걸렸지만, 어쨌든 이 일은 실제로 효과가 있는 것 같았다. 퀴퀴한 냄새가 나는 나뭇잎 더미를 시체 운반 도구처럼 생긴 수레에 옮겨 담는 동안, 그리고 강물이 고요하게 흘러가는 동안, 내게 시간의 경과를 알려주는 것은 오직 어두워 가는 하늘뿐이었다.

"그 찌꺼기 진짜 역겨워 보인다." 내 빈 포도주잔을 가져가면서 사라가 말했다. "내가 좋은 걸로 줄게."

좋은 것이란 여전히 반쯤은 불투명하지만, 적어도 그 안에서 무언가 자라고 있다는 느낌은 들지 않는 다른 포도주였다. 사라는 요리한 치킨 리소토를 국자로 퍼서 접시에 담아주었다. 한입 먹어보니 아주 맛있었다. 우리는 그녀가 성직 서임을 생각해본 적이 있는지 이야기하던 중이었다.

"불편하지 않다면, 한 가지 물어보고 싶은 게 있어요." 내가 말했다.
"삶에서 그토록 많은 시간을 침묵과 기도에 바쳤으면서 왜 완전히 수녀
가 되지는 않으셨어요?"

"운 좋게도 새 주교(사라의 교구인 갤러웨이Galloway의)는 내가 수녀가
되는 걸 원하지 않았어." 그녀가 말했다. 예전 주교는 사라를 받아들였
지만, 그 과정을 어떤 식으로 진행해야 할지 도무지 분명치 않았다. "당
시 내가 감당할 수 있는 유일한 서약은 동정녀 서약뿐이었어." 가톨릭
교리에 따르면, 동정녀란 수도원에서 생활하거나 주교의 감독하에 세상
속에서 살아가는 예수의 배우자를 뜻했다. 사라가 지적했듯이, 어떤 경
우이든 강조점은 '동정'에 있었다. "내가 처녀가 아니라고 하자, 주교는
'아, 문자 그대로 처녀여야 한다는 말은 아닙니다.'라고 말했어."

"아이가 있어도 자격 요건은 된다는 말이겠죠."

"그래." 사라가 말했다. "이제부터라도 '동정'을 유지하기만 한다면 말
이지."

사실 교리란 창조적으로 해석된 규칙에 불과했다. 그렇지만 아무리
가볍고 부수적이라 하더라도 사라는 자신이 구속을 견뎌내는 상황을 좀
처럼 상상하기 힘들어 했다. 약간의 교구 업무를 동반한 일종의 권한 이
양으로, 점점 더 많은 신도에게 인기를 얻어가던 '주교의 보살핌에 자신
의 삶을 내맡기는 서약'조차 사라에게는 '빌어먹을 가식'으로 느껴졌다.
가끔 나는 사라의 비순응적 태도가 신과의 신비적 합일을 향한 열망뿐

아니라, 그녀의 가부장적 양육 환경에도 영향받지 않았을까 하는 의문이 생겼다. 사실 이 두 측면은 어느 정도 서로 얽혀 있는 것 같았다. 그런 조건들은 고독을 향한 필요와 열망을 키우는 일종의 영적 자유의지론(libertarianism)으로 귀결될 것이 뻔했기 때문이다. 그 누구도 그녀에게 사는 법이나 기도하는 법, 포도주잔을 씻는 법 등을 가르칠 수 없었다. 검은 치아에 더럽고 구겨진 회색 잠바를 걸친 그녀의 겉모습조차, 몸에 대한 금욕적인 경멸보다는 통제받는 것에 대한 완고한 반항심에서 비롯한 것 같았다. 내가 이런 추측을 한 이유는 사라에게서 약간의 허영심이 감지되었기 때문이다.

"결혼식에서 친구한테 내 사진을 보여준 적이 있어." 포크를 내려놓고 다른 담배에 불을 붙이면서 그녀가 말했다. "그러자 그는 내게 '사라, 이 말을 항상 잊어버리는데, 좀 가꾸면서 살아.'라고 말했어. 나는 꺼지라고 말하고 싶었지만, 다른 한편으론 몸을 가꾸는 것은 정말 귀찮은 일이라고 생각했지. 그의 말이 옳지만, 나는 절대 30년 전만큼 매력적이지도 않고, 그리고 싶지도 않아. 그건 포기가 아니야." 외모를 가꾸는 것은 '나이가 들수록 점점 더 힘들어지는 고된 노동'이었다.

이런 기질은 그녀의 다른 직업에서도 마찬가지였다. "그 어떤 젠장맞을 인간도 내게 뭘 쓰라고 명령할 수 없어." 그녀가 말했다. "신도 포함해서."

"그렇다면 당신에게는 글쓰기가 기도 못지않게 중요한가요?" 내가 물었다.

"그건 아냐." 사라가 말했다. "아니, 가끔은 그래. 가끔은 살아 있는 것 자체가 중요해. 봐, 살아간다는 건 신과 분리된 상태에서 그 거리감을 메우려고 애쓰는 과정이야. 나는 괜찮은 단편을 쓰는 일이 등산하거나 친구들과 수다를 떠는 일보다 나를 신과 더 멀어지게 한다고는 생각하지 않아."

다시 요란한 웃음소리가 터져 나왔다. 궁극적으로 사라에게 글쓰기는 기도와 반대되는 행위가 아니라 기도와 함께이며, 심지어 기도를 보완하는 행위였다. "글쓰기는 자아의 훌륭한 활동이야." 그녀가 말했다. "그리고 기도는 자아에서 벗어나는 행위이지." 두 행위 모두에는 어떤 식으로든 기존의 것들을 놓아버리는 과정이 뒤따랐다. "작가가 되어야겠다고 결심했을 때, 나는 수입과 관련해 나름의 결단을 내렸어." 사라가 말했다. "지금보다 더 벌긴 했지만, 수입이 형편없었지. 하지만 나는 단 1초도 그걸 포기라고 생각한 적은 없어."

고독과 침묵에 헌신하는 현재의 삶에 대해서도 마찬가지였다. "운동선수들이 감내하는 희생을 한번 생각해봐." 그녀가 말했다. "그들은 원하는 것을 먹지도 못하고, 원하는 것을 마시지도 못하고, 바라는 대로 인간관계를 맺지도 못해. 그들은 포기가 철저히 몸에 밴 삶을 살아가. 그런데 그들 중 포기하고 싶은 사람이 과연 얼마나 될까? 결코, 단 한 사람도 없겠지. 왜냐하면 그들은 4년 후 올림픽에서 메달을 따는 것으로 보상받을 테니까. 그들에게는 그게 더 중요한 거야." 사회를 버리는 일도 다를 바 없었다. 혜택보다 가치가 덜한 자산을 양보하고, 포기를 가장한 보상을 얻는 과정이었기 때문이다. 나는 포도주를 한 모금 마신 뒤 의자 등받이에 등을 기댔다.

"사라, 정말로 그걸 완전히 확신할 수 있어요? 물질적 소유물을 제외 하면, 진정한 포기란 없다는 사실요. 친구와 가족, 신체적 친밀감 등을 포기하는 건 하나의 상실 아닐까요?"

"좋아." 사라가 말했다. "나는 별로 행복하지 않은 결혼 생활에 아주 오랫동안 얽매여 있었어." 그런 뒤 매우 큰 소리로, 나중에 녹음 파일을 재생해 보니 소리가 뒤틀려 있을 정도로 큰 소리로 말했다. "난 아무것 도 포기하지 않았다고 생각해!" '아무것도'라는 표현에는 승리감에 가 까운 경멸의 느낌마저 배어 있었다. "난 정말이지 침묵과 기도를 선택 한 삶에서 포기의 흔적을 조금도 찾을 수 없어. 이 삶이 이전의 삶보다 내게 훨씬 잘 맞아."

성 베네딕도는 규칙서에 방문객 책임자 역할을 맡아야 할 수도사의 특 성을 다음과 같이 명시했다. '신에 대한 두려움을 가슴에 품고 있는 형 제.' 패트릭 리 퍼머가 우리에게 상기시키듯, 매일 바깥세상과 접촉하면 서도 그 영향을 받지 않으려면 매우 확고한 종교적 목적의식을 가슴에 품고 있어야 했다. 사라처럼, 마이클 신부의 가정도 행복한 대가족이었 다. 그는 가족에 관해 말할 때마다 엄청난 애정을 드러냈다. 그렇다면 그가 가족을 떠나도록 부추긴 것은 무엇일까?

"잘 모르겠어요." 그가 말했다. 그가 아는 것은 자신이 이곳에서 '새 가족을 찾았다'는 사실뿐이었다. 가끔 말썽이 생겼지만, 하나의 가족인 것만은 분명했다. 마이클 신부의 형제는 열 명이었다. 쌍둥이 형제도 있었지만, 태어나기도 전에 목숨을 잃었다. 나는 사라나 마이클 신부 같은 대가족 내에 주목받고 싶어 하는 충동을 자극하는 무언가가 있는 것은 아닌지 의문이 생겼다. 마이클 신부에게는 태어나기도 전에 세상을 떠난 쌍둥이 형제라는 요인도 추가되었다. 마이클 신부는 사실상 태어날 때부터 한쪽 발을 잃어버린 것이나 다름없었다.

《고요해질 시간》에서 패트릭 리 퍼머는 수도원 생활에 이기주의나 현실 도피 혐의를 뒤집어씌우는 세속적 비난을 절대로 묵인하지 않는다. 그가 성 완드릴과 솔렘에서 만난 베네딕도 수사들은 세상을 구원하기 위해 세상으로부터 물러난 사람들이었다. 그는 이렇게 썼다. '오직 그들만이 모든 것을 포기하고 영원성이라는 무서운 문제에 직면해왔다. 동료 인간들이 영원성과 마주하는 것을 돕기 위해서였다.' 사라는 은자의 첫째 의무가 '중보기도(intercession)', 즉 다른 사람을 위해 기도하는 것이라고 했다.

마이클 신부 역시, 세상에서 물러나는 것이 아니라 동료 인간들을 위해 모든 것이 더 잘 보이는 높은 곳에서 세상에 영향을 미치는 일을 자신의 임무로 여겼다. 수도사의 목적(사막의 교부들의 표현을 빌리자면 포노스ponos, 즉 직무)은 결국 성스러움을 추구하는 것이었다. 마이클 신부는 이렇게 말했다. "수사의 임무는 신께서 원하시는 존재로 현현하는 것입니다. 우리 각자가 이곳이나 다른 수도원에서 그 임무를 달성하는 만큼, 그는 자신과 함께 세상을 끌어올리게 됩니다. 그는 결코 혼자가 아닙니다. 같은 일에 종사하는 인류의 한 구성원입니다. 그는 자신과 함께 사회를 끌어올리는 중입니다."

반복하는데, 수도사가 세상을 등지는 것은 세상에 더 강렬하게 참여하기 위해서이다. "한번은 제 누나가 말하길, '마이클, 너는 우리 가족을 떠나 멀리 있어. 하지만 어떻게 보면 너는 가족의 심장부에 자리 잡고 있는 것 같아.'라는 거예요." 그가 말했다.

사라와 마찬가지로, 내적 성찰의 보상은 기쁨이었다. "성가대석에 있을 때는 잘 모릅니다. '아 이런, 너무 근엄한데!'라고 생각하죠. 하지만 사실 그 아래에는 기쁨이 잠재되어 있고, 그 기쁨은 긴장이 완화되는 순간이나 수사들이 한자리에 모이는 순간 솟아납니다. 그건 일종의 기쁨의 폭발이에요. 생활이 엄격해질수록 기쁨은 더 잦습니다."

기쁨이 없다고 판단할 만한 상황일수록 기쁨이 더 폭발한다는 사실은 수도원 생활을 지배하는 역설 중 하나였다. "카르멜회Carmelite라는 매우 특별하고 아주 아주 엄격한 수녀회가 있어요." 계속해서 마이클 신부가 말했다. "그들이 한자리에 모이는 순간만큼 기쁨에 차고 아름다움이 넘치는 순간은 아마도 찾아보기 힘들 겁니다. 그 모습을 바라보는 건 그야말로 경이로워요."

그날 저녁 종과에서 나는 수도사들이 찬송가를 부르는 동안 맨 앞자리에 앉아 그 모습을 바라보았다. 오, 성스러운 주여, 우리가 그대에게 기도를 올리나니, 밤 시간 동안 우리의 수호자가 되어 주소서(Precamur, sancte Domine, hac nocte nos custodias). 마이클 신부가 옳았다. 그들이 성가대석에 있을 때는 잘 드러나지 않았다. 게다가 그 모습은 슬픔이나 배신감에 사로잡힌 집단처럼 느껴지기까지 했다. 다른 성소에서 만나 조금이나마 알고 좋아하게 된 수도사와 금욕주의자를 보면서도 같은 느낌을 받은 적이 있다. 마이클 신부에게 세상을 향한 그들의 자비에 관해 들었지만, 그들이 접근할 수 없는 존재이기에 그렇게 느낀 것 같다. 그들 존재의 절반 정도는 닿을 수 없는 곳으로 물러나 있었다. 그때 수사들이 줄지어 퇴장했고 '위대한 침묵'의 시간이 도래했다.

넷

열망으로부터
자유롭다는 것

카리에스를 지나온 이후로 사람들은 단 한마디도 하지 않았고, 나는 그 분위기에 숨이 막히기 시작했다. 우리는 몇 번이나 깊이 파인 도로에 빠졌고, 그럴 때마다 마치 앞 사람에게 경의를 표하듯 팔을 앞으로 뻗은 채 몸을 웅크려야 했다. 스타브로니키타Stavronikita 수도원 위쪽 도로에서 쿵 하는 소리와 함께 소형 버스가 기울어지자, 다부진 체격의 한 남자가 머리카락 한 올 없는 큰 머리로 내 팔뚝을 들이받았다. 잠시 후 버스는 다시 균형을 잡았고, 그는 미안하다는 말도 없이 내 팔에서 떨어져 나갔다. 차는 침묵 속에서 계속 덜거덕거리며 가다가 또다시 움푹 파인 도로를 만났고, 그 대머리 남자는 내 어깨를 또 들이받았다.

우리는, 아토스산에 남아 있는 20여 채의 수도원 중 가장 오래된 곳이자 동방정교회의 정신적 심장부이기도 한 그레이트 라브라Great Lavra 수도원으로 가는 중이었다. 반도의 비공식적 수도인 카리에스에 들어설 무렵 우연히 엿들은 대화를 토대로, 나는 스무 명에 가까운 동료 승객들을 불가리아인으로 추정했다. 어린 시절에 TV 스포츠 프로그램을 보면서 불가리아인은 근육질의 목 짧은 사람들이라는 편견을 갖게 된 탓도 있었지만 말이다. 이 친구들은 너무나 건장했기 때문에, 나는 어느 순간부터 이 소형 버스의 적재 한도를 걱정하기 시작했다. 내가 앉은 몇 열 뒤에는 테 없는 모자를 쓰고 검은 의복을 걸친, 약간 뚱뚱하고 젊어 보이는 성직자 한 명이 앉아 있었다. 그는 종이봉투에 든 식빵을 한 움큼씩 떼어내 건성으로 씹은 뒤 인상을 찡그리며 삼키곤 했다. 우리 왼편에는 깎아지른 절벽 너머로 에게해의 풍경이 눈부시게 펼쳐졌지만, 가드레일이 없어서 풍경을 제대로 즐기기는 힘들었다.

소형 버스는 경고도 없이 오른쪽 산비탈에 있는 정차 구역에 갑자기 멈춰 섰다. 운전사는 차에서 내린 뒤, 승객용 문을 힘껏 열어젖혔다. 뭔가 심각하게 잘못됐나 하는 인상을 줄 정도였다. 우리는 말없이 길을 따라 천천히 걸어 내려갔고, 그 성직자는 사제복에 묻은 빵부스러기를 털어내면서 쫓아왔다. 나무들 사이의 틈에는 돌로 만든 작은 성소가 있었는데, 이끼 낀 도관을 통해 비좁은 녹색 못으로 샘물이 흘러내리고 있었다. 못 옆에는 빈 플라스틱 물병 더미가 쌓여 있었다.

"받으세요." 불가리아인 한 명(군인처럼 머리를 짧게 깎고 휠라 트랙 재킷의 지퍼를 목까지 채운 아주 건장한 남성)이 내게 찌그러진 물병 하나를 건네주었다. 나는 물병에 물을 채워 마셔 보았다. 물은 시원하고 아주 맛있었다. "성수예요." 그가 말했다. 그의 설명에 따르면, 아타나시오스

Athanasios라는 이름의 수사가 이곳에서 한 여인을 만났다고 한다. "그녀는 그에게 '당신 지팡이로 이 바위를 치세요'라고 말했어요." 그가 운동화로 도관을 가리키면서 말했다. "그렇게 했더니 물이 나오기 시작했지요. 그녀는 예수의 어머니였어요."

"수사 앞에 나타난 그 여성 말인가요?"

"네, 그래요." 그는 빠르게 십자가를 그은 뒤 내게 손을 내밀었다. "뵙게 되어 반갑습니다."

나는 그의 손을 잡으려 했는데, 손이 크고 근육이 너무 많아 제대로 잡기가 힘들었다. "저도 만나서 반갑습니다. 어디서 오셨나요?"

"루마니아요."

"그럴 거라고 생각했습니다. 저는 냇이에요."

"냇." 그는 아직 내 손을 놓지 않고 있었다. "저는 마이클 케인입니다."

"마이클 케인이라고요?"

"네, 마이클 케인."

"영화배우 이름이네요."

"네, 그렇죠!" 남자의 표정이 밝아졌다. "미하이 바스톤Mihai Baston! 여기서 '바스톤'은 케인을 뜻하죠!"

"지팡이 할 때 그 케인 말인가요?"

"네, 그래서 제가 마이클 케인인 거예요. 영화배우처럼!"

"당신 이름이 마이클 케인이다."

"네, 하하! 제 이름은 마이클 케인이에요!"

소형 버스에 있을 때보다 분위기가 극적으로 좋아졌다. 그 성직자는 커다란 라거 맥주 캔을 딴 뒤, 갖고 있던 빵을 사람들에게 나눠 주었다. 마이클 케인과 동료들은 세르비아 국경 부근 티미쇼아라시의 교도소에서 온 간수였다. 스테판이라는 그 성직자는 교도소의 사제였다. 2011년 시행한 인구 조사에 따르면, 루마니아 국민의 85퍼센트 이상이 동방정교회 소속이라고 한다. 이 동료 간수들은 일 년에 한 번 이상은 아토스산을 방문했다(스테판은 두 번째였다). 험상궂은 분위기의 이 순례자들은 샘물이 있는 성소에 이르기 전까지는 총각파티의 남성적 즐거움에나 어울리는 사람으로 보였다. 예수는 티미쇼아라에서 무슨 일이 벌어지는지, 이 건장한 남성들이 그곳에서 어떤 일을 하는지 잘 알고 있을 터였다. 하지만 성처녀의 샘으로 정화된 지금은 사정이 완전히 달랐다. 나도 이 사내들과 함께 빵과 라거 맥주를 활용한 스테판의 비공식 성찬식에 참여했고, 이들에게 따뜻한 환대를 받았다. 가끔 그들의 마음 속에 '영국인이 대체 여기서 뭘 하는 거지?'라는 의문이 생길 때만 분위기가 살짝 가라앉았다.

"당신은 용감하군요." 마이클 케인이 말했다.

"제가요?" 내가 말했다. "왜죠?"

그가 내 질문에 답했다면, 그 답변은 분명 자신의 친구들과 연관되어 있었을 것이다. 하지만 이어지는 웃음에서 나는, 남성미 넘치는 간수들의 악의적인 경멸보다는 부드러운 외국인 혐오 성향을 띤 정감 어린 농담의 분위기를 감지했다. 그렇게 우리는 계속 재잘거렸고, 움푹 파인 도로쯤은 이제 아무것도 아니었으며, 더 깊이 파인 곳을 만나면 환호성을 지르기까지 했다. 차가 구불거리는 길을 따라 나아가는 동안 얼음으로 뒤덮인 성스러운 아토스산의 정상이 나타났다 사라지기를 거듭했다.

"우리 그리스인들은 운이 좋아요." 파노스가 팔을 들어 올리며 말했다. "이런 문화유산을 보유하고 있으니까요." 우리는 그레이트 라브라의 중앙 마당 한가운데 서 있었고, 주변에는 적갈색 돔이 있는 십자형 건물 카톨리콘katholikon이 자리 잡고 있었다. 패트릭 리 퍼머는 성 완드릴과 솔렘에서 만난 수사들의 '열렬한 확신'에 관해 언급했다. 세계의 위대한 종교적 성소 중 하나인 아토스산(정교회 신념의 중심지)은 수사들처럼 평생에 걸쳐 은거를 추구하는 사람과 파노스처럼 좀더 온건한 형태의 헌신을 추구하는 사람 모두를 만나기에 아주 좋은 장소인 듯했다. 파노스는 가까운 베리아시에서 온 오십 대 중반의 판사였다. "책임감이 막중한 직업입니다." 그가 말했다. 그는 '어깨의 짐을 덜기 위해', '수사들의 마음이 얼마나 차분한지' 관찰하면서 한 해에 두세 번 정도 아토스산을 방문했다.

사실 이 수도원은 수도원이라기보다는 요새화한 중세 도시에 더 가까워 보였다. 수도원 내부의 예배당들과 석재 오두막, 금이 간 회벽돌로 마감한 별채들은 꼭대기가 톱니꼴인 벽이 에워쌌고, 이 벽의 남서쪽 모서리는 '치미스의 탑'이라 불리는 튼튼하고 성채 같은 건축물로 장식돼 있었다. 그 탑 너머의 나무가 우거진 언덕 때문에 이 수도원은 더욱 차폐되어 보였다. 지난 천 년간 아토스산의 수사들은 외부의 공격(사라센의 해적들, 프랑크족 침략자들, 카탈로니아 용병들, 터키 군인들, 현대 문명 등)에 끊임없이 노출되었다. 그 결과로 이곳에서 이루어지는 묵상적 삶의 심오한 고요함은 정반대되는 폭력의 흔적을 머금었다. 오직 이 두꺼운 벽들만이 세상의 침입을 막아 종교적 헌신을 구현하는 이 청정구역의 고요함을 지켜낼 수 있을 것 같았다.

사월 초의 늦은 오후, 중앙 마당에 드리운 그림자들이 길쭉하게 몸을 늘이고 있었다. 한 시간쯤 후면 만과와 바로 이어지는 저녁 식사가 있을 예정이었다. 보통은 저녁 식사 후 수사들과의 만남을 기대할 수 있었지만, 지금은 사순절 기간이었다. "수사들은 부활절을 준비하는 동안 더 강도 높은 침묵 규칙을 지켜야 합니다." 파노스가 미소를 지으며 말했다. "이것이 정교회의 의미지요." 부활, 재생. "사람들은 이곳에서 무언가를 감지합니다. 열린 마음과 열린 가슴을 갖고 이곳에 오면 무언가 일어날 수 있어요. 단지 믿음만 있으면 됩니다."

사람들은 고대부터 이곳에서 무언가를 감지했다. 아토스는, 테살로니키의 남동쪽 100킬로미터 지점에 있는 찰디키 반도의 길쭉한 세 갈래 지형 중 가장 동쪽에 있는 약 48킬로미터 길이의 지역으로, 남쪽 끝에 있는 2킬로미터 높이의 산봉우리에서 그 명칭을 따왔다. 금욕주의자들이 언제 처음으로 아토스에 발을 들였는지는 불분명하지만, 7세기에 이르러 묵상적 수행이 이곳에 뿌리를 내렸다는 증거들은 남아 있다. 이 과정은 아마도 4세기 전 이집트 사막에서 수도원 문화가 꽃을 피운 상황과 비슷한 여건 때문이었을 것이다. 주변 도시와 마을뿐 아니라 세상이 무너지고 있었고, 사람들은 산간 지대로 몸을 피했다. 9세기 무렵 아토스산에서 수도원 문화가 발달한 이유 중 하나로, 크레타섬에 기반을 둔 사라센 해적의 습격을 꼽을 수 있다. 특히 습격에 더 취약한 은둔자들이 한데 모여 수도원 생활을 하면서 침략으로부터 스스로를 보호한 것이다. 아토스 서쪽에 있는 테살리아의 바위 절벽에 위태롭게 서 있는 메테오라의 수도원들처럼, 아토스 지역 수도원들의 군사적인 측면은 거주민을 보호하고 박해자를 몰아내는 데에 큰 도움이 되었다.

963년 아타나시오스(내가 마이클 케인과 함께 방문한 성소의 발견자이자 동로마 황제 니키로포스 포카스Nikephoros Phokas의 학식 있는 협력자이기도 한)가 그레이트 라브라 수도원을 창설하면서 수도 생활은 은둔 수도에서 공중 수도로 빠르게 바뀌었다. 물론 지역 은자들의 반발도 없지는 않았다. 아토스산의 수사였던 폴 제로포타미노스Paul Xeropotaminos는 극단적인 금욕과 고립의 이상을 고수하는 한 분파의 지도자였다. 그가 보기에 진흙과 나뭇가지가 아니라 돌로 만든 건물 안에서 함께 기도하며 생활하는 것은 겁쟁이들에게나 어울리는 방식으로, 사치에 굴복하는 일이자 은거에서 이탈하는 것이나 다름없었다. 비록 황제와 연줄이 닿던 아타나시오스가 승리했지만, 엄격함과 쇄신 사이의 갈등은 오늘날까지도 아토스산의 수도원들에 영향을 미친다.

엄격함이 우위를 차지한 영역도 있다. 아토스 지역은 그리스 영토 내의 자치구로 특별한 지위를 누린다. 방문객이 이곳에 들어가려면 4일간만 유효한 단기 비자를 발급받아야 한다. 정교회 신자가 아닌 방문객은 하루에 최대 10명으로 제한하며, 여성의 출입은 엄격히 금지한다. 10세기에 황금칙령이 공표된 이래로 이 지역은 단지 여성뿐 아니라 동물 암컷의 출입마저 금지했다. (수사들은 고양이는 보고도 못 본 체하는데, 수도원 내부에 쥐가 아주 많기 때문이다.) 이곳이 테오토코스Theotokos, 즉 신의 어머니에게 바친 장소란 점을 감안하면 이런 관행은 특히 더 괴이하다. 전설에 따르면, 마리아는 사이프러스로 가던 중 바람 때문에 길을 벗어났는데, 이곳에서 아토스산의 야성적인 아름다움에 매료된 나머지 이 성스러운 산을 그녀의 정원으로 삼게 해달라고 기도했다고 한다. 하지만 성처녀 마리아의 더없는 완결성 때문에 그녀와 같은 성별인 여성은 이 지역에 발을 들일 수 없었다. 그 어떤 여성도 그녀의 비교 대상이 될 수 없었던 것이다. 여성들은 이 지역의 해안선 500미터 안쪽으로 들어올 수 없었다.

1953년, 마리아 포이메니도라는 젊은 테살로니카 여성이 남장을 하고 아토스산에서 3일을 보낸 적이 있다. 이 사실이 밝혀지자 법관들은 고대의 황금칙령을 법령집에 그대로 옮겨 적기로 했다. 그 후 이곳에서 머물다 붙잡히는 여성은 최대 1년의 징역형을 받았다. 그렇게 아토스 지역은 전체 면적이 200제곱킬로미터에 이르는 세계 최대 규모의 남성 전용 사교클럽으로 남았다. 연락선이 울퉁불퉁한 북쪽 지협을 우회해 아토스산 순례자들의 주 진입로인 다프니로 향하는 우라노폴리 항구에서, 방문객들은 이 사실을 몸소 실감할 수 있다. 그리스에 도착한 날 아침, 나는 우라노폴리에서 아침 식사를 했다. 내가 앉은 항구 쪽 테라스는 바람에 퍼덕이는 플라스틱이 에워싸고 있었다. 테라스 내부에는 담배 연기가 자욱했다. 한 무리의 남성과 십 대 소년들이 옷깃을 세운 채 커피 주위에 모여 앉아 있었다. 머리를 새하얗게 염색한 중년의 알바니아인 여종업원은 탁자 사이를 바쁘게 오가고, 주문받고, 접시를 닦으면서, 달걀과 소시지를 담은 쟁반을 양팔로 정신없이 나르고 있었다. 활력이 넘치면서도 이른 아침의 말 없는 음울함이 느껴지는 광경이었다.

아토스산의 극단적 보수주의는 이 지역의 위상이 격하된 데에도 어느 정도 원인이 있다. 11세기 초반의 클뤼니 수도원처럼, 비잔틴 제국이 지배하던 때만 해도 아토스산은 고요한 묵상을 위한 성소로 엄청난 지적, 정치적 영향력을 행사했다. 아토스산의 내향적 강렬함은 이곳을 제국 전역에 명성이 자자한 학술의 중심지로 만들어 이 성소에 외향적 무게감을 실어주기도 했다. 1453년 콘스탄티노플 함락과 함께 아토스산의 운명도 기울기 시작했다. 하지만, 이곳의 수도원장들이 술탄 메흐메드 2세에게 항복하고 세금을 지불하는 기지를 발휘한 덕에 술탄이 통치하는 동안에도 기존의 생활방식을 그대로 고수할 수 있었다. 오늘날에도 아토스산은 예전과 별로 달라지지 않았다. 비잔틴 시대의 장관을 고스란히 간직한 이곳은, 중세 시대에 동서 교회를 재결합하고자 한 것처럼 기독교의 통합을 바라고 현대 문명을 거부하면서 시간 속에 얼어붙어 있다. 이곳의 벽은 매우 두껍다. 최근 몇 년간 변화에 극렬히 저항하는 엄숙주의자와 좀더 개방적인 성향의 온건주의자 사이에 묵은 갈등이 폭발해 폭력 사태로 이어지기도 했다. 2004년에는 지역의 북동쪽에 있는 에스피그메노 수도원에서 수사들이 서로에게 주먹질하고 수염을 잡아당기는 모습을 카메라가 포착했다. 바티칸과의 관계 개선을 지지하는 동방정교회의 1인자 바르톨로메오 1세를 따르는 한 수사가 수도원 회랑으로 진입을 시도한 것이다. 하지만 항상 그렇듯, 승리를 거둔 쪽은 엄숙주의자들이었다.

그러나 새로운 입문자들이 등을 돌리기는커녕, 아토스의 의례 규칙서 티피콘Typikon의 엄격함은, 성직자 감소 추세가 역전된 시기인 1980년대 이후부터 지금까지 입문자 수를 꾸준히 증가시키는 데에 한몫을 했다. 고행을 향한 인간의 집요한 욕구는 실로 놀라울 정도이다. 1971년 무렵 아토스산의 수사들 수는 1,150명이 채 안 되었다. 하지만 현재 이곳에는 그리스뿐만 아니라, 세르비아, 불가리아, 루마니아, 몰도바, 러시아 등지에서 몰려온 2,000명이 넘는 수사가 거주한다. 티피콘의 엄격함에 매료되었든 바깥세상의 권태에 지쳐서든, 이들은 열렬한 기도의 삶으로 이끌린 사람들이다. 50년간 850명이 늘어난 것은 그리 큰 숫자가 아니라고 생각할지도 모르겠다. 하지만, 나는 아토스산이 그 영토 너머로까지 확장되는 새로운 정신으로 활력을 얻고 부활하기 시작했다는 인상을 받았다. 그것은 예감에 불과했지만, 이곳에서 은거하면서 나는 그 인상을 더 굳히게 되었다.

그레이트 라브라 수도원 반대편 해안에는 시모노페트라 수도원Simonopetra Monastery이 있다. 디아콘 세라핌은 솔렘의 마이클 신부처럼 시모노페트라의 방문객 책임자였다. 전통적인 절차에 따라 터키식 과자와 시럽이 든 물 한 잔을 건네며 인사한 후, 세라핌은 바다가 마주 보이는 발코니로 나를 안내했다. 세라핌의 말투는 너무나도 부드러워서, 나는 그의 말을 알아듣기 위해 몸을 기울여야 했다.

"당신네 교회에서도 성유물*을 믿는지 모르겠군요." 그가 말했다.

나로서는 그의 기분을 상하게 하지 않으면서 이 질문에 제대로 답할 방법을 도무지 찾을 수 없어서 그냥 침묵을 지켰다. 세라핌은 사제복 안으로 손을 넣어 마약류를 다루는 삼류 소매상들이 좋아하는 작은 지퍼백을 끄집어냈다. 가방 안에는 핏자국 같은 적갈색 얼룩이 묻은 면 뭉치가 들어 있었다. "향을 한번 맡아 보세요." 손가락으로 가방을 연 뒤 그가 말했다. 버섯 향처럼 약간 퀴퀴한 느낌이 나는 송진 냄새. 달콤한 듯도 하고, 감귤 향이나 고무 향 같기도 했다.

"아주 좋군요." 세라핌이 추앙받는 성인의 사후 분비물 대신 백화점의 향수 샘플을 건네기라도 한 듯 내가 말했다. 시모노페트라의 설립자 성 시몬은 미로브레테Myroblete, 즉 '몰약 분유정'으로 알려졌다. 무덤에 묻힌 후 그의 성유물이 내가 방금 맡은 것과 같은 향기로운 기름을 분비하는 광경이 목격되었기 때문이다. 세라핌은 또다시 사제복을 뒤져서 조

---

* 기독교 일부 종파에서 예수 또는 성인들과 관련된 물품을 일컫는 말로, 기적을 낳는다고 믿음 – 편집자

금 더 큰 두 번째 가방을 꺼냈다. 이번 유물은 예루살렘에 있는 예수의 무덤에서 나온 것이었다. 나는 냄새를 맡아 보았다. 그 향은 성 시몬의 것과 완전히 똑같았다.

"성스러운 무덤을 처음 발견했을 때, 기술자들의 컴퓨터와 핸드폰이 작동을 멈췄다고 합니다." 세라핌이 말했다. "그냥 갑자기 멈춰버린 거예요."

세라핌은 미소 지으며 가방을 다시 사제복 속으로 집어넣었다. 시모노페트라는 그야말로 장관이었다. '페트라'는 시몬의 수도원이 솟아난 바위를 가리키는데, 이 수도원은 절벽 끝에 걸쳐 있다기보다는 석재 덩어리에서 돌출된 미완성의 조각물처럼, 혹은 물질에서 해방되고자 분투하는 영혼처럼, 절벽이 기적적으로 확장된 듯한 형태였다. 이 수도원이 설립된 13세기 당시, 근처 동굴에서 살던 시몬은 산등성이에서 환하게 빛이 나는 것을 보고는 그곳에 건물을 지으라는 성처녀의 명령으로 해석했다고 한다. 하지만 부지가 너무 아찔해서 당시 수도원을 건설하던 시몬의 수사들은 포기하려 했다. 그때 이사야가 반항하는 동료들을 위해 물을 가지러 갔다가 미끄러져 산비탈로 굴렀는데, 돌아와서 보니 상처가 없는 것은 물론 단 한 방울의 물도 흘리지 않았다고 한다. 다소 과장된 듯한 이 기적이 수도원을 짓던 수사들을 고무시켜 작업을 재개할 수 있었다.

현재 남은 건물은 중세 양식을 본떴는데, 대체로 19세기 말경에 지어졌다. 처음 건립된 후 8세기 동안 수많은 화재가 일어나 수도원을 사실상 폐허로 만들어 놓았기 때문이다. 다프니로 가는 오솔길에서 바라보면, 수도원은 마치 완전히 다른 세상에 속한 건물처럼 보인다. 세라핌은 이 수도원에서의 삶이 바깥세상이 아닌 예수에게로 한 걸음 더 가까이 다가서게 해준다고 말했다.

"누군가를 사랑할 때는 항상 그 사람과 교감하고, 그를 바라보고, 그와 대화하고 싶어 합니다." 세라핌이 〈마태복음〉에 등장하는 예수의 말을 인용하며 말했다. '아버지나 어머니를 나보다 더 사랑하는 자는 내게 합당하지 아니하고, 아들이나 딸을 나보다 더 사랑하는 자도 내게 합당하지 아니하니라.' 정교회의 신앙 서약은 신성으로 변형된 군사적 충성심이나 다름없었다. 수사들은 예수와 결혼한 사람들이었다.

"좋은 남편이 될 수 없다면, 좋은 수사도 될 수 없습니다." 세라핌이 말했다.

세라핌의 표현을 빌자면, 수사들이 '열망으로부터의 자유'를 찾은 것은 그와 같은 군사적 제약 조건들 속에서였다. 그런데, 세라핌의 향기로운 성물 주머니와 골방에서 무릎을 꿇고 있는 2천여 명의 수사에게서 보듯이, 이 자유는 그 자체로 또 다른 형태의 열망이었다.

"그런 건 별로 중요하지 않습니다." 수사가 되기 전에 무슨 일을 했는지 묻는 내 질문에 세라핌이 답했다. 신앙은 그의 과거를 지우고, 미래를 약속했다. 파리 한 마리가 우리 사이에 있는 나무 난간 위에 앉았다. 나는 그 파리가, 전에 본 제비 떼나 명백히 500미터 이내 접근 불가 규칙을 어긴 물고기 떼처럼 암컷이 아닐까 하는 의문이 생겼다. "이 삶은,

우리가 지금 살고 있는 삶은 책의 첫 다섯 쪽이나 여섯 쪽에 지나지 않습니다." 세라핌이 말했다. "책을 살까 말까 고민할 때 처음 몇 쪽을 읽어 봅니다. 그 부분이 마음에 들면 구입하지요. 읽지 않은 나머지 분량은 영원한 삶에 해당합니다."

"그럼 다른 사람들은 어떤가요?" 내가 말했다. "방문객들 말입니다. 그들이 여기 오는 이유는 뭔가요?"

세라핌이 조용히 고개를 끄덕였다. "어떤 사람들은 영적인 것에 목말라 합니다." 그가 말했다. "그들은 끊임없이 추구하면서 진실을 알길 원하고, 자신의 영혼을 이해하고 싶어 하지요. 다른 사람들은 자연 풍광이나 건물을 보러 오는 손님과도 같습니다. 그들은 자신이 찾던 것을 얻어 갑니다."

세라핌의 등 뒤로 지는 해가 성화의 배경처럼 바다를 빛나게 했다. "영혼도 때로는 몸처럼 병이 날 수 있습니다." 그가 계속해서 말했다. "영혼에도 의사가 필요합니다."

그레이트 라브라 수도원에서 파노스와 나는 만과 의례를 치르기 위해 카톨리콘으로 향했다. 우리는 교회의 가장 바깥쪽 공간인 나르텍스 근처에 배치된 스타치디아에 자리를 잡았다. 아치형의 문들 너머로 사제복을 차려입은 수사들이 의례를 치르는 모습을 지켜볼 수 있었다. 교회의 심장부에 자리 잡은 성전 주변에는 성상과 벽화, 촛대, 금과 은으로 된 장신구가 너무 많아 눈의 초점이 혼동될 정도였다. 나는 인물들과 배경 사이의 경계를 도무지 구분할 수가 없었다. 멜리스마(가사의 1음절에 많은 음표가 주어지는 장식적 선율법-편집자)적인 찬송이 울려 퍼졌고, 노래는 점차 아랍 음악 느낌이 물씬 풍기는 불협화음으로 변해갔다. 수사제는 11개의 종(유다를 제외한 11명의 사도를 상징하는)이 달린 향로 카딜로를 손에 든 채 회중을 순회하면서 〈시편〉의 구절들처럼 피어오르는 향긋한 연기를 사방에 퍼뜨렸다. 그때 나는 아치형의 문들 저편에서 스테판과 마이클 케인을 비롯한 동료들의 모습을 보았다. 성전 중앙에 서서 끊임없이 성호를 긋고 있었는데, 그 모습이 너무도 열성적이어서 저러다 기절할지도 모르겠다는 생각이 들 정도였다.

인류학자 빅터 터너Victor Turner에 따르면, 인간 사회는 두 가지 유형으로 분류할 수 있다. 첫째는 한 개인이나 집단의 상대적 우위를 가정하는 위계 서열에 따라 사회를 조직화하고 구성원들을 구분하는 '계층사회(structure)'이다. 둘째는 동등한 개인들로 구성된 구조화하지 않은(또는 '기초적으로 구조화한') 사회로, 터너는 이 사회를 '커뮤니타스communitas'라고 불렀다. 이 중 계층사회는 정치와 경제, 사법 체계의 기반을 이루는 유형으로, 사유재산권과 계층 구분, 개인주의, 가족법 등이 여기에 의존한다. 또한 계층사회는 이기심과 세속성, 고통 회피 및 행복 추구 등이 가능한 사회이기도 하다. 기본적으로 안정된 사회를 위한 발판이라 할 수 있다. 반면, 커뮤니타스는 재산이나 지위의 부재, 의복의 균질성, 가족법의 유예 등이 특징이다. 또한 커뮤니타스는 익명성, 개인에 대한 공동선의 우위, 성스러움과 영성, 고통과 고난의 수용 등과 연관되기도 한다.

이 두 유형은 변증법적으로 끊임없이 상호작용하므로 상대 유형 없이 독립적으로 존재할 수 없다. 예를 들어, 잠비아의 은뎀부족은 전통적으로 족장 선출자를 직위를 승계받기 전날 밤에 그의 연상의 아내나 특별히 선택된 여성 노예와 함께 마을에서 1킬로미터 정도 떨어진 간소한 오두막으로 보냈다. 은뎀부어로 그 오두막을 '카프위'라고 하는데 '죽기 위한'이란 뜻이다. 그곳에서 그들은 겸허하게 웅크린 자세로 앉아 있어야 했고, 누더기 같은 천 한 조각만 걸친 족장 선출자는 오늘날의 유명 인사 모독에 해당되는 일련의 과정을 감내해야 했다. 쿠무킨딜라(족장 선출자 매도하기) 의식에는 부족 대표 한 사람이 족장 선출자의 어리석음과 심술궂음, 불공평함, 삿됨 등을 꾸짖는 과정도 포함된다. 이때는 부족의 다른 구성원들도 앞으로 나와 가슴에 쌓아둔 분노를 토해낼 수 있다.

이 의식을 치르는 동안에, 그리고 부족 대표가 반복해서 그를 엉덩이로 뭉갤 때조차 족장 선출자는 겸허하게 머리를 수그린 채 침묵해야 했다. 강약이 정반대로 뒤집힌 이 의식의 목적은, 선출자가 곧 위임받을 권력과 지위가 사익을 도모할 기회가 아닌 공동체의 선물이란 점을 족장 선출자와 구성원 모두에게 상기시키는 것이었다.

1960년대에 20년 전의 현장 연구를 분석한 결과에서 끌어낼 수 있는 결론에는 분명 한계가 있다. 하지만 터너의 주장에는 은둔을 향한 충동에 흥미로운 빛을 던져주는 요소가 있다. 낮은 지위에서 높은 지위로 또는 높은 지위에서 낮은 지위로 이동하는 개인이나 집단은 '경계 단계', 즉 지위가 없는 모호한 상태로 본다. 굴욕적인 의식과 곧 획득할 권력 사이에 붙잡힌 은뎀부족의 족장 선출자가 그 예이다. 이 상태가 지속되는 한 그는 경계 단계에 있는 것이다.

대체로 경계 단계는 임시 상태이다. 족장 선출자가 자신의 임무를 더 현명하게 수행하기 위해 거치는 통과 의례처럼 짧은 과도기적 기간에 국한된다. 사회적 차원에서 경계 단계는, 기존의 사회 구조에 과도하게 의존한 데에서 비롯한 문화적 경직성을 교정한다. 히피 운동이 전후 미국의 군대식 순응 풍조에 미친 전복적 영향력이 좋은 예이다. 하지만 터너가 강조하듯, '커뮤니타스의 즉흥성과 직관성이…오래 유지되는 경우는 드물다.' 새롭게 분출된 경계 단계는 기존 계층사회의 입지를 뒤엎은 후 다시 사회 구조 속으로 편입된다. 에솔렌 같은 기관들의 급진적인 성격은 오래전부터 주류 기업문화 속으로 흡수되었다. 구조는 나름대로 유용한데, 구조가 없다면 사회적 관계의 복합성을 유지하기가 불가능할 것이기 때문이다. 우리를 구속하는 것이 오히려 우리를 더 자유롭게 한다. 영속적인 혁명은 있을 수 없으며, 오직 혁명과 재구조화의 영원한 순환이 존재할 따름이다.

경계 단계가 지속되면 그 조직은 점차 와해하거나 자신만의 구조를 발달시키는 식으로 제도화한다. 대표적인 사례가 바로 수도원 제도이다. 수사들의 생활방식과 은뎀부족의 족장 선출자가 겪는 경계 단계 사이의 유사성은 매우 주목할 만하다. 이 둘은, 개인 재산을 포기하고, 성욕을 자제하고, 가족법을 따르지 않고(마이클 보젤 신부와 그가 코네티컷에 남겨둔 가족을 생각해보라), 극한의 겸손을 취하고, 고통과 고난을 받아들인다는 점에서 공통된다. 차이점은, 수도원에서는 이런 특성이 영속적으로 유지되어야 하기에, 수도원장이 감독하거나 '성 베네딕도 수도 규칙서'처럼 성문화하는 구조나 제도가 발달한다는 것이다.

우리 같은 일반인에게 수도원이나 명상센터, 숲속의 오두막 같은 경계 단계의 환경으로 물러난다는 것은, '커뮤니타스 환경에서 되찾은 뒤 다시 사회로 돌아오기 위해 사회 구조로부터 일시적으로 해방되는 것'을 뜻한다. 우리가 세상으로부터 물러서는 것은 결국 세상에서 더 잘 살아갈 수 있도록 준비하기 위해서이다. 터너가 정의한 '계층사회'를 주세페 파그노니와 그의 동료들이 묘사한 '내적 모델'과 비교해보는 것도 흥미롭다. 앞서 말했듯이, 내적 모델이란 경험을 통해 우리의 두뇌가 구축해낸 세계상을 뜻하는 용어이다. 우리가 이미 아는 것으로, 그 앎은 터너의 '계층사회'처럼 오랜 시간에 걸쳐 발달한 생각 및 행동의 체계나 습관적 패턴에 의존한다. 감각기관으로 들어오는 직접적 자극을 받아들이기 좋도록, 명상적으로 강력하게 집중하면 내적 모델이 이완된다고 한 점도 떠올려보기 바란다. 이런 명상적 상태와 마찬가지로, 커뮤니타스는 진부한 습관이나 관례보다 현재의 순간을 훨씬 더 중요시한다.

계층사회와 커뮤니타스가 영속적으로 스스로를 조정해 나가는 변증법적 관계를 유지하듯, 우리의 내적 모델도 그 모델을 누그러뜨리고자 하는 우리의 노력을 통해 끊임없이 개선되고 영속화한다. 하나가 다른 하나를 바로잡는 식이 계속되는 것이다. 그레이트 라브라나 솔렘에서 시간을 보내는 것은, 침묵과 묵상을 통해 자신을 쇄신하기 위해서만이 아니라, 평생 그곳에 머물기로 선택한 사람들과 가까운 관계를 맺기 위해서이기도 하다. 지위에 대한 불안이 없는 그들과 함께 시간을 보내다 보면 우리도 어느 정도 영향을 받으리라는 희망을 품은 채로 말이다. 구조에 얽매이면 얽매일수록, 그만큼 우리는 커뮤니타스를 더 갈망한다. 잠시 벗어날 기회를 찾아 다프니로 향하는 배에 몸을 싣기도 하고, 랑군이나 카트만두행 비행기 표를 끊기도 한다. 또는 인도 델리 공항으로 날아가 리시케시행 버스나 람 줄라로 가는 택시를 타고 삐쩍 마른 길 잃은 소와 오토바이를 탄 젊은이들, 엉겨 붙은 머리에 황색 누더기를 걸친 요기, 각종 다리, 길가의 과일 좌판 등을 지나 갠지스강 근처 아쉬람으로 향하기도 한다.

"저에게 나디 키네어Nadi Kinare는 몸과 마음을 단련하는 훈련소나 다름없습니다." 선이 말했다. 하루 일정이 빡빡했지만, 점심 식사 후 두세 시간은 자유로워서 선과 나는 갠지스 서쪽 강변을 따라 시브푸리시 방향으로 산책하기로 했다. 리시케시에서 상류로 거슬러 올라가는 동안 갠지스강은 우윳빛이나 에메랄드그린 빛을 띠었다. 둑 부근의 물살은 잔잔했는데 중심부는 아주 격렬하고 거칠었다. 거의 5분 간격으로 헬멧과 구명조끼를 착용한 아드레날린 중독자들이 뗏목을 타고 강 중심부를 따라 돌진하면서 흥분에 찬 비명을 지르며 나 보란 듯 손을 흔들어댔다.

나는 짜증을 내지 않기 위해 애정을 담아 용서하겠다는 내 서원의 힘을 총동원해야 했다. 우리가 산책하던 왼쪽 강가는, 매끄러운 바위와 하얗게 바랜 유목 파편이 널린 기다란 백사장에서 금잔화가 핀 야생 목초지로 바뀌었다. 우리는 전갈을 밟지 않도록 조심하면서 경계가 불분명한 길을 더듬어나갔다. 선은 샌들을 신었고, 나는 이비사에 가기 전보다 더 화끈거리는 발의 통증을 완화하고자 푹신한 운동화를 신었다. 우리 앞으로는 작은 언덕들이 명상의 단계처럼 층위를 이루고 있었다. 마치 앞으로 마주할 엄청난 과제를 암시하는 듯했다.

"수하니 지와 함께할 때 우리는 진정으로 신심 깊은 종교인을 만나는 특권을 누리는 겁니다." 선이 말했다. 수하니 지는 아쉬람을 이끄는 요가 강사였다. 선은 벵골 서부 지방의 빈민들에게 의료 및 교육 서비스를 제공하는 자선 단체 캘커타 구호대의 자원봉사자 자격으로 해마다 인도를 방문했다. 리시케시는 그의 휴양처였다. 캘커타를 사랑했지만, 한 달간 도시의 소음과 공해에 노출되었던 그는 이제 히말라야의 깨끗한 공기와 평화로움을 만끽하면서 나디 키네어가 제공하는 헌신과 믿음의 기회를 붙잡을 준비가 되어 있었다.

"제가 런던에서 만나는 요가 강사는 훨씬 더 복잡하게 가르칩니다." 선이 계속해서 말했다. "하지만 저는 수하니 지의 단순한 방식이 더 마음에 들어요. 게다가 그녀는 이 아사나가 자기 것이 아니라는 점을 분명하게 강조합니다. 그녀에게 요가는 박티bhakti, 즉 헌신의 수단입니다."

요가의 네 갈래 중 박티는 가장 열정적인 형태로, 사라 메이틀랜드가 침묵의 기도로 얻는 신성과의 황홀한 교감이나, 십자가의 성 요한 및 13세기 수피 신비주의 시인인 잘랄루딘 루미Jalal ad-Din Rumi의 '모든 지식을 초월한 지복'에 가장 가까운 유형이다. 헌신과 영적 사랑의 요가이자 염송과 기도, 의례로 표현하는 신을 향한 경외의 요가이다. 아사나(서양인이 대개 '요가'와 동의어로 취급하는 요가 자세들)는 명상과 신체적, 영적 훈련으로 구성된 훨씬 더 광범위한 수행의 작은 부분일 뿐이다.

나디 키네어 같은 아쉬람에서 하는 은거는 서로 연관된 두 종류의 다른 기회를 제공한다. 하나는 내가 이비사에서 더 오랫동안 강도 높게 배운 자세와 명상 기법을 발전시키는 것이고, 다른 하나는 아사나의 헌신적 함의를 이해하는 것이다. 10만여 명이 거주하는 리시케시는 세계적인 요가의 중심지로, 도시 이름에 '은거'라는 의미가 담겨 있다. 비슈누Vishnu의 다른 이름 중 하나인 '주 흐리쉬케샤Lord Hrishikesha'는 산스크리트어로 '감각'을 뜻하는 '흐르시카hrsika'와 '주인'을 뜻하는 '이사isa'의 합성어이다('감각을 지배하는 자'라는 뜻). 고대 이래로 성스러운 사람들은 마음을 가라앉히기 위해 이곳을 방문했는데, 그들 중 다수는 언덕을 깎아 만든 동굴 속에 거주했다. 오늘날에는 질적으로 다양한 수백 개의 아쉬람과 휴양지에 가까운 요가나 명상 센터들이 강기슭과 거리에 줄지어 있다. 도시 중심부에서 강 건너편으로는 파르마스 니케탄 아쉬람이 있다. 6살 난 내 딸이 상상한 낙원의 성채처럼 분홍빛으로 칠한 이 아쉬람은, 천 개가 넘는 방을 갖춰 요가 강사 지망생들에게 아주 인기가 많다.

나디 키네어는 람 줄라에서 강의 상류로 몇 킬로미터 거슬러 올라간

곳에 있다. 그렇다 보니 웰니스 관광이 리시케시를 국제적인 요가 명소로 바꿔놓기 이전의 평화로움을 어느 정도 간직하고 있었다. 현재 아쉬람의 구루이자 아유르베다Ayurveda 전문의이기도 한 스와미 지는 이 아쉬람의 운영권을 수하니 지에게 넘겨주었다. 그는 넥타리아 수녀처럼 15세의 나이에 가족과 인연을 끊고 아쉬람에 들어왔다. 내가 머무는 동안, 그는 오렌지색 모자를 쓰고 저녁 무렵에 하는 만트라 염송을 감독할 때 외에는 모습을 잘 드러내지 않았다.

힌두교의 구전 설화에 따르면, 인류에게 요가 지식이 전수될 수 있었던 것은 여성 특유의 기발함 덕분이었다고 한다. 시바Shiva의 연인이었던 파르바티Parvati는 인류의 어리석음과 고통을 바라보기가 점점 더 괴로워졌다. 특히 시바가 파르바티에게 자기 변형의 길인 탄트라tantra를 보여준 후 그녀가 경험한 아난다ananda, 즉 영속하는 성스러운 희열에 비하면 인류가 처한 곤경은 차마 눈 뜨고 보기 힘들었다. 파르바티는 시바에게 요가의 지식을 인류에게 나눠줄 수는 없는지 물었다. "안 된다." 시바가 말했다.

그는 꿈쩍도 하지 않았다. 필멸자는 자신들의 무지를 즐기고 있었다. 그들이 부패와 타락의 구덩이에서 벗어나길 진정으로 원한다면, 그럴 기회는 얼마든지 있었다. 시바의 고집에 좌절한 파르바티는 비슈누를 찾아갔다. 비슈누는 '그의 아내가 되거라'라고 조언했고, 파르바티는 시바에게 돌아가 그의 곁에 누웠다. 그 후 파르바티는 시바의 팔에 안긴 채 인류와 인류의 의식 고양이라는 주제에 관해 이야기하기 시작했다.

시바가 '이미 말하지 않았느냐, 잊어버려라'라고 하자, 파르바티는 '그것이 당신 능력 밖의 일이라 해도, 제 눈에는 당신이 여전히 위대해 보입니다'라고 응수했다.

이 전략은 효과가 있었다. 시바는 해발고도가 4천 미터에 이르는 히말라야 호수 칸티 사로바 근처에서 7명의 리쉬rishis를 대상으로 세계 최초의 요가 은둔 수련회를 개최했다. 지금은 '초라바리탈'이라고 불리는 이곳은 사후 마하트마 간디의 재를 뿌린 곳이기도 하다. 기원후 2세기경에 쓰였다고 보는 《바가바드기타Bhagavad Gita》에서는 시바가 인류에 전수한 요가 원칙을, 사촌인 판두족과 쿠루족 간의 전쟁이 벌어지기 직전에 크리슈나Krishna가 전사 아르주나Arjuna에게 건네는 조언의 형태로 묘사한다. 날마다 《기타》를 읽었다는 간디를 포함한 많은 독자는, 이 전쟁을 인간의 육욕과 덕, 자아와 자아의 포기, 집착의 태도와 무집착의 정신 사이의 투쟁을 나타내는 하나의 비유로 해석했다. 아르주나는 전쟁에서 친척들을 죽여야 한다는 생각에 몸서리친다. 크리슈나가 그에게 건넨 조언의 요점은 영원히 진실한 다르마를 위해 개인적 차원의 거리낌을 초월해야 한다는 것이었다. 올바르지 못한 것보다는 전쟁에서 사촌들을 죽이는 것이 더 낫다는 것이다. 그런데 이 올바름을 실천하는 수단이 바로 포기이다.

'모든 것을 내려놓아라.' 마지막 장에서 크리슈나가 아르주나에게 말한다. 지혜는 프라티야하라pratyahara를 수행하는 사람, 즉 '거북이가 다리를 껍질 속으로 거두어들이듯' 감각을 거두어들이는 훈련을 하는 사람에게 온다. 이 훈련의 목적은 현실도피가 아니라, 한걸음 물러서서 눈앞의 현실을 더 명료하게 직시하는 것이자, 다라나dharana, 즉 하나에 집중하기 위해 외부 자극을 포기하는 것이었다. 자극이 적으면 적을수록 이런 집중 상태에 이르기도 그만큼 더 쉬워진다.

크리슈나는 이렇게 조언한다. '요기는 매일 영혼의 조화를 훈련해야 한다. 비밀스러운 장소에서 깊은 고독에 잠긴 채 그대의 마음을 제어하라. 아무것도 기대하지 말고 아무것도 욕망하지 말라.' 이렇게 훈련하다 보면 세속의 사물과 현상에 대한 우리의 집착과 욕망이 차츰차츰 떨어져 나간다. 세속의 대상은 그 무상성 때문에 오직 불만족만 불러올 뿐이다. 이런 포기는 인식론적 성격도 지니는데, 표식과 개념의 세계에서 언어와 사고를 초월한 마음의 명료성으로 향하는 과정이기 때문이다. 우리는 전통적 언어 습관을 통해 현실을 바라볼 때 빠지기 쉬운 '장막'이자 '모호한 겉모습'인 마야maya에 더 이상 속지 않는다. 이 마야는, 주세페 파그노니가 놀라움을 최소화하기 위해 우리 두뇌가 조직한 일종의 범주들이라고 말한 '내적 모델'과도 비슷하다. 그것을 걷어내면 우리는 사물을 있는 그대로 보게 된다. 크리슈나의 가르침에 따르면, 아르주나의 죽음이나 그 적들의 죽음은 더 이상 문제가 되지 않는다. 개인의 삶이 진정한 자아인 아트만atman의 삶에 도무지 비할 바가 아니기 때문이다. 자아에 사로잡힌 우리의 현존은 영원을 향해 뻗어 있는 무상한 삶의 한 부분일 뿐이다.

'수행자가 침묵의 고독 속에 머무를 때, 명상과 사유가 언제나 그와 함께할 때, 그가 욕망에서 자유롭기를 끊임없이 추구할 때, 그의 이기심과 폭력과 자만심이 사라졌을 때, 그리고 '이것은 내 것이다'라는 생각에서 자유로워졌을 때, 그때 그 수행자는 가장 높은 산의 정상에 오른 것이다. 그는 브라흐만Brahman, 즉 신과 하나가 될 자격이 있다.'

나무 옆에 쪼그려 앉아 있던 나는 머리를 뒤로 젖히고 플라스틱 물조리개의 주둥이를 콧속으로 집어넣었다. "숨을 더 많이 쉬면 정원의 아름다운 향기를 더 많이 맡게 됩니다." 수하니 지가 말했다. 아쉬람에서 키우는 개 두 마리 중 작은 녀석 카이가 화단 반대편에서 내 쪽으로 다가와 고개를 뒤로 젖힌 내 모습을 흉내 냈다. 나는 카이가 좀 불편했는데, 아마도 눈빛이 이비사에서 나를 쫓아왔던 악마 같은 개를 연상시켜서일 것이다. 하지만 바보 같은 생각이었다. 카이의 임무는 솔렘의 악마들처럼 아쉬람의 외벽 부근을 어슬렁거리는 원숭이들을 쫓아내는 것이었다. 카이는 교회를 수호하는 가고일이나 종소리와 같은 존재로, 광견병과는 거리가 멀었다. 그럼에도 나는 카이를 힐끗 쳐다봤는데, 작은 플라스틱 물조리개의 주둥이를 왼쪽 콧구멍에 집어넣고 있다는 사실에 약간 기가 죽어서일 것이다. 잠시 후 내 오른쪽 콧구멍에서 미지근한 물줄기가 흘러나와 화단으로 떨어져 내렸다.

"아주 좋아요. 이제 당신의 콧구멍은 전보다 더 열리게 됐어요." 수하니 지가 말했다.

나디 키네어의 아침은 15분간 경전을 염송한 후 고요한 명상을 하는 것으로 시작되었다. 하지만 나는 해가 어머니 강가(Mother Ganga)˙ 위로 떠오르는 동안 헤나 나무 밑에서 6시 45분에 시작하는 네티팟˙˙의식을 치르고서야 비로소 하루가 시작됐다고 실감했다. 부비강으로 미지근한 생리 식염수가 줄줄 흘러내리는 상황에서는 잠이 깨지 않을 수 없었기 때문이다. 그 후 우리는 아사나홀에서 편안한 자세로 앉아 프라나야마pranayama라는 호흡 수련을 시작했다. 프라나야마는 약간의 바스트리카bhastrika도 겸했다. 바스트리카는 폐에 공기를 채운 뒤 부비강을 씻어내고 열린 콧구멍으로 강하게 내뿜는 과정을 반복하는 격렬한 호흡법이다. 우리 중 몇몇은 다른 사람들보다 훨씬 더 열성적으로 이 호흡에 몰두했다. 은거 명상에 참여한 인도인 두 명 중 비한은 대개 창문 옆자리에 앉아 수업에 건성으로 임했다. 남들이 티셔츠만 입고 있을 때 혼자 목까지 지퍼를 채운 고동색 가죽 재킷을 고집스럽게 껴입는 식으로 반항적인 태도를 보였다. 반면, 아비는 바스트리카에 너무 격렬히 몰두해서 마치 콧구멍에 박힌 크레용을 빼내려 애쓰는 것처럼 보일 정도였다. 사실 나는 바로 이런 순간에 사기의 조짐을 가장 강력하게 감지했다. 수하니 지에 따르면, 이런 호흡법들은 내부 기관을 정화해 척추 기저부에 잠재한 성스러운 에너지 쿤달리니kundalini를 깨운다고 한다. 어쩌면 그럴지도 모른다. 삿 비르 싱 칼사도 비슷한 말을 했다. 그럼에도 산업화한 선진국에서 온 50여 명의 대표이자 마음가짐이 올바른 은거자인 우

● 힌두교도들이 갠지스강에 붙인 이름 중 하나 – 옮긴이
●● 비강으로 식염수를 흘려내려 비강 내부를 씻는 기구 – 편집자

리는(인도 대표는 비한과 아비 둘뿐이었지만 미국과 영국, 이스라엘 등지에서 온 사람은 훨씬 더 많았다) 희귀하고 낯선 의례를 극렬히 갈망한 만큼 그 럴듯해 보이면 너무 쉽게 맹목적으로 신뢰하기도 했다. 사실 다른 관점 에서 보자면, 이 훈련의 가치는 요가 바지 위에 세정된 콧물을 뿌려대는 기묘함이 전부인 것 같기도 했다.

어느 날 오후, 아쉬람 마당을 가로지르던 중 나는 속고 있는지도 모른 다는 걱정이 다시 밀려왔다. 마당 한가운데에는 네 개의 둥근 돔으로 덮 인 희붉고 작은 신전이 있었다. 벽의 골조는 밝은 빨강으로 칠해져 있었 고, 기단부는 까맣고 노란 코브라 머리로 에워싸여 있었다. 이곳에서는 매일 저녁 해 질 무렵 푸자pooja라는 짧은 기도 의례가 있었다. 이 의례 는 종을 울리면서 시작해 불붙은 원뿔 모양의 초를 참석자들에게 건네 며 끝났다. 나머지 시간에 이 마당은 지역 원로들이 플라스틱 의자에 앉 아 스와미 지와 함께 시간을 보내는 장소로 활용되었다. 저녁 9시부터 다음 날 점심 식사 후까지는 마우나mauna(침묵)를 지켰지만, 대화가 허용 된 오후 시간에도 아쉬람 직원이나 은거에 불참한 아쉬람 방문객과 교 감을 나눌 수 없었다. 하지만 지금은 회색 쿠르타kurta•를 입은 한 노인 이 내게 노골적으로 시선을 주었기 때문에, 나로서는 그의 초대에 응하 지 않을 수 없었다.

"안녕하세요." 내가 말했다. "여기 사시나요?"

• 긴 소매에 칼라가 없는 느슨한 인도식 셔츠 - 편집자

"아닙니다, 선생님." 그가 말했다. "저는 펜지에 삽니다."

지난 40여 년간 런던 남부에서 구멍가게를 운영한 그는, 친척들을 만나러 일 년에 한 번꼴로 이 아쉬람을 방문했다. 나는 그에게 푸자를 비롯한 아쉬람의 다른 의례에 참석해 본 적이 있는지 물었다.

"농담이시겠지요." 그에게 스와미 지와 다른 사람들은 사기꾼 기질이 있는 종교 지도자에 불과했다. "그들은 모두 영적인 거머리들입니다. 사람들의 약점을 이용해 먹지요."

내가 아사나를 더 잘해보기로 굳게 결심하지 않았다면, 이 노인의 말에 일리가 있겠다는 생각에 마음을 뺏기고 말았을 것이다. 프라나야마 이후에는, 두 종류의 아사나 수업 중 좀더 부드러운(또는 호흡을 덜 활용하는) 유형인 하타요가 강습이 한 시간에서 한 시간 반 동안 진행되었다. 수하니 지는 벽을 오목하게 파서 만든 작은 무대 위에서 지도했기 때문에, 태양예배자세를 취할 때마다 손으로 천장을 두드리곤 했다. 길게 땋은 머리를 뒤로 묶은 그녀는 체격이 다부졌고, 노란색 바지 위에 몸에 딱 붙는 분홍색 스웨트셔츠를 입고 있었다. 그런 밝은색 옷을 활용해 자신의 불분명한 눈빛을 보완하거나 다른 곳으로 관심을 돌리려는 것 같았다. 수하니 지의 눈은 너무 깊어서 그녀의 표정이 어떤 의미인지 제대로 가늠하기 힘들 때가 많았다. 그녀의 얼굴은 웃을 때조차도 무표정해 보였다.

"다리를 양쪽으로 넓게 벌린 채 몸을 똑바로 세우세요. 이제 팔을 어깨와 일직선이 되게 뻗습니다. 쭈우욱 늘이고, 늘이고, 또 늘이세요."

아사나를 취할 때 내가 주로 느끼는 장애는 통증 자체가 아니라 통증에 대한 두려움이었다. 그것은 완벽하게 자기 패배적인 피드백의 고리를 형성했다. 다음 자세나 지금 자세를 유지한 채 견디는 5초 동안 통증이 있을지도 모른다는 걱정 때문에 나는 매번 고통을 견딜 만한 것으로 만들어주는 지금, 이 순간에 집중하지 못했다. 고통을 예감하면 고통을 경험할 확률만 높일 뿐이었다. 아무것도 기대하지 않은 채 현재 순간에 머물 때도 고통은 있겠지만, 곧 별 문제가 안 될 테고, 지금까지 고통이란 말에 따라붙던 느낌과는 다른 경험일 것이다. 나는 적어도 머리로는 이 점을 알고 있었다. 이론상으로 이해하는 것이 실제로 이해하는 것보다 훨씬 쉬웠으니까.

"오른쪽으로 기대면서, 쭈욱 늘이고, 늘이세요. 아주 좋습니다."

솔직히 나는 별로 안 좋았다. 너무 힘을 쓴 나머지 요가 매트를 콜롬비아에서 온 젊은 연인 하비에르와 발렌티나 옆에 갖다 붙이다시피 했다. 발렌티나는 요가 강사였다. 두 사람은 동작을 너무도 우아하게 연결해서, 그냥 매트 위에 앉아 구경만 했으면 좋겠다는 느낌을 종종 받았다. 하지만 나는 자세를 다시 바꿔야 했다. 영국에서 내게 오래도록 요가를 가르친 모니크는 수업 시간마다, 아사나와 몸에 대한 알아차림이야말로 진실에 접속할 수 있는 가장 가까운 길이라고 말했다. 1분간 발의 위치를 알아차리는 일과, 그렇게 집중함으로써 몸의 다른 감각에 연쇄적으로 미치는 영향력이 마음의 불확실성을 얼마나 빨리 누그러뜨리는지 생각해보라. 존재의 목적이 무엇인지, 왜 아내와 어린 두 아이를

166

집에 남겨둔 채 아쉬람에 가겠다고 고집을 부렸는지 스스로도 잘 모를 수 있다. 하지만 당신의 발가락이 거기 있다는 사실은 안다. 당신은 그 발가락이 어떻게 느껴지는지 아주 분명히 안다.

"무릎 아래쪽 다리를 손으로 짚으면서 팔 한쪽을 위로 곧게 뻗으세요. 그대로 쭈욱 늘입니다."

아팠다. 하지만 나는 더 이상 개의치 않았다. 아사나는 정말로 나를 명상에 적합한 상태로 만들어준 듯했다. 가부좌 자세로 한 시간 이상 앉아 있으려면 몸이 유연해야 하기도 했지만, 요가 강사들이 주변 환경과 잡생각에 주의를 빼앗기지 않고 현재 순간에 머물도록 나를 계속 압박해준 덕이 크다는 것도 이제 깨달았다. 현재에 더 충실하기 위해 일상적 현실로부터 물러나는 이 과정은 은거 활동에 내재한 익숙한 역설을 잘 드러낸다.

이슬람교는 조직화한 수도원 생활을 금지하지만, 수피Sufi 신비주의와 연관된 일부 수행에서는 힌두교와 기독교, 불교와 유사한 영적 은거의 형태를 찾을 수 있다. 칼루와khalwa는 '은둔'이나 '분리'를 뜻하는데, 수피 전통에 따르면 신심 깊은 이슬람교도는 신적 의지를 더 깊이 이해하기 위해 40일간 고립된 장소에 머물러야 한다. 대개 무르쉬드murshid라 불리는 영적 조언자가 이 과정을 지도한다. 인도로 떠나기 전 비 내리던 어느 저녁, 나는 런던 동부의 A12 도로 바로 위에 있는 테라스 하우스에서 소규모 칼루와 수행에 참석했다. 우리는 일종의 도심 속 낭떠러지 위에 모여 있었다. 그 집 반대편에는 부주의한 보행자가 30미터 아래의 6차선 도로로 떨어지는 것을 막기 위해 설치한 높은 벽이 있었다. 그날 저녁 우리의 무르쉬드는, 이전에는 게리 도허티로 알려진 영국 태생의 이슬람교 개종자 압둘 가퍼였다. 압둘과 나는 에이드리언이라는 음울해 보이는 백인 래스터패리언 교도*와 함께 가구가 드문드문 배치된 거실의 쿠션 위에 앉아 있었다.

수피교의 명상은 '관찰하다'라는 뜻의 아랍어인 무라카바muraqabah로 알려져 있다. 이 명상은 가슴을 관찰하여 세속적인 불순물을 식별한 뒤 그 위로 솟아오르는 것이 목적이다. 압둘은 불을 끄기 위해 스탠더드 램프로 손을 뻗었고, 우리는 레이스 커튼 사이로 스며드는 거리의 주홍빛 불빛 아래 자리를 잡았다.

"여러분의 형이상학적 가슴에다 마음을 집중하세요." 압둘이 말했다. 그 가슴은 내 왼쪽 가슴에서 손가락 두 개 너비만큼 아래로 내려간 곳에 있었다. "잠시 후 여러분은 그곳에서 압박감이나 날갯짓하는 새의 느낌을 감지할 거예요. 생각이 일어나면 가슴 센터의 그 느낌에 다시 집중하세요."

우리는 침묵 속에 앉아 있었다. 나는 가끔 에이드리언의 숨소리를 들었는데, 그의 호흡에는 기관지 그르렁거리는 소리가 약간 섞여 있었다. 수피교의 시인 루미에게 가슴을 여는 행위는, 신을 사랑하고 그의 사랑

• Rasta. 흑인들이 언젠가는 아프리카로 돌아가게 될 것이라고 믿는 자메이카 종교의 신자 – 옮긴이

을 받아들이는 것이자, 모든 분별을 녹여내는 사랑 속으로 깊이 잠겨 드는 것이었다. 그는 이렇게 썼다. '그 모든 나와 그대는 하나의 영혼으로 합일되어야 하며, 결국에는 사랑하는 신에게로 잠겨 들어야 한다.' 모든 존재를 향한 이러한 사랑은 철학자 윌리엄 제임스William James가 '개인과 절대 사이의 모든 장벽을 극복한 상태'로 간주한 '대양과도 같은 느낌'이나 합일감과 다르지 않았다.

나디 키네어에서 저녁마다 열린 헌신적인 염송 의식인 키르탄kirtan 기간 동안, 나는 압둘과 그의 사랑 가득한 침잠 의례를 떠올리곤 했다. 키르탄은 수하니 지만의 시간이었다. 선이 산책 중에 말했듯이, 아사나는 진정으로 수하니 지의 소유물이 아니었다. 중요한 것은 헌신적인 몰두와 신념이었다. 수하니 지는 두 손바닥을 한데 모은 안잘리 무드라 자세를 취한 채 스와미 지 앞에 앉아 있곤 했다. 이 동작은 자기 뇌에 주의를 집중하라고 말하는 것과 다름없다. 수하니 지의 우아한 몸가짐을 보면서 나는 아토스산에서 성호를 긋던 루마니아인을 떠올렸다. 수하니 지는 두 무릎 사이에 타블라*를 끼운 채 염송을 시작했다. "시바, 시바, 시바 샴부Shambhu!" 이 말은 '시바, 상서로운 분'이란 뜻이다. 시바는 요가의 궁극적 목적인 깨달음 아디구루adiguru를 구현한 첫 번째 구루였다. 나디 키네어는 그의 이름으로 축성된 장소였다. 힌두교의 삼위일체인 트리무르티Trimurti 중에서 그가 담당한 역할은 파괴자, 악과 환상, 무

---

* 두 개의 작은 북으로 이루어진 인도의 전통 타악기 – 옮긴이

지의 파괴자였다. 그는 세계를 재창조하기 위해 우주를 파괴하는 마하데바Mahadeva 샴부, 즉 '위대한 신, 상서로운 분'이었다. 수하니 지는 계속 타블라를 치고 스와미 지는 오렌지색 모자를 쓴 채 눈을 감고 몸을 부드럽게 흔드는 동안, 우리는 손뼉을 치거나 작은 심벌즈들이 두 줄로 달린 사각 모양의 나무 악기 지카를 흔들었다. 음악의 음조와 박자는 점점 격렬해지다가 수하니 지의 손짓과 함께 피아니시모 수준으로 잦아들기를 반복했다. 시바 시바 시바 샴부우우우. 수하니 지의 고개가 뒤로 젖혀졌고, 얼굴에 빛이 반사되어 의기양양하게 빛나는 그녀의 눈을 마침내 보았지만, 여전히 표정을 읽어낼 수는 없었다. 우리가 다른 사람의 표정이나 눈빛에서 대체 뭘 읽어낼 수 있겠는가?

나디 키네어에서 은거가 끝나기 전날, 봄이 왔음을 알리면서 용서를 권하는 힌두교의 전통 축제 홀리Holi가 인도 전역에서 열렸다. 점심을 먹은 후 나는 람 줄라의 길거리 시장에서 흥정에 실패하고 구입한('합쳐서 900루피입니다. 사든 말든 마음대로 하세요') 흰색 쿠르타와 하렘 바지를 껴입었다. 젊은 일본인과 이스라엘인들은 리시케시 시내로 나갔다가 물감을 뒤집어쓰기도 하고, 술에 취하거나 매를 맞고 돌아오기도 했다. 하지만 신경 쓰는 사람은 아무도 없었다. 홀리는 원래 그런 날이었다. 강이 내려다보이는 식당 내부(지붕이 있지만 아치 형태의 회랑을 통해 외부로 노출된)는, 서로에게 염료를 던지고, 수하니 지가 음향기기에 연결해둔 라가 음악에 춤을 출 수 있도록 식탁과 의자를 전부 치워 두었다. 강쪽에서 들리는 비명소리는 평소보다 훨씬 더 요란했다. 시내에 나갔다가 매를 맞은 일본 소녀 나미코는 내게 다가와 손가락으로 내 이마에 분홍색 타깃을 그려 넣었다. 마치 음악축제와 지역아동센터의 놀이수업을 뒤섞은 듯한 축제였다. 젊은이, 중년, 노인들로 구성된 50여 명의 참가자는 모두 이리저리 어지럽게 뛰어다니면서 노란색과 녹색, 분홍색 염료를 서로의 흰옷에다 마구 집어던지며 신나게 놀았다. 비한만은 예외였다. 그는 재킷 칼라에 턱을 파묻은 채 회랑 기둥 옆에 앉아 만족한 듯 혹은 경멸하는 듯 입꼬리를 치켜올리고 있었다.

"비한은 왜 저러는 거죠?" 나는 하비에르와 발렌티나에게 이야기를 건네는 수닐에게 조심스럽게 다가가 물어보았다.

"저에게 묻지 마세요." 수닐은 약간 당황한 기색이었다. "저는 그를 잘 몰라요."

"이곳 생활은 어때요?" 나는 비한이 걸터앉았던 난간에서 내려와 자리를 뜨는 모습을 곁눈질로 지켜보면서 말했다. "재미있게 보내고 계신가요?"

수닐과 하비에르, 발렌티나는 서로 눈빛을 교환했다.

"지금 상황에 딱 맞는 질문을 하셨네요." 수닐이 말했다. "우리는 지금, 그 뭐냐, 문제, 우리가 아쉬람에서 맞닥뜨린 그 문제에 관해 이야기하던 중이었어요."

"예를 들자면?"

"주로 수하니 지와 연관된 문제요." 수닐이 말했다. "솔직히 저는 그녀에게 별 인상을 못 받았어요. 그녀는 요가 자세를 어떻게 취해야 하는지 제대로 알려주지 않아요."

맞는 말이었다. 카사 파르바티의 젬마나 모니크의 교수법과 비교했을 때 수하니 지의 방식은 도대체 엄격함이 없었다. 어깨로 몸을 지탱하는 자세 사르반가아사나를 취할 때 우리가 들은 설명은, '등을 대고 누워 무릎을 세운 뒤 앞뒤로 몸을 가볍게 흔들다가 다리를 공중으로 힘껏 들어올리되, 등 뒤나 목의 긴장에는 너무 신경 쓰지 말라'는 정도였다. 하지만, 나는 사람들이 이런 것을 문제 삼으리라고는 미처 생각하지 못했다.

"심각해요." 발렌티나가 말했다. "저는 멍하니 앉아서, '내가 지금 이 사람들과 뭘 하는 거지?'라고 생각할 때가 많아요. 그건 마치…와, 생각하면 할수록 화가 치밀어요."

나는 수하니 지를 옹호해 주고 싶었다. "하지만 그녀의 수업 방식에는 아무런 문제가 없었어요, 안 그런가요?" 내가 말했다. "방 안에는 50명이 넘는 사람이 있습니다. 돌아다니면서 모든 사람의 자세를 다 교정해 줄 엄두가 안 났을 거예요."

하비에르는 잘 모르겠다는 듯 입술을 삐죽 내밀었다. "그렇죠, 하지만 인도인이 요가를 대하는 태도는 아주 다르다는 점도 이해해야 해요. 이건 자세에 단계적으로 접근하는 서양 강사에게 요가 강습을 받는 것과는 좀 달라요. 인도인은 몸을 사용하는 법에 관해 완전히 다른 개념을 갖고 있고, 긴장의 배치 상태도 완전히 다릅니다."

수닐도 동의했다. "그들은 다른 언어를 사용하는 것 같아요."

음악소리에서 좀 벗어나야겠다는 생각에 나는 동료들에게 양해를 구하고 마당 쪽으로 걸어 내려갔다. 신전 그늘에 놓인 플라스틱 의자에는 또 다른 영국인 은거자 헬렌이 앉아 있었다. 그녀는 기분이 안 좋아 보였다.

"조금 전까지 비한이 여기 있었어요." 그녀가 설명했다. "이상했어요. 그는 여기 앉자마자 장황한 비난을 늘어놓았죠. 이 아쉬람이 얼마나 가식적인지, 속아 넘어간 우리 서양인들이 얼마나 멍청한지에 대해서요."

"어쩌면 그가 옳을지도 몰라요."

"그렇죠." 헬렌이 말했다. "그런데 문제는 그가 그 사실을 너무 즐거워했다는 거예요. 우리가 얼마나 얼간이인지에 대해서요."

서양과 인도에서 수행하는 현대식 요가가 파탄잘리의 《요가수트라》나 다른 종교 문헌에 규정된 원칙과 얼마나 긴밀히 연관되어 있는지 자문해보는 일은 유용하다. 주목할 만한 점은 원전 자료는 아사나보다 호흡이나 집중, 명상과 같은 다른 정신적 훈련을 훨씬 더 중요시한다는 사실이다. 19세기 말, 캘커타 태생의 스와미 비베카난다Swami Vivekananda의 가르침이 요가의 원칙을 서양에 퍼뜨리는 데에 핵심적 역할을 하던 때만 해도 아사나에 대한 인식은 그리 좋지 않았다. 우선 브라만은 신체적 현시 행위를 매우 못마땅해 했고, 유명 문화기술지와 정기간행물에 실린 기괴한 설명을 읽은 유럽인은 요가를 이국적이고 도덕적으로 의심스러운 길거리 유희 정도로 치부했다. 비베카난다는 아사나를 완전히 배제한 채 호흡과 명상에만 전적으로 초점을 맞추었다.

1920년대와 30년대가 되어서야 하타요가의 아사나가 인도와 세계 전역에서 수행하는 현대 요가로 통합되기 시작했다. 이는 주로 B.K.S 아헹가B.K.S Iyengar(1950년대에 자세 요가를 국제화한 인물)의 스승 티루말라이 크리쉬나마차리아Tirumalai Krishnamacharya 같은 구루들이 활약한 덕분이었다. 요가 학자 마크 싱글톤Mark Singleton이 말했듯이, 고대의 특징을 지닌 하타요가가 다시 유행한 시기는, 독일의 쇼맨인 오이겐 산도프Eugen Sandow가 세계적으로 보급한 보디빌딩이나, 1930년대 인도에서 중요한 역할을 담당한 YMCA의 사회체육운동과 같은 스칸디나비아식 운동법이 인도로 수출된 시기와 정확히 일치한다.

강렬한 융합과 교류의 시기가 잇따랐고, 그 결과로 고대 힌두교의 요가 수행은 서양식 운동법과 결합해 현재 세계적으로 유행하는 자세 요가를 탄생시켰다. 한마디로 문화 융합의 산물이었다. 따라서 우리가 감상적으로 꾸며진 인도 문화를 무비판적으로 받아들이는 순진한 여행객에 불과하다는 비한의 비난은 그럴듯하긴 하다. 하지만, 단일 문화에서 비롯한 것만 '진품'이라고 한다면, 세계 곳곳에서 수행하는 요가가 본질상 '진품'일 수 없다는 사실을 고려하지 않은 것이다. 어쨌거나 스와미 지와 수하니 지는 푸자와 키르탄, 만트라 같은 의례를 거행하는 동안 서양인의 맹신 성향을 부당하게 이용했다. 물론 수하니 지의 종교적 신념을 참가자들이 얼마나 신뢰하느냐에 따라 달라지는 문제이긴 하지만 말이다.

나는 음악이 그치고 동료 은거자들이 보일 때까지 마당에 앉아 헬렌과 대화를 나누었다. 그들은 얼룩덜룩한 머리에 쿠르타를 차려입은 이국적인 모습으로 식당 아래로 난 계단을 따라 내려왔다. 이제 강가로 산책을 나갈 시간이었다. 그날 아침 6시에 시작된 명상을 마친 후, 우리는 아나사홀의 창문 옆에 앉아 갠지스강을 찬양하는 만트라를 머릿속으로 조용히 염송했다. '옴 강가 마이Om Ganga Mai.' 《베다》의 성스러운 음절인 '옴'은 침묵 속에 울려 퍼진 근원적 소리이자 우주적 진동으로, 영원한 참자아(true self)이자 궁극적 실재로서의 브라만Brahman이기도 한 아트만atman을 상징했다. '옴Om, 아멘Amen, 아민Ameen', '강가 마이Ganga Mai, 어머니 갠지스, 생명의 근원이시여!' 고대 산스크리트어 문헌 《히토파데샤Hitopadesha》에는 이런 글귀가 있다. '강의 성스러운 목욕 터는 명상이며, 강의 물은 진리이며, 강의 둑은 신성함이며, 강의 물결은 사랑이니라.' 불교 용어를 사용하자면 우리는 '흐름에 입문한 자(stream-enterers)', 즉 초보 명상가라 할 수 있겠다. '강으로 가서 정화하라. 다른 물로는 그대의 영혼을 순수하게 할 수 없으니!'

우리는 아쉬람에서 일렬로 나와 강으로 향하는 계단을 내려가 강변 백사장 위에 줄지어 섰다. 뗏목 하나가 강을 질주했고 그 위에 탄 사람들은 비명을 질러댔는데, 너무 몰두한 나머지 손을 흔들 겨를조차 없어 보였다. 카이와 아쉬람의 다른 개 한 마리는 사람들 다리 사이를 이리저리 누비면서 서로 무는 시늉을 하거나, 앞발로 장난을 치거나, 젖은 모래 위에서 함께 뒹굴기도 했다. 우리는 신발을 벗고 두 손으로 수하니 지가 기도할 때 사용하라고 알려준 안잘리 무드라 자세를 취했다.

'옴 자이 강가 마타Om Jai Ganga Mata, 마이야 자이 강가 마타Maiya Jai Gnaga Mata.' 옴 어머니 강가를 찬양하나이다, 어머니 강가 그대에게 경의를 표하나이다. 나는 줄 저편에 있는 비한을 흘낏 쳐다보았다. 눈을 감은 채 손을 한데 모은 고요한 모습이었다.

그런데 그때 날카로운 느낌이 내 종아리를 스치고 지나갔다. 내 비명은 고통보다는 놀라서였다. 카이가 나를 문 것이다. 장난이었지만 어쨌든 물었다. 수하니 지가 기도를 중단하고 서둘러 내게 다가왔다.

"상처를 보여주세요." 그녀의 다급한 목소리는 별로 위안이 되지 않았다. 나는 상처 입은 다리를 들어 올린 채 한쪽 손으로 내 발목을 붙잡았다. 새로운 자세였다. 이름 하여 '악마 같은 개' 자세. 수하니 지가 엄지로 내 종아리를 누르자 상처에서는 피가 약간 새어 나왔다. 그건 상처도 아니었다. 혹은 별것 아닌 상처였다. 광견병이 없는 나라에서는 연고를 좀 바르거나 반창고를 붙이는 것으로 충분한 일종의 찰과상이었다.

"괜찮네요."

"정말로요?"

"네 괜찮아요."

카이는 광견병과는 무관한 개였다. 내가 괜찮으리란 것은 거의 확실했다. 우리는 나란히 서서 무릎이 잠길 때까지 강물 속으로 걸어 들어갔다. 강둑에서 가까운 곳이었는데도 물살이 거셌다. 우리의 발목을 잡아 끄는 그 무상성의 느낌. 아래를 내려다보니 내 바짓단에서 붉은색의 무언가가 구름처럼 번져 나오고 있었다. 피가 아닌 염료였다. 신발을 벗은 상태에서 내 따끔거리는 발은 조약돌로 덮인 강바닥에 자극받기도, 물살에 위안받기도 했다. 우리는 수하니 지가 안고 있는 붉은색 백합 잎 무더기에서 꽃잎을 몇 개씩 집어 들었다. 강 쪽으로 한 걸음 더 내딛자 강바닥의 크고 부드러운 바위에 발이 닿았다. 나는 물속으로 고꾸라졌고, 어머니 강가의 물을 한입 가득 집어삼켰다.

힌두교의 다르마에서 크샤마kshama, 즉 용서는 여섯 가지 기본적인 덕 가운데 하나이다. 《바가바드기타》에서 아르주나는 크리슈나에게 이렇게 말한다. '만일 제가 불손하게 무례를 범했다면, 그대의 자비로 저를 용서하소서, 오 헤아릴 수 없는 분이시여!' 용서는 우주가 흩어지지 않도록 붙들어 주는 힘이다. 따라서 모든 사람을 마치 신인 듯 대해야 한다. 비한의 말에는 과연 일리가 있을까? 어쩌면 그럴지도 모른다. 하지만 그 말의 진실성 여부를 의심하거나 아쉬람의 진정성을 염려하며 초조해 하는 것은, 아쉬람에서 진정성 있게 생활하지 않는다는 사실을 증명하는 수단이자, 과거나 미래가 아닌 현재에 머물기(우리가 이곳에 온 궁극적 이유)를 망치는 지름길이었다. 내가 광견병이나 아메바성 이질로 죽을지도 모른다고 걱정하는 것에도 비한의 말만큼의 일리는 있었다. 그러니 용서하고, 잊어버리자. '용서는 지고의 평화를 가능케 하는 것'이니. 나는 이제 흐름에 들어섰고, 삶이 내게 무엇을 가져다주는지는 그리 중요치 않았다. 나는 가슴 깊이까지 물살을 헤치고 들어갔다. 강의 중심부에서 또 다시 비명소리가 들렸다. 불현듯 그들의 행동에도 일리가 있을지 모른다는 생각이 들었다. 우리야말로 옷을 껴입은 채 강 한가운데

서서 무엇을 하는 것인가? 래프팅은 재미있는 활동이며, 삶의 일부이다. 내 손에는 여전히 물에 흠뻑 젖은 꽃잎 두 송이가 들려 있었다. 하나는 먼저 떠나간 사랑하는 이를 위한 것이고, 다른 하나는 나를 위한 것이었다. 첫 번째 꽃잎은 내 어머니에게로 흘러갔다. 두 번째 꽃잎은 잠시 물 위에 떠 있다가, 강가 마이에 정화되어 완전히 고요해진 나를 뒤로한 채 하얀 물살 속으로 유유히 사라졌다.

다섯

서양의 자아 개념과
동양의 무아

언젠가 붓다는 명상 수행을 진지하게 대하지 않는 한 무리의 승려들이 숲속에 살고 있다는 사실을 알게 되었다. 그 승려들은 숲길을 산책하면서 하늘을 올려다보거나, 나무 위에 걸터앉은 새들을 예찬했다. 앉아서 명상한 후에도 근육과 관절의 감각에 제대로 주의를 기울이지 않은 채 팔다리를 휘저으면서 자리에서 건성으로 일어났다. 이 모두는 다르마를 더럽히고 가르침을 훼손하는 행위였다. 붓다는 그들을 직접 찾아가 일렀다. "가장자리까지 기름이 가득 차 있는 그릇을 들고 다니듯 명상하라!" 단 한 방울만 흘려도 끝장이었다. 그 후로 승려들은 훨씬 더 빨리 깨달음을 얻었다.

아주 느리게 행동하는 것은 마하시Mahasi 전통에서 가르치는 위빠사나 명상의 고유한 특징이다. 나는 열흘간 미얀마식 은거 명상에 참석하고자 그레이터맨체스터주 샐퍼드시에 있는 사라니야 명상센터에 와 있었다. 이번 은거가 지금까지 겪어본 것 중 가장 고될 거라고 예상했지만, 그 강도를 충분히 짐작하지는 못했다. 우선 은거가 시간관념에 미치는 효과는 내가 솔렘에서 경험한 것과 정반대였다. 솔렘 수도원에서는 시간의 흐름을 짐작하기가 점점 더 어려워졌지만, 여기서는 마치 점성을 띠기라도 한 듯 굼뜨게 흘러가는 시간을 매초 고통스럽게 자각해야 했다. 다르마홀의 구석에서 발 하나가 나타나 서서히 땅에 닿으면, 뒤꿈치에서 앞꿈치로 무게중심이 이동함에 따라 그 발의 주인이 마치 몸을 쇠약하게 하는 바이러스에 걸린 듯 느릿느릿 모습을 드러냈다. 마치 실험적인 좀비 영화의 한 장면과도 같았다. 섬뜩하기만 하고 다르마와는 아무 관계도 없는 그런 영화 말이다.

늦은 봄날 영국 북부의 날씨치고는 이상하리만치 따뜻했고, 기분 좋게 나른한 느낌은 다르마홀 건너편에 자리 잡은 본관 건물의 외관 덕분에 더욱 증폭되었다. 에드워드 7세 시대에 지은 그 건물은 반짝이는 줄무늬 형태로 페인트가 벗겨졌는데, 이 명상센터를 운영하는 미얀마인 가족이 고국의 기후를 옮겨오기라도 한 듯, 이 센터를 아열대 지역의 건물처럼 보이게 했다. 도시 쪽으로는 신고딕 양식으로 지은 음울한 폐교회의 첨탑들이 정원 울타리 너머로 솟아 있었다. 나는 이교도로 구성된 이웃들이 신자를 잃은 이 교회를 어떻게 볼지 궁금했다. 아무튼 우리는 걷고, 마시고, 이를 닦으면서 이곳에서 앞으로 열흘간 아주 느린 속도로 살 예정이었다. 이런 생활은 우리에게, 모든 감각과 그 구성 요소를 알아차리고, 발걸음의 미묘한 변화 과정을 자각하고, 호흡의 깊이와 길이 등을 세밀하게 파악할 기회를 주기 위한 것이었다.

불교는 관점에 따라 두세 개 정도의 학파로 나뉜다. 먼저 상좌부 불교 (Theravada, 소승 불교)는 우리가 여기서 수행할 명상법을 확립한 미얀마를 비롯해 동남아시아와 스리랑카에 가장 널리 퍼져 있다. 한편, 가장 큰 학파인 대승 불교는 중국과 일본, 인도네시아, 말레이시아, 베트남 등의 지역에서 주류를 이룬다. 밀교나 '탄트라 불교'로 널리 알려진 금강승 불교는 대승 불교의 분파로 보기도 하고, 독립된 하나의 학파로 분류하기도 한다. 상좌부 불교는 종교적 정통성을 지키려 한다는 점에서 기독교 정교회와도 비슷한 면이 있다. 상좌부는 주요한 두 종파 중 더 오래된 것으로, 이름에도 그 뜻이 담겨 있고('테라와다'는 팔리어로 '원로들의 말'이란 뜻), 붓다의 가르침 중에서 가장 오래되고 완벽하게 기록된 것으로 유명한 경전 《티피타카Tipitaka》, 즉 《팔리 삼장(Pali canon)》을 중시하는 정신에도 드러나 있다. 기본적으로 상좌부는 엄격하고, 규칙을 중시하며, 교리상으로 보수적인 종파이다.

고대 상좌부 불교의 명상법을 부활시킨 현대적 위빠사나 명상은 이러한 엄격함을 표현한 것으로 볼 수 있다. 내 친구 필은 위빠사나 명상을 선택함으로써, 우리가 명상 수행계의 '아이언 맨'이라고 부른 위빠사나 명상의 명성을 더욱 공고히 했다. 불교 승려가 되지 않기로 결심하고도, 그는 세계 전역의 다양한 위빠사나 명상센터에서 정기적으로 은거하면서 명상 수행을 계속했다. 작년에도 그는 교사 일을 잠시 중단하고, 남부 네팔의 오두막에서 45일을 홀로 보냈다. 필의 벨기에 출신 스승 담마소티Dhammasoti에게 지원 서류를 제출했을 때, 나는 이런 답신을 받았다. '당신의 지원서는 잘 보았습니다. 하지만 MBSR과 마하시 전통에서 수행하는 집중적인 명상은 어마어마한 차이가 있습니다.' 한마디로 꺼지란 얘기였다. 사실, 대가들과 함께 명상하기엔 내 능력이 너무 부족했다.

내가 샌퍼드에 온 것은 바로 그 능력을 키우기 위해서였다. 솔렘에서처럼 은거에 참석한 사람은 여섯 명이었는데, 그중 둘은 즉시 그만두다시피 했다. 첫 번째 포기자는 핼쑥하고 다소 몽환적으로 보이는 삼십 대 후반의 여성이었다. 그녀는 첫째 날 말도 없이 조용히 떠나버렸기 때문에, 나는 그녀가 애초에 거기 있었는지조차 확신할 수 없었다. 둘째 날 떠난 포기자는 핸드폰으로 보이스 메일을 듣다가 사야도(명상 지도 스님)에게 발각된 이십 대 초반의 금발 남성이었다. 마하시 특유의 느릿느릿함에 한 가지 예외가 있다면 내쫓는 속도인 것이 분명했다. 약 15분만에 우버 택시 한 대가 도착했고, 그 금발 친구는 여행 가방을 끌면서 주차장을 가로질러 택시 쪽으로 걸어갔다.

이제 남은 사람은 나와 코린, 제이슨, 그렉 네 명뿐이었다.(나는 매일 사야도와 나누는 10분간의 면담 시간을 알려주기 위해 법당 문 앞에 걸린 일정표에서 이름을 확인했다. '멜리사'와 '닉'의 이름은 그들이 떠난 지 몇 분 만에 줄이 그어졌다.) 코린은 젊고 진지한 프랑스 여성으로, 명상을 오래 한 듯 태도가 매우 차분했다. 하지만, 은거가 끝난 후 한 번도 명상을 해본 적이 없다고 말해 의외였다. 미국에서 온 제이슨은 초조한 성격에 비만한 남성으로, 약간 조심스럽고 내성적이었다. 웨일스 북부의 루틴에서 온 그렉은 키가 190센티미터 정도로 제이슨보다 컸고, 과장된 몸짓을 과시적으로 드러내는 경향이 있었다. 코린은 명상적 기질을 타고난 듯 보였지만, 나머지 세 명 중 누가 열흘을 다 채울지는 두고 볼 일이었다. 위빠사나는 일반적으로 '통찰'을 뜻하지만, 미얀마의 명상 스승 우 빤디따U Pandita가 가르치듯, '다양한 양상을 꿰뚫어 본다'는 의미도 있다. 현대적 위빠사나는 일반인이 《팔리 삼장》에 명시된 존재의 세 가지 특성에 관해 통찰을 얻을 수 있도록 19세기 말에서 20세기 초 무렵에 발달했다. 존재의 세 가지 특성이란 아닛짜anicca(무상), 둑카dukkha(불만족), 아낫따anatt(무아)를 뜻하는데, 이들은 각각 아무것도 지속되지 않고, 삶은 고해이며, 변함없이 지속되는 너나 나 같은 것은 존재하지 않는다는 뜻이다. 지속성과 영속되는 자아에 대한 환상을 벗어던지면 깨달음의 네 단계 중 첫째 단계를 성취한 소따빤나sotapanna, 즉 흐름에 들어선 자가 될 수 있다는 것이다.

미얀마 승려 마하시 사야도가 가르친 통찰 명상의 방식은 사트야 나라얀 고엔카S.N. Goenka 같은 다른 영향력 있는 위빠사나 스승들이 가르친 방식과 분명히 구분된다. 코끝을 오가는 숨결의 느낌 대신 복부가 부풀었다 꺼지는 것에 초점을 맞춘다는 점과, 모든 행동을 늦추고 미묘한 세부 사항을 알아차리는 것에 중점을 둔다는 점에서 그렇다. 사라니야 명상센터 맞은편에는 저층 주택 단지가 있었다. 걷기 명상 시간마다 젊고 마른 여성과 회색 후드티를 입은 남성 둘로 구성된 취객들이 깡통을 움켜쥐고 듬성듬성한 잔디밭 위를 어슬렁거리면서, 느릿느릿 걷는 우리를 무표정하게 지켜보았다. 우 빠디따는 이렇게 썼다. '집중명상 기간에 수행자는 병원에 입원한 약하고 병든 환자처럼 행동해야 한다.'

병원에 입원한 환자치고는 일정이 너무 빡빡했다. 새벽 4시 기상, 4시 45분부터 1시간 동안 정좌 명상, 그 후 밤 10시까지 교대로 반복하는 걷기 명상과 정좌 명상. 게다가 일반인 수행자는 8계(승려는 227계)를 지켜야 했는데, 성교와 살생과 거짓말과 음악 청취 금지, 그리고 성교와 살생의 기회는 애초부터 제한됐던 만큼 가장 엄격하게 지켰던 정오 이후의 식사 금지 등이 포함되었다. 아침 식사는 6시, 점심은 11시였는데, 집중명상 기간 동안 쉴 수 있는 시간이라곤 이른 오후에 진행된 스님과의 면담과, 저녁 7시에서 8시 사이의 기가 죽을 정도로 금욕적인 법회밖에 없었다. 이 법회는 따뜻함과 인간미라곤 없는, 메릴린 로빈슨Marilynne Robinson●처럼 말하는 미국인 여승이 주관했다. 예컨대, 5계(금주를 포함한)를 지키는 데에 실패한 사람은 '더 이상 진정한 인간이 아니'었다. 그리고 저녁은 '종종 다른 도락으로 이어지는 식사'인 만큼 피해야 했다. 또한 욕정 때문에 괴로워하는 젊은 수행자에게 그녀가 건넨 조언은, '욕망의 대상을 시각화해 32조각으로 해부한 뒤 그 광경의 혐오스러움을 숙고하라'는 것이었다. 이럴 바엔 암모니우스의 불에 달군 쇠막대기와 함께 밤을 보내는 편이 더 나을 것이다.

달리 말하면, 하루에 깨어 있는 18시간 중 적어도 15시간을 정식 명

● 과작으로 유명한 미국의 여류 소설가 - 옮긴이

상에 할애했다는 말이다. 그렇다고 나머지 세 시간 동안 휴식할 수 있었다는 말은 아니다. 참가자들은 아주 느린 속도로 먹고, 마시고, 씻고, 신발 끈을 묶는 등의 행위를 하면서 모든 동작과 그 의도를 알아차리는 사띠빠타나satipatthana, 즉 마음챙김을 쉼 없이 수행해야 했다. 이 일은 초심자에게 일종의 올림픽 준비 훈련이자, 세부 묘사에 대한 크나우스고르Knausgaard•적인 집착이자, 평범한 사물을 향한 워홀Warhol••식의 몰두였다. 다르마홀에서 우리는, 엄숙한 얼굴에 철 테 안경을 걸친 채 통통한 몸에다 짙은 황색 법복을 두른 우 타라까 사야도와 마주 앉아 있었다. 그의 뒤에 놓인 연단에서는 황금 불상이 홀 전체를 굽어보았는데, 불상의 머리에서는 동심원 형태로 배열된 빨강, 파랑, 녹색, 흰색의 조명이 디스코 음악처럼 자비를 발산했다. 불상 옆에서는 말하는 시계가 시간과 실내 온도를 로봇 소녀 같은 기묘한 목소리로 안내했다. 나는 명상을 시작할 때마다 '별들의 전쟁(Buck Rogers in the 25th Century)'에 나오는 길 제라드의 로봇 조수 트위키의 목소리를 첫 번째로 놓아 보내야 하는 과제를 받는 느낌이었다.

하버드 대학의 심리학자 다니엘 골먼Daniel Goleman과 리치 데이비슨Richie Davidson은 그들의 중요한 연구서 《명상의 과학(The Science of Meditation)》에서 명상의 강도를 네 단계로 구분했다. 1단계와 2단계는 '깊은 길'로, 1단계는 상좌부와 티베트 수도사의 강도 높은 수행에, 2단

• 평범한 일상을 진력날 정도로 디테일하게 묘사하는 노르웨이의 소설가 – 옮긴이
•• 흔히 접하는 일상의 사물을 작품의 소재로 삼은 미국의 화가 – 옮긴이

계는 상좌부와 티베트 불교에서 금욕적인 맥락을 제거한 일반적인 수행에 각각 대응한다. 그리고 3단계와 4단계는 '넓은 길'로, 3단계는 내가 바네사에게 배운 마음챙김 명상처럼 세속화되고 강도가 훨씬 덜한 수행에, 4단계는 헤드스페이스나 캄 같은 명상 앱에서 제공하는 희석된 형태의 마음챙김 수행에 각각 대응한다.

사야도와 함께하는 명상은 분명 2단계 정도는 되는 것 같았다. 담마소티가 옳았다. MBSR과 마하시 전통의 강도 높은 명상은 그 차이가 어마어마했다. 매번 복부에 집중하려 애쓸 때마다 마음은 옆길로 샜는데, 내 정신적 손가락이 너무 약해서 암벽 등반용 지지대를 제대로 붙잡지 못했던 것이다. 마음챙김 강좌에서 이런 실패는 즉시 용서하고, 심지어 긍정적인 학습 경험으로 생각할 것이다. 하지만, 스님이 강철같이 감시하는 이곳에서는, 짧은 체육복을 입은 채 벌벌 떨면서 인간의 몸으로 어떻게 이 밧줄을 기어오를 수 있는지 의아해 하던 어린 시절의 트라우마를 자극할 뿐이었다. 또한 어린 시절과 마찬가지로 그 경험은 고통스러웠다. 20분가량 앉아 있자, 반가부좌 자세였는데도 엉덩이에서 통증이 시작됐다. 통증이 너무 격심해서 15분가량을 이리저리 고통을 피해 다니며 방석 위에서 끊임없이 자세를 바꿔야 했다. 일단 이런 일이 벌어지기 시작하면, 특히 다른 세 명도 비슷한 문제를 겪는지 확인하기 위해 고개를 들면 집중력 저하는 불 보듯 뻔한 일이었다.

"제가 뭘 어떻게 해야 하죠?" 점심 식사 후에 이어진 면담 시간에 내가 질문했다. 다르마홀 위층의 사무실에서 면담을 했는데, 반테 타라까 스님은 주로 팔걸이의자에 앉았고, 센터 관리자이자 통역가 틴은 내 옆 바닥에 앉았다. 고개를 숙여야 한다는 특별한 지시는 없었지만, 그리고 이 면담은 심문이나 시험이 아니라고 끊임없이 주지시켰지만, 좌석의 배치 상태와 반테의 완고한 표정이 마치 눈을 스승의 발에다 고정하라고 명령하는 듯했다. "통증이 너무 신경 쓰이는데 어떡하죠?" 내가 말했다.

반테는 얼굴을 찡그리며 숨을 들이쉬더니 미얀마어로 몇 마디 했다.

"그럴 땐 그 통증을 더 면밀히 살펴보세요." 틴이 통역했다. "통증을 관심의 초점으로 활용하세요."

사라 라자르도 이 말에 동의할 것이다. 사라는 하버드 의과대학의 연구자로, 2005년 그녀의 연구는 장기간 위빠사나 명상을 하면 뇌의 해부학적 구조를 바꿀 수 있다는 점을 보여주었다. 나는 위빠사나 은거 명상에 참석하기 몇 달 전에 보스턴 네이비 야드에 있는 그녀의 사무실을 방문했다. 어마어마한 양의 얼음 조각들이 미스틱강 위를 떠다녔고, 낡은 창고 건물들 위에는 눈 더미가 지저분하게 엉겨붙어 있었다. 우리는 주세페 파그노니와 그 동료들의 작업을 통해 명상이 인식의 초점을 '사전 지식(priors, 세상에 대한 과거의 경험을 토대로 우리가 구축한 내적 모델)'에서 관찰할 수 있는 현실로 바꿔놓는다는 사실을 알았다. 명상은 우리를 현재 순간으로 데려온다. 또한 명상(요가를 비롯한 명상적 훈련들)은 뇌유래신경영양인자나 인터류킨10, 가바 같은 뇌화학 물질의 생산을 자극하고, 교감신경계와 부교감신경계 사이의 균형을 바로잡아 뉴런의 흥분을 억제해 우리를 다시 침착하게 만든다.

명상이 주의집중력을 향상하는 방식을 더 자세히 이해하기 위해, 집중의 시기와 대상을 조절하는 이질적 두뇌 영역들의 집합체인 '현출성 신경망(salience network)'에 관한 그녀의 연구를 설명해 달라고 부탁했다.

"지금 당신은 팔꿈치의 느낌에 별다른 주의를 기울이지 않고 않습니다, 그렇죠?" 유연한 몸에 곱슬거리는 회색 머리칼을 늘어뜨린 사라는 자신의 맨발을 몸 아래에다 밀어 넣은 채 회전의자에 앉아 있었다. 그녀의 사고의 흐름을 제대로 따라가려면 약간의 명상적 집중력을 동원해야 했다. 마음이 작용하는 것과 같은 속도로 말을 해서, 전체 구절이 독일식 합성어 형태로 한데 이어지곤 했기 때문이다. "하지만 무언가가 갑자기 당신의 팔꿈치를 친다면 아플 테고, 당신은 팔꿈치에 주의를 기울이게 되겠죠. 물론 정보는 당신의 팔꿈치로부터 24시간 전해지고 있지요." 현출성 신경망은 주의력을 기울일 만한 가치가 있는 자극만 선별하는 식으로 인지 기능을 보호한다. "말하자면 일종의 교통정리 기관인 셈입니다."

최근의 한 연구는, 명상이 현출성 신경망의 활동 강도를 높인다는 점을 보여주었다. 바꿔 말하면, 명상이 보다 효과적으로 주의력을 유도하는 데에 도움을 준다는 말이다. 그러므로 가부좌 자세로 앉아서 생긴 고통이 집중력을 떨어뜨렸다는 내 생각은 그 방향이 완전히 뒤바뀐 것이었다. 고통을 초래한 것은, 아니 그보다 고통을 참기가 더 힘들어진 것은 내가 집중하는 데에 실패한 탓이었다. 우빤디따는 이렇게 썼다. '명상 중에 통증이 있다면 수행자는 모든 용기와 에너지를 동원해 그 통증을 정면으로 마주해야 한다.' 통증에 초점을 맞추면 그 통증은 견딜 만해진다. 반면, 산만하게 배회하는 마음은 통증을 더 견딜 수 없게 만든다. 기본적인 MBSR 훈련은 명상이 배회하는 마음을 가라앉히고 특정 자극(고통이든 코 앞 1.5미터 바닥이든)에 관심을 집중하도록 돕는다는 점을 보여주었다. 사라의 작업이 입증한 것은, 이렇듯 관심의 방향을 바꿀 수 있게 하는 신경구조 및 두뇌의 메커니즘이었다.

"현출성 신경망을 구성하는 두 부분은 명상의 효과와 관련된 연구에서 끊임없이 언급합니다." 그녀가 말했다. "뇌섬엽(insula)과 편도(amygdala)가 그 둘이죠. 아, PCC도 있네요." 여기서 PCC란, 우리가 자신에 관해 생각할 때 활성화한다고 입증된 디폴트 모드 네트워크*의 중앙 노드인 후측대상피질(posterior cingulate cortex)을 말한다.

"그렇게 PCC는 주로 자기 자신과 연관되어 있죠." 사라가 말했다. "이 부위는 명상하는 동안 비활성화하지만, 다른 한편으로는 연결성이 더 좋아지기도 합니다. 그런데 그건 장기적인 변화예요. 장기적으로 봤을 때 연결성이 더 좋아진다는 거죠."

PCC와 두뇌의 다른 제어망이 더 잘 연결된다는 것은 두뇌의 반응성이 증가한다는 뜻이다. 이렇게 되면 두뇌가 활성 상태와 비활성 상태를 더 빠르게 오갈 수 있다. 하지만, 이와 반대로 디폴트 모드 네트워크와

● 외부 자극이 없을 때 활성화하는 두뇌 영역 – 옮긴이

그 구성 요소들이 필요할 때 제대로 비활성화하지 못하면 인지 기능이 손상되거나 과도하게 산만해지는 등 부작용을 일으킨다. 이처럼 명상은 자아 감각을 누그러뜨리기도 하고, 우리의 자아 감각이 적절한 때에 켜지거나 꺼지도록 신경망을 강화하기도 한다. 명상은 하나의 스위치인 동시에 스위치 제조자이기도 한 것이다. 생각에 빠지는것은 자아 감각을 일으키는 데에 없어서는 안 될 필수 요소이다. 우리는 머릿속 생각에 사로잡힌 나머지 주변 환경을 일시적으로 완전히 망각하곤 한다. 사라는 이렇게 말했다. "디폴트 모드 네트워크는 수다쟁이와도 같아요. 그 수다는 모두 나에 관한 것이죠. 따라서 대부분의 시간 동안 우리는 감각에 제대로 주의를 기울이지 않습니다. 하지만 명상을 하면 이 관계가 역전돼요. 수다를 떠는 마음은 차단되고 감각이 관심의 초점에 놓이는 거예요."

자아 감각이 줄어들고 주의 집중력이 향상되는 명상 상태의 특징은 동전의 양면과도 같다. 뇌섬엽과 편도가 PCC와 상호작용하는 정확한 방식은 신경생리학자들도 아직 충분히 이해하지 못한다. 그럼에도 이 신경망의 기능은 명백하다. 관심을 기울일 만한 가치가 있는 자극들을 끊임없이 모니터링하는 것이다. 아무래도 명상은 자기 지향적이고 산만한 사고 패턴을 강력한 주의 집중으로 시의적절하게 전환하는 능력을 향상하는 것 같다.

주세페 파그노니처럼, 사라의 학문적 관심도 개인적 차원의 흥미에서 비롯했다. 달리기 애호가인 그녀는 보스턴 마라톤 대회에 참석하기 위해 훈련하다가 '무릎과 허리에 잔뜩 부상을 입고'는 요가에 관심이 생겼다. 처음에는 순전히 신체 치료로 보았다가 곧 다른 가능성들을 발견하기 시작했다. "저는 오래도록 달리기를 했어요. 항상 스트레칭을 했죠. 하지만 이건 스트레칭이 아니었어요. 운동도 아니었고요. 그건 뭔가 달랐어요." 당시 사라의 전공은 세균학이었다. 하지만 그녀는 요가의 명상적 측면에 완전히 사로잡힌 나머지 위빠사나 수행을 시작했을 뿐만 아니라, 명상을 자신의 전공 분야로까지 삼았다.

"저는 '좋아, 이제 바꿀 때가 됐어'라고 생각했죠. 그래서 지금 이 자리에 있는 겁니다."

사라의 2005년도 연구는 신경 가소성에 관한 기존의 발견을 토대로 했다. 저글링이나 지식을 습득하는 활동, 런던의 택시 기사가 기억해야 하는 경로 등을 익히는 활동이 회백질을 변화시킬 수 있다는 사실은 오래전에 입증되었다. 사라의 연구는 명상도 이와 비슷한 방식으로 두뇌에 해부학적 변화를 일으킬 수 있다는 점을 시사한다.

"나이가 들수록 두뇌 앞쪽 부위가 쭈그러든다는 사실은 잘 알려져 있습니다." 그녀가 말했다. "우리는 연구를 통해 50세의 명상가들이 25세의 일반인만큼이나 회백질이 많은 두세 군데 영역을 발견했어요." 명상을 오래 하면 쭈그러들기 쉬운 두뇌 영역을 두텁게 해 나이에 따라 인지능력이 감소하는 것을 예방한다고 한다. 명상가들은, 몸의 내부 상태를 모니터링하는, 즉 신체적 차원의 자기인식을 하는 내부 수용 감각 및 주의 집중 능력과 연관된 전측 뇌섬엽과 전전두피질의 피질 두께가 일반인보다 훨씬 두꺼웠다.

그 후 이어진 수많은 두뇌 영상 연구 역시 사라의 발견을 뒷받침하는 듯하다. 하지만 골먼과 데이비슨은 주의를 요구했다. 사라의 연구와 그 뒤를 이은 20여 건의 두뇌 영상 연구를 대상으로 한 스탠퍼드 대학의 메타분석* 연구는, 오랜 기간 명상을 하면 두뇌를 성장시킬 수 있다는 가설에 힘을 실었다. 하지만 이 연구는 위빠사나와 선禪, 쿤달리니 요가 등 수많은 기법과 전통을 한데 아우른 것이었다. 그런데 이 기법에 동원되는 정신 활동은 뚜렷이 구분되는 경우가 많으므로, 자극하는 두뇌 영역도 제각각일 가능성이 높았다. 따라서 그 메타분석 결과가 명상 일반과 관련되는지, 아니면 압도적인 효과를 내는 특정 기법으로 왜곡됐는지는 불분명했다. 더군다나 위스콘신 대학의 데이비슨 연구실에서는 피질 두께와 관련된 사라의 발견을 재현하려다 실패하기도 했다.

그렇다고 명상의 특별한 영향을 뒷받침하는 '신경망의 변화 가능성 (hints of neural rewiring)'이 신뢰할 수 없다고 판명됐다는 말은 아니다. 이 영역에서 항상 그렇듯이, 필요한 만큼의 데이터가 축적되느냐의 문제일 뿐이다. 삿 비르 싱 칼사는 이 연구가 곧 확실한 것으로 입증되리라고 자신했다. "저는 이미 확신을 얻었습니다." 그가 내게 말했다. "그리고 저는 많은 과학자가 이미 명상 수행을 통해 신경생리학적 변화가 일어날 수 있다는 사실을 상당 부분 받아들였다고 생각합니다." 때때로

● 같거나 비슷한 주제로 연구한 많은 연구물을 종합적으로 고찰하는 연구 방법 – 옮긴이

'명상과학 연구(contemplative-sciences research)'라고 불리는 신경신학은 아직 초기 단계이다. "1950년대에 담배가 암을 유발한다는 연구를 한 과학자들이 있었습니다." 그가 말했다. "비평가들은 증거가 부족하다고 했지요. 하지만 증거가 부족하다는 사실이 담배가 암을 유발하지 않는다는 뜻은 아닙니다. 당시에 아직 증거가 충분히 모이지 않았을 뿐이지요. 저는 명상과학 연구도 비슷한 지점에 와있다고 생각합니다. 이건 정말이지 새로운 분야예요."

사라의 두 번째 주요 연구는 오래 수행한 위빠사나 명상이 유동지능(fluid intelligence)에 미치는 효과에 관한 것이었다. 여기서 유동지능이란 경험이나 훈련, 사전지식 여부와 관계없이 주어진 정보를 활용해 새로운 문제를 해결하는 능력을 말한다. 논리와 추론, 패턴인식 능력을 활용할 수밖에 없는 아이큐 테스트가 그 대표적인 예이다. 원래 유동지능은 나이가 들면서 거듭 쇠퇴하는 또 다른 능력으로 알려졌다. 반면, 축적된 지식에 의존하는 결정지능(crystallised intelligence)은, 적어도 노년기에 기억력이 감퇴하기 전까지는 나이가 들수록 향상되는 경향이 있다. 그런데 오랜 명상을 통해 보존되는 것으로 보이는 피질영역 중 하나가 유동지능의 신경학적 대응물들과 긴밀하게 연관된 것으로 드러났다.

"그래서 우리는 피험자들을 대상으로 표준적인 아이큐 테스트를 해봤습니다." 사라가 말했다. "왜냐하면 일반적으로 나이가 들수록 아이큐가 낮아지는 경향이 있다는 건 널리 알려진 사실이니까요. 하지만 오랜기간 명상을 한 사람들은 아이큐가 어느 정도 유지됐습니다. 100퍼센트는 아니고 약간 낮아지긴 했지만, 아무튼 일반인과 비교하면 큰 차이가 있었죠."

유동지능은 있는 그대로의 현재에 대한 반응으로 볼 수 있다. 따라서 골먼과 데이비슨의 경고에도 불구하고, 신경학적인 기초는 명상이 지금 이 순간의 현실 쪽으로 인지적 균형추를 옮긴다는 사실에 있는 듯하다. 게다가 더 강력하게 수행할수록 결과도 더 강력해진다. 사라가 생각하기에, 은거는 부주의한 삶으로부터의 휴식에 불과한 것이 아니다. 두뇌의 구조적 변화를 가속화할 하나의 기회이기도 하다. "저는 은거 명상을 하면서 보낸 한 주가 일상에서 수행하면서 보낸 한두 해와 맞먹는다는 느낌을 받아요." 비록 한 주에 한두 차례 요가 수업에 참석하지만, 사라가 진정한 길이라고 느낀 것은 위빠사나였다. 그녀는 보스턴에서 서쪽으로 100킬로미터가량 떨어진 매사추세츠주 바 지역의 통찰명상협회에서 정기적으로 은거 명상을 한다. 그곳은 조셉 골드스타인과 잭 콘필드, 샤론 샐즈버그가 엄격한 상좌부 불교의 가르침과 좀더 유연하고 통합적인 접근법을 조화시켜 미국 위빠사나 운동의 기반을 마련한 장소이기도 했다.

"거기서 아홉 번 정도 집중 수행을 한 것 같아요." 사라가 말했다. "명상은 제 세계를 뒤흔들어 놓았지요."

3일간의 폭설이 그친 후, 나는 차를 타고 사라의 사무실에서 바 지역으로 이동했다. 그날 아침 비가 내린 후 얼음이 얼었다가 다시 햇살에 녹아내려, 122번 고속도로 양쪽의 들판과 잔디는 천상의 찬란함을 방불케 했다. 마치 뉴잉글랜드 전체가 거울로 뒤덮인 것 같기도 했고, 매사추세츠주의 고속도로에서 잠들었다가 에밀리 디킨슨Emily Dickinson의 시에 나오는 눈부신 사후세계에서 눈을 뜬 것 같기도 했다. 나는 렌트한 쉐보레 자동차를 플레전트 스트리트 근처의 주차장에 세우고, 다소 장대한 느낌을 주는 통찰명상협회의 주랑 쪽으로 눈길을 헤치며 나아갔다. 건물 안에서 나를 맞아들인 사람은 스티브 맥기였다. 그는 말끔히 정돈된 턱수염과, 광대뼈에 전기라도 통한 듯 표정을 짓자마자 튀어나오는 긴장된 미소를 지닌 베테랑 명상 교사였다. 그는 어떻게 불교 명상에 입문했는지 물었다.

"다르마 수행에 끌리는 대부분의 사람과 같지요." 그가 말했다. "고통 때문이죠. 삶은 제가 원하는 방식대로 풀리지 않았습니다. 저는 그 이유 같은 걸 찾고 싶었지요. 무슨 말인지 아시겠죠?"

우리는 계속해서 우빠다나upadana, 즉 집착에 관해, 그리고 집착을 극복하고 무집착을 수행하는 것이 어떻게 강력한 애착(예를 들면, 아이들을 향한)과 온전히 조화를 이룰 수 있는지 이야기를 나눴다. '상대적 현실'에서 우리는 아이들을 사랑하지만, '절대적 현실'에는 사랑받을 아이도, 사랑을 베풀 우리 자신도 없었다. 그렇지만 상대적 현실에서도 무집착은 도움이 되었다. 스티브는 한때 열렬한 스포츠 팬이었다. 현재는 스포츠 관람을 자제 중인데, 견디기 힘든 불안감 때문이었다. "그곳에는 휴식이 없어요." 그가 말했다. "도무지 쉴 수가 있어야 말이죠."

"하지만 그건 아이들을 사랑하는 것과 같은 것 아닌가요?" 내가 말했다. "불안감은 당신이 아이들을 사랑하는 대가로 치르는 비용…"

"제 말은, 우리가 무언가를 놓아버리는 건 그것이 움켜쥘 가치가 없기 때문이라는 거예요. 그래서 거리를 두는 거죠. 아시겠어요?"

내가 스티브의 신경을 거슬리게 한다는 느낌이 강하게 들었다. 나는 넥타리아 수녀와 대화하면서 겪은 상황, 즉 본질을 벗어난 질문이 내게서 신성에 참여할 자격을 박탈해버리는 것과 똑같은 문제를 맞닥뜨린 것은 아닌지 자문했다. 이해하고자 하는 내 시도는 질문의 대상이 인간의 이해를 넘어선 영역에서는 불신의 표현이나 다름없었다. 그게 아니라면, 스티브는 필이 꺼린 사야도 담마소티처럼 영적 문지기 부류에 속하는 인물인지도 몰랐다. 높은 지혜의 영역으로 올라간 뒤 사다리를 치워버리는 심술쟁이들에게 감독받는 것 같다는 의심은, 내가 내적 모델로 굳어지지 않기를 간절히 바라온 생각들 중 하나였다. 필이 랑군과 네팔에서 장기간 은거하도록 자극한 것은, 그 활동으로 얻는 명료한 마음이 아니라 은거를 통해 그와 우리 사이에 형성되는 거리감은 아닌지 나는 종종 자문했다. 명상 수행 중 가장 힘들다는 은거를 그토록 오래 40도의 열기를 무릅쓰면서 감행한다는 것은, 우리를 뒤에 남겨둔 채 자신과 다른 사람들 사이의 간극을 합리화하고 현실화하려는 잠재의식적 시도가 아니었을까? 눈으로 뒤덮인 통찰명상협회에서 보낸 오후 동안 내가 스티브에게 받은 인상이 바로 이것이었다. 내가 영국 마하시 센터에서 10일간 은거 명상을 하기로 예약했다는 사실을 언급하기 전까지는.

"그들은 당신을 거세게 몰아붙일 겁니다." 스티브가 말했다. 우리는 대기실에 도착했고, 운동복 바지를 입고 목도리를 두른 은거자들이 양말을 신은 채 돌아다니고 있었다. 위층에 있는 스티브의 사무실에 있을 때부터 다시 눈이 내렸다. 다르마홀 유리벽 너머의 풍경은, 마치 현실을 보여주는 안테나가 폭풍에 부러지기라도 한 듯, 거칠거칠하고 흐릿해졌다. "마하시의 함정 중 하나는 너무 노력한다는 거예요. 그건 명상 체계에 원래 있는 게 아니라 우리가 덧붙이는 거죠. 당신은 이완된 상태를 유지해야 합니다." 스티브는 그들이 나를 거세게 몰아붙이더라도 스스로를 너무 다그치지 말아야 한다고 했다. "그 기법을 훈련하는 데 몰두하되, 이완된 태도를 유지해야 합니다. 아시겠죠?"

※

내가 참여한 거의 모든 은거 수행에는 부적응자나 반항아, 반동분자가 한두 명씩은 꼭 있었다. 이것은 집단 역학의 불가피한 결과로, 누군가는 그 집단의 방식에 짜증을 내게 되는 것이다. 동의하지 않는 구성원을 상대하는 방식과 관련된 이 문제는 성 베네딕도 수도 규칙서의 주된 요점들 중 하나이기도 했다. 샌포드에서 우리는 순응자 무리와 반항아 무리로 반반씩 나뉘었다. 코린과 나는 올바른 길을 따르는 쪽이었고, 제이슨과 그렉은 버릇없이 굴면서 불평하는 쪽이었다. 제이슨은 주로 수행 프로그램에 빠지는 식으로 순응하지 않는 태도를 드러냈다. 이후 그가 경전 지식이 상당하다는 사실을 알았지만, 그는 수행에 대해서는 흥미나 인내심이 거의 없었다. 그렉의 문제는 완전히 달랐다. 빡빡 깎은 머리에 선천적으로 거구인 그렉은 첫날부터 내게 걱정거리였다. 첫날 아침 식사 후 그가 자신의 무지막지한 주먹에다 핸드타월을 감았다 풀었다 하는 모습을 본 것이다. 그의 얼굴은 터질듯이 강렬하게 노려보는 표정과, 무언극에서 여주인공이 누군가 자신을 본다는 사실을 알고 짓는 뿌루퉁한 표정 사이를 오갔다. 그는 영화 '풀 메탈 자켓Full Metal Jacket'에 나오는 파일 이병 같았다. 그가 우리 모두를 살해할까봐 나는 정말로 겁이 났다.

하루에 두 끼만 먹어야 했지만, 거대한 냄비와 찜통에는 맛있는 미얀마식 볶음 요리와 카레, 스튜 등이 항상 푸짐할 정도로 음식은 넉넉했다. 그렉은 이 기회를 십분 활용했다. 접시에 카레와 밥, 국수, 볶음 채소 등을 듬뿍 담은 위에 사모사 만두 대여섯 개를 아슬아슬하게 얹었고, 접시를 다 비운 후에 한 접시를 더 먹었다. 첫째 날, 나는 그의 반대편 자리를 배정받았는데, 그 후로도 우리는 매번 식사 때마다 같은 자리에 앉았다. 소리에 민감해진 상태에서 대화조차 허용되지 않았기 때문에, 나는 그렉이 국물을 후루룩거리고 뼈를 오도독 씹고 음식을 요란하게 삼키는 그 모든 소리를 다 들어야 했다. 그렉은 커다란 초콜릿 케이크 조각에 루바브• 요구르트를 곁들여 먹는 것으로 아침 식사를 마무리

• 시고 향이 있어 젤리나 잼을 만드는 마디과의 여러해살이풀 – 편집자

했다.

붓다가 호흡에 대한 알아차림을 명상의 기반으로 활용하는 법을 가장 자세히 설명한 법문을 담은 《아나빠나사띠 숫따Anapanasati Sutta》에서는 마음챙김에 적합한 조건을 제시했다. 수행자는 '황야로, 나무 그늘로, 아니면 빈 집'으로 가서 앉아야 한다. 《바가바드 기타》에서 크리슈나도 '비밀스러운 장소에서, 깊은 고독 속에서, 영혼의 조화를 훈련하라'고 가르쳤다. 진정한 지혜는 '외딴 장소로 물러나 시끄러운 대중을 피하는 것'에서 비롯하므로, 산만함을 피하는 것은 명상적 전통에 없어서는 안 될 필수 요소였다. 〈마태복음〉에서 예수는 이렇게 말한다. '너는 기도할 때 네 골방에 들어가 문을 닫고 은밀한 중에 계신 네 아버지께 기도하라.'

그럼에도 명상 스승들은 빠지기 쉬운 한 가지 유혹을 경계하라고 가르친다. 조건이 이상적이지 않을 때 흥분하는 태도가 바로 그것이다. 마하시 사야도의 위대한 제자 우 빤디따조차, 랑군에 있는 양곤 마하시 명상센터에서 스승의 지도를 받던 초기에 종종 짜증스러웠다고 인정했다. 그에게는 일반인 명상가들이 '점잖지 않거나 불경한 태도로 대화를 나누고 돌아다니는 것처럼 보였다.' 그는 곧 자신의 잘못을 깨달았다. 그는 다른 사람을 비판하기 위해서가 아니라 다르마를 수행하기 위해 그곳에 있는 것이었다. 통찰명상협회의 설립자이자 미국 통찰명상계의 권위자 조셉 골드스타인은 다른 사람의 부주의함에 반응하는 태도의 역설을 '마음챙김을 놓친 다른 사람을 비난한다는 것은 그 순간 내가 마음챙김을 놓쳤다는 뜻이다'라고 표현했다. 기법의 핵심은 알아차리는 것,

그렉이 제대로 씹지도 않은 밥 덩어리와 양고기 카레를 삼키는 소리를 비판 없이 알아차린 뒤 놓아 보내는 것이었다.

문득 떠오른 생각인데, 어쩌면 그렉은 내게 주어진 시험인지도 몰랐다. 나는 사라 메이틀랜드가 동경한 14세기 이탈리아의 신비가 시에나의 카타리나Catherine of Siena를 생각해 보았다. 지역 도미니크회의 '테르시어리tertiary', 즉 일반인 자매였던 그녀는 자신의 집에서 거의 완벽에 가까운 침묵과 고독을 유지하며 지냈다. 그런데 그 집에는 24명의 형제자매가 함께 살았다. 그녀는 친구이자 영적 조언자인 카푸아의 레이몬드에게 '마음속에 결코 벗어날 수 없는 골방을 하나 지어야 합니다'라고 말했다. 나도 그녀처럼 할 수 있을까? 그렉이 면담하러 계단을 오르는 내 옆을 지나며 자신의 커다란 엉덩이로 마일리 사이러스Miley Cyrus처럼 트월킹을 할 때도? 셋째 날 점심 식사 후 다르마홀 밖에 있는 정수기에서 물을 받는 동안, 그렉이 내 시선을 끌었다.

"지루하지 않냐?" 그가 속삭였다. "젠장, 나는 지루해서 아주 죽을 지경이다."

나는 입술에다 손가락을 가져다 댔다. 하지만 다음날 바깥에서 다르마홀 뒤편을 돌며 걷기 명상을 하던 중 마주쳤을 때, 그는 또 같은 말을 했다. "나 진짜 지루해서 미치겠어." 나는 이번에는 그에게 쪽지를 써서 건네면서(미안, 나는 침묵을 지키고 싶어. 잡담은 열흘 뒤에 나누자) 그렉이 나를 신심 깊은 모범생으로 보도록 당황스럽고 화난 표정을 지었다. 이곳의 제약 조건에 순응하지 않고 열흘을 버틴다는 것은 나로서는 상상도 할 수 없었기 때문이다. 여기서 중요한 것은, 노르웨이의 피오르● 속으로 다이빙할 때와 같은 몰두였다. 발가락부터 담그며 들어가면 견디기 힘들겠지만, 과감히 뛰어들면 고통스러워도 결국에는 괜찮아지거나 짜릿해질 것이 분명했다. 그렇다고 내가 그렉의 부주의함에 신경 쓰지 않을 정도로 마음챙김에 몰두했다는 말은 아니다. 내 부주의한 마음이 보기에 그가 지루한 것은, 그 지루함을 받아들이고 그 속으로 더 깊이 헤엄쳐 들어가 반대편으로 빠져나오지 못한 탓인 것만 같았다. 이렇게 몰두하지 않는다면 사라니야에서 보내는 열흘은 유난히도 음산하고 황량한 부활절 연휴를 보내는 셈이 될 터였다.

어쨌든 나는 계속되는 실패와 정신력 부족에, 스티브 맥기의 말대로 '점점 더 분명해지는 진실'까지 결합해 첫 며칠을 황량하게 보냈다. 지적 문제를 다룰 때처럼 의지력과 분석력을 총동원해가며 더 열심히 노력하는 것은 아무런 효과도 없다는 것이 진실이었다. 명상 문헌에는 관찰 대상을 꿰뚫어 보다, 현상의 진정한 본성을 꿰뚫어 보다 등등 '꿰뚫어 봄(penetration)'이라는 표현이 자주 등장한다. 하지만 내가 경험한 것은 일종의 명상적 발기부전이었다. 더 강력히 열망할수록 내 두뇌는 더욱 맥없이 늘어지곤 했다. 사라 라자르는 정좌 명상을 하는 동안 계획을 짜고 있는 자신의 성향에 관해 말해 주었다.

"당신은 어떨지 잘 모르겠네요. 하지만 저는 은거 명상을 하는 동안

● 빙하가 침식하면서 형성된 좁고 긴 만 – 옮긴이

그곳에 있는 모든 사람의 인생을 다 계획했답니다."

다른 사람의 인생 대신 독립 모험가인 랜디 스카우그Randi Skaug를 북극에서 만나기로 다음 여정을 계획했다는 것만 빼면, 나도 똑같았다. 나는 세부 일정을 짜고, 물품 목록을 만들고, 인터뷰 질문을 구상하는 게 으른 즐거움에 빠졌다가 '아' 하고 잠시 정신을 차렸지만, 다시 계획을 짜기 시작했고, 그 후 다시는 곁길로 빠지지 않겠다는 결심을 단단히 했지만, 5초 후 다시 그 속으로 빠져들고 말았다.

"주된 대상과 관련해 무엇을 알아차리셨나요?"

점심 식사 후 사야도와의 면담 내용을 통역하면서 틴이 말했다. 여기서 '주된 대상'이란 주의력을 집중하도록 지도받은, 내 복부가 부풀고 꺼지는 것이었다.

"항상 부드러운 것만은 아니라는 사실을 알아차렸습니다." 내가 말했다. "제 배는 가끔씩 약간 덜커덕거리면서 팽창하는 것 같아요."

반테는 다시 말을 잇기 전에 고개를 빠르게 끄덕였다.

"다른 문제는 없나요?" 틴이 통역했다.

"마음이 계속해서 곁길로 새요. 마음을 붙드는 힘이 너무 약한 것 같습니다."

반테는 깊은 숨을 쉬고 나서 2분쯤 이야기했다. 내가 알아들을 수 있는 유일한 말은 나를 가리키는 것 같은 '요기'라는 단어였다. 나는 이 말이 반복되는 것을 듣고 극도로 세밀한 일종의 맞춤형 비난을 받지 않을까 생각했다. 의례적인 굴욕에 대비해 마음을 단단히 먹는 은뎀부족의 족장 선출자가 된 기분이었다.

"이건 좋은 신호예요." 틴이 말했다. "그건 당신의 집중력이 나아지고 있다는 겁니다." 나는 통역상 오류가 있는 것은 아닌지 확인하기 위해 감히 반테를 힐끗 올려다보았다. 반테는 고상하게 고개를 젖히고, 한데 엮인 손가락들을 복부의 옷 주름 위에 올린 채 가만히 앉아 있었다. 이 야기의 요점은, 마음을 붙드는 힘이 약하다는 사실을 알아차린 것이 역설적이게도, 그 힘과 마음의 섬세한 변화를 알아차리는 능력이 향상됐다는 하나의 표식이란 것이었다. 나는 여전히 이 면담들이 어떻게 나아갈지에 적응하는 중이었다. 나는 많은 명상 전통에서 화두(koan) 같은 형태의 암호화 기법을 공유한다는 사실을 알고 있다. 마운트 세인트 버나드 수도원에서 돌아오는 기차 안에서도 수수께끼가 자신의 삶을 구했다는 한 노인을 만난 적이 있다. 반테의 면담에 담긴 수수께끼는 그 두드러진 간소함에 있었다. 내가 겪은 네 차례의 면담을 토대로 판단하자면, 그의 화법에는 약간 공식화된 형태의 모순과 반전이 녹아든 것 같았다. 진전된 상황을 보고할 때마다 나는 '흐음'이나 '더 면밀히 살펴보라'는 식의 답변을 들었다. 반면, 힘든 상황을 보고할 때면 나는 너그러이 인정받았다. 추측컨대, 뒤죽박죽 얽힌 이런 반응은 성공에 너무 기뻐하지도, 실패에 너무 좌절하지도 않는 무집착의 원리와 조화를 이루는 것이었다. 사실 스승을 기쁘게 하거나, 빛나는 열매를 제시해 칭찬받고자 하는 그 뿌리 깊은 욕망은 억누르기가 여간 힘들지 않았다.

틴은 자신의 청바지 주머니에서 깨끗한 종이 손수건을 꺼내 보여주었다. "이게 당신의 마음입니다." 그가 말했다. 그가 계속 통역을 하는지, 자기만의 이야기를 하는지는 불분명했다. "당신이 이 위에다 커피나 카레를 한 방울 떨어뜨린다고 상상해보세요. 손수건이 더러웠다면 그 얼룩을 보지 못하겠죠."

자아는 우리의 손수건을 더럽히는 얼룩이다. 육신의 삶을 사는 동안 똑같은 상태로 남아 있는 우리의 본질적 정체성을 뜻하는 서양의 자아 개념이 상대적으로 최근에 형성됐다는 주장은 매우 널리 퍼졌지만, 사실 완전히 잘못됐다. 그들은 자아 개념이 르네상스 전까지 제대로 표현되지 않다가, 플로렌스의 브란카치 예배당에 있는 마사초Masaccio와 필리피노 리피Filippino Lippi의 프레스코화 같은 현실주의적 자화상이 발달하면서 비로소 분명해졌다고 주장한다. 다른 사람들은 통일된 자아의 기원을 데카르트 시대와, 생각이 있으려면 그 생각을 '생각하는 독립체(thinking entity)', 즉 자아가 있어야 한다는 그의 결론부와 연결하기도 한다.

서양 사상사를 더 자세히 들여다보면, 자아와 주체성에 상응하는 개념이 그보다 훨씬 더 오래전인 고대 후기로까지 거슬러 올라간다는 사실을 발견한다(플라톤이 파이돈이라고 알려진 〈대화편〉에서 소크라테스의 입을 빌어 프시케psyche, 즉 영혼을 자신의 진정한 자아로 규정한 고대 시대까지는 아니더라도). 영혼은 육신이 죽은 뒤까지 살아남을 뿐만 아니라 개인이 살아 있는 동안에도 변함없는 상태를 유지하는 것으로 보았는데,

이는 훗날의 자아 이론가들이 제시한 기준에도 부합했다. 이렇게 고대나 중세의 맥락에서 '자아'를 논하는 것은 시대착오적인지도 모른다. 하지만, 플라톤과 성 아우구스티누스 같은 이들이 제시한 정의를 토대로 하면, 통일되고 비물질적이고 연속적인 자아 개념을 고대와 기독교 사상가들이 '영혼'이라 부른 것에 대응시키는 것이 충분히 정당화된다.

초기 기독교는 이 자아 개념을 채택한 뒤, 신의 사랑이란 교리(신은 우리 모두를 동등하게, 하지만 분리된 개인으로 사랑한다는)를 설파함으로써, 그리고 우리를 그 사랑에 합당한 존재로 만드는 것은 죄 많은 개인인 우리에게 달렸다고 주장함으로써 자아 개념을 확장했다. 초기 기독교 사상가들은 개인적 불멸의 정확한 본성에 관해 서로 의견이 달랐다. 하지만, 아우구스티누스가 널리 영향력을 갖게 된 뒤부터는 '사람은 사후에도 살았을 때와 같은 영혼과 몸을 유지할 수 있다'라는 견해가 우위를 차지했다. 이 모두의 요점은 바로 연속성이다. 우리의 본질적 자아는 우리 각자에게 고유하며, 사후에도 변함없이 지속되는 것이었다.

하지만 데카르트가 마음과 자아를 같은 것으로 보고, 훗날 영국의 철학자 존 로크John Locke가 개인적 정체성에 영향을 미치는 것은 개인의 의식이라는 견해를 내놓으면서, 영혼은 점차 정신 과정이 형성하는 '자아'라는 개념에 자리를 내주었다. 로크는 자신의 책《인간 지성론(Essay Concerning Human Understanding)》에 이렇게 썼다. '의식은 항상 사고를 동반하고, 모든 사람이 스스로 자아라 부르는 것이 되게 하며, 그를 다른 사고 대상과 분리하는 것이므로, 오직 이 의식에서만 이성적 존재의 동일성인 개인적 정체성이 성립한다.' 한마디로, 우리는 이 의식이 시작되는 순간부터 '우리 자신'이 된다는 말이다. 19세기 초, 독일 철학자 게오르크 헤겔Georg W.F. Hegel은 우리의 자아의식이 타인과의 상호작용에서 비롯한다는 견해를 제시했다. 그에 따르면, 우리는 A라는 사람을 자기의식적인 존재로 인식함으로써, 그들이 우리 자신에게서도 같은 것을 인식해야 한다고 추론한다. 결국, 우리는 다른 사람이 우리를 보듯 스스로를 봄으로써만 우리 자신의 자아를 의식하는 것이다.(이 이론에는 고독한 은거와 그 생활이 은거자의 자아의식에 미치는 영향에 관한 심오한 함의가 담겨 있다.) 20세기에 들어, 우리가 자아 감각을 갖기 위해 다른 사람이 필요하다는 헤겔식 개념은 마틴 하이데거Martin Heidegger와 장 폴 사르트르Jean-Paul Sartre의 실존주의 현상학을 통해 인본주의 및 실존주의 심리학에 그 흔적을 남겼다. 이후 이들 심리학은 프릿츠 펄스와 게슈탈트 심리학과 에솔렌에 큰 영향을 미쳤고, 결국 우리 모두의 내면 깊은 곳에, 일상의 진부한 장식물을 걷어낸 심층부 어딘가에 발견되기만을 기다리는 '참되고' '진정한' 자아가 있다는 유명한 개념에까지 영향력을 행사한다.

이 모두는 동양의 불교적 사고방식과 정면으로 배치된다. 아낫따(무아無我)라는 불교 교리에 따르면, 변하지 않는 영속적인 자아는 하나의 환상에 불과하다. 그런 것은 아예 존재하지 않는다. 영속적인 자아가 존재한다는 망상적 개념에 집착하는 것은 둑카, 즉 고통의 주된 원인이다. 사실 서양에도 매우 비슷한 생각을 한 사상가들이 있었다. 스코틀랜드 철학자 데이비드 흄David Hume은 자아가 하나의 허구에 불과하다는 견해를 제시했고, 이 개념은 프리드리히 니체Friedrich Nietzsche가 수용, 확장시켜 '우리는 단일체인 양 취급되는 연속적인 상태를 순전히 자신의 상상으로 경험할 뿐이다'라는 관점을 형성했다. 하지만 이런 견해는 비주류일 뿐이다. 기독교인도 신의 의지에 순종하는 '자기 비움(self-emptying)'의 과정인 케노시스kenosis를 말하지만, 사라 메이틀랜드의 표현처럼 결코 '구체적 인격을 잃어버리는' 데에까지 나아가지는 않는다. 우리가 그에 대한 통제권을 느슨하게 할지는 모르지만, 자아는 여전히 거기에 있었다. 전후 발달된 분석 철학 및 포스트모더니즘과 좀더 최근에 형성된 비판적 성별 이론 및 인종 이론은 사회적, 정치적, 성적 정체성들 간의 무한 조합으로 대체함으로써 통일된 자아라는 개념을 허무는 데에 큰 역할을 담당했다. 그러나, 여전히 자아의 실재성에는 의문을 제기하지 않았다. 흄이나 니체 같은 사상가들, 그리고 자아를 뇌가 만들어낸 환상으로 간주하는 신경과학적 설명들을 제외하면, 서양 문화에서 '나'가 머무는 장소이자 개인적 정체성의 토대로서의 자아 개념은 놀라울 정도로 생명력이 강한 것으로 입증되었다. 불교 형이상학에서는 자아가 신기루에 지나지 않는 반면, 서양인에게는 비록 일관되지 않은 조각들의 무더기에 불과할지라도 자아는 존재했다.

이는 서구화한 명상들, 특히 상업적 웰니스 센터에서 훈련하는 명상 수행에 내재한 모순과도 연관이 있다. 자아의 허구성에 기초한 불교식 명상 전통을 어떻게 자기 계발을 돕는 수단으로 활용할 수 있을까? 우리는 리치 데이비슨이나 삿 비르 싱 칼사 같은 이들을 통해 숙련된 명상가들의 초월적 상태가 '자아와 연관된 인지 처리 과정', 즉 우리 자신과 관련된 생각에 관여하는 두뇌 영역의 비활성화와 관계된다는 점을 알게 되었다. 자아의 스위치를 끄기만 해도 영원에 더 가까워진 기분을 느끼게 되는 셈이다. 신경신학자 앤드류 뉴버그Andrew Newberg 박사는 자아감각을 구축하는 데에 관여하는 두뇌 영역인 두정엽 종양 환자들이 통제적 태도보다 '종교적 감정을 표현'할 가능성이 더 높다는 최근의 한 연구를 인용하기도 했다. 초월적 상태와 자아감각은 단순히 공존 불가능한 정도가 아니라 완전히 상극이었다.

그런데 어쩌면 이렇게까지 모순될 필요는 없을지도 모른다. 미국의 심리학자이자 통찰명상협회의 창립 멤버인 잭 엥글러Jack Engler는 은거수련회에서 종종 볼 수 있는 두 유형의 사람들(청소년기를 막 벗은 젊은이와 '중년 전환기에 들어선' 성인)에게 나타나는 '특별한 취약성'에 관해 이야기했다. 엥글러는 이들을 '경계선 수준의 자아 조직'을 보유한 사람들이라고 규정했다. 엥글러가 보기에 그들은, 무아의 교리를 정체성 형성이란 '필수적인 심리 사회학적 과제'를 회피하기 위한 변명으로 왜곡되게 해석하는 경향이 있었다. 이런 경계선 유형의 사람들은 '자아가 존재하지 않는다면 내가 누구인지 이해하려고 굳이 애쓸 필요가 없다'는 식의 사고방식을 가지고 있었다. 엥글러는 이런 태도를 심각한 실수로 간주했다. 그것은 마치, 피카소가 라파엘처럼 그림을 그린 기간도 없이 평생 어린아이 같은 그림만 그렸다고 주장하면서 그를 따라 하는 것과 같았다. 하지만 규칙을 깨려면 먼저 규칙부터 배울 필요가 있다. 자아의 허구성을 받아들이기 전에 먼저 견실한 자아 감각부터 확립할 필요가 있는 것이다. 엥글러 역시 이렇게 썼다. '간단히 말해, 당신은 아무도 아닌 것이 되기 전에 먼저 누군가가 되어야 한다.'

다섯째 날, 의미 있는 진전이 있었다. 다르마홀 뒤편 울타리 너머에는 북부 도시에는 흔하지만 런던 사람에게는 이국적인, 자갈이 깔린 골목 길이 있었다. 이곳은 거리의 은거지와도 같았다. 내가 걷기 명상을 하는 도중, 아마도 취객들과 함께 본 그 녀석인 듯한 회색 고양이 한 마리가 골목으로 난 철제 대문을 비집고 들어와 한가롭게 거닐다가 다시 살그머니 빠져나가거나, 울타리 꼭대기로 뛰어올라 자기 발을 핥곤 했다. 그럴 때마다 이 녀석은 귀를 쫑긋 세운 채 가만히 멈춰 서서 내가 발을 들어올리고, 앞으로 내밀고, 뒷꿈치를 땅에 내려놓는 동안 그 모습을 유심히 관찰했다. 울타리에 다다르면 나는 멈춰 서서 뒤로 돌겠다는 내 의도를 알아차린 후 뒤로 돌았고, 그 뒤에는 다시 반대 방향으로 걷기 시작했다.

그런데 그때, 미처 그 변화 과정을 알아차리기도 전에 나는 걸음 속으로 빠져 들어가 각 걸음의 세 단계뿐 아니라 각 단계를 구성하는 무수한 세부 감각들까지 알아차리기 시작했다. 그 감각들은 걸음마다 미묘하게 차이가 났다. 내 왼발이 땅에 평평하게 가닿음에 따라 오목한 곳에서 느껴지는 긴장감, 오른쪽 새끼발가락 밑에서 특히 두드러지는 무게감과 압박감, 왼쪽 엄지발가락과 다른 발가락들 사이에 붙은 힘줄에서 느껴지는 아주 미세한 떨림 등등.

지루하게 들릴지 모르지만, 그것은 결코 지루한 경험이 아니었다. 나는 기본적인 감각에 완전히 몰두하는 걸음마 단계의 아기로 돌아가, 현재의 순간이 그 무한한 가능성을 펼쳐 보일 때까지 기존의 기억을 끊임없이 재조정해 나가고 있었다. 내가 기억하기로 이와 비슷한 경험을 한 마지막 순간은 1998년 무렵이었다. 필이 말하기로는, 당시 나는 환각성 버섯을 먹고 도로 위에 눌어붙은 껌 조각의 무한한 윤곽선에 매료된 나머지 한 시간 이상이나 보고 있었다고 한다. 하지만 이곳에서 일어난 일은 환각 경험 특유의 '아, 이제 난 망했다'라는 아찔한 자각을 동반하지 않는, 깨끗하고 순수한 경험이었다. 발생하는 즉시 알아차려지는 감각들의 연쇄에 불과했지만, 어떤 면에서는 연달아 이어지며 연속성의 환상을 제공하는 필름 프레임처럼 느껴지기도 했다. 다음 순간 울타리를 올려다봤을 때 고양이는 없었다. 이제 실내로 들어가 정좌 명상을 할 시간이었다.

트위키가 시간을 알렸고 나는 눈을 감았다. 그런데 똑같은 일이 또 벌어졌다. 복부의 팽창과 수축이 몇 차례 이어진 후, 나는 거의 즉시 끊임없이 변화하는 일어남과 사라짐의 무수한 세부 사항을 알아차리기 시작했다. 예컨대, 배가 불러올 때 오른쪽 복부 중 왼편이 다른 부위보다 더 크게 팽창되는 것 같았고, 또 다시 배가 불러올 때 내 오른쪽 두 번째와 세 번째 갈비뼈 사이에서 일어난 가벼운 통증은 오른쪽 어깨뼈 아래에서 느껴지는 긴장감과 연결된 듯했다. 도로 위에 눌어붙은 껌 조각에 사로잡혔던 것처럼, 나는 《나의 투쟁》 3권에서 자기가 먹는 콘플레이크의 불규칙한 윤곽을 묘사하는 칼 오베 크나우스고르Karl Ove Knausgaard를 떠올렸다. 내 현출성 신경망은 다른 곳으로 주의를 빼앗겨 나는 더 이상 복부에만 집중할 수 없었다. 그것은 아주 짜릿한 동시에 당황스러운 경험이었다. 통제력을 부분적으로 상실한 고도의 집중 상태, 그것은 불안정하게 아이스링크 첫 바퀴를 도는 스케이트 선수나 느낄 법한 기분이었다. 그런데도 그 경험이 내 고통에 미친 효과는 주목할 만했다.

이미 말했듯, 예전에 나는 엉덩이에서 느껴지는 불편한 느낌에 휘둘리지 않고는 반 시간도 채 가만히 앉아 있지 못했다. 하지만 이제 내가 복부의 팽창과 수축에 기울이는 그 세심한 주의력은 고통의 감각까지 한데 아우르는 듯 보였다. 내 주의력은 그 고통을 구성 요소로 쪼개어 전면에 부각시켰는데, 여기에는 압력처럼 느껴지기도 하는 열감, 차가운 무언가가 꼬집는 듯한 느낌, 갠지스강의 모래 바닥처럼 처음에는 부드럽다가 점점 거칠거칠해지는 욱신거림 등이 포함되어 있었다. 결과적으로 그 고통은 불쾌감의 원인이라기보다는 객관적인 흥미의 대상처럼 변했다. 고통의 느낌은 훨씬 덜했고, 결국 나는 그 고통에 더 이상 신경조차 쓰지 않게 되었다.

불교에서 말하는 네 가지 성스러운 진리(Four Noble Truths)는 대략 다음과 같다. '삶은 둑카, 즉 고통이고, 갈망이나 집착은 고통의 원인이며, 그 고통은 모든 집착을 제거해야 끝낼 수 있는데, 팔정도(Noble Eightfold

Path)는 우리에게 고통을 끝내는 길을 보여준다.' 《살라타 숫따Sallatha Sutta》에서 붓다는, 사성제에 대한 무지가 불필요한 고통을 불러온다고 가르쳤다. 화살에 맞으면 고통이 일어난다는 사실, 여기에는 의심의 여지가 없다. 하지만, '왜' 화살에 맞았는지 걱정하고, 화나 짜증을 내고, 고통스럽지 않기를 바라거나 고통을 느낀다는 이유로 자신을 벌하는 것은 스스로가 쏜 두 번째 화살에 맞는 것과 다름없다. '고통은 불가피하지만 괴로움은 선택의 문제'라는 것이다. 이 '두 화살의 비유'는 책갈피를 만들거나 벽에 걸어두기 좋은, 상투적인 불교식 명언이 되었지만, 내경험은 이 가르침의 진실성을 더없이 확고하게 입증해주었다. 가만히 앉아 내 엉덩이에 박힌 채 떨고 있는 화살을 지켜보다 보니, 그 고통을 참기 힘들었던 것은 고통이 아닌 고통에 대한 나의 반응이란 사실을 온 몸으로 이해하게 되었다.

크리스토퍼 에클리스턴Christopher Eccleston 교수는 이런 불교식 이해를 만성 통증에 적용했다. 의료 심리학자 크리스는 배스대학교에서 통증 연구센터를 이끌며 고유수용 감각이나 내수용 감각 같은 '무시된' 감각들의 심리학을 중점적으로 다룬다. 우리는 샐퍼드에서 은거가 끝난 몇 달 후에 전화로 대화를 나누었다. 차분하고 침착한 크리스의 목소리는 그 자체로 진통제나 다름없는, 귀로 듣는 이부프로펜이었다. 그의 말에 따르면, 극심한 통증의 심리적 기능은 '주변의 잠재적 해악에 대한 자각을 촉진하는 것'이었다. 따라서 그런 고통에 관심을 갖는 것은 적절하고 자연스러운 보호 반응이다. '해악의 신호에 주의를 기울이지 않는 태도는 화재 경보가 울리는 동안 건물 안에 가만히 앉아 있는 것'과 다를 바가 없었다.

문제는 그 고통이 직접적인 원인 없이 오래 지속될 때였다. 일반적으로, 우리가 고통이 반드시 해악은 아니라는 사실을 받아들이는 정도는 고통의 위치와 지속 기간에 달렸다. "사람들은 대개 두통이 있다고 해서 반드시 심각한 질병에 걸린 건 아니라는 사실을 충분히 이해합니다. 우리는 단지 인간이 불필요한 통증을 느끼는 이 이상한 성향을 발달시켜왔다고 생각할 뿐이지요."

그렇지만 이런 통찰을 허리 통증처럼 좀더 다루기 어려운 상태에 적용하는 것은 힘들기로 악명이 높다. "허리 통증이 있는 사람들은 대개 그들이 손상되지 않았다는 사실을 도무지 믿기 힘들어 합니다." 크리스가 말했다. 명상 수행의 탁월한 가치는 '고통은 곧 해악이라는 문화적 선입견을 강제로 깨준다는 데에' 있다. 고통은 본질적으로 자아 중심적이다. "고통은, '지금 당장 하던 일을 모두 멈추고 너 자신에게 집중해!'라고 말하는 경보음입니다." 극심한 통증이 있을 때 이 경보음은 도움이 된다. 예를 들어, 그릴 팬에 손목을 데었을 때 일어나는 일시적인 자기중심주의는 얼마든지 용납할 수 있다. 당신은 모든 일을 멈추고 달려가 차가운 물에 손목을 담가야 한다. 이와 대조적으로, 허리 통증이나 우울증 같은 만성 질환이나 내 엉덩이 통증처럼, 고통이 직접적인 해악을 끼치지 않는 경우에는 자기중심적인 요소를 줄이는 것이 도움이 된다. 이때 고통에서 '나'라는 요소를 제거하면 그 고통은 비개인적이고 독립적이며, 다른 모든 현상처럼 무상성이란 동일한 법칙에 종속되는 또 다른 하나의 현상으로 전환된다. 그것은 일어나며, 따라서 결국 사라질 수밖에 없다.

만일 고통이 일어난다면 모든 용기를 총동원해 그것을 정면으로 바라봐야 한다. 고통은 우리 내면에서 존재의 세 가지 특성을 환기시키는 위대한 스승이다. 영속되는 것은 아무것도 없고, 삶은 고해이며, 팔짱을 낀 채 진리의 문 앞에 버티고 서 있는 우리의 자아는 오직 방해만 될 뿐이란 사실이다.

이제 은거는 막바지에 다다라 있었다. 위빠사나 전통에서 명상가의 향상되는 집중력은 '선정禪定의 요소들'이란 관점으로 묘사한다. 팔리어 문헌에는 네 종류의 선정이 등장하는데, 이들 각각은 점점 더 깊어지는 명상적 의식 상태와 관련이 있다. 여기서 우리는 첫 번째만 다룰 것이다. 이 단계는 통찰과 지혜를 계발하기 위해 명상가가 구해야 할 다섯 가지 요소로 구성된다.(선정의 다섯 요소, 팔정도, 졸음에 대처하는 일곱 가지 해독제 등 불교도들은 할 일이 정말 많다.) 첫 두 요소인 위딱까vitakka와 위짜라vicara는 명상의 대상에 마음을 향하고 그곳에 마음을 머물게 하면서, 그 대상의 진정한 본성이 드러나도록 마음을 대상에 문지르는 과정을 뜻한다. 일단 이 요소들이 확립되면 마음은 위웨까viveka, 즉 '한적함'의 상태에 들어간다. 이때 한적함이란 욕망, 혐오, 혼침昏沈, 들뜸, 의심이란 다섯 가지 장애(숫자가 또 나왔다)로부터 물러섰다는 뜻이다. 이는 다시 세 번째 요소이자 내가 스톤헨지를 지나며 느낀 북받치던 기쁨 삐띠 piti(희열)와 네 번째 요소 수카sukha(행복)로 이어진다.

여기서 위험이 일어나는데, 이 위험은 다섯 번째 요소 사마디samadhi, 즉 집중 상태에 이르는 것을 가로막을 수 있다. 우 빤디따가 말하길, 진지하게 수행하면 수행자는 부도덕한 행위와 생각이라는 낄레사kilesas, 즉 번뇌를 극복할 수 있다. 하지만 일종의 영적 자만이자 종교적 비행이나 다름없는 '위빠사나 낄레사'라는 번뇌도 있다. 이 특별한 종류의 번뇌에는 종종 '명상하면서 이렇게 기분이 좋아진다면 나는 꽤 훌륭한 명상가임에 틀림없어'라는 식의 과도한 자존심이 동반된다.

나는 걷기 명상에서 의미 있는 진전을 경험하기 전에도 이 낄레사의 영향을 받았는데, 그렉에게 짜증을 내는 내 태도에 이미 깔려 있었다. 그렇지만 이제 이 낄레사는 감당하기 힘들 정도로 증폭되어 버렸다. 일단 내가 고통을 처리할 수 있게 되자 내 위딱까와 위짜라는 급속도로 강력해졌다. 다르마홀의 벽시계는 말하는 트위키 시계보다 15초 정도 빠르게 맞춰져 있었다. 그런데 나는, 특히 이른 아침의 명상 시간에 시계 분침이 작은 금속성의 용수철 소리와 함께 12시에 가닿으면, 화들짝 놀라 몸을 움찔거렸다. 너무 몰두한 나머지, 깊은 깨어있음의 상태가 아니라 마치 잠에서 깨기라도 한 듯 말이다. 산만한 생각은 여전히 일어났지만, 그 빈도는 훨씬 덜했다. 언어적인 것이 시각적인 것으로 전환되는 주목할 만한 변화가 일어나기도 했다. 내적인 독백은 고요하게 일어났다 사라졌고, 오히려 집중에 도움이 되는 선명한 환영이 연쇄적으로 일어났다. 무슨 이유인지 모르겠지만, 영화 '로빈과 마리안'에서 중년의 로빈후드 역을 맡은 숀 코너리가 주인공으로 등장했다. 마치 옆방에서 나는 소곤거리는 소리를 듣는 것처럼, 내가 다른 사람들의 정신적 잡담을 들을 수 있게 된 것은 아닌지 가끔 자문했다.

"좋네요." 다음 인터뷰에서 이 변화를 언급하자, 틴이 말했다. "집중력이 향상되고 있어요. 그래서 더 많은 소리를 들을 수 있게 된 거죠."

사야도의 무관심한 태도에서 어느 정도 암시받았지만, 새로 발견한 집중력이 내 자만심을 키웠을 가능성에 관해서는 면담에서 직접적으로 언급하지 않았다. 틴의 말은 매우 격려가 됐지만, 사야도는 그 말에 너무 고무되면 안 된다는 사실을 표정으로 상기시켰다. 마치 통역 과정에서 자신의 의도가 잘못 전달됐다고 말하는 듯한 표정이었다. 더 좋은 신호는 다른 은거자를 향한 내 태도에서 드러났다. 제이슨과 그렉은 이제 대놓고 반항했다. 제이슨은 종종 다르마홀 뒤쪽을 돌며 햇볕을 쬐거나, 비가 오면 현관 앞에 앉아 팔리어와 미얀마어 팸플릿이 담긴 상자를 뒤적거렸다. 그렉은 침묵하기를 완전히 포기한 상태였다. 그는 낮은 소리로 말하려고 시도조차 하지 않았다. 은거 이틀째에 불쌍한 닉을 탈락시킨 무관용 정책은 폐기된 듯했고, 이제 은거는 거의 끝나가고 있었다. 심지어 진지하게 명상에 임하던 코린조차 이런 홀가분한 분위기에 굴복했다. 그녀와 그렉은 정좌 명상의 시작과 끝 무렵에 코미디 배우 올리버 하디Oliver Hardy처럼 손가락으로 손 인사를 교환했다. 마지막을 이틀 앞둔 늦은 저녁, 정좌 명상이 끝날 무렵 그렉은 방석에서 일어나더니 내게 재미있다는 듯한 표정을 지었다.

"너 혹시 도로시 친구냐?" 그가 말했다.

답하지 않고 명상에 집중하는 것이 오히려 이상해 보일 정도로 기강이 무너진 상태인 만큼, 내가 되물었다. "도로시가 누군데?"

"흠, 그걸 모른다면 내가 물어본 의미가 없지." 그렉이 말했다.

"아, 그거!" 갑자기 그가 내게 혹시 게이냐고 묻는 질문이라는 것을 깨달았다. "아냐, 난 아니야."

8일하고도 반나절 동안의 침묵 끝에 그가 내게 가장 먼저 물어보고 싶었던 것이 정말 그 질문일까? 그렇더라도 내가 왜 신경을 써야 하지? 낄레사는 '마라의 10군단'으로도 알려져 있다. '마라'는 죽음이란 뜻의 산스크리트어에서 비롯한 말로, 덕德을 죽이는 모든 것을 인격화한 존재이다. 마라의 열 번째 부대는 바로 '자기만족'이었다. 기초 수준의 집중을 해냈다는 이유만으로 오만해진 태도, 너무 활동적이지만 본질적으로 사랑스러운 부적응자는 단 10초도 입을 다물지 못하므로 내가 사야도의 '이 주의 스타' 스티커를 받아 마땅하다는 생각 등도 여기에 포함되었다. 다음 날 아침 식사 시간에 침묵 조항이 해제됐을 때, 나는 그렉이 티베트 불교에 아주 조예가 깊다는 사실을 알았다. 그렉의 말에 따르면, 그가 짜증을 부리며 반항한 것은 상좌부 불교의 수행이 티베트식 명상에 비해 너무 재미가 없었기 때문이었다. 마라의 모든 부대 가운데 가장 위험한 것은 이 열 번째 부대였다. 붓다의 사촌 데바닷따는 자신의 집중력에 너무 자만한 나머지 붓다를 죽이려고 계획하기도 했다. 이제 용서하고 나 자신의 불완전성을 인식할 때였다. 그렇게 나는, 그렉의 실수를 알아차리면서도 그것을 보고 의기양양하지 않으려 애쓰면서 아주 서서히 온전성을 회복해가고 있었다. 이 무렵, 나는 홀에 있는 불상이 디스코 음악 같은 자비를 발산하는 것은 아니라는 사실을 처음으로 깨달았다. 불상은 그저 그곳에 가만히 앉아 내 현존을 알아차릴 뿐이었다.

애쓰지 않기 위해 애써라. 바에서 통찰명상협회를 떠나기 바로 전에, 스티브와 나는 점점 더 거세지는 눈보라를 내다보고 있었다.

"걱정 마세요." 그가 말했다. "곧 지나갈 거예요."

나는 차를 타고 플레전트 스트리트를 거쳐 122번 고속도로로 되돌아가고 있었다. 새하얀 서리로 테를 두른 벌거벗은 나뭇가지들이 머리 위에서 서로 만나며, 저 먼 곳까지 이어지는 하얗고 멋진 아치 회랑을 만들었다. 몇 킬로미터를 달린 후, 플레전트 스트리트는 주요 도로와의 교차로를 향해 서서히 내려앉기 시작했다. 나는 브레이크를 밟았지만, 별다른 변화가 없어서 약간 더 세게 밟았다. 쉐보레 자동차의 뒷바퀴가 내 뒤에서 부드럽게 미끄러지기 시작했다. 내 왼쪽 앞 122번 고속도로에서는 들창코 모양의 운전석에 바퀴가 18개 달린 검붉은 트럭 한 대가 달려왔다. 뛰어오르는 셰퍼드 그림과 '빅터, 애완견 영양식의 명가'라는 문구로 장식한 트레일러를 매단 채였다.

내 차가 그 트럭이 달리는 차도로 들어서는 동안, 쉐보레의 검은색 플라스틱 계기판 입자와 그 위를 덮은 송아지 가죽의 망상형 주름을 완전히 육감적으로 명료하게 지각했고, 부드럽게 미끄러지는 느낌 속에서 죽음의 현실성을 완벽에 가까운 주의력으로 감지했다. 이것은 내가 몇 달 후 샐퍼드에서 돌아오는 기차 안에서 느낀 기묘한 상쾌함이나 자유의 느낌과 사실상 같은 종류였다. 후자의 경우, 나는 그 느낌을 경험한 지점을 정확히 기억할 수 있다. 콩글턴 외곽으로 1.5킬로미터쯤 나간 곳이었다. 콩글턴에 한 번도 가본 적 없는 내가 이것을 기억하는 것은, 그 느낌이 너무 강렬해서 그 지점을 기록해두기 위해 폰으로 구글맵을 열어봤기 때문이다. 내 위치를 나타내는 파란 점은 철도 궤도를 표시한 검은 선 바로 아래에서 움직이고 있었다. 창가 자리에서 나는 경사진 녹지의 주름들에서 구부러진 회색빛 강물이 모습을 드러내는 광경을 지켜보았다. 차창은 내리는 비 때문에 물방울로 뒤덮여 있었다. 그런데 그때 행복의 물결이 다시 밀려들었다. 스톤헨지에서 느낀 것과 비슷했지만, 그 느낌은 더 강력하고 더 오래 지속되었다. 마치 내가 사야도와 함께 앉아 있는 동안 경험한 느낌들이 더 강력한 반응을 위한 서곡에 불과했던 것처럼. 황홀한 만큼이나 두렵기도 한 그 통제력 상실의 느낌은, 내가 화물 트럭 쪽으로 미끄러져 들어가는 동안 느꼈지만 경적 소리에 그만 잃어버린, 그 무시간적 자각의 느낌과 완전히 똑같았다.

여섯

예술가의 은거와
수도사의 은거

야도Yaddo는 사별의 경험에서 탄생했다. 이 예술가 공동체를 설립한 스
펜서와 카트리나 트라스크의 둘째 크리스티나는, 오빠 앨런슨이 뇌수막
염에 걸린 네 살 무렵에 이 공동체 이름을 생각해 냈다. "엄마, 그거 야
도라고 부르자. 시 같잖아. 야도, 쉐도, 쉐도. 야도…" 그 후 8년간 크리
스티나와 두 동생들 역시 죽음을 맞았다. 크리스티나와 스펜서 주니어
는 디프테리아로 숨을 거두었고, 막내 카트리나는 1889년 태어난 지
단 2주 만에 세상을 떠나고 말았다.

차를 타고 바에서 뉴욕주 북부로 이동하는 3시간 동안에도 태풍은 가
라앉을 기색이 없었다. 새러토가 스프링스의 주요 도로에서 벗어날 무
렵, 야도 지구의 대부분을 이루는 수목이 우거진 언덕은 눈이 무릎까지
뒤덮여 있었다. 저택으로 이어지는 가파른 언덕길은 제설 작업이 되어
있었지만, 그 폭은 루지luge*트랙만큼이나 좁아 보였다. 바에서 트럭을

---

* 혼자서 타는 경주용 썰매 – 옮긴이

가까스로 피한 후, 캄 앱과 쉐보레의 스피커로 '시규어 로스 소리 목욕 체험(Sigur Ros Sound Bath Experience)'을 두 번쯤 들어 둔 덕에, I-91도로에 다다랐을 무렵 내 심장 박동은 안정 시 심박수에 가까웠다. 저택으로 가는 길 양쪽으로 트라스크가 아이들 중 한 명의 이름을 딴 호수가 보였다. 나는 쉐보레의 속도계가 감지할 수 없을 정도로 느리게 마하시다운 방식으로 마음챙김을 하면서 운전했기 때문에, 내 차가 앨런 호수에 막 도착했는지 아니면 그곳을 떠나고 있는지 분간조차 힘들 정도였다.

저택은 거대한 상록수들에 가려진 언덕 꼭대기 부근에 자리 잡고 있었다. 스펜서 트라스크는 월가에서 철도 확장 사업에 투자해 부자가 된 인물이었다. 트라스크 집안이 사업적으로 성공한 결과물인 새러토가 스프링스 호화 온천타운 근처의 500평 부지를 예술가들의 은거지로 전환한 것은, 얼마간은 사별에 따른 공허감 때문이었다. 크리스티나와 형제자매들이 세상을 떠난 지금, 예술가들은 그 부부의 아이들이나 다름없었다. 이곳이 미국 문화의 심장부로 자리매김한 지 거의 한 세기가 지난 오늘날까지도 야도는 예술가들을 위한 세속적 수도원이나 은거지 정도로 인식된다. 현재까지 야도는 77명의 퓰리처상 수상자, 31명의 맥아더 펠로십 수혜자, 69명의 전미 도서상 수상자, 1명의 노벨상 수상자(솔 벨로Saul Bellow)를 배출했다. 예술가들은 단편적인 아이디어를 품고 이곳으로 잠적했다가 6주나 8주 후에 완성된 각본이나 악보를 손에 든 채 다시 나타나곤 했다.

날씨 탓도 있겠지만, 칙칙한 회색 돌과 중세 분위기의 창문으로 지어진 그 저택은, 흐릿한 조명 아래 수도원보다는 왕릉에 더 가까운 풍모를 드러냈다. 마리오 푸조Mario Puzo는 1950년대와 60년대에 야도에 세 차례 머물렀다. 그래서인지 나는 안내소로 걸어가는 동안 영화 '대부(Godfather)' 1편에서 어두운 하늘 아래 처형의 전조가 되는 낮은 피아노 선율과 함께 모습을 드러내는 꼬를레오네의 본거지를 떠올렸다. 내가 이곳에 발을 들인 것은 샐퍼드의 위빠사나 명상센터에서 명상 수행에 진전이 있기 몇 달 전이었다. 나는 샐퍼드에 가기 전에 야도 같은 세속적 은거지가 그보다 오래된 종교 전통의 영향을 어떤 식으로 받아들였는지 알고 싶었다. 가톨릭 수사의 묵상 수행과 예술가가 은거지에서 경험하는 깊은 집중 상태는 어떤 실질적인 공통점이 있지 않을까? 작가들에게는 정말로 수도사 같은 기질이 있을까? 스코틀랜드 태생의 야도 원장 엘레이나 리처드슨은 분명 그렇게 느끼는 것 같았다. 그녀는 자신의 역할이 수도원장이나 원장 수녀와 비슷하다고 생각했다.

"원래 제 취향은 꽤나 현대적이었어요." 그녀가 말했다. 엘레이나의 말투에는 영국 서남부의 글래스고 억양이 반쯤 섞여 있었다. 그녀는 〈엘르〉 잡지의 편집장으로 4년을 근무한 후 2000년에 야도의 원장직을 받아들였다. "이곳에서 보내는 조용한 시간에 관해 말하자면, 저는 오랫동안 저널리스트로 일했기 때문에, 자판을 두드리는 40여 명의 사람들이 있는 공간 안에서만 집중이 되는 줄 알았어요. 그래서 야도의 간소함을 이해하는 데 시간이 좀 걸렸지요."

"그 간소함의 정체가 뭐라고 생각하시나요?"

"그건 다시 수도원 생활로까지 거슬러 올라가요. 교단의 규칙은 그런 간소함을 형성하는 데 지대한 영향을 미치죠. 제가 보기엔 고독의 필요성과 공동체의 필요성을 결합한 것이 야도식 간소함의 비결 같아요."

스펜서 트라스크는 철도 투자자치고는 아이러니하게도, 1909년 기차를 타고 뉴욕으로 가던 중 열차가 충돌해 뇌졸중으로 숨을 거두었다. 카트리나는 1922년까지 살아남았다. 그로부터 4년 후, 첫 번째 예술가가 야도에 자리를 잡았다. 트라스크가 야도를 설립한 것은 죽은 아이들을 기념하기 위한 이유도 있었지만, 순수한 자선가적 열정 때문이기도 했다. 앤드류 카네기Andrew Carnegie나 존 록펠러John D. Rockefeller 같은 자수성가형 거물들의 자선 행위가 연방정부의 미흡한 복지 제도를 보완하던, 급속도로 산업화하는 미국에서 이런 자선가적 열망은 그리 드물지 않았다. 카트리나는 '삶의 비참한 불평등'을 보면서 느낀 어리둥절함과 새로운 사회질서를 향한 희망을 글로 남기기도 했다.

이와 동시에 상위 문화와 하위 문화 사이의 구분은 더 엄격해지고 있었다. 19세기 중반만 해도 미국에서는 셰익스피어를 대중적인 여흥거리로 간주했다. 하지만 20세기로 넘어갈 무렵에는, 감상할 만한 교양을 갖추었다고 자부하는 부유한 관객들이 그의 희곡을 독점하다시피 했다. 결과적으로 야도나 그 라이벌인 뉴햄프셔의 맥도웰MacDowell 같은 곳에서는 수요와 공급의 법칙으로부터 보호받을 필요가 있는 엘리트 문화라는 개념이 등장했다. 그리고, 이 문화는 바로 그 시장의 법칙으로 부를 획득한 자선가들의 후원으로만 명맥을 유지했다. 중세 귀족들이 중보기도의 대가로 수도원에 땅과 돈을 기부했듯, 트라스크가 사람들에게 야도는 가문을 부유하게 한 비속함으로부터의 안식처이자, 그런 상스러움을 속죄하는 수단이었다.

그 후로 야도의 거주자들은, 까말돌리회 같은 좀더 은자다운 가톨릭 교단들처럼 고독과 공동체 생활이 주기적으로 교차하는 생활을 준수했다. 숲속에 있는 개인용 오두막과 단체로 하는 식사. 오전 9시에서 오후 4시까지 이어지고, 다시 오후 10시 이후에 계속되는 고요한 시간들. 이것은 공동체를 유지하기에 충분한 구조를 갖춘, 세속적인 형태의 명상적 삶이었다.

물론 문학과 서양식 수도원 제도는 서로 밀접하게 연관되어 있다. 초대 교회의 위대한 박사 성 예로니모는 성화에서 종종 사자와 함께 있는 수척한 은자로 묘사된다. 사막에서 보낸 그의 은거 생활은 명백하게 실패했다는 점을 감안하면 아이러니하지 않을 수 없다. 예로니모는 죽을 때까지 베들레헴 근처에서 학자로 살았고, 성경 문헌을 번역하는 일이 사막에서 은자로 사는 것만큼이나 힘든 고행이라고 주장했다.(《욥기》 서문에 가장 분명히 드러냄.) 그는 책 작업을 어엿한 금욕 생활로 간주하도록 학문적 후계자들을 이끌기도 했다. 훗날 수도원을 통해 고전적 지식을 전수할 수 있었던 데에는 예로니모의 공이 크다.

성당 학교와 대학이 설립되기 전에는 수도원이 문헌 생산에 대한 실질적인 독점권을 가졌다. 9세기경, 서로마 제국의 황제 샤를마뉴

Charlemagne의 후원 아래 서로마 전역의 수도사들은 중세 초기 암흑기의 문화 훼손 풍토에서 살아남은 고전 문헌들을 보존하기 위한 광범위하고 체계적인 프로젝트에 참여했다. 그들은 수도원 필사실에서 고대 그리스와 로마의 문헌들을 더 견고한 양피지에 손으로 옮겨 적었다. 이 작업이 없었다면 르네상스 시기의 고전주의자들은 관련 자료가 부족해 골머리를 썩어야 했을 것이다. 문학사가 스티븐 그린블랫Stephen Greenblatt이 보여주었듯이, 15세기경 독일 풀다 지역의 베네딕도 수도원에서 발견된 루크레티우스의 《사물의 본성에 관하여(De rerum natura)》 필사본은 훗날 르네상스 예술가와 사상가에게 헤아릴 수 없는 영향을 미친다.

이 문헌이 수도사들 덕분에 살아남을 수 있었다는 점을 감안하면 지극히도 아이러니한 일이다. 이 서사시의 급진적인 아이디어 중에는, 우주가 무한한 허공 속에 든 기초적 입자로만 구성되어 있고, 신은 인간의 활동에 무관심하며, 사후의 삶 같은 것은 존재하지 않는다는 개념도 포함되어 있었기 때문이다.

결과적으로 수도원은 조직화된 종교의 기반 자체에 손상을 입힐 인간의 사고 혁명에 기여한 셈이 되었다. 12세기경, 시토회를 융성하게 한 수도원장 클레르보의 베르나르도는 강도 높은 묵상 수행뿐 아니라 침묵 속에서 말을 쏟아냈다는 점에서 그와 상극인 듯한 왕성한 집필 활동으로도 명성이 높았다. 《하느님을 사랑함(De diligendo Dei)》과 《아가 강론집(Sermons on the Song of Songs)》 같은 신비주의적 저작을 통해, 베르나르도는 성직자 혐오 성향을 띤 에밀 졸라의 소설들에서 정점을 이루는 프랑스 모럴리스트 전통의 설립자 중 한 명으로 자리 잡았다.

수도원이 문헌 생산 및 보존에 핵심 역할을 담당했다는 사실에는 의심의 여지가 없다. 문학적인 문화가 고요한 사색과 세속적 관심사에서 물러서게 만드는 환경 속에서 번영한 데에는 다 그럴 만한 이유가 있을 것이다. 사실 글쓰기는 고독한 활동인 경우가 많다.(물론 항상 그렇지는 않다. 카프카 같은 고립된 작가들의 무리에, 모차르트나 슈베르트 혹은 사라 메이틀랜드가 좋아한 시에나의 카테리나처럼 언제 어디서나 집중할 수 있었던 칼 마르크스나 D.H.로렌스 같은 작가를 대립시킬 수 있다.) 이 책을 위해 조사 작업을 하면서 내가 경험한 모든 은거 활동 가운데 가장 길고 강도 높은 것은, 아마 지금 내가 하고 있는, 집에 앉아서 문을 걸어 닫은 채 6개월 내내 몰입 중인 이 집필 활동일 것이다. 이 작업은 바이러스가 창궐하기 이전에도 내 사회적 삶을 극적으로 축소시켜버렸다. 어쩌면 글쓰기 자체가 거리두기의 수단이자, 현실을 단어로 에워쌈으로써 현실과 거리를 벌리고자 하는 시도인지도 모른다. 신성을 묘사하려는 시도가 얼마나 헛된지 인정함으로써 신성을 향해 손짓하는 부정신학적 기도와는 사실상 정반대인 셈이다.

문학 창작은 수도원에서와 같은 고립이 필요할 뿐만 아니라, 고립을 추구하는 것을 정당화하는 근거도 된다고 주장할 수 있겠다. 방 안에서 혼자 글을 쓰는 행위는 자연히 은거자가 된 사람이 한가해진 두 손을 활용하는 꽤나 적응적인 방식인지도 모른다. 에밀리 디킨슨과 토머스 핀천Thomas Pynchon, 에드거 앨런 포의 재능은 그 재능을 겉으로 드러내지 않기로 한 그들의 결심과 분리시킬 수 없었다. 《잃어버린 시간을 찾아서(In Search of Lost Time)》를 집필하던 3년간 마르셀 프루스트는, 천식 때문에 창문을 굳게 잠근 상태로 낮에는 귀마개를 한 채 침실에서 자고, 밤에는 음울한 작업실에서 밤새 글을 쓰면서, 오스만 대로에 있는 자신의 아파트를 거의 벗어나지 않았다고 한다. "그는 바깥에서는, 혹은 낮 시간에는 더 이상 살지 않기로 결심한 사람처럼 보였습니다." 시인이자 그의 친구인 레옹 폴 파르그Leon-Paul Fargue가 말했다. "자신만의 상수리나무에서 오랫동안 모습을 드러내지 않는 은둔자였지요." 스코틀랜드의 시인 윌리엄 시드니 그레이엄W.S. Graham은 2차 세계대전 이후 잠시 문학적 명성을 누린 뒤, 잉글랜드 남서쪽 끝자락의 펜위드로 물러나 무명의 삶 속으로 깊이깊이 가라앉았다. 1960년 무렵 런던 지역 출판 담당자는 그가 죽었으리라고 추정할 정도였다. '점잖게 울려 퍼지는 / 부두의 야간 종소리.' 사라 메이틀랜드나 솔렘 수도원의 성가처럼, 그레이엄의 시가 결코 놓치지 않는 이 침묵은 그의 고립에 대한 이유이자 반응이기도 했다.

사실 수도사와 작가라는 직업은 종종 서로 융합된다. 발자크Balzac의 직업윤리는 너무 금욕적이어서 헨리 제임스Henry James는 그를 '현실적인 베네딕도 수사'라고 불렀다. 주류 사회에서 분리된 예술가라는 개념은 본질적으로 19세기 말 대중문화의 출현에 대한 일종의 반작용이다. 이 개념에는 교양 없는 다수와 자신들을 분리시키고자 하는 예술가들의 소망이 반영되어 있다. 마치 대중화되는 기독교에 대한 반발로 자기희생의 수위를 대폭 끌어올린 초기 금욕주의자들처럼 말이다. 문학평론가 존 캐리John Carey도 같은 주장을 했는데, 이 개념은 20세기 문화에 기나긴 그림자를 드리웠다. 작가 올더스 헉슬리는 훗날 에솔렌 설립자들에게 지대한 영향을 미쳤다. 그는 1931년 출간한 에세이 《지독히도 낮은 이마들(Foreheads Villainous Low)》에서 '대다수의 남성과 여성에게는 아무런 문화도 없다. 영적인 만족도, 사회적인 보상도, 그 어느 것도 없다'라는 사실을 근거로 보편적 교육에 반대하는 주장을 폈다. 그에게 문화는 선택된 자들만의 것이었기에, 진정한 문화 생산자가 되려면 예술가는 세상에서 물러나 스스로를 수도사처럼 고립시켜야 했다.

이 개념은 악착같이 돈만 긁어모으는 속물 대열에서 스스로를 열외시키고 싶어 한 스펜서 트라스크 같은 자선가들의 충동에도 어느 정도 내재해 있다. 자선가와 예술가는 양쪽 모두에게 이익이 되도록 예술가적 자아의 비위를 맞추는 일에 공모하기도 한다. 야도가 미국 문화에 가장 큰 영향력을 행사한 시기가, 경쟁심 많고 상 타기 좋아하는 극도로 남성적인 술꾼 예술가들의 시대와 일치한다는 사실은 주목할 만하다.

예술가들의 은거가 인기를 끄는 최근의 추세를, 예술적 자기중심주의가 횡행하던 황금시대로 회귀하고자 하는 충동의 승화로 해석해보는 것도 상당히 의미 있을 것이다. 실제로, 수도원에 입회하는 사람은 날이 갈수록 줄어들지만, 예술가들의 은거지에는 사람이 너무 몰려 감당할 수 없을 정도다. 1965년에서 2018년 사이, 미국 내 가톨릭 교회의 수는 11,326개에서 3,897개로 65퍼센트 이상 감소했다. 이에 비해 미국 내에서 확인된 예술가 공동체의 수는 1990년 60여 개에서 2012년 500여 개로 730퍼센트 이상 증가했다. 혹시 은거하고자 하는 예술가들의 충동은 요즘 예술이 참여 지향적이며, 독자와 작가의 경계도 사라지면서 (일부 출판 플랫폼은 문턱이 낮거나 아예 없다) 예술가적 특권이 줄어드는 것에 대한 은밀한 반감에서 비롯하지 않았을까? 그들이 야도나 맥도웰, 데번에 있는 아르본 파운데이션Arvon Foundation 같은 곳을 찾는 것은, 현실 세계에는 더 이상 적용되지 않는 특권적 분리감을 되찾기 위해서가 아닐까? 그토록 많은 예술가 공동체가 저택이나 성에 자리 잡은 것은 어쩌면 스스로를 귀족으로 간주하는 예술가들의 환상에 봉사하기 위해서인지도 모른다. 야도는 여기에 딱 들어맞는 사례이다.

그런데 예술가는 수도사와 완전히 정반대이기도 하다. 프로이트는 예술가를 '현실에서 포기해야 한다는 사실을 받아들일 수 없어 현실로부터 등을 돌리고, 환상의 삶에서 성적이고 야심찬 소망을 마음껏 풀어놓는 사람'으로 정의했다. 말하자면, 예술가는 성인으로서의 책임감에 억눌리기 쉬운 아이 같은 호기심을 포기하길 거부하는, 다 큰 어린아이라는 것이다. 여기서 자신의 고독을 포기로 규정하길 거부한 사라 메이틀랜드를 떠올릴 수도 있다. 예술가와 은자 사이의 공통점은, 세상과의 타협에서 비롯하는 중산층적 삶의 방식을 거부한다는 데에 있었다. 앤서니 스토Anthony Storr•에 따르면, 예술가의 대표적인 표식은 '고립 속에서

• 영국 최고의 지성으로 불리는, 세계적인 정신분석의 – 편집자

인간적 성장을 지속하는' 능력이며, 나머지 사람들은 '주로 다른 사람과의 상호작용을 통해서만' 심리적으로 성숙할 수 있다고 한다. 우리에게 동료가 필요하듯, 예술가는 은거가 필요하다는 것이다. 그들과 종교적 은자들 사이의 차이점은 은거의 목적에 있다. 사라는 내게 '글쓰기는 자아의 훌륭한 활동이야. 그리고 기도는 자아에서 벗어나는 행위이지'라고 말했다. 예술가가 된다는 것은 자기 충족의 권리를 주장하고, 마라의 열 번째 부대인 자존심이라는 낄레사를 끌어안는다는 의미였다. 사라가 《침묵의 책》에서 주장하듯, 낭만주의 시인들이 고독을 추구한 것은 사막의 은자들처럼 스스로를 비우기 위해서가 아니라 '그들 자신만의 고유한 목소리'를 발견하기 위해서였다. '자아'라는 수도원을 건립하는 일인 것이다. 이처럼 예술가의 은거는 종교적 은자의 은거와 비슷해 보이지만, 그 목적은 서로 완전히 달랐다.

혹은 정말로 그럴까? 야도 같은 최상급 은거지에서 머무는 일이 자아 이미지를 높이는 데에 도움이 된다는 점은 의심의 여지가 없다. 이곳에 지원하는 소설가 중에 허락되는 사람은 단지 5~7퍼센트 정도이지만, '야도 동문'이라는 경력은 이력서에 싣기에도 아주 좋다. 이곳 예술가들의 공동체 의식은 경쟁심으로 종종 오염된다. 엘레이나 리처드슨이 처음 원장 직을 맡았을 때, 핸드폰 사용은 여전히 금기였다. "예전엔 여기에 공중전화가 두 대 있었죠." 식당 근처에서 그녀가 말했다. "마치 LA에 있는 기분이었어요. 저녁 시간마다 사람들은 이 전화기 앞으로 모이라는 알림을 받았는데, 그들이 얼마나 중요한지 말해주는 신호였죠."

그럼에도 내가 만난 몇몇 거주자는 반대로 자기를 지우고자 하는 충동을 품었을 뿐 아니라, 야도 같은 예술가 공동체가 그렇게 자아 망각을 촉진하는 역할을 해야 한다는 신념마저 갖고 있었다. "자아를 지우는 게 가장 중요해요." 브루클린 출신의 희곡 작가 도미닉 피노키아로Dominic Finocchiaro가 말했다. "자아를 한편으로 제쳐두면 둘수록 작업 과정이 진행되도록 내버려두기도 수월해지지요." 내가 도미닉을 만난 것은, 뉴햄프셔주의 고풍스러운 작은 마을 피트버러 외곽 1킬로미터 지점에 있는 맥도웰에서였다.

미국의 유명 작곡가 에드워드 맥도웰Edward MacDowell은 1904년 44세의 나이에 브로드웨이에서 마차에 치었고(스펜서 트라스크의 죽음을 암시하는 기이한 전조), 결국 완전히 회복하지 못했다. 맥도웰의 때 이른 쇠락은, 아내 마리안이 그들이 여름 별장으로 활용하던 농장을 예술가들의 공동체로 탈바꿈시키는 계기가 되었다. 에드워드는 첫 번째 거주자를 들인 1년 뒤 1908년에 숨을 거두었다. 마리안 맥도웰은 1946년 89세로 은퇴할 때까지 온갖 영역의 예술가가 모여드는 이 현대 예술의 성소를 관리하면서 규모를 계속 확장했다. 이곳에서 소설가 제임스 볼드윈은 《조반니의 방(Giovanni's Room)》을 써냈고, 작곡가 겸 지휘자 레너드 번스타인Leonard Bernstein은 '미사곡(Mass)'을 작곡했으며, 화가 밀턴 에브리Milton Avery는 고요하고 조화로운 반추상화들을 그려냈다.

예술가들은 55만여 평에 이르는 숲과 녹지에 지어진 32채의 독립 작업실에서 각자의 작업을 했다. 아침과 저녁 식사는 헛간을 개조한 거대한 흰색 건물 네빈스 홀에서 함께 했다. 점심은 나무로 엮은 바구니에 담아 배달했는데, 블레이크라는 사근사근한 동료 노인은 식사를 현관 앞에 조심스럽게 놓아두곤 사라졌다. 이 전통은 공동체 설립 이전, 마리안이 남편의 작업을 방해하지 않도록 통나무 오두막으로 식사를 가져다주던 시절로까지 거슬러 올라간다. 야도와 마찬가지로, 이곳에서도 자유는 구조적으로 뒷받침되었다. 점잖은 뉴잉글랜드의 미망인이었던 마리안 맥도웰은 청교도에 가까운 엄격함으로 유명했는데, 그녀는 종종 예술가들이 피트버러 주민들의 눈에 거슬리게 행동하지는 않는지 확인하고자 장작을 가져다 준다는 핑계로 작업실에 나타나곤 했다.

지금의 운영 방식도 비교적 자유분방했지만, 집중을 유지하는 데에 방해가 되는 모든 장애물을 신중히 제거한 맥도웰은 여전히 엄숙한 분위기를 풍겼다. 이곳의 신성한 규칙 중 하나는 '그 누구도 허락 없이 다른 예술가의 작업실을 방문할 수 없다'는 것이다. "일을 하고 싶다면 맥도웰로 오세요." 소설가 겸 희곡 작가 키아가 저녁 식사 후 내게 말했다. "하지만 성관계를 하고 싶다면 야도로 가셔야 합니다." 너무나도 익살맞은 키아의 이 말이 한두 시간 이어지는 식후 잡담의 서곡이 되리라고 나는 예상했다. 하지만 모두 자신의 작업실로 돌아가 버렸고, 나는 술을 마시던 또 한 명의 영국인 줄리안 메이너드 스미스와 단둘이 남았다.

이제 남은 것은 강렬한 침묵뿐이었고, 눈 덕분에 침묵은 더욱 강력해졌다. 그 숲은 광대한 녹음 부스와도 같아서, 발자국 소리와 녹아내리는 눈의 물방울 소리가 메아리나 반향 없이 기분 좋게 귀를 간지럽혔다. "맥도웰에 올 때, 저는 항상 겨울에 지원합니다." 뉴욕에서 활동하는 리투아니아 출신 작곡가 지버클 마티네티트가 말했다. 하늘색 점퍼에 남청색 뿔테 안경을 쓴 지버클은 그녀의 복장에 어울리는 맑고 쾌활한 목소리로 말을 건넸다. "침묵 때문이죠. 저는 그 침묵을 포착하고 싶어요. 이해하시겠어요?"

도미닉처럼 지버클에게도 자아는 극복해야 할 대상이었다. 과도한 자기만족을 바로잡아주는 또 다른 장치는 작업실 벽난로 위에 세워둔 '툼스톤(묘비)'이라는 나무보드였다. 거주자들은 거기에 떠나는 날을 기록한 후 서명했다. 나무보드의 이름은 더없이 적절했는데, 20세기 초반까지 거슬러 올라가는 그 많은 사람 중에 세상에 알려진 이가 거의 없었기 때문이다. 볼드윈이나 번스타인이란 이름을 가진 예술가는 수십 명이지만, 안타깝게도 그들 중 대다수는 오래전에 잊힌 인물들이었다.

그렇지만 가장 강력한 교정 장치는 방해받지 않고 일할 수 있는 환경과 침묵 자체였다. "일상에서 우리는 삶을 너무 복잡하게 만드는 경향이 있어요." 지버클이 말했다.

"그러니까 결국 삶을 간소화하는 것이 이곳의 목적이란 말인가요?"

"바로 그거죠. 이곳에선 너무 집중이 잘 돼서 정말로 저 자신을 잊어버리곤 해요. 더 이상 그림 속에 '나'가 없는 거죠. 그건 마치 명상과도 같아요. 저 자신에게 초점을 맞추는 대신 다른 무언가에 초점을 맞추는 과정이니까요." 지버클이 말했다.

솔 벨로Saul Bellow*는 1952~1957년에 야도에서 네 차례나 머물렀다. 자신의 편집자 팻 코비시에게 보낸 편지에 썼듯, 그는 1956년 야도에 머물 때 《비의 왕 헨더슨(Henderson the Rain King)》을 '더 많이 잘' 써내려 갔다. 소설을 집필하는 동안 벨로는 가공할 만한 집중력을 발휘했다. 그는 어느 인터뷰에서 "저는 그 책을 일종의 광란 상태에서 써내려 갔습니다."라고 말하기도 했다.

재커리 리더Zachary Leader**의 전기에 묘사된 벨로의 모습은 야도에 어울리는 과격한 자기중심주의자의 이미지와 잘 맞아떨어진다. 벨로는 권투 선수 소니 리스튼Sonny Liston처럼 수건을 목에 걸친 채 하루를 시작했고, 점심시간에는 땀에 흠뻑 젖은 상태로 식당에 나타났다. 그에게 집중은 온전히 신체적인 활동이었지만, 벨로가 모차르트를 예로 들며 말했듯 집중의 결실은 노력으로 얻어지지는 않았다.

그는 이렇게 썼다. "긴장을 풀지 않으면 아무것도 안 된다. 이것이 예술의 법칙이다. 노력 없는 집중이야말로 창작의 본질이라 할 만하다."

한마디로 애쓰지 않기 위해 애쓰라는 말이다. 중요한 것은, 기독교 묵상가가 침묵과 기도로 성령을 받아들일 수 있도록 스스로를 준비시키듯, 영감을 향해 스스로를 열어젖힌 뒤 그것이 오도록 내버려두는 것이

• 노벨상 수상 미국 작가, 현대사회에서의 개인의 모습과 인간 소외에 관한 소설을 주로 씀 – 편집자
•• 영국 왕립문학협회 회원이자 영문학자, 전기 작가로 이름을 떨침 – 편집자

다. "많은 신비가가 이해한 것처럼, 의지와 욕망이 입을 다물 때 일은 놀이가 된다."

이것은 지버클의 묘사와도 일치한다. 행위자와 행위, 작곡가와 작곡 행위 사이의 분리가 사라진 의지의 침묵 상태. 이때 예술가는 작품 자체가 된다. 심리학자들은 이것을, 고차원적인 스포츠에서 빵 굽기까지 모든 활동에 동반될 수 있는 완벽한 집중의 기분 좋은 상태인 '몰입 상태'라고 부른다. 이 상태에서는 행위와 그 행위에 대한 자각이 하나로 합일된다. 자아 감각은 줄어들거나 사라지고, 그림 속에는 더 이상 '나'가 없다. 시간관념이 사라져 몰입한 활동 속에서 보낸 오후 시간은 단 몇 분만에 지나가 버린 것처럼 느껴진다. 이런 경험을 빈야사 요가나 기공, 태극권과 같은 '움직임 명상(moving meditation)'의 하나로 보기도 한다. 창조적 몰입의 경우, 특히 창작 활동에 언어가 활용되는 경우, 생각을 알아차리고 놓아 보내는 대신 적극적으로 사고 활동을 촉진하기 위해 주의를 집중한다는 점에서 위빠사나 명상 등과 전적으로 구분된다. 하지만 근본 원칙은 같다. 온 몸과 마음을 단일한 하나의 활동에만 참여시키는 것이다. 결과적으로 마음의 방황은 사색적인 성격을 띤 자의식과 함께 줄어든다. 신경학 관점에서 보면, 디폴트 모드 네트워크 영역의 활동이 일시적으로 감소한다. 신경계에서는 노로아드레날린과 아난다미드, 도파민, 엔돌핀, 세로토닌 등을 분비하면서 집중력과 수평적 사고* 능

• 창의력을 발휘하여 기발한 해결책을 찾아내는 사고방식을 말함 - 옮긴이

력을 향상하고, 무엇보다 뇌의 보상 체계를 활성화한다.

지버클은 열다섯 살에 처음 작곡을 경험한 순간부터 몰입 상태로 빠져들었다고 믿었다. "저도 그게 뭔지는 몰랐어요." 그녀가 말했다. "하지만 너무 멋진 경험이라 계속 반복하고 싶었죠."

"그 경험을 못 할 때는 어땠나요?"

지버클은 웃음을 터뜨렸다. "약물 중독자랑 비슷해요. 그들은 약을 먹지 않으면 비참한 기분을 느끼잖아요. 저도 일하지 않으면 정말, 정말로 끔찍했어요. 부모님은 제가 아주 어릴 때부터 그 사실을 알았어요. 부모님은 '네가 일주일간 일을 못 한다면, 우리도 널 감당 못 하게 될 게다.'라고 말하곤 했죠."

이곳의 구성원으로 인정받는 것도 물론 멋지지만, 예술가들이 느낀 진정한 보상은 깨어 있는 집중 상태에서 비롯했다. 수사들과 마찬가지로, 탁자 위에 음식이 있는 한 익명성은 결점이 되지 않았다. 진정한 기쁨은 고립에 있었고, 고립의 기쁨은 다른 중독적인 활동만큼이나 강력하게 예술가들을 친구와 가족, 사회적 접촉과 멀어지게 했다.

주세페 파그노니에게 몰입 상태는 다른 명상적 상태와 마찬가지로 역설적이었다. "그건 이완 상태지만, 일종의 활동적인 이완 상태입니다. 애쓰지 않는 상태인 동시에, 완전히 참여하는 상태이기도 하지요." 여기서 '참여'는 키보드로 타이핑하거나 손으로 글을 쓰는 것에 불과할지라도 결국 신체적인 요소에 의존한다.

"감각 지각에 대한 인식은 밀도가 매우 높고 현재에 밀착해 있으면서도, 개념적 사고가 대체로 빠져 있습니다." 주세페가 말했다. "글쓰기에 완전히 몰입되어 있을 때도 여전히 일종의 행위에 몰두한 거지요." 단순히 창문 밖을 응시하고 있을 때는 몰입 상태로 빠져들기 어렵다. 몰두는 신체적 측면을 자양분으로 삼는다. "어떤 식으로든 몸과 연결되어야 합니다. 인식과 행위 사이의 능동적인 순환이 매우 생생해야 하지요."

트라피스트 수사들은 일을 한다는 점에서 다른 가톨릭 수사들과 구분된다. 트라피스트회는 베네딕도 교단의 분파인 시토회의 한 지부이다. 트라피스트회는 공식적으로 '엄률 시토회(the Order of Cistercians of the Strict Observance)'로 알려졌다. 시토회의 설립 원칙이 엄격한 규율 준수인 만큼, 트라피스트회를 엄격한 수도회 중에서도 가장 엄격한 수도회로 간주해도 좋겠다. 시토 교단은, 몰렘의 로베르Robert of Molesme를 따르는 20여 명의 수사들이 버건디에 있는 베네딕도회 소속 기관인 몰렘 수도원을 탈퇴한 1098년에 설립되었다. 그들은 세속을 대하는 베네딕도회의 방식이 성 베네딕도 수도 규칙서의 정신을 훼손한다고 느꼈다.

수사들의 새 안식처는 시토Citeaux(라틴어로 '치스터치움Cistercium')라 부르는 습한 황무지에 마련했다. 이를 계기로 분주한 인구 밀집 지역에 건물을 짓던 베네딕도회와 달리, 시토회는 조용한 외곽에 수도원을 설립하는 자기들만의 원칙을 확립했다. 수도원 건축 전문가 막스 스턴버그가 내게 말했듯이, 시토회 수도원은 로마식 빌라를 본떴을 가능성이 높다. 이 건물들은 도시 방어벽 외곽의 전원 지대인 루스에 있으며, 농업적으로도 자급자족의 성격을 띠었다. 핵심적인 고려 사항은 지리적 고립이었다. 훗날 시토회는 적절한 황폐함을 '창조'하기 위해 마을 전체를 허물어뜨리기까지 했다. 세속적인 물질세계로부터 물러날 수 없다면, 그 세계가 스스로 물러서게 하면 그만이었다.

"시토회 창립자들은 다르게 살고 싶어 했습니다." 최근까지 영국에 마지막으로 남은 트라피스트 수도원 마운트 성 베르나르 수도원(Mount Saint Bernard Abbey)의 원장 돔 에릭 바든Dom Erik Varden이 말했다. 가톨릭 신자들 앞에서 돔 에릭을 언급하면, 엄숙한 예찬에서부터 영웅 숭배적 환호성까지 다양한 반응이 쏟아진다. (마운트 성 베르나르 수도원에서 나를 만난 뒤, 돔 에릭은 트론헤임의 추기경이 되기 위해 고국 노르웨이로 돌아갔다.) 돔 에릭은 마른 몸에 45세라는 나이에 비해 젊어 보였으며, 손동작만큼이나 발음도 매우 정확했다. 그는 음절을 명확히 하기 위해 마치 합창을 지휘하듯 가냘픈 엄지와 검지로 손짓하곤 했다. "설립자들은 매우 엄격했습니다. 땅을 가진 상류층처럼 살 생각도, 임대비로 생계를 꾸릴 생각도 없었지요. 그들은 자기 손으로 일해서 먹고살기로 결심했습니다."

노동을 강조하는 것은 시토회 건물들이 물리적으로 고립된 것과 같은 맥락으로, 독립을 주장하는 것과 다름없었다. 수도사들에게 자급자족은 바깥세상에 의지하는 생활로부터 경제적으로 은거하는 것이었다. 하지만 이런 생활 방식은 내 부모가 그랬듯이 곧 문제가 드러났다. 자급자족은 많은 시간이 필요한 생활 방식이었다. 시토회의 반항적인 은자들은 경제적 독립의 필요성과 경전 연구에 들이는 시간 사이의 긴장을 급히 해소해야 했다.

"그들은 애초부터 두 가지 활동을 병행하는 것이 현실적으로 불가능하다는 사실을 이해했습니다." 돔 에릭이 설명했다. "그래서 시토회 수사들은 꽤 급진적인 방안을 생각해냈습니다. 수도원 관리와 행정 업무를 책임지면서 종교적 의례에는 헌신하지 않는 평수사 제도를 도입한 것입니다. 평수사들은 의례적인 의무가 없는 만큼, 주로 농사일에만 전념할 수 있었습니다."

곧 서양의 다른 수도원들도 시토회를 본떠, 주로 농부 계층에서 선발한 평수사에게 노동의 의무를 위임하기 시작했다. 평수사를 수도원이란 사회 구조의 하층 계급으로 간주하는 것은, 무지나 가난으로 종교적 삶에서 아예 배제된 사람들에게 신앙생활에 참여할 기회를 열어준 이 제도의 급진적 성격을 간과하는 것이다. 평수사는 수사제를 대신해 학문 연구와 기도, 종교의례에 방해될 수 있는 의무를 떠맡는 종교적 조력자 역할을 했다. 몰렘의 로베르가 베네딕도회를 떠난 후부터 시토회 수도원에는 항상 농부들이 거주했다. 13세기 동안 그들은 잉글랜드의 목양 산업 발달에 핵심적인 역할을 담당했다. 그런데도 훗날 그토록 강력하게 쇄신의 필요성을 제기했던 것은 자산을 관리하는 동안 시토회가 계속 부유해졌기 때문이다. 이 교단은 애초에 세속성을 배격하기 위해 설립되고도 이제는 오히려 그 세속성의 희생물이 되어가고 있었다. 17세기 중반 무렵, 쇄신의 물결이 유럽 대륙 전역에 걸쳐 일어나기 시작했는데, 그중에서도 프랑스 북서부의 트라피스트 대수도원의 수도원장 아르망 장 르 부틸리에 드 랑세Armand-Jean le Bouthillier de Rance가 이끈 쇄신 운동이 가장 유명하다. 그곳의 트라피스트 수사들은 훗날 알려진 대로 극도로 엄격하게 규율을 준수하기로 명성이 높았다. 그들은 학문 연구를 희생하면서까지 힘든 육체노동을 몸소 떠맡곤 했다. 목표는 성 베네딕도 수도 규칙서의 엄격함을 회복하는 것이었다. 이런 태도는 선대의 평수사들에게 속죄하는 참회의 심정에 힘입어 더욱 치열해졌다.

20세기에 들면서 참회의 성격이 배어든 트라피스트회 특유의 가혹함보다는 최초의 쇄신안을 좀더 너그럽게 해석하는 의견이 힘을 얻기 시작했다. 기독교적 교감에 관한 탁월한 명상서 《외로움의 파편(The Shattering of Loneliness)》에서, 돔 에릭은 수사의 소명을 '나쁘다고 생각하는 것에 대항하는 것이 아니라 선을 지향하는 것'으로, 즉 시끄러운 것을 거부하기보다는 침묵과 간소함을 적극적으로 추구하는 것으로 새롭게 규정했다. 평수사와 수사제의 구분은 1960년대에 와서는 실질적으로 폐기되었다. 하지만 건물과 토지 관리, 벌치기, 손님 응대, 연로한 수도사 봉양 등 현실적인 업무는 여전히 넘쳐났다. 낙농업은 더 이상 재정에 도움이 안 되어 맥주 양조업으로 전환했다. 현재 영국에서 제조된 최초이자 유일무이한 트라피스트 맥주 '틴트 미도Tynt Meadow'의 수요는 공급을 초과한다. 수도사에게 노동은 하나의 기도이자, 공동체를 부양하고 복종 서약을 실천하는 간단하면서도 직접적인 수단이었다. 또한 노동은 독립과 자율성을 보장받는 수단이기도 했다. 이 현실주의자들이 보기에, 재정적 독립은 묵상과 기도 의례라는 더 높은 차원의 일을 수행하기 위한 필수 요건이었다.

✿

작업에 전념할 수 있도록 일상의 업무를 분담했다는 점에서, 마블 하우스Marble House 역시 트라피스트 수도회와 크게 다르지 않았다. 본관 건물은 자체 채석장에서 캐낸 대리석으로 1820년경 건설되었는데, 이 채석장은 1870년대에 문을 닫기까지 버몬트주의 이 지역에서 가장 활발한 광산 중 하나였다. 2012년, 현 소유주 다니엘레와 디나는 사실상 버려진 것과 다름없던 그 저택과 부지를 새롭게 복구하는 작업을 시작했다. 4월부터 11월까지 모든 분야의 예술가들은 3주간의 은거 활동에 지원할 수 있었다. 그들은 개인 작업실에서 일하고, 저택에서 자며, 저녁마다 모여 식사하거나 채석장 인근 텃밭에서 자란 농산물을 활용해 요리할 수 있었다.

마블 하우스는 매년 7월마다 2주간 가족 친화적인 거주 환경을 제공한다는 점에서 야도나 맥도웰과 차별화되었다(최근 설립된 데에다 회기당 8명의 예술가만 수용할 정도로 규모가 작다는 점을 제외하더라도 말이다). 이 기간에 거주자들은 배우자와 아이들을 은거지에 데려올 수 있었다. 내 아내도 작가였던 만큼, 이 거주지는 여름방학 동안 일하기와 일하는 동안 가족을 포기하지 않기라는 두 가지 문제를 동시에 해결해주었다. (내가 사라 메이틀랜드에게 아내의 직업을 말했을 때, 그녀는 기겁하면서 "난 나랑 같은 일을 하는 사람하고는 절대 섹스 못 해!"라고 말했다.)

아침 9시부터 오후 3시까지 아이들은 여름 캠프에 참석해 닭들에게 모이를 주고, 블루베리를 따고, 판지로 로봇을 만들고, 노천 수영장에서 헤엄치곤 했다. 우리가 그곳에 머물던 여름에는 브루클린 출신의 미술 치료 전공생 모건과 사라가 아이들을 돌보았는데, 그들은 마치 아이들을 격려하고 매료시키기 위해 태어난 사람 같았다. 3시를 알리는 종이 울리면 어른들은 작업실에서 나와 가족과 함께 수영하거나 채석장 주변을 산책했다. 채석장에는 채광의 흔적을 보여주는 회색빛의 거대한 사각 블록들이 이끼로 뒤덮이고 주변의 숲에 잠식당한 채, 지금은 온천수로 채워진 절단면들 옆에 쌓여 있었다. 채석장 동쪽으로는 그린 마운틴이 여름의 열기에 몸서리를 치고 있었다. 그 풍경은, 온라인에 접속할 때마다 눈에 들어오는 사망자 수를 확인하며 런던에 갇혀 지내는 지금은 상상도 못 할 자유와 축제의 광경이었다. 그곳에서의 삶은 완전히 다른 현실처럼 보였다.

"나 방금 깨달은 게 있어." 아내가 둘째 날 아침 내 작업실로 경쾌하게 걸어 들어오면서 말했다. "난 일 중독자야!"

"정말로?" 내가 말했다. "그럼 일 안 하고 지금 여기서 뭐 하는 거야?"

"그냥 물이나 한잔 마시려고." 그런 뒤 그녀는 공용 냉장고를 거쳐 자기 작업실로 가는 계단으로 향했다. 목조 패널로 안락하게 꾸며진 본관에 비하면, 작업실은 확실히 수도원에 더 가까웠다. 의자는 접이식이었고, 책상은 흰색 합판으로 급조했으며, 백색 섬유판으로 된 벽에는 이전 거주자가 핀으로 작품을 고정한 흔적이 잔뜩 남아 있었다. 아내는 바로 위층에 있어서, 나는 그녀의 일중독을 모니터링할 수 있었다. 바닥을 스치는 발걸음 소리가 멈추면 그녀가 일을 시작했다는 것을 알 수 있었다. 그런데 정말로 발걸음 소리가 그리 많이 나지는 않았다. 사실 우리는 서로의 이런 일중독 성향을 잘 알았다. 둘 다 재택근무를 하면서도 우리의 결혼 생활이 15년 동안 이어질 수 있었던 것도 그래서일 것이다. 우리는 집에서도 비슷한 환경에서 일했다. 나는 아래층 여분의 침실에서 작업했고, 아내는 바로 위 주방에서 일했기 때문에, 마블 하우스에서처럼 나는 그녀가 작업을 시작하기 전에 이리저리 돌아다니는 소리를 들을 수 있었다. 하지만 일단 일하기 시작하면 너무 완벽하게 몰입했기 때문에, 사실상 현관에서 키스한 뒤 서류 가방을 들고 사무실로 출근한 것이나 별반 다를 바가 없었다.

"점심시간에 봐." 나는 보통 아내에게 이렇게 말한다.

"아마도. 일 풀리는 거 봐서."

이후 문은 굳게 닫혔다. 하지만 마블 하우스에서 생활하고 나서야, 우리는 우리가 일에 얼마나 의지하는지, 일이 어느 정도까지 우리의 심리적 안식처 역할을 하는지 이해하게 되었다. 내 생각에 그곳의 생활이 이런 깨달음을 준 것은 일의 범위가 일상적 업무 시간과 틈틈이 일하는 주말 시간을 넘어 가족 휴가 전체로까지 확장되었기 때문이다. 이곳의 일정은 일로 채울 수 있도록 계획되었다. 아이들이 텔레비전을 보거나 소리 지르며 잔디밭 스프링클러 주변을 뛰어다니는 동안 노트북을 붙잡고 일에 집중하려 분투하는 주말 아침뿐 아니라, 2주간의 뜨겁고 긴 휴가를 일 없이는 견딜 수 없게 말이다. 아내 말대로 우리가 일 중독자라면 마블 하우스는 세계 최악의 재활센터가 틀림없다. 마치 칵테일 바에서 열린 금주 모임이나 다름없었다.

어떻게 보면 예술가의 은거는 재충전을 위한 은거와 완전히 정반대이다. 일상 환경에서 벗어나 쉬기 위한 것이 아니라 그 일상적 활동을 더 강화하기 위한 은거이기 때문이다. 사람들이 맥도웰이나 마블 하우스를 찾는 것은, 평소 대부분의 시간을 할애하는 그 활동에 더욱 깊이 몰두하기 위해서이다. 특정 유형의 수사들이 참여하는 강화된 형태의 집중 명상에서 비슷한 사례를 찾을 수 있다. 예를 들어, 티베트의 트라파 trapa● 들은 종종 사원 밖으로 나와 외딴 은둔처에서 명상하거나 글을 쓰면서 시간을 보낸다. 평상시의 수행을 몇 단계 더 강화한 집중 은거 명상이다. 서펴주 왈쉠 레 윌로우스 근처의 바즈라사나 Vajrasana 같은 은거 명상센터에는 정기적인 노동 은거 프로그램이 있다. 이 프로그램에 참여하는 방문객은 비용을 적게 내는 대신 하루 3시간씩 정원 일과 청소, 건물 관리 등의 작업을 명상과 병행해야 한다. 하지만 이것은 휴식 같은 일로, 사무실에서 벗어나 잠시 야외 활동을 하는 것과 다를 바가 없다.

반면, 이곳의 일은 그저 일일 뿐이었다. 이곳에 있다 보면 이런 체제

● 티베트어로 '학자'나 '학생' 등을 뜻함 – 옮긴이

가 얼마나 자생력이 있는지 이해하게 된다. 야도와 맥도웰에서 만난 다수는 지식 산업 종사자 사이에서 나타나는 일종의 동료 효과에 관해 이야기했다. 혼자 일하면서 다른 사람도 같은 일을 한다는 사실을 의식하는 까말돌리회나 카르투지오회의 집단 은둔 생활과도 비슷했다. 집단이 형체를 부여한 고독, 그것은 아내의 발자국 소리가 그치는 순간과도 같았다. 야도에서 로드아일랜드에서 온 제임스 스콧이란 소설가를 만났다. "야도는 수도원 같아요." 제임스가 말했다. "다른 훌륭한 수사들과 함께하면 저도 훌륭한 수사가 될 수 있을 거란 기분이 듭니다. 다른 사람들이 정말로 열심히 일한다는 사실이 저를 더 분발하게 하거든요."

이 사실은 예술가 공동체를 공공연하게 반대하는 입장에 대처하는 데에 어느 정도 도움이 되었다. 누군가가 내게 "평화와 고요를 원한다면, 왜 베이싱토크에서 단칸방을 빌리지 않나요?"라고 묻는다면, 나는 "공동 은거가 주는 공유된 목적의식이란 혜택을 누리기 위해서요."라고 답할 것이다. 이곳의 공동 작업 윤리에는 그 규칙을 지키지 않는 사람을 배척하라는 요구가 함축되어 있었다. 야도를 방문하기 몇 주 전, 그곳에서 두 달씩 18개월간 머물면서 첫 번째 소설을 집필한 친구와 점심을 했다. "네가 그날 많은 일을 한 사람들에게 말을 건넨다고 쳐봐." 그가 말했다. "그럼 그들은 다른 곳으로 고개를 돌릴 거야. 그러지 않는 사람이 있다면, 저녁 시간에 딴짓을 하려는 마음을 품은 사람일 가능성이 높아. 그런 사람이 스무 명 중 한둘은 될 거야."

이런 태도는 가족 단위의 거주지보다 야도 같은 장소에서 특히 더 문제가 될 것이다. 다시 말하지만, 야도의 시스템은 집중이란 명목하에 공동체적이고 친밀한 일상적 생활 방식과 거리를 두라고 요구하고 있었다. 반면, 마블 하우스의 목적은 일과 가족, 물러섬과 참여라는 삶의 두 측면을 둘로 나누는 것이 아니라 하나로 통합하는 것이었다.

3시가 되면 우리는 마지못한 듯 반기는 듯, 하루 일을 마감하고 햇살이 비치는 야외로 나가 아이들을 데리고 언덕을 내려오는 모건과 사라를 만났다. 나머지 오후 시간에는 숲속에서 도롱뇽을 잡고, 쿠키를 굽고, 튜브에 탄 아이들을 데리고 수영장을 돌았다. 이곳에 올 준비를 하는 동안, 아내와 나는 유머 감각이나 예절 등과 같은 영국과 미국 사이의 문화적 차이가 은거 환경에서 더 증폭될지도 모른다는 일종의 불안감이 있었다. 어쩌면 우리는 진정한 순례자들이 머무는 곳에 침입한 바빌론의 방문객이 될지도 모를 일이었다. 하지만 이곳에 온 모두는 정말로 친절했다. LA에서 온 소설가 겸 시나리오 작가 아만다와 제레미는 미국인이 영국인의 명쾌한 태도를 시기한다는 속설을 무색하게 할 정도로 똑똑하고, 느긋하고, 유쾌했다. 우리가 모두 그토록 잘 어울릴 수 있었던 것은, 아마도 육아와 관련된 일상적 장애물이 일시적이지만 매우 효과적으로 제거되었기 때문일 것이다. 결과적으로 그곳의 모든 사람은 훌륭한 생활환경을 만끽하며 기분 좋은 상태를 유지할 수 있었다. 그해 여름은 정말로 여름다웠다. 우리는 저녁 활동을 따로 계획할 필요가 없었다. 다른 활동들은 수영장 옆에서, 화덕 주변에서, 아이들이 잠든 후 거실에서, 아무 어려움 없이 저절로 일어났다. 행복을 가로막는 유일한 장애물은, 이 모든 것이 다소 과하진 않을까 하는 걱정과, 외부인에게 우리가 자기만족에 빠진 것으로 비치진 않을까 하는 우려 정도였다.

이곳 마블 하우스에도 지아나나 그렉 같은 부적응자가 있다면, 아마도 '요리 예술가' 롭일 것이다. 시애틀에서 온 롭은 핼쑥한 근육질의 몸매에 새처럼 약간 짓궂은 경각심이 느껴지는 그런 인물이었다. "당신은 일정을 꽤 중요시하는군요." 한때 그가 말했다. "느긋한 사람치고는 말이죠, 안 그래요?"

그가 옳았다. 그는 너무나도 초조한 기색으로 그런 말을 건넸기 때문에, 나로서는 용서할 수밖에 없었다. 그는 지극히 탁월한 요리사이기도 했다. 거주자들의 유당불내성과 식이 제한 목록에 자극받은 듯, 수프와 샐러드 그리고 유당불내증인 사람들이 섞여 있어 더 맛있게 느껴지는 냉동 디저트 등을 요리하곤 했다. 문제는 그의 역할을 규정하는 과정에서 시작됐다. 공식적으로 요리 예술가는 다른 거주자와 동등하게 대우받아야 했다. 그는 주방 작업실에서 요리법을 개발하며 하루를 보내다가, 요리 당번이 된 거주자의 실력이 부족할 때만 가끔 식사 준비를 도와주면 그만이었다. 하지만 실제로는 이런저런 이유로 롭이 저녁마다 요리를 주도했고, 나머지 거주자들은 복잡한 준비 작업을 돕는 주방 보조로 강등되었다. 이런 상황은 그의 작업 시간을 점차 좀먹기 시작했다. 결과적으로 롭은 저녁 준비가 자신의 작업에 미치는 영향과 자기에게 부여된 부차적인 역할에 점점 더 불만을 품게 되었다. 본의 아니게 우리 수사제들의 성사를 보조하는 평수사의 역할을 떠맡게 된 것이다.

문제가 드러난 것은 여섯째 날 저녁이었다.

"제 말 좀 들어주세요." 롭이 자리에서 일어나 포크로 물 잔을 두드리면서 말했다. "저는 여러분을 위해 음식 만드는 일을 정말 좋아합니다. 하지만 매일 저녁은 좀 너무한 것 같아요. 내일부터는 교대로 저녁을 준비하는 걸로 하겠습니다. 일이 제대로 풀리면 좋겠네요."

별문제는 없었다. 하지만 그 누구도 의도하지 않았고, 주로 거주자들의 무력감과 자신이 더 잘하는 일을 스스로 책임지려는 롭의 성향에서 자연스럽게 비롯한 일로 죄책감을 느끼게 된 상황이 다소 이상하긴 했다. 우리는 이미 교대로 저녁을 준비하고 있었다. 문제는 롭을 포함한 누구도 그 일을 제대로 완수하지 않았다는 것이다. 그 어색한 분위기는 아마도 어떤 부조화에서 비롯한 것 같다. 사실 롭의 도움 요청에는 기분과 관련된 대화를 거의 하지 않는 노동 은거지가 아닌, 에솔렌 같은 웰니스 센터에서나 기대할 만한 일종의 자기 몰두 성향이 배어 있었다.

이야깃거리는 이것 말고도 더 있다. 우연히도 브라이언 하네티의 새 프로젝트는 상당 부분 내 작업과 겹치는 면이 있었다. 오하이오주 콜럼버스 출신의 작곡가 겸 음향 예술가 브라이언은 목소리 녹음 파일에 덜시머dulcimer*와 밴조banjo**, 피아노로 곡을 붙이고 있었다. 190센티미터가 넘는 키에 원숭이처럼 짧게 깎은 머리, 아토스산에서나 볼 법한 긴 회색 수염이 인상적인 그는, 기본적으로 점잖고 사려 깊었지만, 때로는

---

* 나무망치로 철선을 두드려 소리를 내는 타악기 – 옮긴이
** 둥근 몸통을 지닌 기타 형식의 발현악기 – 옮긴이

예기치 않게 불꽃을 내뱉는 불씨처럼 폭발적인 유머와 통찰을 쏟아내기도 했다. 모든 사람이 그를 사랑했다. 그가 곡을 붙이는 녹음 파일은 트라피스트 수사이자 신비가인 토머스 머튼Thomas Merton의 목소리를 담은 것이었다. 1941년, 켄터키주 겟세마니 수도원으로 들어간 머튼은 훗날 수많은 미국인을 트라피스트회로 이끈 책《칠층산(The Seven Storey Mountain)》에서 자신의 은거를 '은총의 명령(order of grace)'으로 묘사했다. 머튼은 혼자서 수도회를 부흥시킨 것이나 다름없었다. 1965년부터 4년 후 세상을 떠날(태국 강연 여행 중 샤워실에서 감전 사고로) 때까지 머튼은 수도원 근처의 은둔처에서 생활했다. 1967년에 그는 오픈릴식 테이프 녹음기를 제공받았다.

"그가 자신이 쓴 시를 읽기 시작했을 때 재즈가 배경음악으로 깔려 있었습니다." 브라이언이 말했다. 그 녹음 파일에는 머튼의 은거 분위기가 고스란히 보존되어 있었는데, 독백으로 소리 내어 말한 명상적 사색들이었다. "그는 베케트Beckett와 푸코Foucault, 수피 시인들에게 깊이 몰두했고, 테이프 녹음기를 인간 존재의 의미와 신에 대한 추구를 잇는 매개체로 묘사하기도 했습니다."

브라이언은 독실한 가톨릭 가정에서 성장했다. 그의 어머니는 카르멜회의 평신도 묵상가였다. "십 대 때 머튼은 제게 논란의 대상이었습니다." 그가 웃으면서 말했다. "왜냐하면 그는 교회의 좌익이었고, 다른 신비적 전통들에 대해서도 개방적이었으니까요." 훗날, 특히 1980년대 말 가톨릭의 섹스 스캔들이 드러나기 시작한 후, 브라이언의 불만은 점점 더 커졌다. 그는 2014년 박사 학위를 마친 후에야 비로소 머튼의 자료에 다시 관심을 갖게 되었다. 브라이언에게 그 테이프들은 종교적 도그마에 굴복하지 않고 예전 신앙의 명상적 측면을 되돌아보게 하는 하나의 수단이었다. 머튼의 형이상학은 신앙으로 되돌아가는 길이 아닌, 신을 배제한 영성이라는 브라이언의 예술적 목표로 향하는 길을 제공했다. "저는 종교의 명상적인 측면이 분석적이거나 학문적이기보다는 예술적인 측면과 훨씬 더 잘 어울린다는 느낌을 받았습니다." 그가 말했다. "그게 제 열망이에요. 본질로 되돌아가는 것!"

은거가 끝나기 전날 저녁, 롭은 목청을 가다듬은 후에 또 다른 내용을 공표했다. 우리는 저녁 식사를 마친 뒤 거실에 둘러앉아 있었다. 분위기는 평소처럼 이완되고 산만했으며, 약간 쾌활했다. 롭은 술을 마시지 않았기 때문에 다른 사람들이 이야기를 나누는 동안 약간 동떨어진 곳에 혼자 조용히 앉아 있었다.

"여러분!" 그가 말했다. 이번에는 유리잔을 두드리지 않았지만, 그가 우리의 관심을 원한다는 점만큼은 분명했다. "이 말을 꼭 해야겠어요. 저는 약간 소외된 듯한 기분이 듭니다."

롭은 매일 요리하는 의무에서 해방된 것에 감사했지만, 우리가 그 이상의 뭔가를 하지 않았다는 것이 불만인 듯했다. 말하자면, 그를 다시 집단에 통합시키는 데에 필요한 치유의 역할을 제대로 해주지 않았다는 것이다.

"그래서 한 가지 제안하고자 합니다."

은거 기간 동안 우리 중 몇몇은 식후 모임 시간에 진행 중인 작업을 소개하고 건설적인 피드백을 받곤 했다. 제레미는 어린 시절에 파괴된 디트로이트의 이웃 지역을 다룬 자신의 새 영화를 몇 장면 보여주었다. 나는 이 책의 몇 구절을 읽어주었다. 집단에 대한 소속감을 되찾기 위한 롭의 계획은 다소 늦긴 했지만 요리와 관계없는 자신의 작업을 일부 공개해 예술가로서의 입지를 회복하는 것이었다. 소외감을 불러온 그 인상적인 재능을 완전히 배제한 채로 말이다.

"여러분은 잘 모르실 겁니다." 그가 가슴뼈에 손을 올리며 말했다. "저는 과거에 자해한 적이 있습니다."

미사를 시작하기 직전과 같은 침묵이 잇따랐다. "저는 그것에 관해 글을 쓰는 걸로 문제를 해결했습니다. 특히나, 혹독한 비난의 형태로요."

롭은 자리에서 일어나 잠시 눈을 감은 뒤 글을 읽기 시작했다.

길이가 긴 세 편의 글이 거의 중단 없이 이어졌고, 그 열렬한 비난이 계속되는 동안 그는 어깨를 돌리거나 오른손으로 허공을 수평으로 가르는 등의 동작을 취했다. 롭이 읽기를 끝냈을 때 아무도 말이 없었다. 사실 할 수 있는 말이 없었다. 주제 자체의 삭막함 때문에 이야기를 건네기도, 하얀 거짓말을 하기도 애매했다. 에솔렌에서라면 아마도 한 차례의 박수갈채나 구성원들의 포옹이 잇따랐을 것이다. 어쩌면 그보다 더 인간적인 반응이 나왔을지도 모른다. 하지만 술을 마시며 잠시 휴식하기 위해 모인 이곳에서는 그 순간이 너무도 어색해서, 마치 우리가 실제로 그를 배척이라도 하는 것처럼(우리는 롭의 불안이 근거가 없다고, 그가

문이 활짝 열려 있는데도 해머로 벽을 두드린다고 생각했지만) 보일 지경이었다. 아무래도 우리는 그가 스스로를 배척하지 못하도록 막는 데에 실패한 것 같다.

불 꺼진 복도는 더 커다란 방이나 검은 상자 같다고 어렴풋이 짐작만 할 수 있는 어떤 공간으로 이어졌다. 손잡이가 없었다면 아마 나는 오던 길로 되돌아갔을 것이다. 마치 소변을 봐야 하는데 전등 스위치가 어디에 있는지 모르는 상황과도 같았다. 발걸음마다 충돌이나 절벽을 예감하면서 어둠 속을 조심스레 더듬어 나가야 하는 상황. 마침내 내 정강이는 어설픈 수색 끝에 의자가 분명한 딱딱한 물체의 모서리를 찾아냈다. 나는 앉아서 기다렸다. 기다리고 또 기다렸고, 그러고도 더 기다렸다. 희미한 형태나 윤곽선이 어둠 속으로 미끄러지는 그 끔찍한 느낌을 멈추고 내가 어디에 있는지, 누구인지 상기시켜줄 때까지.

물론 어떤 면에서는 내가 어디에 있는지 알았다. 나는 버몬트주의 주 경계선 바로 위 매사추세츠주 노스 애덤스시의 현대 미술관 매스 모카에 와 있었다. 우리는 차를 타고 마블 하우스에서 뉴욕으로 돌아오는 길에 그곳에 정차했다. 다음날 아침 아내와 아이들은 JFK공항에서 런던으로 가는 비행기에 탑승할 것이고, 나는 남아메리카로 향할 예정이었다. 그래서 우리는 하루 동안 즐겁게 시간을 보내기로 했다. 나는 미술관에 가자고 아이들을 설득하기 위해 길가에서 차를 천천히 몰면서 와플과 케사디야, 아이 머리만 한 아이스크림선디를 사 먹였다. 미술관에서 다른 사람들은 바로 가상현실 전시관으로 향했지만, 나는 제임스 터렐James Turrell의 조명 설치미술 작품인 '하인드 사이트Hind Sight'를 선택했다. 조명 설치 작품이라지만, 본질적으로 감각 박탈 탱크처럼 감각 자극이 철저히 차단된 일종의 암실이었다. 그 어둠은 너무 완벽해서 내 동공이 크게 확장됐는데도 나타나리라 기대했던 사물의 윤곽이나 모서리 등은 끝내 모습을 드러내지 않았고, 실제로 있지도 않은 사물의 환영 같은 형태만 가끔 눈앞을 스칠 뿐이었다. 전면에 부각된 것은 내 과거의 기억들이었다. 믿을 만한 감각적 증거가 전무한 만큼, 내 인식 기관이 내적 모델로까지 후퇴한 것이다. 나는 어두운 방 안에 홀로 앉아 있는 것과 관련된 나의 과거 기억을 보기 시작했다.

어느 시점엔가 나는 터렐이 불교 승려들을 중국군 점령지가 된 티베트 밖으로 탈출시키는 구조 작업을 한 적이 있다는 사실을 떠올렸다. 어떤 사람들은 그가 CIA에서 일했을 것으로 추측하기도 했다(터렐은 그저 '비행하기 아름다운 지역'을 찾아낸 것뿐이라고 했다). 그러고서 약 15분쯤 후 내 동공이 더 이상 팽창할 수 없는 한계에 이르렀을 때, 정확한 위치나 거리는 물론 현실성 여부조차 제대로 판단하기 힘든 희미한 회색빛 얼룩 하나가 서서히 모습을 드러내기 시작했다. 거기에 관심을 집중하면 할수록, 나는 그 대상이 사실 빛의 얼룩이 아니라 그것을 인지하려는 내 시도라는 사실을 더욱 분명히 이해했다. 그것은 바깥으로부터 인식된 내 인식 기관 자체였다. 그 지각이 오래도록 이어질수록 내 인식이 나의 외부에 있다는 약간 메스꺼운 느낌을 받았고, 그 인식행위를 하는 사람의 정체에 대해서도 의구심을 품게 되었다. 어쩌면 롭이 마블 하우스에서의 마지막 날 저녁에 느낀 기분이 이와 비슷했는지도 모르겠다. 자유낙하를 하는 듯한 기분, 검은 얼음판 위에서 스케이트를 타듯 더 이상 자신이 거기 있다는 사실을 확신할 수 없는 그 막막한 느낌.

일곱

혼자이고 싶은 충동

성 아우구스티누스는 솔비투르 암불란도solvitur ambulando, 즉 '걸으면 해결된다'라고 썼다. 당시의 그는 공항의 무빙워커를 걷진 않았을 테다. 그렇다면 지금 무빙워커를 걷는 나는 내 딜레마를 두 배나 빨리 해결해야 하는 것일까? 나는 필과 그 친구들에게 페루 우림지대에서 열리는 약초 은거 프로그램에 초대받았다. 당시에는 이런 종류의 프로그램이 크게 유행했다. 사람들은 아야와스카나 와추마 같은 자연산 환각제를 난치성우울증과 외상후스트레스장애, 중독장애 등의 치료제로 활용할 수 있다고 주장했는데, 이것들은 뇌를 달구는 훌륭한 수단이기도 했다. 아내와 아이들에게 작별 키스를 할 때까지 나는 평소와 다름없이 행동한 것 같다. 비행기 좌석벨트를 채우기 전에는 그곳에 얼마나 가고 싶었는지 자문하는 일도 참기로 했다. 그런데 어느새 가면 안 되는 온갖 이유가 어마어마한 기세로 나를 덮쳤다. 주된 이유 중 하나는, 세계에서 가장 강력한 환각제에 노출된 상황에서는 집단 은거의 큰 단점인, 강요당한다는 메스꺼운 느낌이 몇 곱절 더할 거라는 것이었다. 어떤 면에서는, 아야와스카 은거의 집단적 측면은 내가 아직 면밀히 검토하지 못한 은거의 한 형태를 살펴볼 수 있다는 점에서 내 목적에도 부합했다. 하지만 리마로 가는 비행기가 두 시간 전에 떠나버린 지금, 그 집단적 측면은 내 관심을 끌기보다는 혼자이고자 하는 정반대의 충동을 강하게 자극했다.

사실 나는 준비 작업에 약간 소홀했다. 마블 하우스에 도착하기 일주일 전에 아야와스카 은거 주최자 캐롤라이나가 참가자 숙지 사항을 적은 이메일을 보냈다. 페루에 가지고 올 물품으로는 손전등, 살충제, '단순한 흥밋거리'가 아닌 읽을거리가 있었다. 피해야 할 음식은 붉은 고기, 치즈, 술, 초콜릿 등이었는데, 아야와스카에 든 향정신성 성분과 상호작용하여 두통과 고혈압을 일으킬 수 있는 아미노산을 함유한 식품들이었다. 금지 조항에 섹스와 TV 시청도 포함되어 있어 약간 의아했는데, 이것이 건전한 신경화학인지 구도자용 금지 조항인지 나로서는 알 길이 없었다. 어쨌든 나는 마블 하우스에서 버번과 체더치즈를 실컷 먹으면서 저녁 시간을 보내곤 했다. 이것만 제외하면 나는 그럭저럭 준비된 상태였다. 캐롤라이나는 은거 명상센터의 주인이자 민간 치료사 쿠란데라와 함께 악령을 내쫓을 때 활용하는 전통 노래 이카로스_icaros_를 가르치고, 참가자들이 아야와스카를 제대로 경험할 수 있도록 도우면서, 밤마다 열리는 약초 의례를 이끌 예정이었다. 환각제가 현실 감각을 완전히 무너뜨릴 경우를 대비해 캐롤라이나는 참가자들을 현실에 묶어두는 수단으로 한 점에 집중하는 명상을 권했다. 나는 평소에 하던 명상의 강도를 높여, 집에서 1만 킬로미터나 떨어진 숲속에서 정신이 붕괴되지 않도록 미리 대비했다.

그런데 무빙워커 끄트머리에 다다랐을 때 의심이 개떼처럼 몰려들었다. 나는 한 가정의 아버지이면서 무분별하게 약물로 장난질을 치려 하고 있었다. 바네사의 마음챙김 강좌에서 만난 모범생 친구 나스린은 약물 때문에 거의 일 년간 스스로 '몰개성적 공황 상태'라고 묘사한 지경에 빠지기도 했다. 게다가 캐롤라이나가 그토록 소중히 여긴 은거 명상센터의 지리적 고립은 뭔가 잘못될 경우, 분명히 큰 위험 요인이 될 터였다. 또한 캐롤라이나의 이메일은 히피스러운 느낌의 친절한 문구였지만, 어딘지 모르게 컬트적이었다. 우림지대에서 아야와스카를 흡입하는 일은, 집단 역동에 굴복하기 위해 내가 의도적으로 판단력을 흐리는 행위처럼 보였다. 사라 메이틀랜드 같은 묵상가가 그 행위를 혼자서 하기로 마음먹은 것도 결국 그런 굴종에 대한 공포 때문이 아니었던가? 무빙워커를 벗어날 무렵, 나는 마음을 정했다. 혹은 내 마음이, 아마도 오래 전에, 이미 스스로 결정했다. 나는 전혀 준비된 상태가 아니었고, 사실 준비할 생각도 없었던 것 같다.

그런데 잠깐. 내 마음이 스스로 결정을 내렸다? 이것은 혹시 나의 내적 모델의 목소리가 아니었을까? 만일 페루 여행을 직접 경험했더라도 내가 이런 식으로 글을 쓰고 있을까? 은거라는 주제를 오래 검토할수록 스스로 개방적인 사람으로 간주한 것이 얼마나 잘못됐는지, 내가 받아들인 견해들로 얼마나 벌집이 됐는지 더 깊이 깨달았다. 사실 경험에 대해 개방적이라는 나의 자기규정 자체가, 외적 증거와 대비되며 계속 진부해지는 하나의 내적 모델이었다. 왜냐하면, 세상에서 물러나 요가와 명상을 비롯한 동양식 수행에 관심을 보인 사람 중 절반이 내 주변인 중 가장 우울하고, 서구 문명이 그들에게 한 짓에 가장 화난 사람들이라는 것을 내심 알지 않았던가. 그들은 자신을 중독시킨 약물과 부모를 결혼하게 만든 당시의 상황에 불만을 품고, 마치 골난 십 대 아이가 아버지에게 등을 돌리듯, 동양으로 관심을 돌린 사람들 아니었던가. 이들이야말로 아버지를 혐오하면서도 아버지를 가장 갈망하는 상처 입은 사람들 아니던가. 혹시 그들이 은거하는 이유는 더 나아지기 위해서가 아니라, 자신과 비슷한 사람들에게 소속되고 공동의 경험을 통해 인증받기 위해서가 아닐까? 은거가 제공하는 휴식과 재충전이란, 실제로는 옳음과 순수함, '그들과 다른 우리'를 추구하는 낡고 편협한 충동에 불과하지 않을까? 이런 충동은 인류에게서 예술과 복잡성, 부정성을 감내하는 능력을 빼앗아 우리를 막다른 골목으로 이끌지 않았는가? 우리가 얼마나 옳은지 보라는 듯. 이 옳음은 이전에도 있었던 알코올 중독이나 TV 중독, 강박적 비판 성향 등을 대신하는 또 다른 중독이 아닐까? 올바름이란 그 모든 것 중 중독성이 가장 강하고 자극적인 일종의 독약이 아닐까?

스티브 맥기는 내가 상대적인 현실에서 내 아이들을 사랑한다고 말했다. 이 말에는, 절대적인 것보다 열등한 현실에서 내 아이들을 사랑했고, 그 사랑은 환상적 쾌락의 끝없는 순환에서 또 다른 전환에 불과한 '윤회'에 속한다는 뜻이 함축되어 있다. 이 말을 어떻게 생각하는가? 나는 크리스토퍼 히친스Christopher Hitchens•의 말을 빌리고 싶다. '꺼져버려!' 어떻게 남의 현실을 함부로 열등하다고 판단하는가? 그렇게 보인다면 아마도 그 사람이 심각한 부적응을 겪었기 때문일 것이다. 잠시 더 생각해 보니, 나의 내적 모델이 페루에서 마주칠 거라던 집단주의에 내가 그토록 반감을 가졌다는 사실은 오히려 페루에 가야 할 매우 훌륭한 이유가 되는 것 같았다. 나는 그것이 실제로 어떤 경험인지 알아볼 필요가 있었다. 보기 꺼려진다는 선입견에 굴복하지 않기 위해, 이미 알려진 것이 주는 숨 막히는 편안함에 저항하면서. 이제 내가 가야 한다는 사실은 분명해 보였다. 출발 전에 나는 커피 한 잔을 주문한 뒤, 주머니에서 폰을 꺼내 필에게 메시지를 보냈다.

나 : 리마는 좀 어때?
필 : 다 좋아. 지금 공항에 있어?
나 : 응. 근데 내 말 좀 들어봐. 나 아무래도 못 갈 거 같아.

사촌인 마사가 매사추세츠주 애머스트시 280번가에 사는(55세 평생 중 무려 40년간을 산) 에밀리 디킨슨을 방문했을 때, 디킨슨은 대부분의 시

• 날카로운 비평으로 잘 알려진 미국의 칼럼니스트 – 옮긴이

를 쓴 양지바른 침실 구석에 앉아 문을 잠그는 시늉을 하며 "매티, 여기 자유가 있어"라고 말했다.

디킨슨은 은둔 성향을 지닌 것으로 유명했다. 1855년, 그녀의 가족이 경제 사정으로 15년간 비워둔 중심가의 그 집으로 돌아왔을 때, 당시 24살이던 디킨슨은 훗날 마사를 맞아들인 그 외진 침실을 배정받았다. 그녀는 생애 처음으로 버지니아 울프Virginia Woolf가 74년 후 유명하게 만든 그녀 자신만의 방을 갖게 되었다. 미혼인 데에다 가사 업무도 동생 라비니아가 대부분 맡아준 만큼(에밀리는 요리를 맡았고 정원 일에도 능했다), 디킨슨은 자신의 구석진 방에 틀어박힌 채, 중심가가 내려다보이는 창문 옆 작은 체리우드 탁자에서 밤늦게까지 글을 쓰기 시작했다. 그녀는 후대 사람들이 현관 밖 세상을 두려워하는 소심하고 노처녀스러운 은둔 성향이라고 기록한 상태 속으로 점점 빠져들었다. 삶의 마지막 20년간 그녀는 자신의 방을 거의 벗어나지 않았다.

예술가들이 자신의 천재성을 충분히 발휘하기 위해 고독한 시간이 필요하다는 개념은 낭만주의 운동의 발명품일 뿐이다. 사라 메이틀랜드가 주장하듯, 그것은 은둔이라는 종교적인 이상과 완전히 정반대이다. 은자가 사막이나 골방으로 물러나는 것은 자신의 자아를 완전히 비워 신의 은총을 더 겸허히 받아들이기 위해서이다. 이때 자아는 철저히 제거된다. 반면, 이 시인은 정반대되는 이유를 위해, 즉 자신의 진정한 자아를 발견하기 위해 높은 산꼭대기에 앉아 있었다. 낭만주의자가 침묵을 추구했다면, 단지 자신의 목소리를 더 분명하게 듣기 위해서였을 뿐이다. 사라는 이렇게 썼다. '그들은 분명 입을 다물길 원치 않았다. 그들이 원한 것은 침묵을 그들 자신만의 목소리를 발견하는 하나의 수단으로 활용하는 것이었다.'

창작력이 불타올랐던 1860년대 초, 디킨슨이 한 일은 자신만의 목소리를 찾아낸 것이 전부였다. 그것은 '내 삶은 이어졌지, 장전된 총처럼'이나 '외로운 땅 한 뙈기 위에 나무 네 그루' 같은 시구에서 보듯, 강렬하고 구문론적으로 복합적이며, 죽음이 스며 있고, 절묘하게 역설적인 목소리였다. 하지만 그녀의 고독은 셸리Shelley·의 '몽블랑Mont Blanc'이란 시에서 보이는 광활한 숭고함과는 거리가 멀었다. 디킨슨의 고독은, 그녀를 받아들이기엔 너무 가부장적이고 엄격했던 뉴잉글랜드 사회로부터 그녀에게 완벽한 지적, 예술적 독립을 제공해준 가정적 호젓함으로 물러서는 것이었다. 이것은 귀스타브 플로베르Gustave Flaubert가 예술가에게 남긴 유명한 조언을 떠올리게 한다. 플로베르는 이렇게 썼다. '부르주아처럼 규칙적이고 질서 있는 삶을 살아라. 당신의 일에서 과감하고 독창적일 수 있도록.' 디킨슨의 은거는 카르멜회의 묵상가처럼 자신의 세속적 자아를 벗겨내면서 스스로 감당할 수 있는 수준까지 외적인 일을 줄이는 수단이었다. 결과적으로 디킨슨은 규칙적이고 질서 있는 삶을 살면서 시 창작만큼은 억제되지 않은 자유를 누릴 수 있었다.

몇몇 사람들은 디킨슨의 은둔이 불행한 애정 생활의 결과라고 했다.

• 영국의 낭만파 시인이자 소설가로 《프랑켄슈타인》을 집필함 - 편집자

또 몇몇은 그녀의 건강 문제라고 추정하면서, 디킨슨의 시에 간질로 고통받았다는 것을 암시하는 구절들이 있다고 주장했다. 간질이 디킨슨의 사회적 고립과 그녀의 시를 특징짓는 초월적이고 환각적인 상태를 모두 설명해준다는 것이다. 한편, 그녀의 재능이라면 그런 은거가 필요했을 것이라는 설명도 그럴듯해 보인다. 어쩌면 디킨슨은 자신의 정서적, 지적 강렬함을 숨기고, 19세기 뉴잉글랜드가 이해하지도 받아들이지도 않았을 내면 깊은 곳 진정한 자아의 목소리를 찾기 위해 혼자서 창작 활동을 했는지도 모른다. 존 던과 마찬가지로, 디킨슨은 너무 격렬해서 오직 간접적으로만 다룰 수 있는 그런 계시를 받아들인 부정신학적 시인이었다. 그녀는 바늘구멍 상자를 활용해 눈 부신 태양을 묘사한 것과 다름없다. 자신의 외딴 방 안에서 디킨슨은 강렬하고, 심지어 그녀 스스로 느낀 것처럼 위험하기까지 한 상상을 마음껏 펼칠 수 있었다.

"이 모든 걸 그냥 웃어넘기는 게 좋겠다는 강력하고 본능적인 느낌이 드는군요."

나는 숲속에 있는 그의 2인용 텐트에서 애런을 만나기로 했다. 그런데 그때 코로나 바이러스가 창궐했다. 애런은 전화나 인터넷은 물론 우편 주소도 없어서 다른 방법을 찾아야 했다. 결국 문제는 이런 식으로 해결했다. 내 질문이 담긴 편지 한 통을 감사 인사를 대신해 존 베이커 J.A. Baker의 《송골매를 찾아서(The Peregrine)》와 현금 봉투와 함께 아내의 친구 질에게 보냈다. 질은 데번 동부의 엑스머스시 외곽에서 몇 킬로미터 떨어진 해안에 인접한 애런의 거주지 근처에 살고 있었다.

거리두기에서 자유로운 아침 산책 시간에, 질은 그 짐 꾸러미를 애런이 정한 비밀 접선 장소인 울타리 옆에 두었고, 며칠 뒤 다시 같은 장소에서 애런의 답변을 손에 넣었다. 그 뒤 질은 내게 우편으로 그 답변을 보내주었다. 애런을 직접 만나고 싶은 마음은 굴뚝같았지만, 이 구닥다리 소통법에도 나름의 묘미는 있었다. 나는 애런의 봉투를 감사히 받아들였다. 울타리 옆에 두느라 물에 젖어 약간 손상된 그 봉투에는, 은거 생활에 관한 애런의 성찰을 검은 볼펜으로 기록한 여덟 장의 종이가 들어 있었다. 애런의 손 글씨는 대문자로 쓰였는데도 아주 유연하고 유려해서, 사라 메이틀랜드와 나눈 대화를 옮겨 적은 글과 사실상 정반대되는 느낌을 불러일으켰다. 한마디로 그 글은 아주 고요하게 읽혔다.

내가 들은 바로, 애런은 눈에 띄는 금발과 제멋대로 자란 수염, 야외 생활에서 비롯한 황갈색 피부가 인상적인 사십 대 후반의 남성이었다. 그의 텐트는 숲속 작은 공터에 있었다. 그는 이렇게 썼다. '촛불 조명, 장작불로 만드는 요리, 침낭과 매트 몇 개. 나는 집에서 아주 편안하다.' 그는 그곳에서 8년간 생활했다. 원래 웨스트요크셔 지역의 작은 마을 출신인 애런은 1990년대 초에 허더즈필드의 레코드 가게에서 일하다가 얼마 못 가 쫓겨났다. '아무래도 내게는 동료 재소자들의 언어적, 신체적 공격을 자극하는 무언가가 있는 것만 같다.'

나는 애런이 '재소자(inmates)'라는 단어를 문자 그대로의 의미로 사용했다고 생각하지 않는다. 그는 그저 세상을 하나의 감옥으로 여겼던 것

뿐이다. 이후 그는 런던으로 이사했고, 별 의미 없는 나날들이 이어졌다. '음악, 책, 카니발, LSD, 산책, 일광욕, 약간의 그림과 사진 촬영, 헤로인에도 잠깐 손을 대보고…' 1990년대 후반에 한동안 그는 음악가로 살아갈 수 있을지도 모른다는 희망을 품었지만, 곧 의심이 일었다. 대신 그는 창의적 에너지를 자신에게 쏟아 삶 자체를 하나의 예술 작품으로, 급진적 환경주의를 선언하는 일종의 사회경제적 실험으로 바꾸기로 결심했다. '어떻게 하면 최소한의 재원과 할 수 있는 노력만으로 살 수 있는지 알아보기 위해서.'

숲속에서 생활하기 위해 서쪽으로 이사한 것은 세상에서 벗어나는 일인 동시에 뿌리 깊은 성향으로 회귀하는 것이기도 했다. '20년 전이라면 유별난 행위라고 생각했겠지만, 40년 전이라면 가능한 일이라고 느꼈을 것이다.' 어린 시절 애런은 들판에서 놀거나 감기에 걸려 침대에 누워 있는 동안에만 자유로움을 느낄 수 있었다. 그런 시간은 읽고, 생각하고, 스스로의 힘으로 발견할 기회이자, 미지의 것에 마음을 연 채 살아 있을 기회였다. '지금처럼 살기 시작했을 때, 나는 이 삶이, 원치 않는 일을 하지 않으면서 어른으로 사는 법에 관한 어린 시절의 생각들이 자연스럽게 이어졌다는 사실을 곧 깨닫게 되었다.'

애런은 해안가에서 주운 나무와 식용 해초를 팔아 약간의 돈을 벌었다. 때로는 친절한 지역 주민들이 음식과 옷, 신발, 현금 등을 기부해 주었다. 쌀, 콩 통조림, 땅콩, 말린 과일 등 몇몇 주요 물품을 보충하기 위해서는 따로 채집 활동을 하기도 했다. 애런은 엄청난 양의 갯배추를 먹었다. 최근에 그는 갯배추의 두꺼운 줄기에서 껍질을 벗기면 수박 맛이 살짝 난다는 사실을 알았다. '나는 모든 초자연적 현상에 마음이 열려 있고, 텔레파시와 예지몽, 유체이탈 등의 현상을 빈번히 경험했다'라고 적었듯, 애런의 성격에 내재한 신비주의적 요소는 은둔 성향과 긴밀하게 연관돼 보였다.

'나는 꿈을 꿀 수 있는 혼자만의 시간을 보장받고 싶다. 그것이 내가 원하는 전부이다.'

애런의 편지를 읽고 또 읽으면서, 나는 그의 이상주의와 그가 느낀 환멸감 사이의 연관성을 밝히기가 극도로 어렵다는 사실을 깨달았다. 자유를 향한 애런의 열망은 떠나온 사회를 향한 그의 혐오감에 얼마나 영향을 미쳤을까? 애런이 가끔 품었던, 자신이 자멸한 인간 종족의 유일한 생존자라는 유아적 백일몽조차 하늘을 올려다볼 때마다 바로 무너져버리곤 했다. '내 위의 대기와 사방의 수평선은 기계(비행기)가 발산한 물질로 잔뜩 뒤덮여 있다.' 세계는 그 속에 살면서 현실과 직면하기를 거부한 우리 자신이 파괴해버리고 말았다.

'모든 사람은 그들이 생활이라 부르는 일에 종사하지만, 결코 진실로 존재하지는 않는다.' 애런이 느끼기에, 모든 사람은 숲속에서 갯배추를 먹으며 몇 달간 머무는 것에서 많은 것을 얻을 수 있었다. 하지만 그런 일은 결코 일어나지 않을 것이므로, 그는 다른 어디에도 가지 않을 생각이었다. '정글에서 8년을 보낸 지금, 내게는 죽음 말고는 여기서 벗어날 다른 길이 보이지 않는다.'

사회로 되돌아오면 그의 꿈 같은 상태가 심각하게 훼손될 것이 분명했기에, 그는 갯배추와 기부받은 쌀에 의지해 살아가는 어려움 정도는 기꺼이 감내할 수 있었다. 애런은 '과학적으로는 설명이 안 되는' 현상을 다루는 미국의 연구자 찰스 포트Charles Fort가 남긴 말을 자주 인용했다.

애런은 이렇게 썼다. '그는 세상 모두가 존재하지도 않는 건초 더미 속에서 잃어버리지도 않은 바늘을 찾고 있는 것 같다고 말했다. 나는 바늘 찾기를 그만두고 그 모든 광대짓을 밀쳐낸 뒤, 뜻밖에도 내가 낙원에 와 있다는 사실을 알았다. 하늘은 계속해서 지옥 같을 것이다. 내가 아직 완전히 벗어난 것은 아니다. 군대라는 악마도 남아 있다. 기관총 소리, 폭탄 터지는 소리, 각종 기계음 소리. 이런 것들은 나와 지구, 새, 고래, 그 외의 모든 동물에게는 불쾌한 잡동사니들일 뿐이다.'

세상은 그저 아비규환일 뿐이었다. 애런의 글은 고대 후기에 들어 명문화된 염세적 충동의 현대적 판본에 해당된다. '푸가 문디Fuga mundi'는 세상에서 벗어나 따로 분리되고자 하는 충동을 나타낸 말이다. 그리고 세상과 세속적 관심사를 향한 경멸을 뜻하는 '콘템프투스 문디Contemptus mundi'는 애초에 푸가 문디를 향한 열망이 일어난 이유에 해당하는 말이다. 물질보다 영혼이 우월하다는 고대의 이교적 개념에 바탕을 둔 콘템프투스 문디라는 주제는, 6세기 로마의 정치가 보에티우스Boethius가 쓴 《철학의 위안(Consolation of Philosophy)》에서 가장 뚜렷한 형태로 구현되었다. 그에 따르면 인간은 '거짓된 행복(false felicity)', 즉 현세의 환상적인 쾌락을 추구하느라 발이 묶여버린 가증스러운 죄인에 불과했다. 그들의 유일한 희망은 신의 자비였다.

세속적 고전 철학에 뿌리를 둔 이런 관점은 사막의 교부들이 예시한 기독교의 자기 훈련 전통과 융합되어 중세 사상의 주류를 형성했다. '세상에 종말이 닥쳤다!(호라 노위시마Hora novissima)'라는 주장은, 12세기에 클뤼니의 베르나르Bernard가 쓴 《드 콘템프투 문디De contemptu mundi》같은 책에서 볼 수 있다. 이 작품은 동료 베네딕도 수사부터 교황에 이르기까지 모든 사람을 맹비난하는 3,000여 구의 풍자시로 구성되었다. 당시에는 사회와 교회 모두가 구제할 길 없이 부패해 있었다.

콘템프투스 문디는 《장원 청지기의 이야기(The Reeve's Tale)》에서 히에로니무스 보스Hieronymus Bosch의 종말론적 이미지에까지 이르는 중세 문학과 예술 전반을 뒤덮은 먹구름이었다. 비록 14세기 말 인본주의가 싹트면서부터 징벌을 강조하는 음울한 중세적 관점은 누그러들기 시작했다. 그럼에도 콘템프투스 문디는 예술과 문학의 모티브로 남아 바니타스vanitas 정물화˙에 그 영향력을 미쳤다. 연기, 썩어가는 과일, 모래시계, 해골, 이 모두는 관람객에게 삶의 덧없음과 물질적 향락의 헛됨을 환기시켰다. 셰익스피어의 비극 《아테네의 타이몬(Timon of Athens)》에서 아테네 상류층 타이몬은 자신의 관대함에 보답하지 않은 친구들에게 분개한 나머지, 숲속 동굴로 가서 자신이 미칠 듯이 혐오하는 그 도시를

˙ 기독교적인 영원한 가치에 비해 세속적 삶은 덧없다는 메시지를 전달하고자 상징적 사물을 그린 정물화 – 편집자

파괴할 계획을 세운다.

'그대는 인간이 그토록 혐오스러운가 / 그대 자신도 인간이 아닌가?' 타이몬이 아테네를 공격하도록 고용한 반역자 군인 알키비아데스가 묻는다. 그러자 타이몬은 '나는 인간 혐오자(Misanthropos)요. 난 인류가 싫소'라고 답한다.

하지만 세상에 대한 이런 세속적 혐오는 은거하고자 하는 수도사들의 진정한 동기와 반드시 구분해야 한다. 마운트 성 베르나르 수도원 원장 돔 에릭 바튼이 내게 말했듯, 세상에 실망하거나 지쳐 수도원에 들어갈 수도 있지만, 세상을 경멸하는 것은 경전의 정신에 어긋나는 일이다. 고대 그리스어로 된 70인역譯 성서 중 하나인 《지혜서(The Book of Wisdom)》에서 솔로몬은 신에게, '당신께서는 존재하는 모든 것을 사랑하시며, 당신께서 만드신 것을 하나도 혐오하지 않으십니다. 당신께서 지어내신 것을 싫어하실 리가 없기 때문입니다'라고 말했다. 자신의 죄를 의식하는 수도사는 세속의 죄인을 경멸이 아닌 연민의 눈빛으로 바라본다. 세상을 거부하기는커녕, 그는 세상을 향한 사랑과 세상이 구제받길 바라는 마음을 품은 채 수도원에 들어간다. "모든 쇄신 운동에 항상 자신의 입지를 반항적인 용어로 나타내고자 하는 유혹이 있었지요." 돔 에릭이 내게 말했다. "하지만 그런 태도는 결코 장기적으로 동기를 부여하진 못할 겁니다. 근본적인 동기는 반드시 긍정적이고 열망에 찬 것이어야 해요."

이 수도사는 콘템프투스 문디가 지속할 수 있는 입장이 아니라는 사실을 분명히 이해하고 있었다. 냉소적인 철학자 아페만투스Apemantus조차 히스테리적인 관대함에서 전면적인 인간 혐오로 급선회한 타이몬의 극단적인 태도를 꾸짖는다. '중간 부류의 인류를 그대는 결코 모른다네. 양극단만 알 뿐이지.' 일반인들은 수도사가 은거하게 된 배경을 설명하면 세상을 향한 경멸의 측면을 강조하기 쉽다. 브라이언 하네티가 곡을 붙이던 녹음 파일의 주인공 토머스 머튼은 1948년에 자서전《칠층산》을 출간했다. 준비되지 않은 독자라면 머튼의 이 초기 저작이 소화하기 힘들 수도 있다. 신의 빛을 받아들이는 것이 중요하다는 그의 주장은 세속의 어둠을 피해야 한다는 주장에 비해 상대적으로 빛을 잃는 듯 보이는데, 이는 아마도 은총의 진실성과 기쁨이 그에게는 너무 자명해서 말로는 제대로 전달하기 힘들어서일 것이다.('그대가 믿지 않는다면 결코 이해하지 못할 것이다.')

반면, 불순종의 추잡함은 철저하고도 열정적인 규탄의 대상이 된다. 누구는 2차 세계대전 후였으니 머튼이 세상을 나쁘게 본 것은 얼마든지 용서받을 수 있다고 말할지도 모른다. 하지만 그럼에도 예수의 순수한 사랑을 지지한다는 사람이 일상의 '악취 나는 야만적 이교주의'와 경건하지 못한 모든 음악과 문학의 '헛된 탐미주의', '이기적이고 어리석고 멍청한 인간 세상'의 '값싸고 하찮고 역겨운 욕정과 허영'에 관해 말하는 것을 보노라면, 머튼이 그의 신앙 배후에 내재한 미움의 신학을 노출함으로써 스스로의 주장을 해친다는 느낌을 받지 않을 수 없다. 이것은 영성을 자신들의 격분을 장식하는 수단으로 활용하는 내 요가 친구들이나 상습적 은거자와 같은 태도가 아닌가? 머튼의 은거는 타이몬과 마찬가지로, 은총과는 어울리지 않는 세상에 대한 극단적 혐오와 환멸에서 비롯한 인간 사회로부터 물러남이나 떠나감 외에 달리 해석할 여지가 있을까? 돔 에릭은 그럴 수 있다고, 머튼의 은거는 세상을 향한 경멸이 아닌 예수의 빛 아래에서만 세상은 의미가 있다는, 점증하는 확신으로 동기를 부여받았다고 말할 것이다. 머튼은 곧 평생을 몸담게 될 켄터키주 겟세마니 수도원에서 첫 번째 공식 은거를 하는 동안 이렇게 썼다. '이곳이 미국 내에 존재하는 그 모든 생명력의 중심부이다.' 비록 이 세상이 지옥 구덩이일지는 모르지만, 머튼의 소망은 세상을 경멸하는 것이 아닌 세상의 구원에 참여하는 것이었다.

은둔 생활은 수도원 제도의 원형이다. 안토니와 그를 따른 초기 금욕주의자는 그들의 신과 함께 머물기 위해 스케티스 사막으로 몸을 피했다. 하지만 6세기에 들어 수도원 제도가 발달하고 성 베네딕도의 지도하에 수도원이 번성하면서 부패의 위험이 생겨났다. 오두막이나 동굴이 아닌 수도원에서 공동체 생활을 하는 것은 세속을 향해 한 걸음 더 가까이 다가서는 것이나 다름없었다.

중세 성기(High Middle Ages)에는 은자다운 삶의 순수성을 회복하면서도 공동생활의 몇몇 이점들을 보존하려고 시도했다. 무리 중에 혼자가 되려면, 즉 타인과 공동생활을 하면서도 고독한 기도를 향한 은자다운 헌신을 유지하려면 어떻게 해야 할까? 카르투지오회는 사막의 교부들과 같은 수준의 엄격함을 회복하겠다는 분명한 목적의식으로 1084년에 창설되었다. 카르투지오회 수사들은 집단적으로 고립된 생활을 했다. 즉, 수사 각각은 작은 골방(주요 회랑 외곽에 있는 테라스식 작은 오두막)과, 개인 공간의 기능을 겸한 밀폐된 정원이자 낙원의 상징이기도 한 호르투스 콘클루수스hortus conclusus를 하나씩 배정받았다. 카르투지오회의 이름은 프랑스 남동부의 외진 산간 지대에 자리 잡은 그들의 모원 라 그랑드 샤르트뢰즈La Grande Chartreuse에서 비롯했다. '샤르트뢰즈'는 18세기 이래로 수사가 만든 녹색 술을 뜻하기도 하지만, '카르투지오 수도회의 집(Charterhouse)'이란 의미도 있다. 공동 기도는 하루 세 번으로 제한되어 있었다. 수사들은 나머지 시간의 전례들을 자신의 골방 안에 마련된 소형 예배실에서 홀로 치르곤 했다. 대화는 일주일에 한 번씩 주변의 산길을 산책하는 동안에만 허용되었다.

그것은 본질적으로 현대의 도시 생활과도 어느 정도 비슷했다. 수사들은 함께 생활하면서도 서로에게 최대한 신경 쓰지 않으려 했다. 카르투지오회는 모든 가톨릭 교단 중 가장 고립되고 가장 침묵에 헌신하는 교단이었다. 상대적으로 느슨한 규율에 불만을 품고 베네딕도회나 시토회를 탈퇴한 수사들이 카르투지오회에 입문하는 일도 그리 드물지 않았다. 전해 내려오는 이야기로는, 14세기 당시 교황이었던 우르바노 5세는 가끔 고기라도 좀 먹으라고 권유하며 카르투지오회의 금욕 성향을 누그러뜨리려다가, 수사들이 항의의 표시로 보낸 사절단의 비판을 감내해야 했다고 한다. 우르바노의 마음을 바꾼 것은 사절단의 무례함이 아닌 그들의 나이였다. 그들 중 나이가 가장 적은 수사는 88세, 가장 많은 수사는 95세였다고 한다. 웨스트서식스주에 있는 파크민스터Parkminster 수도원은 영국에 남은 유일한 카르투지오회 수도원이다. 널리 알려진 카르투지오회의 장수 성향은 파크민스터 수도원에서 나를 맞은 시릴 피어스 신부를 통해서도 입증되었다. 당시 87세였던 그는 어떤 신비스러운 연료로 힘을 공급받는 듯한 인상을 주었는데, 고작 1년 전에 그가 최근 건립된 한국 카르투지오회 수도원을 방문했다가 계단에서 넘어져 허리가 부러졌다는 점을 감안하면 더더욱 놀라울 뿐이다. 당시 그는 몸도 움직이지 못했고, 말이 통하지 않아 손동작으로만 소통했다고 한다.

"저는 대부분의 사람보다 더 잘 준비되어 있습니다. 이점에는 의심의 여지가 없지요." 그가 웃으면서 말했다. 더블린 출신인 시릴 신부는 거의 완벽에 가까운 침묵에 59년 동안 헌신한 사람이라는 사실이 무색할 정도로 명랑하고 유창한 언어를 구사했다. 나는 '이 친구들은 기쁨에 반쯤 정신이 나가 있다'라던 마이클 신부의 말을 떠올렸다.

"하지만 그때는 상황이 완전히 달랐습니다. 여기서는 얼마든지 이야기를 나눌 수 있지만 그러지 않기로 선택한 사람들과 함께 지내지요. 한국에서는 단순히 대화가 불가능했습니다." 시릴 신부는 회복되어 영국으로 돌아올 때까지 끊임없는 통증과 불면증에 시달리면서 자신의 골방에서 2달 동안 누워 있어야 했다. 극단적인 고행은 카르투지오회의 전문 영역이었다. 파크민스터의 수사들이 침묵을 거두고 일 년에 한 번 모임을 갖는 사제단 회의장에 들어갔을 때, 시릴 신부는 내게 개혁 기간 동안 런던에 있는 이 카르투지오회 수도원에서 순교한 수사들을 묘사한 벽화들을 보여주었다. 교수형을 당하는 사람, 단두대형을 받는 사람, 도끼로 몸을 4등분 당하는 사람 등등. 우리는 한동안 말없이 그 자리에 서 있었다.

"이들은 만만찮은 사람들이었습니다." 시릴 신부가 말했다.

파크민스터의 수도원장으로 임명되기 전, 시릴 신부는 40여 년간 유망한 수사들의 교육을 책임지는 수도원의 수련장이었다. 교육은 침묵과 고립의 삶에 적응할 수 있도록 입문자를 세속적 관심사에서 분리하는 과정으로 구성되어 있었다. "이런 유형의 소명에서 중요한 건 덕성을 쌓는 것이 아닙니다." 그가 말했다. "정말로 중요한 건 불필요한 것을 모두 벗겨내는 거예요."

교육은 대개 10년쯤 걸렸고, 퇴보할 위험으로 가득 차 있었다. "당사자와 신 모두 꽤 고약한 순간들을 경험하게 될 겁니다." 시릴 신부가 팔걸이의자에서 뒤로 기대어 앉으며 웃음을 터뜨렸다. "초심자들은 아주 서서히 예수의 목소리를 듣기 시작합니다. 그들은 6년이나 7년쯤 지났을 때 제게 와서 '신부님, 저 들었어요!'라고 말하곤 하지요." 이번에는 배꼽이 빠지도록 껄껄 웃었다. "그러면 저는 '아냐, 자넨 아직 못 들었어!'라고 답해 줍니다."

캘리포니아로 여행 갔을 때 나는 공동 은둔의 명백한 역설을 처음으로 경험했다. 베네딕도회의 분파 중 하나인 까말돌리회는 은자적 삶을 공동생활의 요소와 결합한 또 하나의 거대한 가톨릭 교단이다. 설립자

라벤나의 성 로무알드St Romuald of Ravenna는 11세기에 정리한 자신의 규칙서에 이렇게 썼다. '낙원에 있는 것처럼 네 골방에 앉아 있으라. 세상을 뒤로하고 그것을 잊어버리라.' 교단의 캘리포니아 지부인 뉴 까말돌리 허미티지New Camaldoli Hermitage는 1958년 무렵, 에솔렌에서 1번 고속도로를 타고 16킬로미터 정도 내려온 곳에서 태평양을 굽어보는 산타 루치아Santa Lucia 산 정상에 세워졌다.

까말돌리회가 카르투지오회에 비해 덜 엄격해 보인다면, 아마도 주변 환경과 관련이 있을 것이다. 이곳에서도 수사들은 해 뜨기 전에 일어나 새벽 기도를 올렸고, 구멍 난 벽돌로 에워싸인 골방 핵사고날hexagonal에서 홀로 고요한 기도에 몰두하는 데에 대부분의 시간을 썼다. 그들은 오직 식사와 미사를 위해서만 한자리에 모였다. 그럼에도 이보다 더욱 은 둔하고자 한다면 여기보다 열악한 환경은 얼마든지 있었다. 이 은둔처는 기독교만큼이나 오래된 미국 삼나무가 그늘을 드리운 협곡들 사이의 고원 지대에 자리 잡고 있었다. 만과가 되기 전에 나는 산등성이 너머로 하이킹을 가곤 했는데, 그곳 나무들의 둥치 부위에는 불로 태워 만든 거대하고 시커먼 동굴들이 있었다. 마치 은거를 부추기는 듯한 풍경이었다. 그 풍경을 배경으로 늦은 오후의 햇살이 이 순간을 기억할 만한 빛깔을 드리우고 있었다. 수사들은 가끔 정신을 딴 데에다 팔곤 했지만, 아주 다정한 사람들이었다. 내가 만난 수많은 묵상가처럼, 그들은 강렬하게 현존하는 동시에 어딘가 다른 곳에 가 있는 듯한 인상을 풍기기도 했다. 두 번째 날 아침, 나는 식당 옆의 낡아빠진 별채에서 켄 형제와 잡담을 나누었다. 당시 36세였던 그는 수련생으로 입문하기 전에 수도원 생활을 체험해보는 두 명의 성직 지망자 중 한 명이었다.

켄은 비교적 최근에 신앙을 갖게 되었다. 그의 부모는 1980년대에 베트남에서 미국으로 이민한 사람들이었다. "저는 무신론자였어요." 세탁 카트에 흰색 옷들을 실으면서 그가 말했다. "수행하지 않는 불교도였지요." 성긴 수염을 기른 그는 허둥지둥거리는 태도에 걸맞은 폭발적인 웃음을 가졌다. 특별히 언급한 사람은 없었지만, 나는 사람들이 켄이 적합한지 의심하고 있다는 인상을 받았다. 전날 그는 점심 식사를 마치고 부엌에 남아 있다가, 갑자기 냄비와 트레이 더미를 정신없이 달그락거리면서 내 설거지를 도와주기 시작했다. 마치 구경만 하는 태도가 신에 대한 자신의 헌신에 의문을 제기하기라도 한 것처럼.

"은둔처에 대한 첫인상은 어땠나요?" 내가 물어보았다.

"완전히 사랑에 빠졌어요." 켄이 말했다. "구성원으로서 누릴 수 있는 자율성, 묵상이란 신비적 삶을 추구하기 위해 은자가 된다는 사실 등등. 하지만 근본적으로 저를 사로잡은 건 침묵과 고독이었어요."

켄은 약간 히스테릭한 웃음을 터뜨렸다. 은둔처의 종이 기도 시간을 엄숙하게 알렸다.

솔렘에서는 시편을 낭송해 어둠의 시간을 축성하는 고대 의식 비질스의 기도와 함께 새벽 5시 30분에 일과가 시작됐다. 7시에 열리는 찬과 이후에는 오후 기도가 있었고, 그 후에는 오후 5시 미사와 함께 치러지는 만과가 이어졌다. 전통적인 베네딕도회의 기준에서 보면, 이 일정은 꼭 필요한 골자만 남긴 것이었고, 수사들은 골방에서 침묵의 기도와 공부에 시간을 충분히 쓸 수 있었다.

그렇다고 해서 까말돌리회가 고독한 묵상에만 전적으로 초점을 맞추었다는 말은 아니다. 이곳의 벽들은 파크민스터나 솔렘보다 훨씬 더 투과성이 좋았다. 또한 까말돌리회의 '캐리즘charism(교단의 고유한 영적 특성)'에는 단기간 은거를 위해 방문한 일반인들을 영적으로 안내하는 일과, 외부 교육 등과 같은 외향성의 요소가 포함되었다. 따라서 로무알드의 글을 다음과 같이 고쳐 써도 무방할 것이다. '세상을 뒤로하고 그것을 잊어버리라. 하지만 완전히 잊어버리지는 말라.'

"균형이 잘 잡혀 있다는 게 느껴지실 겁니다." 키프리안 신부가 말했다. 이지적이고 부드러운 목소리에 매우 다정하게 권위적이었던 키프리안은 1992년에 교단에 입회한 뒤 2012년에 뉴 까말돌리회의 수도원장이 되었다. 이제 막 예순이 됐지만, 은둔처 위의 가파른 산길을 하이킹하는 그의 모습은 사십 대로밖에 보이지 않았다. 키프리안 신부에 따르면, 초기에만 하더라도 이곳의 관례는 침묵과 금욕을 강조하는 카르투지오회의 이상에 더 가까웠다고 한다. 하지만 뉴 까말돌리회는 부분적으로는 베네딕도회 수도원 특유의 독립성 덕분에 캘리포니아의 분위기에 서서히 적응했다.

키프리안 신부는 이렇게 말했다. "이런 형태의 삶이 그 융통성 덕분에 표준에서 약간 벗어난 무언가를 찾는 사람을 끌어들일 수도 있을 겁니다. 수도원 생활을 원하고, 의례에 기초한 영성을 추구하면서도 수도원에서 종종 보이는 군대식 생활은 피하고 싶어 하는 그런 사람들 말이지요." 하지만 자유주의에는 분명 한계가 있었다. "예배와 경전, 의례, 전통, 이런 것들은 이곳에서의 삶을 지탱하는 버팀목입니다. 그건 가장 중요한 공통분모예요. 그걸 잃기 시작하면 모든 것이 무너질 겁니다."

수도원으로 돌아와서 나는 미사에 참석했다. 성체 성사를 위해 우리는 공상 과학 영화스러운 푸른 조명이 차분하게 켜진 원형 홀로 걸어 들어갔다. 제단 위에는 성배와 천, 미사전서가 놓여 있었다. 솔직히 말하면 의례는 약간 무서웠다. 성사에 참석한 이들은 다소 컬트적이고 기묘한 느낌이 들도록 제단 주위를 에워쌌고, 좌우로 흔들리는 향로에서는 연기가 점점 더 많이 피어올랐으며, 성사를 주재하는 사제는 축성의 표시로 양팔을 위로 들어 올렸다. 참석자들은 성찬용 빵을 받기 위해 한 명씩 앞으로 나왔다.

수사들이 의례에 몰두하는 모습을 지켜보는 동안, 나는 이토록 강력한 의식이 힘을 잃어가고 있다는 사실이 믿기지 않았다. 하지만 대부분의 다른 기독교 수도원과 마찬가지로 이곳의 수사 숫자도 감소 추세였다. 은둔처에 남은 15명의 수사 가운데 12명은 예순이 넘은 사람들이었다. 켄을 제외하면 새로운 지망생은 사실 거의 찾아오지 않았다. 비드 힐리Bede Healey 형제가 보기에 해답은 수도원의 개방성을 높이는 것이었다. 2017년 비드는 버클리주에 있는 자매 수도원 인카네이션Incarnation의 수도원장이 되기 위해 은둔처를 떠났다. "우리는 젊은 사람들에게 무엇이 필요한지 안다는 생각을 버려야 합니다." 그가 내게 말했다. 수도원의 성향은 지원자에 맞게 바뀔 필요가 있었다. "수사들은 앞을 내다볼 줄 알아야 합니다. 아니, 그보다는 차라리 미리 앞서 나아가야 합니다."

키프리안 신부는 좀더 신중한 입장이었다. "저는 새로운 방식을 가지고 실험하는 데에 완전히 열려 있습니다." 그가 말했다. "전통적이고 고전적인 접근법을 완전히 폐기하지만 않는다면 말이지요." 사실 이 교단의 너그러운 성향은 일부 가톨릭 집단들 내에서 논쟁거리가 되었다. "보수적인 비평가들은 우리를 온탕(hot-tub) 수사들이라고 부릅니다." 개혁주의자와 창단 원로들 사이의 균형을 잡는 것이 키프리안의 업무였다. "현재 입문 중인 그 두 지원자는 수도원의 역사와 의례, 영성 등을 원래 방식대로 엄격하게 배우고 있습니다." 켄도 분명 그것을 원하는 듯 보였다. 그의 목표는 교단에서 자신의 특질을 인정받는 것이 아니라, 물질세계를 포기하고 거기서 완전히 벗어나는 것이었다. "저는 모든 것을 십자가에 못 박아야 합니다." 정오 기도를 올리기 위해 콘크리트로 된 길을 걷던 중에 그가 말했다. "제 모든 욕망과 모든 꿈과 모든 열망에 대해 죽어야 해요. 저는 그 모두를 주게 바치려 합니다."

"정말로 엄숙하게 서약할 수 있습니까?" 내가 물었다.

"저는 여기 묻힐 겁니다." 또다시 웃음을 터뜨리면서 그가 말했다. "그게 제 목표예요."

바깥 세상에 다가가기 위해 애쓴 결과, 까말돌리회는 예기치 않게 좀더 느슨한 형태의 구도자들을 수도원으로 끌어들이게 되었다. 수사들의 관대함에 혜택을 얻은 세속적 은둔자들이었다. 식당 뒤편 숲속에는 인습을 거부하는 이들과 소로를 닮은 괴짜들이 여기저기 흩어져 살고 있었다. 이들은 어느 날엔가 이곳으로 걸어 들어와 낡은 오두막이나 트레일러에 자리 잡은 뒤, 약간의 정원 일과 유지관리 업무의 대가로 수사들의 토지 소유권을 주장했다. 마치 애런 같은 사람들로 구성된 떠돌이 공동체였다. 각자의 공간에서 생활하는 까칠한 외톨이들의 모임, 일반인들로 구성된 까말돌리회나 다름없었다. 내가 방문했을 때는 잭 대니얼스로 알려진 전설적 인물이 불에 그을린 세쿼이아 나무 위 트레일러에서 여전히 생활하고 있었다. 직접 만나보진 못했지만, 그가 심각하게 아프다는 소문이 떠돌았다. 반면, 월코는 눈에 잘 띄는 인물이었다. 그는 삐걱거리는 덧문에 기름을 칠하며 주변을 돌아다니거나, 자신의 낡아빠진 스즈키 오토바이로 몬테레이와 샌프란시스코로 방문객을 실어 나르곤 했다. 한번은 그가 긴급히 전할 정보가 있다는 듯 나를 창고로 안내했다.

"우선, 우리는 모두 여자를 좋아해, 그건 나도 알아. 하지만 난, 빌어먹을, 너까지 사랑해!" 그가 말했다.

우리는 만난 지 서른여섯 시간도 채 안 된 상태였다. 월코는 브루클린 출신이었는데, 나는 잔뜩 흥분에 찬 그의 고백을 더 오래되고 특이한 무언가로, 브루클린은 휘트먼Whitman이 살던 도시라는 이야기로 막았다. 그는 길고 희끗희끗한 수염을 늘어뜨린 채 언짢은 눈빛으로 내 설교에 귀를 기울였다. 그가 전하려 한 두 번째 정보는 백악관과 월 스트리트,

바티칸에 관한 아주 복잡한 문제와 연관되어 있었다. 그들이 이 수도원을 파괴하려는 음모를 꾸미고 있다는 것이다. 하지만 월코의 의견에 따르면, 중요한 것은 수도원이 아니었다. "문제는 땅이야, 내 말 알겠어? 이 땅은 더럽게 신성하다고. 수도사든 아니든, 사람들은 항상 이곳으로 모여들 거야."

내게는 가톨릭 수도원처럼 본질적으로 보수적인(이곳의 자유주의적인 특성에도 불구하고) 기관이 캘리포니아식 반문화 운동의 잔재를 수용한다는 사실이 매우 아이러니했다. 월코와 동료 거주민들은, 자본이 에솔렌을 낯설고 질서 정연한 상업 시설로 바꿔놓지만 않았다면 틀림없이 그곳에서 시간을 보냈을 괴짜들이었다. "여기는 빅 서입니다." 함께 걷던 중 키프리안 신부가 말했다. "어쨌든 캘리포니아 해안가에는 히피를 포함한 온갖 유형의 방랑자들이 많지요." 이 은둔처는 종교적 성향이 불분명한 사람들을 위한 은거지이기도 했다. 팀 퀴리는 최근까지 콜로라도에 거주한 사십 대 중반의 뉴질랜드인이었다. 월코와 팀은 사이가 별로 안 좋았다.

"그 자식은 나를 비열한 놈처럼 말하지만, 난 꽤 합리적인 사람이야." 팀이 내게 말했다.

팀은 숲 끝자락의 오두막에서 살고 있었다. 월코는 내게, "그 녀석 조심하는 게 좋을 거야"라고 경고했다. 그 이상의 이야기는 하고 싶지 않다고 했지만, 내가 보기엔 뿌리 깊은 성격 차이에서 비롯한 감정싸움에 불과했다. 월코의 불안정한 신비주의적 성향과 팀의 차분하고 전문적인 성격이 충돌을 일으킨 것이 분명했다. 팀은 진화생물학과 애착 이론, 신경과학 등과 연관 지으며 인간의 본성에 관해 꽤 독창적인 해석을 길게 늘어놓는 습관이 있었다. 그는 고도로 지적이고, 약간 취약하며, 다른 사람을 불쾌하게 만들어 자신의 고독을 지속하길 좋아했다는 점에서 타고난 은자였다.

어느 날 오후, 그에게 중추신경계에 관한 고도로 복잡한 강의를 듣던 중 나중에 다시 보기로 하고 은둔처에 있는 도서관으로 피신했다. 그런데 그곳에서 안락의자에 몸을 걸치고 있는 그와 다시 마주친 것이 아닌가! 그는 마치 양자의 입자처럼 모든 곳에 동시에 존재하는 듯 보였다. 우리는 스트레스와 오염된 도시 환경이 대뇌핵에 미치는 영향에 관해 못다 한 이야기를 마무리 지었다. 팀은 자신의 숲속 생활을 일종의 '신경 단식(neural fast)'으로 간주했다. 현대적 생활 방식은 우리의 신경 체계에 해를 끼친다는 것이다. "우리의 신경 체계는 지금 방식대로 사는 데 적응을 못 하고 있어. 우리 몸은 그렇게 만들어지지 않았거든."

팀은 이 은둔처 말고는 갈 곳이 없었다. 그해 초에 팀은 덴버에서 여자친구와 헤어졌다. 트럼프가 사회적 붕괴의 원흉인 듯했다. 숲속으로의 은거는 하나의 선택지가 아닌, 유일하게 할 수 있는 이성적인 조처였다. "나는 이곳의 고요함과 아름다운 풍경을 좋아해." 그는 이 은둔처가 지금 형태대로 살아남을 수 있다고 생각할까? "그랬으면 좋겠어." 그가 말했다. "나는 이런 장소가 문자 그대로 사람의 생명을 구할 수 있다고 생각해."

내가 보기에, 은둔처에 거주하는 팀과 다른 방랑자들은 그런 부류의 사람을 받아들일 수 없는 자본주의 사회에 배척당한 부적응자였다. 그들은 어디에도 갈 곳이 없었다. 반면, 수사들이 세상으로부터 물러난 것은 침묵과 고독이야말로 신성과 만나는 가장 분명한 길이라고 믿었기 때문이었다. 하지만 은거를 향한 충동을 인습 거부자와 종교적 묵상가만의 전유물로 간주하는 것은 분명 실수일 것이다. 안락한 중상류층 사회에서도 은거는 동경과 열망의 대상이었는데, 이런 은거 개념은 18세기로까지 거슬러 올라간다. '은둔처(hermitage)'는 긴 수염에 누더기를 걸친 괴짜들의 허술한 오두막만을 뜻하지는 않았다. 궁전이 은둔처일 수도 있었다. 상트 페테르부르크 에르미타주 미술관은, 1764년 예카테리나 대제가 겨울궁전의 공식 업무에서 벗어나 쉬기 위해 마련한 더 작은 건물 쁘띠 에르미타주를 증축한 건축물이다. 장 자크 루소Jean Jacques Rousseau의 '자연스러운 인간(natural man)' 개념은 당대 유럽 엘리트층에 대단히 인기가 높았다. 그녀는 자신의 공식 거주처를 과시해 방문객의 마음을 얼어붙게 하는 대신, 좀더 간소하고 비공식적인 공간을 제공해 자신의 자연스러운 고귀함을 표현했다.('격식 없음'은 순전히 상대적이었다. 방문객들은 저녁 식사 시간에 타고난 지능이 낮은 웨이터에게 접대받았다. 귀족들은 거북이 요리를 도르래로 실어 나르는 것을 시골스러운 간소함으로 회귀한다고 생각했다.)

고귀한 은둔이라는 개념은 곧 널리 확산했다. 영국에서는 '자연스러움'의 이상이 17세기 말경에 확고히 자리를 잡았다. 역사가 고든 캠벨

Gordon Campbell이 언급했듯이, 18세기 무렵에는 '은둔처(The Hermitage)'라는 용어가 저택의 이름으로 점점 더 인기를 끌었고, 이런 추세는 땅을 소유한 귀족에서 중산층으로 서서히 확산했다. 길들여지지 않은 황야라는 목가적 이상은 우아한 저택 부지에 작은 동굴을 만들어 정원 은둔처를 유행시키기도 했다. 이 은둔처에는 종종 살아 있는 장식용 은둔자가 실제로 거주했는데, 머리를 길게 기르고 행인과 대화하지 않는다는 조건으로 땅 주인에게 수당을 지급받았다. 서리주 콥햄시 인근의 파인스힐 파크에 있는 자연정원에는 오래된 전나무 뿌리로 지어진 은둔처가 하나 있다. 1773년 간행된 일간지 '런던 이브닝 포스트'에는 소유주인 찰스 해밀턴이 그곳에 7년간 머물 은둔자를 구하는 광고를 냈다는 내용이 있다. 그곳에 머무는 동안 은둔자는 '면도도 하지 않고 손톱도 깎지 않고 머리도 자르지 않아야' 했다.(톰 스토파드Tom Stoppard의 소설 《아르카디아Arcadia》에서 시들리 파크의 정원사로 등장하는 노크스는 고용주 크룸 여사에게 자신이 지은 은둔처에 거주할 은둔자를 구하기 위해 신문에 광고를 냈다고 말한다. 이에 크룸 여사는 "하지만 신문을 보는 은둔자라면 우리가 신뢰할 수 있는 은둔자가 아닐 거예요"라고 반대한다.) 파인스힐 파크에서 해밀턴의 은둔자 역할을 맡은 레밍턴 씨는 7년간 은거하는 대가로 500파운드(약 80만 원)를 지급받았다고 한다. 하인들의 평균 연봉이 7파운드(약 1만 원) 정도였던 18세기 중반치고는 꽤 괜찮은 금액이다.

훗날에는 은둔자가 자동인형으로 대체되었다. 슈롭셔주의 호크스톤 파크를 찾는 방문객은 희미한 조명이 켜진 방 안으로 들어가, 일어나서

인사하고 나이를 말하는 맨발의 늙은 마네킹을 만날 수 있었다. 19세기 초반에도 자동화가 사람들의 일자리를 위협했던 셈이다. 캠벨은 이 장식용 은둔자를 정원요정(garden gnome)의 전신으로 본다. 정원요정은 고독이 진실성을 제공한다는, 새롭게 유행하던 관념을 감상적으로 구현한 것이었다. 당시의 사람들은 재력과 감수성을 갖춘 사람이라면 동료 인간들과 함께하기보다 자연에 안길 것이라고 믿었다.

이런 관념은 현재까지도 이어지고 있다. '모든 사람에게서 벗어날 수 있을 만큼 충분한 돈을 벌었으면 좋겠어.' 토마스 앤더슨Thomas Anderson 감독의 영화 '데어 윌 비 블러드There Will Be Blood'에 등장하는 석유업자 대니얼 플레인뷰의 말이다. 그러니 일론 머스크의 궁극적 야심이 화성에서 사는 것이라는 사실은 놀랄 일도 아니다. 특권과 은거 사이의 오래된 연합은 기술적으로 뒷받침된 현대 서양사회의 초개인주의로 대폭 강화되면서 공공연한 사실로 굳어졌다. 물질적인 부는 필연적으로 염세주의로 귀결된다고 생각한 것이다. 시민사회는 너무 가난해서 사람을 피할 수 없는 이들만을 위한 것이었다. 한때는 온건주의의 보루였던 코네티컷주 그리니치 지역의 담장은 21세기 초까지만 해도 뉴잉글랜드 전역의 담장과 별로 다르지 않았다. 로버트 프루스트Robert Frost의 시 '담장 고치기(Mending Wall)'에 나오는 메쌓기 담처럼 허리높이 정도였다. 하지만 헤지펀드 자본이 유입된 현재는 다른 집을 시야에서 가리는 3미터 높이의 모르타르 돌담인 '그리니치 담장'이 부지 주위를 에워싸고 있다. 프루스트의 시에 등장하는 벽은, 시적 화자는 불필요하다고 생각하지만 그의 이웃은 적극적으로 옹호하는 이웃간의 분리를 상징한다. 그 이웃은 "좋은 울타리가 좋은 이웃을 만들지요"라고 말한다. 그런데 담 높이가 3미터라면 논쟁은 그것으로 종결된다. 이웃은 무슨 이웃? 내게 이웃이 있기나 한가?

프레퍼족* 현상(피터 틸Peter Thiel과 동료들은 미래의 인공지능 아포칼립스에 대비해 호화로운 생존 벙커를 건설하고 있다)은 프란츠 카프카Franz Kafka의 미완성 단편 '굴(The Burrow)'을 연상시킨다. 이 소설에 등장하는 정체불명의 생명체는 땅에 이마를 수천 번 들이받아 벽으로 에워싸인 자신만의 굴을 얻는다. '난 피투성이가 되었을 때가 제일 행복해. 왜냐하면 그건 벽들이 단단해지기 시작했다는 걸 의미하니까.' 하지만 이 생명체는 공격받을지도 모른다는 두려움 속에 생활하면서, 끊임없이 들리는 '쉬익' 소리에 거의 미칠 지경이 된다. 그 소리는 별 의미 없는 소리일 수도, 다른 동물이 굴속으로 침입해 이 생명체를 찢어 죽이기 위해 굴을 파는 소리일 수도 있다. '누군가 오고 있어!' 어떻게 보면 이 소설의 백미는 미완성이란 사실 자체에 있다. 침입자는 결코 나타나지 않지만, 그 생명체는 그럴지도 모른다는 끊임없는 불안 때문에 굴 만들기를 중단할 수 없다. 그는 계속 이마를 들이받으면서 벽을 단단하게 만들어야 한다. 무한 퇴행으로서의 은거. 그는 그저 피해망상의 심연 속으로 깊이, 더 깊이, 계속해서 물러날 뿐이다.

---

* 인류의 멸망을 대비하는 사람들을 말함 – 옮긴이

안목 있는 프레퍼족은 캔자스주 위치타시에서 북쪽으로 2시간 거리에 있는 '서바이벌 콘도 프로젝트'에 이미 투자했다. 미사일 격납고였던 이곳은 저격수들이 보호할 뿐만 아니라 핵 공격도 견딜 수 있는 호화로운 지하 아파트 단지로 개조되었다. 거주민들은 창문을 대신해 배치된 비디오 화면으로 머리 위의 초원 풍경을 HD 생중계로 시청할 수 있었다. 아무리 생존 훈련과 1인당 3년치 식량이 포함된 가격이라지만, 51평의 건물을 장만하려면 무려 300만 달러(약 38억 원)에 이르는 비용을 지불해야 했다.

이런 프로젝트는 미국 특유의 종말론적 관심을 염세적인 충동과 하나로 연결했다. 좀더 보편적인 이런 염세적 충동은 물질적 불평등으로 터질 듯한 스트레스에 노출된 공동생활의 이상과 끊임없는 갈등을 빚는다. 분열이 심화할수록 사람들은 브렉시트와 트럼프주의, 그리고 이들이 거부하는 진보주의 등으로 대변되는 이념적 벙커 속으로 더더욱 은거하게 된다. 형편이 좀 나은 사람들은 그 충동을 벽돌과 모르타르로 구체화할 수 있다는 점에서만 차이가 날 뿐이다. 일본의 히키코모리(부모의 집에서 극단적인 사회적 고립 상태를 이어가는 10~40대 초반의 사람들) 현상은 거의 전적으로 중상류층에만 해당하는 현상이다. 학문이나 직업적으로 성공해야 한다는 압박감과 일본 사회의 경직된 계층구조 및 순응주의에 묶인 히키코모리는, 스스로 사회로부터 완전히 배제되려 한다. 그들이 어린 시절의 침실에 박혀 틱톡 비디오를 다운로드받거나 메탈 기어 솔리드5를 플레이할 수 있는 여건이 되기 때문이다. 그들은 부모의 부유함이 바깥세상의 침입으로부터 자신을 보호해줄 것이라는 사실을 잘 알고 있다.

　사람들이 은거하는 것은 자신이 아닌 모든 사람에게서 벗어나고 싶기 때문이다. '시민 케인Citizen Kain'의 대저택 제나두Xanadu를 예로 들면, 여기서 은둔은 자아의 소멸이 아닌 상처받은 자기주장의 소멸만을 의미한다. 그리고 티몬의 인간 혐오는 결국 약간의 과잉 반응일 뿐이다. 몇몇 친구가 자신의 관대함에 보답하지 않았다고 알키비아데스에게, 아테네에 '전 지구적 재앙(planetary plague)'을 일으켜 달라고 부탁한 것은 결코 정당화할 수 없다. 티몬은 그의 자선행위로 포장된 과장된 자존심을 품은 채 유모차 밖으로 장난감을 집어던지는 것이나 다름없었다. 아리스토텔레스가 자신의 책《정치학(Politics)》에서 언급했듯이, 사회 밖에서 살아가는 사람은 신 아니면 짐승임에 틀림없다. 자아는 억눌리거나 괴물처럼 비대해지거나 둘 중 하나이다. 은둔 생활이 위험한 것은, 경멸을 쏟을 외부 대상이 전혀 없는 상황에서는 자아가 그 자신을 부풀리는 쪽으로 기울기 쉬워서이다. 몽테뉴는 '영광과 평정은 같은 숙소에 머무를 수 없다'라고 말했다. 종교적 은둔에서 겸손이 강조되는 근본적인 이유도 바로 여기에 있다. 자아는 억눌려야 하며, 그렇지 않으면 고독이 우리를 미치게 만들고 말 것이다. 모든 인간적 접촉으로부터 물러서고자 한다면, 그 일에 적합한 사람이어야 한다. 즉, 초인적으로 자아를 억누를 수 있는 그런 사람이어야 한다. 시모노페트라 수도원에서 디아콘 세라핌에게 아토스산에 남아 있는 소수의 은자에 관해 물었을 때, 나는 이

점을 확인할 수 있었다. 그에 따르면, 수사들 대부분이 수도원 공동체의 어엿한 구성원으로 은둔 생활을 시작한다고 한다. 그렇지만, 완전한 고독이 빚어내는 역경을 견뎌낼 수 있다고 인정받은 소수에게는 주교가 헤시카즈테리온hesychasterion에서 생활할 수 있는 특권을 부여한다고 한다. 헤시카즈테리온이란 걸어서는 접근하기 힘든 절벽 높은 곳에 있는 나무 오두막이나 동굴 등을 말한다.

"쉬운 일이 아닙니다." 세라핌이 말했다. "매우 영적이고 겸손한 사람이어야만 합니다. 만일 겸손하지 않다면 악마가 파멸시킬 것입니다."

나우스솔멘은 노르웨이의 북극 한계선 안쪽에 있는 오슬로시에서 북쪽으로 1,300킬로미터쯤 떨어진 곳에 있는 작은 섬이다. 그곳에 가려면 비행기를 타고 보되로 날아간 뒤, 해안 주변에 널린 무수한 무인도와 암초들 사이를 항해하는 쾌속정 허티그루텐을 잡아타야 했다. 내륙에서는 산들이 서서히 고도를 높여가다가, 노드스콧에 있는 방파제에 이르러서는 붉은색과 하얀색 물막이 판자를 덧댄 화려한 건물군을 감싸면서 배경으로 물러났다. 그곳에서 랜디가 나를 기다리고 있었다.

쾌속정으로 나우스솔멘을 가로지르는 데에는 3분도 채 걸리지 않았다. 독립 모험가인 랜디는 에베레스트산을 등반한 최초의 노르웨이 여성으로, 2004년 첫 기록을 달성한 이후, 알래스카주의 데날리Denali 산과 남극 대륙의 빈슨 메시프Vinson Massif 산 등을 비롯한 7대륙의 최고봉을 모두 점령했다. 최근에는 카약을 타고 로르빅에서부터 러시아 국경까지 1,800킬로미터에 이르는 노르웨이 북부 해안을 홀로 여행하기도 했다. 트레이드 마크인 슬림핏 재킷과 하이킹 바지를 입고 금발의 단발머리를 바람에 나부끼며 보트 운전석에 앉아 있는 랜디의 사진은 무척이나 근엄해 보였다. 하지만, 머지않아 그 모습이 진실과는 너무 거리가 멀다는 사실을 깨닫게 되었다. 에베레스트 등반에 도전하고, 55세의 나이에 북극에 있는 혼자만의 바위섬에 정착하도록 그녀를 자극한 한 가지 특질이 있다면, 그녀가 상업화하는 데에 성공한 집요하면서도 꾸밈 없는 낙천성이었다. 그녀는 타고난 은자인 동시에, 명상적인 성격과는 상상을 초월할 정도로 거리가 먼 인물이었다. 말하자면 그녀는 일종의 기업형 은둔자였다.

"제가 높은 산들을 등반하고 카약으로 해안 지역을 탐험하면서 배운 사실이 하나 있어요. 일이 해결될 때까지는 시간이 걸리기 마련이라는 바로 그거요." 랜디와 나는 섬의 북동쪽 끝에서 노드스콧 방파제를 마주한 자갈 해변으로 걸어 내려갔다. 구름 한 점 없는 완벽한 오후. 노드스콧을 가로지르는 방파제의 윤곽이 맑은 하늘에 날카롭게 대비되었고, 우리와 본토 사이에 놓인 바닷물은 가슴을 탁 트이게 할 정도로 투명해서, 그저 그 풍경을 바라보는 것만으로도 폐활량이 늘어나는 기분이었다. 이곳의 고요함을 해치는 유일한 방해물은 그로토야 섬에 사는 이웃 존 마그네와 윤니뿐이었다. 그들은 마치 영화 '달콤한 인생(La Dolce

Vita)'의 도입부에 등장하는 예수상처럼, 헬리콥터에 철선으로 조립식 벽체를 매단 채 피오르드 해안 위를 오가면서 자신들의 비즈니스호텔을 증축하고 있었다.

랜디는 1년 내로 혼자서 하는 카약 탐험을 마무리할 예정이었다. 결국 그 탐험에만 3년을 투자한 셈인데, 지금껏 그녀는 한두 구간을 이동한 뒤 상처를 치유하고 악천후를 피하면서 오래도록 쉬는 과정을 되풀이해야 했다. 심리적인 측면에서, 첫해는 예상했던 것보다 훨씬 더 힘들었다.

"제 머릿속은 너무나도 시끄러웠어요." 헬리콥터가 나우스솔멘의 대기를 휘젓는 동안 랜디가 목소리를 높이며 말했다.

"바람은 어떤가, 혹시 주변에 배가 있나, 파도는 얼마나 높은가…. 제게는 가만히 기다릴 인내심이 없었어요." 그녀가 머릿속의 목소리를 끄고 현재에 사는 법을 배우게 된 것은 오직 조금씩 적응해 가는 법을 통해서였다. "일이 해결될 때까지는 시간이 걸리기 마련이에요." 이런 태도는 랜디의 느린 진전을 비판하는 회의론자들로부터 자신을 방어할 수 있도록 도와주었다. "저는 사람들이 하는 말에 신경 쓰지 않습니다. 그해 여름에 황금 같은 순간들을 400번 정도 경험했어요. 누구든 제가 하는 일에 대해 불평하고 싶다면, 자신이 황금 같은 순간을 얼마나 경험하는지부터 세어봐야 할 거예요." 그녀가 말했다.

랜디는 그녀의 자립심을 배우고 싶어 하는 오슬로의 경영자들을 위한 일종의 섬 탐험용 은둔처로 나우스솔멘을 활용하고 있었다. 피오르드 해안이 내려다보이는 식당에서 랜디는 내게 자신의 회고록이자 자기계발서인 《최상의 느낌을 찾아라(Finn Konge-Folelsen)》를 보여주었다. 표지 속의 그녀는 줄무늬 비니를 쓰고 재킷을 걸친 채 활짝 웃고 있었다. 역경을 동기부여의 수단으로 활용하는 랜디의 접근법은 어린 시절부터 동경의 대상이었던 에베레스트산에서 최고조에 이르렀다. 44세로 IT 관련 직장을 그만둔 랜디는 세 명의 남성 모험가와 팀을 꾸렸지만, 그들은 모두 중도에 등반을 포기해버렸다. 마지막까지 남은 동료이자 노르웨이인인 트룰스조차 7,900미터까지 버티다가 결국 탈진 상태에 빠지고 말았다. 랜디는 마지막 1,000미터를 홀로 걸어 올라갔다. 그녀의 말에 따르면, 극심한 생존 경쟁에서 벗어나 위대한 노르웨이 모험가 대열에 합류하기로 결심한 일은 기존의 경로에서 일탈하는 것이 아니었다. 오히려 그녀가 임원 회의실에서 배운 기술을 자기 삶에 적용해볼 기회였다. 랜디에게 에베레스트는 관리해야 할 하나의 프로젝트였고, 산 정상은 제품이나 다름없었다.

"저는 이 일을 비즈니스 사례처럼 다뤘어요." 그녀가 내게 말했다. "우리에게는 목표가 있고, 임무가 있고, 가치가 있었습니다. 너그러움, 산에 대한 존경심, 겸허함… 마지막은 기억이 잘 안 나네요."

또다시 헬리콥터가 우리 위를 초조하게 배회하면서 벽체를 실어 날랐고, 땅 위에서는 일꾼들이 옮겨진 벽체를 제 위치에 나사로 고정하고 있었다. 랜디의 회색 고양이 그라만이 우리 곁으로 다가왔다. 그라만은 적당한 거리에 앉아 소중한 핑크빛 코를 씰룩이면서 바람 냄새를 맡았다.

"야망!" 손으로 이마를 두드려 되찾은 기억을 자축하면서 랜디가 말했다. "모험가는 야망을 품을 필요가 있으니까요."

이후 랜디는 베스트피오르로 가서 카약을 태워주었다. 베스트피오르는 눈 덮인 산봉우리가 끝없이 이어지는 로포텐 제도와 나우솔멘을 나누는 좁고 긴 만이었다. 은거자들은 이곳에 머무는 동안 랜디의 보호를 받으면서 도보여행을 하거나, 흰꼬리수리를 구경하거나, 낚시를 하거나, 피오르 해안에서 수영을 할 수 있었다. 베스트피오르로 나갔을 때나는 보트 끝부분에 있는 뻑뻑하고 발도 잘 닿지 않는 페달을 갑작스럽게 놓쳐버렸다. 그때 바로 바 지역의 고속도로 위에서 미끄러지던 그 두려운 순간이 떠올랐다. 예상대로 두려운 기억은 억누를수록 불안감만 더 심해질 뿐이었다.

랜디가 내 쪽으로 노를 저으며 다가왔다. "괜찮으세요?"

"괜찮아요." 내가 말했지만, 소용없었다. 그녀는 내 목소리에 담긴 긴장을 이미 느끼고 있었다.

"어깨의 긴장을 풀고 심호흡하세요." 랜디가 비슷한 말을 한 것 같지만, 제대로 기억은 못 하겠다. 조언의 내용이 무엇이든, 그녀의 태도는 더없이 친절하며 차분한 분위기(말로 표현할 수 없는 만큼 기업용 자기계발 매뉴얼에는 포함할 수 없는)였고, 나는 곧 다시 페달을 밟을 수 있었다. 나는 곤경에서 벗어나 내면의 잡담이 가라앉은 자리에 들어서기 시작한 침묵 속으로 미끄러져 들어갔다.

이곳은 많은 사람이 꿈꾸던 곳이었다. 랜디가 홀로 무수한 나날을 보내는 이 섬에서는, 늦은 저녁이 되어 태양이 바다에 닿으려 해도 햇살이 약해지기보다는 빛이 하얗게 바래면서 구름 조각들이 낮게 뜬 섬을 환하게 밝혀주었다. 이 섬의 위치와 이곳의 유일한 거주자는, 야생을 동경하는 목가적 열망(로빈슨 크루소도 루소 못지않게 정원 은둔자 열풍을 불러일으키는 데에 한몫했다)과 두바이의 셰이크 모하메드Sheikh Mohammed가 인공 섬들로 이루어진 더 월드The World를 건설하게 만든 현대의 섬 숭배적 태도를 유럽인의 상상력 속에서 하나로 연결시킨다. 테티아로아 섬에 머무는 말론 브란도와 네커 섬에 머무는 리처드 브랜슨을 떠올려보라. 호화 벙커처럼 섬은, 세금에서 자유로운 버뮤다와 케이맨 섬 같은 경우라면 예외일지 몰라도, 우리 같은 일반인과 분리되고 싶은 거부들의 약칭처럼 사용된다. 그리니치 담장이나 서바이벌 콘도 프로젝트처럼, 사회적 영향력을 나타내는 섬의 상징적 지위는 세상으로부터 물러서고자 하는 충동과 뗄 수 없이 연관된다. 작가 J.G. 발라드J.G. Ballard는, 뜻하지 않게 고립된 로빈슨 크루소와는 달리, 자발적으로 고독한 상태에 머물고자 하는 사람들의 소망을 묘사하기 위해 '전도된 크루소주의(inverted Crusoeism)'라는 용어를 만들어냈다. 예를 들어, 발라드의 소설 《콘크리트의 섬(Concrete Island)》의 주인공 로버트 메이틀랜드는 고속도로 교차로에서 이탈해 황무지에 차를 들이박은 뒤, 그곳을 더 마음에 들어 한다.

나우스솔멘을 찾은 방문객은 목표를 더 잘 성취할 수 있게 되면서 그곳을 떠났다. 끝없는 낮이 끝없는 밤으로 전환되는 비수기에는 오직 그라만과 랜디만이 그곳에 남았다. "저를 원하는 사람은 아무도 없어요!" 그 기간에 사람을 만나는지 물었을 때 쾌활한 웃음을 터뜨리면서 그녀가 말했다. 내가 랜디에게 가졌던 인상은 사라 메이틀랜드와 정반대되는 일종의 비종교적 은둔자(그녀의 표현대로라면 '현실 지향적 인간')였다. 이 인상은 내적인 성찰을 싫어한다는 그녀의 말로 더욱 강해졌다. 나우스솔멘 외에도 그녀는 오슬로 외곽 숲속에 작은 오두막 한 채를 더 갖고 있었다. 그녀는 그곳에서 일하고, 건물을 관리하고, 장작을 패면서 활기찬 시간을 보냈다.

"그럼, 일이 없을 때는요?"

"어우, 지루하죠." 그녀가 말했다. "오두막 안에 그냥 앉아 있는 건 거의 불가능해요."

랜디는 움직임 속에서만 고요할 수 있었다. 그녀의 형이상학은 엄격하게 신체적인 것이었다. "저는 몸을 움직이고, 신선한 공기를 마시고, 아무 생각도 안 할 때 가장 명상적인 상태가 돼요." 바로 이것이 그녀의 고립을 정당화하고, 은둔생활의 구조를 만들었다. 계속해서 바쁘게 움직이면서, 신이 없는 그녀만의 낙원인 섬을 가꾸는 일 말이다. 그 헬리콥터는 노드스콧으로 날아간 뒤 돌아오지 않았다. 이제 들리는 것은 피오르를 빠져나가는 바닷물 소리뿐이었다. "저는 이 섬을 혼자 힘으로 가꿔요. 이건 원 우먼 프로젝트예요." 랜디가 말했다. "제 고독은 제가 하는 일들 속에 있어요."

필은 나보다 약 3주 정도 늦게 런던으로 돌아왔다. 필의 전처 로라는 시내에서 그를 만나 최종 양육권 합의를 뒤로 미룬 채, 일단 필이 클래펌에 있는 친구의 집에서 아들을 만날 수 있게 해주었다. 그 후 나는 그를 차에 태우고 클래펌 북부에 있는 지하철역으로 이동했다. 나는 랜도 로드의 코너 부위에 차를 댔다. 눈앞에는 이십 대 시절 우리가 근처 아파트에 함께 살면서 밥 먹듯이 드나들던 술집이 있었다.

"보통 술로 할까?"

"못 마시겠어." 필이 말했다. 그는 피곤하고 더 나이 들어 보였다. 전처를 만나서인지 아야와스카 때문인지 알 수가 없었다. "아무튼, 이건 좀 아냐."

"왜 그러는데?"

"랜도에서 마시는 라임 앤 소다보다 더 우울한 건 생각도 못 할 거야."

"페루는 어땠어?"

필은 자동차 앞유리를 멍하니 응시했다. "한마디로 표현해볼게." 그가 말했다. "내가 지금껏 해본 무서운 경험들은 어떤 식으로든 그 속에 다 포함되어 있었어."

"정말? 2주 내내?"

"그건 아니고, 내가 어느 날 저녁에 양 조절을 잘못했어. 그 외에는, 아니, 난 제대로 평가를 못 하겠어. 아마도 어마어마하다는 표현이 잘 맞을 거야. 하지만 네게 별로 중요한 이야기는 아니니까, 난 더 이상 말하지 않을래. 난 아직도 그 상태를 벗어나지 못했어."

"아직도 진정이 안 됐다고?"

"완전히 그런 건 아냐. 그저 모든 것이 약간 흐물흐물하게 느껴질 뿐이야."

나는 고개를 끄덕였다. "미안, 내가 너무 캐물은 것 같네."

"괜찮아. 잊어버려. 나중에 또 이야기할 시간이 있겠지."

내가 보기에 필이 말을 아끼는 것은 아야와스카 경험이 신과의 헤시카즘적 합일만큼이나 말로 표현하기 힘들었기 때문만은 아니었다. JFK 공항에서 보낸 그 혼란스러운 오후를 되돌아보면서, 모임에 빠지기로 한 내 결정이 결국 마지막 순간에 용기가 없어서가 아니라 더 단순하고 깊은 이유는 아닌지 자문했다. 즉 또 다른 2주를 바깥세상에서 보내기보다 그저 집에 가고 싶은 것은 아니었는지 말이다. 내 유일한 의문은 그 충동이 과연 집필 작업을 하면서 경험한 모든 여행과 대화를 이해하고자 하는 시의적절한 욕구에서 비롯했는지, 아니면 애초에 이 작업을 시작한 이유처럼 다른 요인에서 비롯했는지였다. 솔직히 말해 내가 이 책을 시작한 것은 사람들에게서 벗어나고 싶은 충동, 사회적 관계망을 급진적으로 축소하고 싶은 충동 때문이었다. 이런 충동이 중세에는 드물지 않았겠지만, 부모님과 같은 방식으로 나 자신을 고립시키지 않겠다고 맹세한 나로서는 특별한 두려움이 느껴졌다.

사람들에게서 벗어나고자 하는 이 충동은 토머스 머튼의 이야기로 되돌아가는 이 순간에도 내 마음속에 자리 잡고 있다. 그의 행적은 나와는 방향성이 정반대였다. 아니 차라리 두 방향으로 동시에 움직였다고 말하는 편이 더 낫겠다. 1965년 머튼은 겟세마니에 있는 한 은둔처로 거처를 옮겼다. 몇 년간 그는 트라피스트 공동체가 정한 것보다 더 강력한 수준의 침묵과 고독을 갈망했다. 머튼의 후기 기록들은 《칠층산》과 같은 신랄할 분위기를 전혀 풍기지 않는다. 세상을 향한 내향적 경멸의 태도로 점철됐던 그의 신학은 비핵화와 시민 평등권을 급진적으로 옹호하고, 종교간의 평화로운 대화를 촉진하며, 세속의 음악과 문학을 깊이 있게 받아들일 정도로 부드러워지고 넓어졌다. 그는 밥 딜런과 캔자스시티 재즈, 그리고 당혹스러울 정도로 실험적인 존 콜트레인의 음악을 사랑했다. 사망하기 2년 전인 1966년, 머튼은 25살 먹은 간호 실습생 마지 스미스와 사랑에 빠졌다. 당시 51세였던 머튼은 루이빌 병원에서 허리 수술을 한 후 회복 중이었다. 기록이 애매모호해 이 관계가 순전히 정신적이었는지 알 수 없지만, 그와 관계없이 머튼이 마지에게 완전히 매혹되었다는 것은 틀림없는 사실이다. 그는 자신의 일기에 이렇게 썼다. '내가 깊이 빠졌다는 점에는 의심의 여지가 없다.' 은거가 깊어지면 질수록, 그는 세상을 향해서도 더 넓게 열려 있었다.

거리두기가 시작되고 한 달이 지났을 때, 나는 은둔처에 있는 키프리안 신부에게 연락해 보았다. 세상으로부터 이중으로 단절된 지금, 은둔자들은 과연 어떻게 지내고 있을까? 키프리안은 '충분히 편안하게 지내고 있다'고 답하면서, 나와 내 가족의 안전을 위해 기도해주었다. 하지만 그곳의 묘지에 묻히기로 결심한 성직 지망자였던 켄에 관한 소식도 있었다. 수사들은 7개월 전 그에게 떠나달라고 요청했다고 한다.

게임중독과
실리콘밸리의 명상

돌이켜보면, 루크가 실제로 세상으로부터 물러나기 시작한 것은 그가 막 15살이 된 후부터였다. "저는 최대한 빨리 학교에서 벗어나 밤새도록 게임을 했고, 다음날에는 학교에 가서 수업 시간 내내 잠을 잔 뒤 다시 집에 가곤 했어요. 이 패턴을 반복했죠" 루크는 어머니, 남동생과 함께 입스위치의 교외 지역에서 성장했다. 그의 학교는 루크의 말대로라면 '아주 아주 부실한 동네'와 중산층 거주지 사이에 있었다. 이런 동네 분위기는 학습에 도움이 되지 않았다. 학교 친구들은 무관심한 태도로 일관하거나 그를 산만하게 만들려고 적극적으로 애를 썼다고 한다. 그 결과, 그는 학교와 멀어졌다.

　루크가 선택한 게임은 멀티플레이어 1인칭 슈팅 게임인 '카운터 스트라이크-글로벌 오펜시브'였다. 이 게임에서 플레이어는 온라인으로 팀을 짠 뒤, 폭탄을 해체하거나 인질을 구출하는 등 다양한 과제를 수행하면서 적군을 섬멸해야 했다. 2016년, 루크는 총 1,500시간이라는 플레이 시간을 달성했다. "어이없는 기록은 아녜요." 그가 말했다. "하지만 어쨌든 많은 시간인 건 틀림없죠." 루크는 시험을 망쳤고, 머리가 어깨까지 오도록 방치했으며, 종종 머리카락으로 얼굴을 가리기도 했다. 가족이나 친구들과의 접촉은 거의 단절되다시피 했다. 겨우 몇 달 만에 루크는 평범하고 사교성 있는 십 대에서 모든 시간을 침실에서 홀로 보내는 세속적 은자로 변해버렸다. "제 동생은 바로 옆방에서 생활했어요." 루크가 내게 말했다. "그런데도 2년 동안 10번 정도밖에 말을 걸지 않은 것 같아요."

베키 록우드Becky Lockwood 박사는 런던 남서부의 '영국 게임장애 센터'에서 일하는 임상 심리학자이다. 세계보건기구의 질병 분류 매뉴얼인 ICD-11에 올라 있는 게임장애의 특징은 게임에 대한 통제력 상실이다. 이 경우 다른 관심사나 활동보다 게임이 우선이며, '부정적인 결과에도 게임 시간이 지속되거나 늘어나는' 현상이 나타난다. 이런 부정적인 결과는 종종 게이머의 고립이 심화하는 데서 비롯한다. 게임장애를 공식 진단명으로 사용하는 데에 회의적인 사람도 있다는 사실에 주목할 필요가 있다. 배스 스파 대학의 피터 에첼스Pete Etchells 교수 같은 심리학자는 일반적인 행동중독에서 게임을 분리한 합당한 근거가 있는지 의문을 제기한다. 하지만 게임중독이 삶의 문제에 대한 하나의 반응일 수 있다는 사실에는 많은 사람이 동의한다. 게다가 게임장애를 다른 행동중독과 효과적으로 분리할 수 있는지와 상관없이, 멀티플레이어 비디오 게임은 위험할 정도로 중독성이 높은 경우가 많다.

예를 들어, 워게이밍 사의 '월드 오브 탱크' 같은 대규모 멀티플레이어 온라인 게임에서는 점수나 배지, 장비 업그레이드 같은 게임 내 보상을 통해 지속적으로 게임 활동을 장려한다. 뿐만 아니라, 가상 세계에 영향을 미친다는 느낌을 주는 지속적인 '마이크로 피드백microfeedback'도 동원된다. 적군 탱크를 발견하면 '삐' 소리가 짧게 들리고, 그 탱크에 총을 조준할 때 사격 범위 내에 있으면 타깃 주위에 붉은 외곽선이 나타난다. 게이머의 활동이 가상 세계에 영향을 미친다는 느낌을 끊임없이 강화하는 것이다. 아이러니하게도 게이머 없이도 가상 세계가 잘 돌아간다는 사실은 오히려 이 느낌을 한층 더 증폭시킨다. 일종의 디지털 포모FOMO 증후군•인 셈이다. MMO 게임은 특정 게이머가 접속하든 하지 않든 '지속 상태의 세계(persistent state world)'가 전개된다. 게이머는 게임을 마친 지점에서 그 세계를 정지시킬 수 없다. 따라서 '월드 오브 워크래프트'에 접속하지 않은 채 시간을 보내는 것은, 동료 게이머들이 계속 경험하면서 만들어 나가는 그 세계를 놓치는 것이나 다름없다.

뿐만 아니라, 일단 게이머가 유입되고 나면 '레드 데드 리뎀션2'나 '호라이즌 제로 던' 같은 오픈 월드 게임은 그들에게 가상 세계를 탐험할 거의 무한에 가까운 기회와 자유를 제공한다. 심해 어드벤처 게임 '압주'에서는 게이머의 탐험이 게임 플레이를 전적으로 좌우한다. 게이머는

• 자신만 뒤처지는 것 같은 두려움을 느끼는 증상 – 옮긴이

윌리엄 제임스가 말한 대양 같은 느낌의 가상적 대응물을 즐기면서 꿈결 같은 주변 지역을 그저 헤엄쳐 다니기만 해도 된다. 마찬가지로, '마인크래프트' 같은 샌드박스 게임에서도 게이머는 앉아서 느긋한 시간을 보내거나 낚시를 할 수 있는 장소를 찾을 수 있다. 우주 탐험 게임 '노 맨즈 스카이'에는 아예 한계가 없다. 게이머가 탐험하도록 초대받는 행성은 프로그래머가 짠 알고리즘에 따라 자동으로 끊임없이 생성된다. 게이머는 결코 멈출 필요가 없다. 즐길 수 있는 고독은 무한대이다.

그런데 놀라운 것은, 베키 같은 심리학자가 비디오 게임의 중독성을 게임장애의 발달 과정에서 2차적인 것으로 간주한다는 사실이다. 그녀의 설명에 따르면, 게임장애를 겪는 사람의 주된 충동은 '현실 도피, 혹은 사람들이 현실에서 겪는 어려움의 회피'인 경우가 많다고 한다. 사실 MMO 게임이나 멀티플레이어 1인칭 슈팅 게임에 접속하는 것은 좀더 감당하기 쉬운 현실로 몸을 피하는 것이나 다름없다. "사회 불안이 있는 사람에게는 게임을 하는 것이 훨씬 더 안전하게 느껴집니다. 캐릭터라는 가면 뒤에 숨거나 자신이 보여주고 싶은 부분만 보여줄 수 있기 때문이죠." 중독은 그 이후에 찾아와, 원래는 불완전하거나 부적절한 자아감각으로 촉발된 행동 패턴 속으로 게이머를 몰아넣는다.

루크의 은거 성향은 중등교육자격시험 이후 더욱 심해졌다. 일주일에 3일만 등교하는 연장교육대학(further-education college)의 시간표는 게임에 몰두할 수 있는 시간을 대폭 늘려주었다. "당시에 저는 새벽 4시나 5시까지 게임을 하곤 했어요." 루크가 학교에서 겪은 불행이 그를 가상 세계로 물러나게 만든 것이다. 이제 그는 꼼짝없이 갇혀버렸다. "게임이 제 모든 시간을 다 차지해버렸어요."

베키 록우드의 상담실에서는 게임장애 치료를 위해 인지행동 치료와 마음챙김 명상, 사교 및 의사소통 기술 훈련 등을 복합적으로 활용한다. 이 과정의 목표는, 일단 게이머가 현실세계에서 물러나는 자신의 심리적 성향을 이해하고 관리할 수 있도록 도운 뒤, 12주 동안 현실로 돌아올 수 있는 수단을 제공하는 것이다. 루크의 경우는 이 과정이 자연스럽게 진행되었다. 나이가 들면서 점점 게임하는 습관을 떨쳐버렸고, 그의 팀 '케블라를 입은 청산자들'은 각자 제 갈 길을 가게 되었다. 루크는 대학 첫 학기가 시작되기 전 여름을 가족과 다시 친해지는 데에 할애했다.

"우리는 몇 차례 가족 휴가를 갔고, 같이 외식도 했습니다." 그가 말했다. 학기가 시작되기 바로 전에 루크는 마침내 긴 머리를 잘랐다. 우리가 대화를 나눌 무렵에도 그는 여전히 자신의 결정에 기뻐하고 있었다. "머리는 이제 제가 대학생이 되었다는 걸 끊임없이 일깨워줘요. 어린 데에다 사교성도 별로 안 좋았던 예전과는 완전히 달라진 거죠."

FV4004 콘웨이의 장점은 분당 데미지가 동급 최강이란 것인데, 백병전을 위해 고르는 탱크는 아니었다. 재장전 속도가 너무 느렸고, 위장 수준도 우스꽝스러울 정도였기 때문이다. 콘웨이가 진가를 발휘한 것은 지원 사격 영역이었다. 이 탱크는 편대 뒤편을 돌아다니다가 방심하고 있는 스파판저나 타입64의 옆구리에 강력한 포탄을 박아 넣는 용도로 활용되었다. 마우쉔으로 추정되는 육중한 무언가가 급경사면 위로 느릿느릿 기어오르며 사이드 아머를 노출시켰다.

"휴." 마우쉔이 폭발하는 것을 보며 피트가 말했다. "제대로 잡았어요." 적군 탱크 위에 걸린 녹색 바가 급격히 줄어들었다. "아주 제대로 가서 박혔네요."

이 게임을 만든 벨라루시아인 개발자에 따르면, 전 세계적으로 1억6천만 명 이상의 플레이어가 '월드 오브 탱크'를 즐긴다고 한다. 게이머는 20세기 중반에 나온 모델 중 자신의 레벨에 맞는 탱크 하나를 고른 뒤, 현실을 재현한 맵에 들어가 같은 시간에 접속한 다른 게이머와 교전을 벌인다. 게임은 혼자 즐길 수도, 클랜•에 소속된 다른 동료와 함께 즐길 수도 있다.

"저는 지금 실제로 시리아 군인들과 놀고 있는 거예요." 피트가 말했다. "아마도 그들 중 다수는 막사에 머물면서 한가한 시간에 이 게임을 즐기는 신참들일 겁니다. 어쩌면 훈련 중인지도 모르죠."

피트가 이 게임에 매력을 느낀 것은 가상의 동지애 때문이 아니라, 너무 현실적으로 재현된 가상 세계 속으로 완전히 빠져들 수 있어서였다. "이 가상 환경에는 물리 법칙이 그대로 적용됩니다." 피트가 말했다.

피트는 루크와 매우 다른 유형의 게이머였다. 첫째로 그는 45세였는데, 이 나이는 게임 분야에서는 거의 노인에 해당한다.('월드 오브 탱크'는

• 같은 게임을 즐기는 사람들이 만든 모임 – 편집자

예외다. 피트의 말에 따르면, 이 게임에는 은퇴자나 장애인도 매우 많다고 한다.) '범심론자(pan-psychist)'를 자처하는 피트는 가상현실에 재현된 기계를 포함한 모든 기계에 영혼이 깃들어 있다는 신념을 품고 있었다. 자기편에 속한 각 탱크의 개별적인 '성격'은 그에게 엄청나게 중요했다. 마치 게임의 사회적인 요소가 그의 동료 게이머에서 그들이 조종하는 탱크로 옮겨간 것 같았다. 피트가 내게 자신의 가상 차고를 구경시켜주는 동안(그는 전투에 대비해 탱크를 손보면서 이곳에서 9일까지 머물 수 있다고 했다), 나는 한 가지 사실을 점점 더 확신했다. 군사적으로 구성된 이 세계가 그에게는, 가끔 그가 경계를 식별하는 데에 어려움을 겪은 현실로부터의 도피처나 다름없다는 것이다.

그는 이렇게 말했다. "예전에 게임에 엄청나게 몰두했을 때, 올리가르히oligarchs*와 맥마피아McMafia**들이 우글거리는 매우 이상한 환경에 빠져들었던 적이 있습니다." 그 결과는 말하길 꺼렸지만, 이 말은 그가 러시아 조직범죄와 연관된 프로젝트의 컨설턴트로 고용된 적이 있다는 뜻이었다. 이어 그는 자신이 정신건강 문제로 고통받았다고 했다. "제게는 조현병 가족력이 있어요." 그가 말했다. "그리고 몇 년 전에는 심리학자들이 '절정 경험(peak experience)'이라고 부르는 상태를 체험해 봤습니다. 조현병의 행복한 측면이라고 할 수도 있겠죠. 신의 은총과 비슷한 뭐 그런 거 말입니다."

● 러시아의 신흥 재벌과 관료들을 지칭하는 말 – 옮긴이
●● 맥도날드 체인점처럼 세계 어디에나 있는 글로벌 범죄조직을 일컫는 말 – 편집자

피트는 자신의 경험이 결코 특별하지 않다는 신념을 품고 있었다. "저는 모든 종교의 근저에 있는 신비 체험과 조현병 경험이 같다고 생각해요. 종교 자체가 조현병입니다." 신비주의적 조현병이 있는 사람은 단지 실재에 접근하는 방식이 서로 다를 뿐이었다. 피트는 이른바 '육체적 현실'이 하나의 자극에 불과하다는 물리학자 톰 캠벨Tom Campbell의 관점을 내게 소개해 주었다. "제가 보기에 사람들은 그들이 자신의 현실을 어느 정도까지 창조해 내는지 제대로 이해하지 못하는 것 같아요." 피트가 말했다. "사람들은 단순히 보고, 만지고, 느낀다는 이유만으로 자신이 그들 바깥에 있는 무언가를 경험한다고 가정합니다. 하지만 사실 우리는 모든 것을 상상해 낼 뿐이에요. 우리는 외부에서 정보를 얻지만 우리 모두는 조현병자이든 아니든 가상 환경 속에서 살아가고 있습니다. 이 게임만큼이나 실제가 아닌 그런 환경 속에서 말입니다."

피트에게 게임 세계 속에 머무는 것은 현실로부터의 은거라기보다는 하나의 가상세계(현실도 일종의 가상일 뿐이라는 그의 신념을 전제로 한다면)를 다른 가상세계로 교체하는 것에 더 가까웠다. '월드 오브 탱크'는 상대적으로 안전해 보인다는 장점이 있었다. 방심한 스파판저에 강력한 포탄을 박아 넣으면서 홀로 외롭게 하루 8시간을 보내는 것이, 점점 불안정해지는 현실 속에서 사는 것보다 훨씬 나았다. 피트는 자신이 연루된 조직범죄의 규모가 급속도로 커졌다고 주장하기도 했다. "크림 반도에 대한 통제권을 상실한 이후부터 초국가적 정보기관들이 저를 블라디미르 푸틴에게 메시지를 전달하는 통로로 활용했어요. 그는 서방의 정보 자산이었지만 언제부턴가 멋대로 굴기 시작했지요. 아무튼 저는 매우 이상한 시기를 겪었습니다." 피트가 웃으며 말했다. 컴퓨터 화면에는 콘웨이 한 대가 차고에서 커스터마이징을 기다리고 있었다. "이건 망상형 조현병에 걸린 제 모습이 아닙니다. 이건 진짜예요."

루크와 피트가 경험한 가상현실로의 은거를 콘템프투스 문디의 한 유형으로 간주해보는 것도 나름의 의미가 있을 것이다. 사람들이 가상현실 속으로 은거하는 이유는 현실 세계가 적대적이고, 무섭고, 끔찍해 보이기 때문이다. 특히 피트는 오늘날의 다양한 현상들 앞에서 뒷걸음질 치고 싶은 충동을 느끼는 대표적인 경우로 보였다. 그는 종교적 맹신과 기술문명, 편집증이 합쳐지는 지점에 앉아 범심론과 정신질환 사이를 혼란스럽게 오가고 있었다. 경험은 그를 세상의 끝으로 몰아붙였고, 완전히 세상 밖으로 미끄러지고자 하는 유혹은 강력했다. 명상적 전통에서는, 세상에 대한 환멸이나 실망감에 수도원 같은 은둔처로 내몰린 성직 지망자나 사마네라*들은, 기도와 묵상으로 이루어진 새 삶을 통해 내면의 장애물을 제거하고 이 무서운 세상 너머에 있는 실재를 인식할 수 있다는 희망을 품었다. 솔렘에서 마이클 신부에게 현대의 정치적 병폐에 문제를 제기했을 때도, 그는 무한한 내면세계를 지닌 사람 특유의 장기적 안목을 갖고 평온한 태도로 내 질문에 답했다. "수사들은 탁월한 관

• 미성년 남성 수도자 – 편집자

점을 지녔습니다. 그것이 우리의 강점 중 하나입니다." 하지만 게이머에게는 그저 더 많은 게임이 있을 뿐이었다. 그들의 디지털 은둔 생활은 게임에 더 오래 탐닉할수록 더 심화될 뿐인 구제불능의 인간혐오나 염세주의에 가까워 보였다.

이것이 사실이라면, 점점 더 많은 사람이 이용하는 명상적 은거의 한 형태인 헤드스페이스나 캄 같은 스마트폰 기반의 명상 앱에 대해서도 시사하는 바가 클 것이다. 세계에서 가장 악명 높은 정신적 오염물이 대체 어떻게 마음을 더 순수하게 할 수 있을까? 온라인 은거자라면 현실을 덜 생생하게 경험할 수밖에 없지 않을까? 나는 연초에 에솔렌과 까말돌리회에서 은거를 마친 후, 샌프란시스코에 있는 캄 본사를 찾아갔다. 흰색과 파란색으로 된 다양한 크기의 딱딱한 플라스틱 거품이 달린 아치 구조물 밑에서 방문 등록 절차를 밟았다.

"뼛속까지 명상가가 아니더라도 얼마든지 캄에 가입할 수 있습니다." 벽돌로 에워싼 오픈플랜 사무실에서 사내 카페로 걸어가는 동안 운영 부사장 케이시 맥커치가 말했다. 바깥 거리에서는 소방차의 절박한 사이렌 소리가 들렸다. "왜냐하면 우리의 임무는 결국 세상을 더 건강하고 행복한 장소로 만드는 거니까요."

캄은 2012년에 영국 기업가 마이클 액톤 스미스Michael Acton Smith와 알렉스 튜Alex Tew가 설립했다. 최대 경쟁자인 헤드스페이스처럼, 이 회사의 주력 상품은 명상 앱이다. 이 앱에는 다양한 형태의 명상 수업과 클래식 환경 음악, 그리고 잠이 부족한 이용자를 위해 매튜 맥커너히나 에

바 그린처럼 차분한 목소리의 배우가 읽어주는 이야기가 있다. 시장을 주도하는 이 두 기업의 큰 차이는 초보 사용자에게 접근하는 방식에 있다. 헤드스페이스는 명상 경험이 적거나 아예 없는 사용자가 주된 고객이다. 인터페이스는 밝고, 친근하고, 간결하며, 사이트 곳곳에는 행복한 표정의 햇님과 유치원생용 만화에나 나올 법한 사람과 동물 그림이 배치되어 있다. 뼛속까지 명상가가 아니어도 캄에 가입할 수 있을지는 모르지만, 캄의 외관은 확실히 좀더 어른스러웠다. 잔물결 이는 호수와 안개 낀 산을 담은 사진으로 장식한 이곳은, 유치원이라기보다는 시각적 휴양지에 더 가까웠다. 캄의 표어는 '날마다 캄(The Daily Calm)'이었다. 10분의 명상이 매일을 새롭게 한다는 뜻의 이 표어는, 캐나다 출신의 마음챙김 지도자이자 캄의 콘텐츠 담당자인 타마라 레빗Tamara Levitt이 만들었다. 이 글을 쓸 당시 캄 앱은 2백만 명의 유료 가입자와 5천만 건 이상의 다운로드 횟수를 기록 중이었다. 2019년 2월, 이 회사는 세계 최초로 정신건강 분야의 '유니콘unicorn(10억 달러 가치 이상의 개인 스타트업)'으로 등극했다.

수천 종에 이르는 다른 명상 앱처럼, 캄은 명상하기 쉽지 않은 상황에 은거의 분위기를 제공했다. 사용자는 거리를 걷거나, 빨래를 하거나, 사람들로 가득 찬 귀가 전철 안에서도 명상할 수 있었다. 캄의 웹사이트는 이용자에게 스트레스 및 불안 완화와 더 편안한 잠자리 등을 약속했다. 좀더 깊이 들어가 보니, 고혈압 감소와 당뇨 예방, 알츠하이머 억제, 면역 기능 향상 등과 같은 명상의 효과를 나열한 블로그 포스트가 눈에 들어왔다.

"우리의 목표는 사람들이 정신적인 피트니스에도 관심을 갖게 하는 것입니다." 캐이시가 말했다. "우리는 사람들의 마음에 승리의 여신상을 세워주고 싶어요. 이건 꽤 멋진 일입니다."

내 정신적 승리의 여신을 찾는 과정이 나는 약간 불편했다는 점을 시인해야겠다. 바 지역의 도로에서 미끄러진 후에 한 명상이 그랬다. 나는 마음이 아주 차분해진 것에 깊은 인상을 받았던 기억이 있다. 앱이 '잘했어요!'나 '놀라워요!' 같은 메시지로 나를 성가시게 하기 전까지는 말이다. '마음챙김 알림'을 설정해두면 캄 앱이 '명상할 시간이에요' 같은 푸시 알림으로 사용자를 압박하기도 한다. 게다가 어쩌면 이어폰을 끼고 명상 앱을 듣는 과정 자체의 고립이 명상의 혜택을 상당 부분 중화하는지도 모른다. 골먼과 데이비슨은 전통적인 명상 문화에서 공통되게 드러나는 공동체 의식이 특징적인 효과를 확장하는 데에 결정적이라고 주장했다. 나는 '악마는 모바일로 엄청난 승리를 거두었다'던 사라 메이 틀랜드의 말이 떠올랐다. 스크린 사용 시간이 증가하는 것은 스트레스와 집중력 감퇴, 주의력 분산에 대한 병적인 반응에 더 가깝지 않을까?

케이시 맥커치는 신중하게 대화를 이어갔다. "제 생각에 이건 우리의 핵심 임무가 무엇인가 하는 문제로 돌아가는 것 같습니다. 원한다면 우리는 더 많은 돈을 벌 수 있게 게임의 요소를 도입하거나 앱에 광고를 넣을 수도 있지요. 상업적 이익을 창출하기 위해 할 수 있는 일은 수없이 많아요. 하지만 그런 건 우리의 정체성이나 신념과 조화를 이루지 못

합니다."

논란의 여지가 있는 말이다. 캄에는 분명 어느 정도 게임의 요소가 포함된다. 예컨대, 사용자 프로필 밑에는 '마음챙김 한 날'의 일수가 회전하는 장미 아이콘으로 표시된다. 그 아래의 '지속성' 항목을 보면 사용자가 앱을 얼마나 꾸준히 이용했는지 알 수 있다. 3일이나 10일, 15일, 30일 동안 계속 명상하면 장미 몇 개를 추가로 받는다. 여기 내포된 함의는 더없이 분명하다. 마음챙김이 핏빗Fitbit(구글의 헬스와 피트니스 앱)을 꾸준히 이용하는 것만큼이나 중독적인, 강박적 자기 검열 수단으로 활용되는 것이다.

앱을 옹호하는 주장이 유효한지는 역설을 해결할 수 있는지에 달렸다. 헤드스페이스의 공동 설립자 앤디 퍼디컴Andy Puddicombe은 나도 샌포드에서 체험한 마하시 스타일의 위빠사나 명상을 공부하며 미얀마에서 5년을 보냈다. 훗날 그는 티베트 불교의 승려로 계를 받기도 했다. 그는 이 기간에 서구의 더 다양한 청중에게 명상을 보급하는 일이 얼마나 잠재력이 있는지 깨달았다. 2010년에는 런던에 헤드스페이스 사를 설립했다. 지금은 산타 모니카로 본사를 옮긴 이 회사의 앱은 2백만 명 이상의 유료 가입자와 6천2백만 건 이상의 다운로드 횟수를 기록 중이다. 명상 방석에 앉아 있는 동안 떠오른 퍼디컴의 돈 드레이퍼*스러운 통찰은 진실로 입증되었다. 희석된 위빠사나는 엄청난 돈이 되었다.

● 드라마 '매드맨Mad Men'에 등장하는 광고 회사 디렉터 - 옮긴이

2017년 당시 한 텔레비전 인터뷰에서 퍼디컴은 이렇게 말했다. "우리 대부분에게 폰은 일상에서 가장 스트레스를 일으키는 물건입니다. 저는 거기에 내재한 역설과 아이러니를 사랑합니다. 폰은 플라스틱, 금속, 유리 조각으로 이루어진 물건일 뿐이에요." 그의 견해에 따르면, 스마트폰 옹호자에게는 명상 앱이 스마트폰의 독성에 대항하는 일종의 예방접종 같은 기능을 할 수 있었다. "저는 폰이 뭔가 정말로 좋은 것을, 우리 건강에 도움이 되는 뭔가를 제공할 수 있다는 생각을 사랑합니다."

그렇다면 그 앱은 얼마나 효과가 있을까? 명상의 혜택이 스크린 사용의 폐단을 압도한다는 주장은 그 이로운 효과가 입증될 경우에만 정당성이 있을 것이다. 하지만 주요 명상 앱 사업체의 이런 주장을 뒷받침하는 임상적 근거는 정말이지 빈약하다고밖에 할 수 없다. 캄처럼 헤드스페이스는 우울증과 불안, 스트레스 연관 질환을 줄이는 명상의 효과와 관련된 연구를 인용한다. 하지만 앱처럼 디지털 플랫폼으로 제공하는 명상의 유효성을 입증한 연구 결과는 그 수가 상대적으로 적다. 아무리 봐도 특정 사례를 가장 일반적인 주장으로 밀어붙이는 교묘한 전략 같다는 느낌을 지울 수 없다. 캄은 자사의 제품으로 진행한 세 편의 독립적인 연구를 인용한다. 예를 들어, 2019년 애리조나 주립대학에서 한 무작위대조시험은 캄이 대학생들의 스트레스를 줄이는 데에 단기적으로나마 약간의 긍정적 효과가 있다는 점을 보여주었다. 하지만, 더 많은 연구가 필요하다는 점을 분명히 했다. 마음챙김에 관한 수천 편의 논문이 출간된 상황에서 이 세 편의 논문은 바다에 떨어진 물 한 방울에 지나지 않는다. 캄도 자사의 웹사이트에서 이 점을 인정한다. "비록 캄을 활용한 연구 논문은 세 편뿐이지만, 마음챙김 명상에 관한 다른 연구도 많습니다."

브라운 의과대학의 저드슨 브루어Judson Brewer 박사 같은 신경과학자들은, 먼저 임상시험부터 진행한 뒤 그 결과를 토대로 명상 앱을 개발했다. 검증된 명상 기법을 토대로 했으니 효과가 있으리라 가정한, 상업적인 명상 앱 업체의 방식을 정반대로 뒤집은 것이다. '주드Jud 박사가 개발한 세 개의 앱은 과식장애와 니코틴 중독, 불안 장애에 마음챙김 기법을 적용한 것으로, 앱을 개발하는 동안 수집한 데이터에 기반을 둔다. 이런 엄격함이 뒷받침되지 않는다면, 명상 앱 속의 프로그램이 완화한다고 주장하는 상태를 오히려 더 악화할지도 모른다.

명상 앱의 한계를 보완하는 이점은 접근성이다. 마음챙김에 관한 연구를 통해, 앱이 제공한 기법을 짧은 시간 경험하는 것만으로도 집중력에 상당한 영향을 미칠 수 있다는 사실을 알았다. 게다가 디지털이란 형식은 명상을 경험할 만한 시간과 비용, 문화적 배경을 갖추지 못한 수백만의 사람에게 유용한 방법에 접근할 기회를 제공했다. 어쩌면 이런 접근성이 사용자가 앱에 영감을 준 명상적 전통을 좀더 깊이 탐색하도록 이끌어줄지도 모른다. 캄 앱이 깊은 물에 들어가기 전에 발가락부터 담가볼 수 있게 하는 하나의 수단이 될 수도 있는 것이다. 스티브 맥기 역시 통찰명상협회에서 내게 말했다. "명상 앱이나 MBSR로 시작해 이 문으로 걸어 들어간 사람이 얼마나 많은지 모릅니다."

디지털 형태의 전달 방식이 활용되는 것은 비단 불교의 영향을 받은 마음챙김 명상만이 아니다. 마운트 성 베르나르 수도원에서 돌아오는 기차 안에서, 단기간의 수도원 은거 생활을 막 마친 칠십 대 홀아비 말콤과 대화를 나누게 되었다. 카트에서 파는 매캐한 커피를 마시는 동안 나눈 이야기를 옮기자면, 그는 몇 년 전부터 직업 스트레스가 너무 심해져 신경쇠약에 걸렸을 뿐 아니라 집 밖으로 나갈 수조차 없었다고 한다.

"수수께끼가 제 삶을 구했다는 사실에는 의심의 여지가 없습니다." 그가 말했다.

그가 말하는 수수께끼(riddle)가 무엇인지 도무지 이해할 수 없었는데, 내가 잘못 알아들은 것이었다. 말콤의 삶을 구한 것은 '일상생활 속에서 누리는 은거(Retreat in Daily Life)'의 첫 글자를 딴 '리들RIDL'이었다. 그는 내가 가톨릭 수도원에서 생활했다고 하니 그 앱을 알 것으로 생각한 것이다. 리들은 16세기 무렵 로욜라의 성 이냐시오가 펴낸 기도와 묵상 모음집인 《영신 수련》을 토대로 한 프로그램이다. 예전에 사라 메이틀랜드는 내게 이렇게 말했다. "이냐시오의 독특한 점은 신도들이 상상력을 포함한 전 존재를 기도에 쏟아부을 수 있도록 이끌었다는 데 있어. 영신 수련의 목적은 자신의 기분이 어떤 상태인지 알아내는 건데, 이 일을 하려면 상상 속에서 예수나 다른 성인들, 혹은 아버지 하느님과 개인적인 관계를 맺을 필요가 있지."

실제로 이 과정에는 게이머에게 익숙한 일종의 상호작용이 따른다. 우선 복음서에서 짧은 문장 하나를 선택한 후 상상력을 동원해 자신을 그 장면 속에 끼워 넣는 것이다. 요단강 건너편의 베다니 지역을 시각화하거나 종려나무를 상상해도 좋고, 강물을 마시는 왜가리와 나무를 흔드는 바람, 물속에 서 있는 세례자를 떠올려도 좋다. 당신이라면 예수가 제자들에게 '너희는 무엇을 찾느냐?'라고 물을 때, 뭐라고 답할 것인가?

전통적으로 영신 수련은 이냐시오 피정의 집에서 경험 많은 영성 지도자의 지도하에 30일간 진행했다. 하지만 요즘 한 달씩이나 일과 가정을 등질 수 있는 사람은 거의 없다. 그런 만큼, 리들은 이제 일반인이 영신 수련에 참여할 수 있도록 가장 일반적인 방식으로 자리를 잡았다. 사람들은 리들을 활용해 집 안에서 기도하거나, 정기적으로 자신의 영성 지도자와 상담할 수 있다. 리들의 온라인 버전 역시 점점 더 인기를 끌고 있다. 말콤이 활용한 방식이 바로 이것이었다. 정신건강도 별로 안 좋은 상태로 집에서 혼자 생활하던 그는, 영신 수련에 접속함으로써 이 프로그램이 없었더라면 상상도 못 했을 위안을 얻었다. "저는 세례자 요한 역할을 하면서 매우 즐거운 날들을 보냈습니다." 그가 내게 말했다. 리들 온라인은, 일상적 삶과 1세기 갈릴리 지방 사이의 경계를 흐리게 만들고, 주방에 있는 탁자와 오병이어의 기적을 하나로 뒤섞는 일종의 영적인 롤플레잉 게임이었다.

디지털 형태의 전달 방식은 은거의 심장부에 있는 구조적 불평등을 드러낸다. 에솔렌이나 카사 파르바티는 말할 것도 없고, 차분한 환경 속에서 명상이나 기도에 몰두하는 시간을 보내는 것은 극소수의 사람만 누릴 수 있는 하나의 특권이다. 솔렘이나 마운트 세인트 버나드 수도원,

사라니야 명상센터 같은 곳은 자발적인 기부에 전적으로 의존하는 만큼, 사실상 '무료'라고 할 수 있다. 그러나 이런 곳의 은거조차 말콤 같은 은퇴자나 일과 육아의 부담을 벗어던질 여유가 있는 사람들만의 전유물이었다. 결국 은거로 가장 큰 혜택을 얻을 수 있는 사람들(격무에 시달리고, 가치를 제대로 평가받지 못하고, 만성적 스트레스를 겪는 사람들)이 은거 활동에서 가장 먼저 배제되는 결과를 낳은 것이다. 내가 에솔렌에서 맞닥뜨린 문제가 바로 이것이었다. 통찰명상협회에서 스티브 맥기는 내게, 협회 초기부터 나이 든 사람이나 부유층 참가자가 주를 이루었다고 했다. 서구화한 불교는 풍요로운 계층을 위한 특전 같은 것이었다. "사람들은 서양식 불교를 '중·상류층을 위한 길'이라고 부릅니다."

또한 서양식 불교는 압도적으로 백인이 중심이기도 했다. 에솔렌에서 만난 자칭 일중독자인 크리스타는 정신건강을 위해 시간을 낸 혼혈 여성인 자신이 얼마나 이질적으로 보일지 의식하고 있었다. 그녀의 백인 친구들은 크리스타가 주말 동안 호흡 치료를 받는 것에 별다른 이의를 제기하지 않았다. 하지만 흑인 친구들은 크리스타가 어딘가 나사가 빠졌다고 생각했다. "그들은 '정말? 백인 히피들과 벌거벗고 놀 계획이라고? 주말 동안 채식을 하겠다고?'와 같은 식으로 반응했어요."

크리스타는 이 모든 반응을 내적 성찰에 대한 뿌리 깊은 불신을 드러내는 것이라고 느꼈다. "에솔렌 같은 곳에 간다는 말을 우리 부모님이 들으면 '우린 널 대학에 보내려고 정말 열심히 일했다. 그런데 넌 왜 바닷가에서 흥얼거릴 생각이나 하니? 우린 너에게 모든 것을 줬는데, 넌 아직도 혼란스럽다고 불평하는구나. 네게 혼란스러워 할 권리가 있기는 하니? 조금도 없다. 그러니 마음을 정리하고 다른 누군가를 돕는 데 시간을 쓰려무나.'라고 하실 거예요."

자기돌봄은 스스로를 돌보는 일을 의식적으로든 아니든 항상 자신의 권리라고 생각할 수 있었던 사람들만의 전유물이었다. 사회적 책임을 다하는 기술을 지지하는 모비우스Mobius 사의 전무 아덴 반 노펜Aden Van Noppen은, 소외 계층이나 소수 인종에 속한 사람이 명상적 은거 환경에서 환영받는다는 기분을 느끼려면, 그곳 지도자들의 출신 성분이 다양해야 한다고 생각했다. "이 분야에서 매우 흥미로운 일이 벌어지고 있습니다." 아덴이 내게 말했다. "스피릿 락 명상센터나 통찰명상협회에서 지도자 과정을 밟는 교사 중 상당수가 유색인종입니다." 오클랜드에 있는 이스트 베이 명상센터 역시 비주류 공동체의 구성원만을 위한 과정을 운영 중이다. 물론 아직 갈 길이 멀지만, 그동안 명상 앱이 은거의 대안이 될 수는 있을 것이다. 명상 앱이 은거의 접근성을 높이는 데에 기여한 또 다른 측면은 프라이버시와 연관이 있다. 명상 앱은, 고객의 정보를 수집하는 업체로부터 사용자를 지켜주지는 못하더라도, 주변 사람의 시선과 은거에 대한 문화적 기대(크리스타의 친구들이 품었던 편견 같은)로부터 해방시켜 줄 수는 있다. 다만 여기서 문제는, 프라이버시를 지켜준다는 혜택이 인간적 접촉을 멀리하도록 사용자를 유혹하는 디지털의 결점을 상쇄할 수 있느냐는 것이다.

명상 앱의 단점 중 하나는 사용자의 고립을 유도한다는 것인데, 가상 현실 기기를 이용한 명상에서는 분명 이런 위험이 더 클 수밖에 없다. 삼성의 가상현실 헤드셋 기어VR로 제공하는 '명상 가이드(Guided Meditation)' 같은 앱은 외관상 스스로 모순을 자초하는 듯하다. 얼굴에 플라스틱 상자를 묶은 상태로 어떻게 세상을 향해 눈을 뜰 수 있다는 말인가? VR의 경우, 몰입은 분명 현실도피와 동의어이다. '명상 가이드'는 북유럽식 온천 오두막에서부터 카오핑칸Khao-Phing-Kan● 식으로 돌기둥이 늘어선 한가한 해변까지 1백여 개 이상의 고요한 입체 환경을 제공한다. 이런 환경을 경험하는 동안, 메뉴(참선, 자애 명상, 태교 명상, 우울증이나 수면을 위한 명상 등)에서 선택한 명상 유도 멘트가 헤드폰을 통해 차분하게 흘러나온다. 가상 환경 중 다수는 주변을 떠다니는 티끌이나 민들레 홀씨, 반짝이는 입자 등을 포함하는데, 이런 요소는 호흡에 주의를 기울이려 애쓰는 동안 허공에 정신을 팔게 만들기도 한다. 거듭 말하지만, 이런 기기의 장점은 집 안에서 은거하는 사람이 고요한 환경에 접근할 수 있도록 해준다는 것이다. 반면, 단점은 명상의 목적과는 정반대로 사용자를 현실과 괴리시킨다는 것이다.

그런데 사용자는 정말 현실에서 괴리될까? VR챗 같은 VR 전용 소셜 플랫폼에서는, 헤드셋을 쓴 사용자가 가상 환경을 돌아다니면서 자신이 선택한 아바타로 상호작용을 하는데, 이는 사용자가 현실을 적극적으

● 영화 '007' 시리즈 촬영지로 유명한 태국의 섬 – 편집자

로 외면한다는 뜻이다. 이것은 끝없는 환상에 탐닉하기 위해 현실을 거의 전적으로 포기하는 극단적 현실도피주의나 다름없다. 하지만 VR 분야의 개척자이자 작가인 재런 러니어Jaron Lanier는, VR 환경에 몰두하는 것은 사용자를 신체적 현실에서 더 살아있게 만들어준다고 주장한다. 그는 자신의 책《가상현실의 탄생(Dawn of the New Everything)》에 이렇게 썼다. '두뇌의 관점에서 보면, 현실은 다음 순간 벌어질 일에 대한 기대지만, 그 기대는 끊임없이 재조정되어야 한다.' 한마디로 우리의 내적 모델은 오류를 수용하면서 끊임없이 정제되어야 한다는 말이다. 성능 좋은 VR 기기는 사용자를 완전히 사로잡아, 우리 두뇌가 그 가상 자극을 내적 모델과 적응해야 할 새로운 현실 간의 차이로 인식하게 만든다. VR 기기를 쓰고 눈을 떠도 얼음 계곡의 영롱한 푸른 벽들 사이에 와 있는 경험은 못 할 것이란 우리의 기대는 적절한 절차에 따라 재조정된다. 여기까지는 너무 현실도피적으로 보인다. VR 기기가 몰입 정도가 덜한 다른 디지털 경험과 차별화되는 지점은, 헤드셋을 제거한 후 그 완전한 몰입 상태가 우리의 두뇌에 영향력을 행사하기 시작할 때부터이다. 행성X의 무지갯빛 표면에 새롭게 적응한 우리의 내적 모델은, 이번에는 우리의 인식 기관으로 경험하는 신체적 현실에 다시 적응하도록, 즉 그 현실을 마치 처음 경험하는 것처럼 경험하도록 강요당한다.

러니어의 말대로, VR은 '입가심용 음식'처럼 우리를 새롭게 해 신체적 현실을 새로운 시각으로 바라볼 수 있게 한다. 이는 VR 경험의 내용이 명상 가이드 앱처럼 명상적인지, 아니면 수십억 광년 떨어진 행성에서 광물을 캐는 것과 관련된 것인지에 따라 달라진다. 그 효과는 명시적인 명상적 요소가 아닌 가상 환경과 실제 현실 사이의 차이에 달렸다. 그뿐 아니라 VR 기기는 실제 현실의 현상을 벗겨내고 그 자리에 가상현실의 자극을 채워 넣어, 우리의 인식 기관이 외부 현상과 분리되어 있다는 사실을 뚜렷이 부각한다. '우리 경험의 중심부'는 주변 세상이 변할 때조차 '계속 유지'되는 것이다. 러니어는 자신의 책에 이렇게 썼다. '가상현실은 우리를 우리 자신에게 노출하는 기술이다.' 이 경우 VR 기기는 현실도피 수단이라기보다는, 좀더 깨어 있고 편견 없는 상태로 돌아오기 위해 현실로부터 한걸음 물러서는 명상적 은거 전통에 훨씬 더 가까워진다.

'편안한 자세를 취한 뒤 몇 분간 차분한 상태를 유지하세요.' 마음을 가라앉히는 일에는 별문제가 없었지만, 편안한 자리를 잡았다는 내 안도감은 주변 이웃들 때문에 급속도로 무너졌다. 양다리를 120도가량 벌린 채 두툼한 헤드폰을 쓰고 앉은 한 남자와, 마치 훈련이 덜 된 개처럼 내 무릎 쪽으로 계속 다가오는 여행용 가방을 느슨하게 안은 채 내 반대편에 앉은 단정한 차림의 젊은 여성이 그들이었다. 나는 폰의 볼륨을 좀더 높였다. 창문 밖에서는 저녁 햇살을 받은 삼나무숲의 풍경이 천천히 움직이고 있었다.

'관심의 초점을 눈으로 옮기세요.' 목소리가 말했다. '눈에서 미소가 퍼져 나간다고 상상해보세요.' 이전의 풍경은 사라졌고, 이제 우리는 관목이 우거진 녹지와 저장 창고가 늘어선 작은 마을을 통과하고 있었다.

캄을 방문한 후 나는, 과도한 디지털 자극(다소 역설적이게도, 캄이 경감시
킨다고 주장하는 자극들)을 생산하는 업체가 어떤 식으로 명상적 은거를
수용했는지 알아보기 위해 칼트레인 기차를 타고 도시의 남쪽으로 가는
중이었다. 나는 실리콘 밸리가 속도를 늦추는 방식이 진심으로 궁금했
다. 여행 가방이 또다시 내 무릎에 부딪혔고, 그 젊은 여성이 가방을 찾
아가는 동안 나는 미소 짓는 눈빛으로 그녀를 바라보았다. 그녀는 한동
안 나를 멍하니 보더니, 다시 자신의 폰으로 관심을 돌렸다.

시스코 시스템즈Cisco Systems의 본사는 샌프란시스코에서 남쪽으로 64
킬로미터 정도 떨어진 곳에 있는 새너제이에 있다. 시스코의 라이프커
넥션 헬스 센터에서 나를 맞이한 사람은 시스코의 헬스 매니저 케이틀
린 존슨이었다. 달리기 트랙과 온천욕장을 지나 은은한 조명이 켜진 방
안으로 들어섰다. 그곳은 차곡차곡 쌓인 명상 방석과, 영화 '2001 스페
이스 오디세이'에 나오는 거석을 연상시키는 검고 작은 석판으로 장식
되어 있었다. "제 생각에 저것들은 건전지로 작동하는 것 같아요." 성소
주위를 반원형으로 에워싼 플라스틱 모형 촛불을 가리키며 케이틀린이
말했다.

케이틀린의 임무는 직원들을 '기업형 운동선수'로 만들겠다는 시스
코의 이상을 실현하는 것이었다. 여기서 기업형 운동선수란, 몸과 마음
이 건강하고 열성적이면서도 자기 행복을 소홀히 하지 않는 그런 직원
을 뜻한다. 이곳의 직원들은 라이프커넥션 헬스 센터에서 행복의 네 기
둥(몸, 마음, 영혼, 가슴)에 초점을 맞추도록 지도받았다. 위층으로 올라간

케이틀린과 나는 다양한 색으로 이루어진 빛 웅덩이 한가운데에 자리를 잡았다.

"우리 회사에는 천창마다 무지개 프리즘이 달려 있어요." 그녀가 약간 자랑스러워 하면서 말했다. "이 무지개들은 지구와 함께 움직여서 매분 모양이 달라지지요. 저는 무지개를 떠올릴 때마다 치유된다는 느낌을 받는답니다." 케이틀린이 보여준 웰빙을 향한 열정은 선도적인 네트워킹 하드웨어 제조업체보다는 은거 명상센터에나 더 잘 어울려 보였다. "우리는 직원들이 최상의 상태에서 일할 수 있도록 돕고 싶어요." 케이틀린이 말했다. "그러려면 우선 몸과 마음이 건강해야겠죠."

시스코는 결코 예외가 아니다. 실리콘 밸리 전역에서는 통상적인 은거 환경에서 취한 웰니스와 명상의 원리를 업무 현장에 새롭게 적용한 비슷한 프로그램을 운영 중이다. 시스코는 직원들에게 '더 의욕적으로 일할 수 있도록 돕는 인지 전략'을 가르치는 마음챙김 및 회복력 훈련 프로그램을 5주에 걸쳐 제공한다. 그 목적은 일종의 세속화한 사띠를 확립하는 것이다. 내가 샐퍼드의 위빠사나 센터에서 배운 그 명료한 알아차림은 팔정도를 걷는 구도자뿐 아니라 기술직 종사자에게도 핵심적이라고 보았다.

"실리콘 밸리는 풍요롭지만, 긴장이 아주 심한 곳입니다." 케이틀린이 말했다. "이곳에서는 일이 급속도로 진행돼요. 따라서 우리는 솔직히 말해 살아남기 위해서라도 마음챙김 명상을 할 필요가 있습니다. 모든 관심을 온전히 일에 쏟아붓지 않으면, 혁신하고 창조하면서 필요한 속도로 앞으로 나아가기가 너무 힘들 테니까요."

가장 큰 도전 거리는 '현존하는 것(to be present)'이었다. 요즘은 정신을 산만하게 하는 업데이트나 이메일, 아이메시지 등(실리콘 밸리로서는 스스로를 탓할 수밖에 없는 주의력 과부하의 원흉들)이 너무 많아서 '일에 온전히 몰두하기가 여간 힘들지 않았다.' 케이틀린을 비롯한 기업의 수많은 웰니스 담당자는 마음챙김이 이런 어수선함을 제거하고 지금 여기의 구체적인 현실에 참여하도록 압박한다고 믿었다.

모든 사물의 무상성을 입증하기 위해 고안된 수행이 기업의 이윤 추구를 위해(직원들이 불교에서 허망한 것으로 보는 물질적 이득을 더 효율적으로 추구하도록) 노골적으로 활용되는 광경은 실로 아이러니했다. 종교적 수행이 해결하고자 한 더 깊고 어려운 문제를 회피하기 위해 희석되거나 간소화한 영적 수행을 활용하는 경향을 심리학자들은 '영적 우회(spiritual bypassing)'라고 표현했다. 우리는 상업적 웰니스 센터가 자기계발이란 미명하에 아낫따, 즉 무아의 교리에 토대를 둔 전통을 도용해온 방식을 살펴보았다. 그런데 이곳 실리콘 밸리의 웰니스 문화는 은거의 원리를 업무에 적용함으로써 도용 또는 왜곡의 수준을 한 단계 더 끌어올리고 있었다. 나는 스스로 자만심을 경계해야 했지만(뉴에이지풍의 기업문화를 풍자하는 것은 분명 낄레사에 휘말리는 것이었다. 특히 이렇게 공손한 대우를 받는 상황에서는 더더욱), '기업형 운동선수'라는 개념에서 내가 본 것은, 이기심에 봉사하는 '사심 없음'과 자아에 봉사하는 '자아의 죽음', 그리고 의기양양한 자만심이라는 열 번째 부대를 키우는 수단으로서의 마음챙김뿐이었다.

"당신은 냉소주의자이신가봐요." 구글의 커뮤니케이션 본부장 앨런 이글이 말했다. "당신은 60년대의 공상적 이상주의가 이윤 추구 목적으로 도용됐다고, 구글은 그저 수익을 낳는 거대한 기계에 불과하다고 말하겠죠." 앨런과 나는 시스코에서 서쪽으로 16킬로미터가량 떨어진 구글플렉스 중앙마당의 발리볼 코트 옆에 앉아 있었다. 직원들은 파랑과 빨강, 노랑, 초록으로 칠한 지바이크를 발로 밀면서 돌아다녔다. 길 반대편에는 도넛, 이클레어, 프로요, 아이스크림 샌드위치 등과 같은 구형 안드로이드 버전을 기념하는 대형 콘크리트 조각이 전시되어 있었다. 유치원 같은 느낌이 드는 조각상들이었다. 이런 분위기에 어울리는 순진한 목소리가 2012년 구글에서 독립한 차드 멍 탄Chade-Meng Tan의 마음챙김 프로그램 협회인 '내면검색리더십연구소(Search Inside Yourself Leadership Institute)'를 소개했다. SIYLI의 웹사이트는 유대감을 표현하려는 듯 서로 팔짱을 낀 원색적인 만화 캐릭터들로 장식되어 있었다. 이 첫 글자 조어는 우연히 생긴 것이 아니다. SIYLI스러움*은 이 브랜드의 핵심이었다. 구글은 마치 마음챙김이 테크산업 특유의 유머 감각 없이 받아들이기에는 너무 건조하거나 힘없는 태도라도 되는 양 문자로 장난질을 치고 있었다.

그럼에도 어쨌든 SIYLI는 구글 내부는 물론 이 서비스를 받아들인 수

---

* '어리석은, 바보 같은'이란 뜻을 지닌 영어 단어 silly와 발음이 비슷함 - 옮긴이

많은 외부 업체에서도 대성공을 거두었다. 이 서비스의 매력은 명백했다. 마음챙김 훈련은 업무 스트레스와 불안감을 줄이고, 이를 통해 직원 만족도와 생산성을 높이는 상대적으로 저렴한 수단이었다. 구글과 시스코, 애플, 페이스북뿐 아니라 나이키, 프록터 앤 갬블, 제너럴 모터스 등 다른 분야의 다국적 기업도 현재 명상 및 웰니스 프로그램을 운영 중이다. 전해지는 바로는, 2015년에는 골드만 삭스 직원 5,500명이 시스코와 유사한 마음챙김 기반 '회복력 훈련' 프로그램을 이수했다고 한다. 2017년 미국 비즈니스 보건 협회가 진행한 한 연구는, 전체 미국 기업의 35퍼센트가량이 마음챙김 강좌나 훈련을 제공하며, 26퍼센트 정도는 프로그램 도입을 고려 중이라고 밝혔다. 이는 전체 미국 고용자의 60퍼센트 이상이 마음챙김 명상에 관심이 있다는 뜻이다.

마음챙김의 한 가지 중요한 혜택은 내향성을 촉진한다는 것이다. 헤시카즘(내가 이드라 섬에서 마주친 신비주의적 기도 전통)이 동방정교회에서 그토록 지배적 위상을 차지할 수 있었던 이유 중 하나는 헌신자들을 조용하게 만들었기 때문이다. 13세기 중반에서 1453년 콘스탄티노플 함락에 이르기까지, 비잔틴 제국이 점차 오스만 제국에 함락되는 동안, 로마의 수많은 기독교인이 침묵에 중점을 둔 기도 전통에 헌신했다는 점은 술탄에게도 큰 도움이 되었다. 사실 헤시카즘을 따르는 신도들은 반란에는 별로 소질이 없었다. 아토스산이 오늘날까지도 오스만 시대 이전의 장엄함을 유지하는 듯 보인다면, 이 산이 오래전부터 헤시카즘 운동의 중추 역할을 해왔다는 사실도 한몫할 것이다. 이곳에 새로 들어온 이슬람교도들은 아마도 이 전통에 밴 고유한 내향성을 보고 아토스산을 평화롭게 내버려 두기로 결심했을 것이다.

이와 비슷하게, 경영학 교수 로널드 퍼서Ronald E. Purser가 주장했듯이, 기업이 도용한 마음챙김은 직원들의 수동성을 부추겨 사내 권력 구조를 유지시키는 경향이 있다. 그는 이렇게 썼다. '급진적인 행동을 권장하는 대신, 마음챙김은 고통의 원인이 거의 전적으로 우리 내면에 있다고 주장한다. 우리의 삶을 주조하는 정치·경제적 제도는 도외시한 채.' 당신이 스트레스를 받고 불안감이나 외로움을 느낀다면, 그것은 고용자의 잘못이 아니었다. 당신에게 필요한 것은 조용한 방에 앉아 호흡에 집중하는 것이 전부였다. '회복력 훈련 프로그램'은 시간과 에너지를 지나치게 요구하는 사측의 입장을 수용하도록 직원을 설득하는 수단이 아니라면 무엇이란 말인가? 그것은 노동자에게 굴복을 강요하는, 가장 해로운 의미의 은거였다.

성찰에 몰두하는 진정한 은거 기간이 현대의 기술자본주의에서 비롯한 심리적, 신체적 압박감을 완화할 수 있다는 사실에는 의심의 여지가 없다. 문제는 현대의 기술자본주의가 진정성과는 거리가 멀다는 데에 있다. 유명한 구글플렉스의 무료 음식처럼, 게임룸과 발리볼 코트, 콩주머니가 있는 휴식 공간 같은 직장 내의 웰니스 시설은 진정한 휴식 시간을 모방함으로써 그런 시간을 없애버리는 또 다른 형태의 사생활 침해에 불과하다.

나는 여전히 태평양의 광대함에 직면한 세상의 모서리인 캘리포니아에 있었다. 나는 세상으로부터 계속해서 더 멀리 물러난다면 과연 어떻게 될지 자문해 보았다. 내가 캘리포니아에서 마지막으로 대화한 사람은 모던 엘더 아카데미 설립자 칩 콘리Chip Conley였다. 멕시코의 바하칼리포르니아주에 있는 은거 명상센터인 이 아카데미는 높은 수준의 'DQ', 즉 디지털 지능을 요구하는 노동 시장과 단절된 나이 든 노동자가 주요 고객이었다. 당시 59세였던 칩은 삭발한 머리에 짧게 깎은 은빛 턱수염과 검은 콧수염을 단 채 맨몸 위에 조끼를 걸쳐 입은 모습이었다. 그는 거의 나이에 저항한다는 느낌이 들 정도로 외모를 잘 관리하고 있었다.

"우리는 모두 부모 세대보다 10~15년 정도 더 오래 살 겁니다." 그가 말했다. "그렇지만 디지털 사회의 권력자들은 10~15년 정도 더 젊어지고 있지요."

이 아카데미는 그 간격을 메우기 위해 설립되었다. 예전에는 중년이 45~65세 사이를 의미했다. 하지만 요즘 디지털 산업에 종사하는 사람들은 30대 중반만 되어도 한물갔다는 느낌을 받는다. 그리고 더 나이 든 세대는 늘어난 기대수명을 감안해 은퇴 연령이 한참 지날 때까지 일해야 한다는 의무감을 느낀다. "만일 사람들이 95세까지 일한다면, 중년은 아마도 75세까지 연장되어야 할 겁니다." 칩이 말했다.

칩은 아직도 중년을 15년 정도 더 누릴 수 있었고, 은퇴까지는 무려 35년이나 남아 있었다. 해안가에 있는 이 아카데미의 캠퍼스에서 고객들 혹은, 그들이 부르는 대로, '친우들'은, 5~7일가량 이어지는 집중 은거에 참석해 명상하고, 빵을 굽고, 세대를 초월한 대화를 나누곤 했다. 그리고 무엇보다 그들은 칩이 '은퇴가 아닌 재정비'를 돕기 위해 고안한 4단계 학습 프로그램인 성장, 배움, 협력, 조언을 차례로 탐색했다.

칩은 이 은거를 예측 불가능한(그리고 매우 길지도 모르는) 미래에 대비할 수 있도록 자신의 친우들을 준비시키는 하나의 기회로 생각했다. 이후 나는 금문교에서 1.6킬로미터가량 떨어진 베이커 비치의 바위에 앉아, 바다에서 밀려드는 안개를 바라보며 칩의 관점으로는 중년을 5년밖에 넘지 않은 여든 살의 내 아버지를 떠올려보았다. 곧 전체 풍경이 안개로 뒤덮이며 도시와 지평선을 잠식하고, 태양 빛을 흐릿한 주홍빛으로 바꿔 놓았다. 만일 앞으로의 세계를 고도의 디지털 지능을 지닌 이삼십 대의 기술 권력자들이 지배한다면, 나머지 사람들(내 아버지, 안토니 같은 젊은 은거자들, 필, 명상적 반란자인 그렉 등)은 간헐적으로 단식하고 심장병 전문의에게 진단받으면서, 칩이 60년은 이어진다고 예상한 '한물간' 이후의 그 광대한 시간 동안 무엇을 해야 할지 생각해봐야 할 것이다. 아무래도 인류의 절반이 영속적인 은거 생활을 하도록 내몰리고 있는 것만 같다.

아홉

위험한 은거

한때 어머니는 로널드 랭R.D. Laing에게 자신을 환자로 받아줄 수 있는지 묻는 편지를 썼다. 내가 이해한 바로는, 어머니가 다루고 싶었던 문제는 외할머니와 관련된 것이었다. 외할머니는 호주로 이민하기 전에 수십 년간 자아도취적으로 내 어머니의 감정을 통제했다고 한다. 1960년대 중반은 랭이 반문화운동의 슈퍼스타이자 지구상 가장 논쟁적인 인물로 명성을 떨치던 때라, 너무 바빠서 어머니를 맡을 수 없었다. 하지만 여생 동안 어머니는 정신질환이 생물학적으로 결정되는 것이 아니라 가족 내부의 문제에서 비롯한다는 랭의 개념에 공감하며 큰 위안을 얻었다.

　1965년, 랭은 기존의 정신과 치료에 급진적으로 반론을 제기하면서 '필라델피아협회'를 공동 창립했다. 랭이 탁월한 점 가운데 하나는, 신체적 장애를 치료하는 데에 도움이 된다고 인정받은 한 가지 원리를 정신건강 영역에 적용한 것이었다. '병을 불러오거나 악화하는 사회적, 환경적 조건으로부터 한걸음 물러서는 일종의 은거가 특정한 유형의 통증과 질환을 줄일 수 있다'라는 원리이다.

필라델피아협회는 런던 동부 포위스 거리에 있다. 첫 번째 건물 킹슬리홀에서는 조현병으로 고통받는 거주자도 다른 거주자들처럼 약물 처방 없이 공동생활을 하면서 원하는 대로 시설을 자유롭게 드나들었다. 정신질환이 치료가 필요한 병이라기보다는 안전한 환경 속에서 직면하고 대처해야 할 하나의 가치 있는 경험이라고 전제하는 것이다. 거주자들은 무작정 정신 병동으로 내몰리는 대신, 세상에서 물러나 치료에 도움이 되는 환경에서 지내기로 선택하는 식으로 약간의 주도권을 발휘할 수 있었다. '정신과 의사'와 '환자', 건강과 불건강 사이의 구분은 없었다. 그 안에서는 모두가 동등했다.

주류 정신과 치료는 환자를 이질적이고 비정상적인 존재로 만들곤 한다. 하지만 킹슬리홀에서는 평범함이 하나의 지도 원리이자 당연한 사실이었고, 정상적인 상태를 경험해 보지 못한 사람들조차 평범하고 정상적이라고 보았다. 랭은 조현병 환자를 세상에 '집이 없는' 사람으로 정의했다. 여기서 '집'은 문자 그대로의 의미가 아니라 건강한 인간관계에서 오는 인간적인 소속감을 뜻했다. 조현병 환자의 자아 감각은 세상에 내보이기 위한 '거짓 자아(또는 거짓 자아들의 체계)'와, 자신을 숨기기 위해 활용하는 그 거짓 가면을 경멸하는 '진정한 자아'로 양분되었다. 따라서 진정한 자아는 자신이 구축한 벽에 감금당한 채, 스스로 거짓 자아에 그 처분권을 위임한 외부 세상과의 교감을 제대로 누리지 못한다. 랭은

1960년 출간된 정신병 연구서 《분열된 자기(The Divided Self)》에 이렇게 썼다. '분열증 성향을 지닌 개인은 삶 속으로 직접 뛰어드는 것을 삶이 파괴할 위험에 끊임없이 노출되는 것과 다름없다고 느낀다. 왜냐하면 그의 자아에게 고립은⋯자율성과 온전성에 관한 확신이 없는 상태로 그 자신을 보존하려는 하나의 시도이기 때문이다.'

필라델피아협회의 목적은 문제 있는 환경 때문에 소속감과 함께한다는 느낌을 제대로 누려보지 못한 사람들에게 안정감을 회복시켜주는 것이었다. '어사일럼asylum'이란 개념은 이곳에서 제도적 함의를 벗고, 핍박받거나 쫓겨난 사람들을 위한 은둔처를 뜻하는 그리스식 어원을 되찾았다. 킹슬리홀의 임대 기간이 만료된 후, 필라델피아협회는 런던 북부에 두 채의 집을 샀다. 조현병의 사회적 원인에 관한 그의 이론이 생물학적, 유전적 요인을 무시한 추측에 불과하다고 평가절하되던 와중에도 협회는 새 거처에서 생활했다. 급속도로 평판을 잃어가던 그는 1989년 마침내 숨을 거두었다.

"필라델피아협회에서는 오래도록 랭의 이론을 가르치지 않았습니다." 최근까지 핀스버리 파크에 있었던 필라델피아협회 건물 더 그로브에서 가정치료사로 활동한 제이크 오스본이 말했다. 이 협회는 설립자가 남긴 것과는 다른 새로운 정체성을 찾아내기 위해 나름의 역할을 해왔다. 역할 구분을 금지하는 조항은 폐기되었고, 이제 가정치료사는 가정치료사라는 명칭으로 불렸다. 킹슬리홀에 머물던 동안 평범함을 강조한 것이 오히려 정반대의 효과를 불러일으키곤 했다는 것은 아이러니였다. 빅터 터너가 인용한 히피 공동체처럼, 계층 구분을 폐기한 킹슬리홀의 운영 방식은 대표적인 한 인물을 제외한 다른 구성원을 모두 무력화하곤 했다.

"그 누구도 랭이 다른 사람과 대등하다고 생각하지 않았습니다. 그는 구루였어요." 제이크가 말했다. "사람들은 랭의 발아래 앉아 그가 지혜를 나눠주기만을 기다렸습니다." 랭의 명성은 반문화적 실험의 장이었던 킹슬리홀의 참신성과 독특함만큼이나 상황을 더 악화할 뿐이었다. 랭의 친구 영화배우 숀 코널리는 가끔 이곳을 방문했다고 한다. 킹슬리홀에는 일상적인 평범함이 거의 없었다.

"이제 이 거주처는 훨씬 더 평범해졌습니다." 제이크가 말했다. 침착함과 평범함이 이곳의 목적이라면, 제이크가 그것을 복구하는 모습을 상상하는 것은 그리 어렵지 않았다. 삭발한 머리에다 철 테 안경을 쓰고 고요한 묵상의 분위기를 풍기는 그는 어딘가 수사 같은 면모가 있었다. 더 그로브는 같은 이름을 지닌 골목 끝부분에 자리 잡은 빅토리아 양식의 테라스 하우스였다. 홀러웨이의 다른 주택처럼, 이곳은 최대 7명까지 수용할 수 있었다. 거주 희망자는 4주에 걸쳐 7일 정도 모임에 참석했고, 그 후에는 기존 거주자들이 그를 받아들일지 결정했다. 일종의 선불형 지원 제도인 셈이다. "보시다시피 상당히 민주적입니다." 제이크가 말했다.

거주자들은 지원자를 일단 한번 믿어보라고 권고받았다. "사람들은 그를 상대로 모험을 벌여야 합니다. 우리는 거주자들이 다른 사람들과도 그렇게 할 수 있기를 바라지요." 과거에는 지역 보건의나 사회복지사가 거주자를 지명했지만, 요즘은 거의 전적으로 선거를 통해서만 은거 자격이 결정된다. "지금은 인터넷 같은 데서 보고 우리를 찾는 사람들이 더 많아졌습니다."

거주자들은 한 주에 세 번 열리는 모임을 통해 통제된 환경에서 자신의 특이점을 바로잡을 기회를 제공받았다. 그 외에 거주자들은 꽤 자유로운 시간을 보낼 수 있었다. 식사는 함께하거나 개인 공간에서 각자 해결했다. 거주자들은 청소 당번을 정하고 역할을 할당하는 데에 많은 에너지를 쏟았다. 여기서도 강조점은 공통적인 합의점에 도달하는 것이었다. 이 경우에는 랭이 생존했을 때와 같은 근본적인 운영 원칙이 유지되었다.

"중요한 건 함께 살고 함께 일하면서, 다른 사람들을 대하고 거주자 자신의 어려움에 대처하는 방법을 찾아내는 것입니다." 제이크가 말했다. 집단적인 것은 개인적인 것과 분리될 수 없었다. "누군가를 따로 고립시켜 다루려는 건 정말 의미 없는 일이에요. 사람은 그들이 처한 환경과 분리할 수 있는 존재가 아닙니다."

심각한 정신 건강상의 문제는 대부분 직접 마주하고 함께 헤쳐 나가야 할 경험으로 보았다. "만일 거주자가 정말로 심각하게 병적이어서 스스로 돌볼 수 없을 지경이라면, '더 이상 안 되겠습니다. 한동안 병원에 들어가 계시는 게 좋을 것 같네요'라고 말해야 할지도 모릅니다." 하지만 이 공동 주거 환경은 대체로 이런 종류의 위기 상황에서 진가를 발휘했다. "치료사는 거주자들이 문제를 극복할 거라는 믿음을 굳게 지녀야 해요. 가망이 없어 보여도 어쨌든 사람들은 그 상황을 헤쳐 나가니까요." 제이크가 말했다. "그것이 치료사들이 품고 있는 중요한 신념 중 하나입니다."

랭은 킹슬리홀에서 벌인 실험을 일종의 '소규모 전략'으로, 즉 '정신 치료의 모든 영역을 다루는 대안적 방식'이 아닌 하나의 선택지로 생각했다. 이 방법은 대다수 사람보다는 특정한 몇몇 사람에게 더 잘 맞았다. "대부분은 명확한 진단명과 약물 처방을 원합니다." 제이크가 말했다. "그러면 문제가 뭔지 알 수 있고, 그들의 잘못이 아니라는 사실을 확인하는 동시에, 약물이 병을 고쳐줄 거라고 믿을 수도 있으니까요." 몇몇 거주자는 집단 치료 과정에는 잘 적응하면서도, 사회 복귀를 극도로 힘들어 했는데, 이 문제는 런던의 집값이 계속 오르면서 한층 더 악화했다. 한편 기술의 발달도 필라델피아협회의 설립 원칙을 좀먹었다. "이곳의 집단적 성격은 시간이 갈수록 점점 더 약해졌습니다." 제이크가 말했다. "제가 일을 시작할 때는 거실에 TV가 한 대 있었습니다. 그런데 이제는 모두 자기 방에 컴퓨터와 스마트폰을 보유하게 됐지요. 은거지 내에서 또 다른 은거가 일어나고 있는 셈입니다. 이제 사람들은 다른 사람을 훨씬 더 쉽게 피할 수 있으니까요"

그럼에도 필라델피아협회는 정신 치료 분야의 변방에서 주류 의학계에 계속해서 영향력을 행사했다. "사람들이 정신질환자를 바라보는 방식은 크게 바뀌었습니다." 제이크가 설명했다. "무엇이 잘못됐는지 묻던 사람들이 이제는 그에게 무슨 일이 일어났는지 묻기 시작했어요. 이건 기본적으로 랭이 말하고자 했던 것과도 일치합니다. 미친 듯 보이는 행동도 그 사람에게 벌어진 일을 고려하면 이해된다는거지요. 제가 보기엔 랭의 이런 개념이 어느 정도 다시 관심을 끌고 있는 것 같습니다."

에솔렌에서 가르치는 게슈탈트 치료나 위빠사나 명상, 신성과의 만남을 준비하는 기독교식 묵상 등과 마찬가지로, 이 치료의 목적 역시 명료하고 왜곡 없는 시각으로 볼 수 있도록 장애물을 마주 보고 제거해 나가는 데에 있었다. 제이크는 이렇게 말했다. "외부 사람들은 이곳 거주자들이 현실을 회피하려 한다고 생각할지 모릅니다. 하지만 이곳에서 은거 생활을 하는 사람들 대부분은 '나는 내 병을 겪어내기 위해 이곳에 왔어'라고 생각합니다." 은거지에서의 삶은 자기기만에 빠질 위험성을 현저하게 줄여주었다. "이곳에서 다른 사람들과 함께 생활하다 보면, 거주자는 자기가 하는 행동과 스스로 자신의 어려움을 영속시키는 방식을 아주 분명하게 이해하게 됩니다. 이것은 삶으로부터의 은거가 아니라, 삶으로의 은거입니다."

스콧 피츠제럴드Scott Fitzgerald는 자신의 단편 〈해외여행(One Trip Abroad)〉에 이렇게 썼다. '스위스는 극히 적은 것이 시작되고, 매우 많은 것이 끝나는 나라이다.'

1930년 6월, 피츠제럴드가 이 단편을 쓰기 두 달 전에 그의 아내 젤다는 제네바 호수에 있는 요양원 레 리브 드 프랑장에 입원했다. 10년 전만 해도 그녀와 스콧은 재즈가 유행하던 뉴욕에서 아주 큰 인기를 누리던 연인이었다. 하지만 이제 젤다는 조현병의 옛 명칭인 '조발성 치매(dementia praecox)'를 진단받은 환자였다. 그녀는 상태가 나아질 때까지 모든 방문객을 거절한 채 요양원에 홀로 남을 예정이었다. 상황은 절망적이었다.

스콧은 이렇게 썼다. '그녀가 삶을 마주하길 꺼리면서도 자기 역할은 다하는 반사회적 인물이었더라면 차라리 나았을지도 모른다. 하지만 삶에 대한 그녀의 열정적인 사랑과 거기에 가닿지 못하는 그녀의 절대적인 무능력이 충돌하는 모습은 너무 비극적이어서, 때로는 도무지 견딜 수 없을 지경이었다.' 요양원에서 온 아내의 편지들은 그녀의 고립과 생명력의 부재를 드러내는, 고통스러울 정도로 생생한 기록이었다.

그녀는 1930년 가을, 스콧에게 이런 편지를 보냈다. '사랑하는 당신에게, 당신 없는 삶은 차갑고 건조하기만 합니다. 삶 자체가 하나의 데스마스크예요. 7시 정각에 목욕을 했지만, 옆방에 당신이 없어서 제가 생각하던 모든 것이 현실성을 잃어버리고 말았습니다…'

유럽의 요양원은 부분적으로는 고대로까지 거슬러 올라가는 온천 문화에서 비롯했다. 히포크라테스는 모든 질병이 체액간의 부조화 때문이라고 믿었다. 병에 대한 치유책은 뜨겁거나 차가운 물에 몸을 담그는 식으로 환경을 바꾸는 것이었다. 로마인은 건강한 군인을 위한 휴양 시설 겸 부상자를 위한 치료 센터로 활용하기 위해 주둔지 가까운 곳에 온천을 만들었다.

하지만 고대 후기부터 공공 온천은 성적 방종의 장으로 유명해지기 시작했다. 이런 성향은 마이클 머피가 자신의 점판암 온천에서 동성애자를 퇴출한 1962년에 이르기까지 계속되었다. 중세 암흑기에는 목욕과 부도덕 사이의 연관성으로 온천 문화가 기독교 중심의 서구 전역에서 매장당하다시피 했다. 1538년, 프랑스의 프랑수아 1세는 모든 '스튜 하우스stew houses'를 파괴하라고 명령했고, 영국의 헨리 8세도 결국 비슷한 절차를 밟았다. 몇몇 온천은 교회로 개조했다고 한다.

한편, 르네상스 시기의 이탈리아에서는 온수의 의학적 특성에 관한 고전 문헌이 발굴되면서 온천 문화가 부분적으로나마 다시 활기를 띠기 시작했다. 수많은 현대의 웰니스 산업이 여유 있는 사람들의 기호에만 영합하는 것처럼, 16세기 이탈리아의 공공 온천 역시 오직 상류층만을 위한 것이었다. 1571년 출간된 연구서 《드 써미스De thermis》에서 의사 안드레아 밧치는, 물의 치유적 특성은 오직 좋은 음식과 와인을 갖춘 고요하고 쾌적한 환경에서만 효력을 발휘한다고 강조했다. 목욕은 안락함을 뜻하며, 따라서 가난한 사람들이 고려할 만한 것은 아니었다.

씻지 않은 사람들과 거리를 두는 특권적 장소로서의 온천 개념은, 처음에는 서서히 그 후에는 19세기 산업화가 도심 인구 밀집 지역을 훨씬 더 살기 불편하고 건강에 해로운 장소로 만들면서 유럽 북부 지역으로 급속도로 확산했다. '물에 들어가는 것'은 건강한 사람과 통풍 환자 모두에게 인기 있는 활동으로 자리 잡았다. 배스와 액스 레 뱅, 비시, 아헨 같은 온천 타운은 사교 활동을 하고, 도박판을 벌이고, 간통을 범하고, 무엇보다 현실의 삶에서 감당해야 하는 사회·정치적 혼란에서 벗어날 수 있게 된 세계 전역의 사교계 인사를 불러들이기 위해 호텔과 카지노, 무도회장 같은 관광 인프라를 구축했다.

이런 온천 문화는, 19세기 중반 '유럽의 여름 별장'으로 알려진 바덴바덴의 블랙 포레스트 리조트에서 그 절정에 이르렀다. 비슷한 시기에 휴식과 신선한 공기가 가장 효과적인 치료법이라는 오래된 가설을 내세우며 결핵 환자를 위한 요양원이 미국과 독일 전역에 들어서기 시작했다. 부유한 고객에게 좋은 식사와 여가 활동을 제공한 스위스의 요양원은 중부 유럽의 온천보다 약간 더 의학적인 성격을 띠었다. 온천은 결핵과 같은 질병을 앓는 사람들의 은거 장소로 인기를 끌었는데, 이런 온천의 매력은 이 소모적이고 치명적인 질환에 부여된 독특한 이미지로 한층 더 증폭되었다. 사람들은 폐결핵을 '낭만적인 질병'이자 '아름다운 죽음'을 선물하는 일종의 매개체로 보았다. 수전 손택이 《은유로서의 질병(Illness as Metaphor)》에서 지적했듯이, 건강한 상태는 따분한 것이었다. 붉은 입술과 창백한 피부, 기침 등과 같은 '백색 질병'의 증상은 헤로인 중독자가 풍기는 퇴폐미의 19세기 버전이나 다름없었다. 사람들은 이 병으로 죽기를 원했다.

사막의 교부들이 말한 백색의 순교처럼, 이 백색 질병은 그 병을 앓는 사람들을 북돋웠다. 이 병을 몸을 위축시켜 영혼을 해방하는 것으로 보았는데, 이런 신념은 폐결핵으로 죽는 과정이 고통과 괴로움이 아닌 기이할 정도로 고요한 은총을 동반한다는 통속적 이야기로 한층 더 강화되었다. 성인기 내내 결핵을 앓은 헨리 데이비드 소로는 병상에서 죽어가는 동안 엄격한 칼뱅주의자인 그의 숙모에게 신과 화해했느냐는 질문을 받았다. 그는 '저는 신과 싸운 기억이 없습니다'라고 답했다고 한다.

호화로운 공기 치료 휴양지 중에서도 다보스Davos는 호흡기 질환자에게 적합한 환경을 만든 곳으로 널리 알려졌다. 나폴레옹 시대 이후 바덴바덴이 외교의 중심지가 됐듯이, 정치 및 사업 분야의 엘리트를 위한 은거지로 명성을 떨쳤다. 하지만 1882년, 독일 의사 로베르트 코흐Robert Koch가 결핵이 유전 질환이 아닌 박테리아성 질환이라는 사실을 밝히면서, 질병 치료의 중심지 역할을 하던 온천과 요양원은 신뢰도에 큰 타격을 입고 생사의 갈림길에 섰다. 코흐와 프랑스의 루이 파스퇴르Louis Pasteur 덕분에 세균학이 발달하자, 구시대적 도그마는 의학사 박물관으로 완전히 물러났다. 온천 치료와 산에서 하는 공기 치료는, 이런 치료가 종종 그랬던 것처럼, 이제 비과학적 돌팔이 행각으로 간주되기 시작했다. 그리고 역사가 데이비드 클레이 라지David Clay Large가 보여준 대로, 미심쩍은 감독하에 이루어지던 은거 치료는 의학적 전문성에 기초한 새로운 치료법으로 빠르게 대체되었다.

대형 온천과 요양원은 두 가지 방식으로 반응했다. 병원에 입원할 정도로 증상이 심각하지 않은 고객에게 의학적 진단을 제공하는 식으로 시설을 의료화하거나, 신경질환이나 '신경쇠약'처럼 명확한 진단이 어려운 영역으로 강조점을 옮긴 것이다. 라지가 언급했듯이, 비스바덴Wiesbaden은 20세기 초에 '신경쇠약의 중심지'로 급부상했다. 젤다 피츠제럴드가 머무른 프랑장 요양원도 1930년 그녀가 입원하기 직전에 설립되었다. 1946년, 항생제 스트렙토마이신streptomycin이 등장하면서 결핵 치료에 중점을 둔 온천과 요양원 중 다수는 영원히 문을 닫거나, 정신건강을 다루는 다른 휴양지처럼 주류 병원으로 탈바꿈하면서 의료 영역으로 편입되었다. 레 리브 드 프랑장은 현재 '프랑장 병원'으로 불린다. 서양식 증거 기반 의학에 의지하는 대신, 병적인 현대성과 동떨어진 고요하고 아름다운 환경에서 최소한의 감독만 받으며 개인적으로 휴식하는 것이 다시 주목받은 시기는, 웰니스 산업이 급격히 성장하고 현대 의료 환경에 불신이 커진 최근이다.

우리는 보통 자신의 상태를 개선하기 위해 은거를 한다. 하지만 은거는 고립과 질병의 악순환을 불러와 오히려 상태를 더 악화할 수도 있다. 내가 십 대 중반일 무렵, 부모님은 웨일스에서 이스트 앵글리아로 이사했는데, 그곳으로 먼저 이사한 런던의 옛 친구들과 더 가까워지기 위한 이유도 있었다. 하지만 이런 사교적 제스처는 처음의 의도와는 정반대의 결과를 낳았다. 아버지의 장점 중 내가 가장 사랑한 것은 솔직함이었다. 그는 내적 모델이 유연한 사람이라 사물을 있는 그대로 보곤 했다. 이런 자질 덕분에 그는 그토록 훌륭한 화가가 될 수 있었고, 또한 이 자질은 그를 타고난 은자로 만들어주었다. 사실 예술가는, 우리에게 동료가 필요하듯 은거도 필요하다. 모두 인정하는 다소 고압적인 이웃 프리다가 차를 마시러 와서 아버지를 귀찮게 굴면, 아버지는 접이식 발판이 달린 대형 안락의자를 번쩍 들어 반대로 돌려놓은 뒤 벽과 대화하곤 했다. 가족 단위의 삶은 애정 넘치고 조화로웠지만, 아버지는 가족 이외의 모든 관계를 해체해야 한다고 느꼈던 것 같다. 세상이 자신으로부터 물러나기 전에 세상으로부터 먼저 물러나려 한 것이다. 아버지는 건강이 점점 더 나빠지면서 이런 태도를 더 합리화하고 견지했다.

그 시기에 나는 거실에 앉아, 굴뚝 꼭대기의 통풍관에 둥지를 튼 염주비둘기가 내는 소리에 귀를 기울이곤 했다. 반복되는 구구구 소리는 굴뚝을 타고 울려 퍼지면서 내려와, 아버지가 문풍지로 활용하려고 벽난로 크기에 맞게 그린 통나무 더미 그림의 뒤편을 가볍게 두드려댔다. 나는 비둘기 울음소리를 들을 때마다 부모님과 늦은 오후의 그 고요함을 떠올린다. 런던에 있는 내 집 창문 밖에도 비둘기 둥지가 하나 있다. 이 글을 쓰는 지금도 그 소리를 듣는다. 구구구. 가끔 느끼는 막연한 불편함으로 시작된 아버지의 병은 끊임없이 이어지지만 여전히 모호한 허리 통증으로 굳어졌다. 이쯤에서 만성 통증을 무시하면 안 되는 경보음으로 본 크리스 에클스턴의 말을 떠올릴 수도 있겠다. 그 통증의 효과는 병을 앓는 당사자를 넘어 주변 사람에까지 퍼져 나간다. 크리스는 이렇게 말했다. '당신이 만성 통증을 앓는다면, 당신은 주변에 있는 동종의 다른 생명체에게 이곳에 잠재적인 위험이 있다고 경고 신호를 보내는 것이다.' 장기적으로 이런 통증은 결국 고립을 초래한다. '만성 통증 질환자는 주변의 다른 사람에게 그들이 사는 환경에 위험이 도사리고 있다고 끊임없이 말하는 것과 다름없다. 그들은 자신의 고통을 통해 이야기를 건네는 것이다.' 동물적인 수준에서 보면 메시지는 명백하다. '그곳을 떠나라!' 하는 것이다. 몇 년 후, 아버지는 악화한 허리 통증 때문에, 한때는 들어 올리기도 했던 그 안락의자에서 하루 중 대부분을 보냈다.

특정한 사람들에게는 은거가 유익하기는커녕 부적절하거나 해로울 수도 있다는 생각은 흥미롭게도 초기 기독교 수도원으로까지 거슬러 올라간다. 아케디아acedia, 즉 나태는 교황 그레고리오 1세가 죄의 개수를 일곱 개로 만들기 위해 트리스티티아tristitia, 즉 슬픔으로 통합시키기 전까지만 해도 8대 죄악 중 여덟 번째에 해당하는 큰 죄였다. 사막의 교부들은 〈시편〉 91편에 나오는 '너는 … 어두울 때 퍼지는 전염병과 한낮에 닥쳐오는 재앙을 두려워하지 아니하리로다'라는 구절을 참조해 '한낮의 악마'라고까지 불렀다.

스콧 피츠제럴드에게 오후 3시는 영혼의 어두운 밤에 해당했다. 그는 점심 식사 후 찾아드는 그 메마른 정신 상태 속으로 빠져들곤 했다. 초기 기독교 수도원은 아케디아를 신앙에 대한 모든 위협 가운데 가장 매서운 것으로 간주했으며, 특히 은자들에게는 더더욱 그러했다. 사실 '나태(Sloth)'는 잘못된 번역이다. 아케디아는 '돌봄의 결여, 영적인 냉담함, 내적인 공허감' 등으로 더 정확하게 번역할 수 있다. 다소 시대착오적이긴 해도, 우울증이란 진단명을 사용하고 싶은 정도이다. 나태는 그 자체로 하나의 상태라기보다는 증상에 더 가까웠다. 그레고리오는 이 죄가 '의무를 충족시키지 못하게 하는 태만과 온당치 못한 대상으로 향하는 마음의 방황'을 불러일으킨다고 말했는데, 이런 훈계는 아마 불교 스승들도 기꺼이 인정했을 것이다. 아케디아는 수도원 특유의 금욕주의와 위로 및 동료애 부재에 대한 부적절하면서도 자연스러운 반응으로 이해할 수도 있다. 영적 진전 없이 몇 개월에서 몇 년을 보내는 동안 일단 나태가 찾아들면, 수사들은 온갖 종류의 다른 유혹에 노출되곤 했다. 중세 후기의 수도원을 황폐화하고, 시토회 같은 개혁 성향의 교단을 출현시킨 폭식과 탐욕이 바로 그것이다. 나태는 은자들을 종교적 생활을 완전하게 포기하는 길로 인도하는 일종의 관문과도 같은 죄악이었다.

아케디아, 즉 나태는 일반적으로 특정한 개인에게 내재한 고유한 특성으로 보았는데, 결국 그 사람이 천성적으로 명상적 은거에 적합하지 않다는 뜻이었다. 기독교 시대 이전에는 아케디아와 연관된(훗날 하나로 합쳐진) 우울한 기질을 체액의 불균형, 특히 비장에서 분비되는 흑담즙이 과잉된 탓으로 돌리곤 했다. 미국의 사회학자 스탠포드 라이먼Stanford Lyman은 몇 세기 동안 나태에 관한 체액 중심적 설명과 나태를 죄악으로 바라보는 관점이 번갈아 우위를 차지했다고 썼다. 이것은 체액 중심적 설명이 우위를 차지한 시기에는 나태한 사람이 일상적 의무의 일부나 전부를 면제받기도 했다는 뜻이다. 그들은, '나도 어쩔 수 없다. 나는 원래 게으르게 태어났다'라고 말할 수 있었다. 수전 손택 역시 게으름이나 나태를 질병과 은유적으로 동일시한 현대 초기의 사례를 언급했다. 영국 작가 토마스 팰프리먼Thomas Palfreyman도 1564년에 '치명적이고 가장 전염성이 강한 마름병, 게으름'이라는 글귀를 남겼다. 1700

년까지만 해도 마름병(canker)과 암(cancer)은 사실상 동의어였다. 이처럼 나태는 오래전부터 실제로나 비유적으로나 도덕적 실패라기보다는 하나의 질병으로 간주했다.

엄격한 명상적 은거 활동에 참여하길 꺼리는 성향이 체질에서 비롯했을지도 모른다는 생각(즉, 몇몇 사람에게는 은거가 도리어 해로울 수도 있다는 생각)은 현대의 신경정신병학 분야에서도 발견된다. 브라운 대학의 월로비 브리튼Willoughby Britton 교수가 한 연구는, 명상이 정신건강 문제가 있는 일부 개인에게 정신병이나 발작, 이인증•, 자살 충동, 입원이 필요할 정도의 조병 등을 일으킬 수 있다는 사실을 보여주었다. 하지만 이런 부작용의 위험은 명백한 장애가 있는 사람들로만 국한되지 않는다. 세인트 조지 런던 대학교의 신경학 교수 마크 에드워드Mark Edwards는, 신경학적 원인에서 비롯한 것 같지만 의학적으로 입증할 근거는 없는 만성 통증이나 무기력 같은 증상을 뜻하는 '기능성 신경 장애'의 진단 및 치료에 특별한 관심이 있다. 기능성 장애는 환자가 그 증상을 의식적으로 통제할 수 없다는 점에서 뮌하우젠 증후군(Munchausen Syndrome, 실제로 있지도 않은 질병의 증상을 꾸며내는 정신과적 질환) 같은 '인위적' 장애와는 구분된다. 본질적인 문제는 환자의 몸이 그들에게 보내는 메시지가 아닌, 몸의 메시지를 정확히 해석하지 못하는 두뇌의 무능력이다.

"인간의 내성 능력은 엄청난 진화상의 우위를 가져다 주었습니다." 런

• 자아에 대한 인식을 잃어버리거나 바깥세상을 실감하지 못하는 병적인 상태 – 편집자

던 북부에 있는 그의 집 근처에서 만나 함께 커피를 마시는 동안 마크가 말했다. 부드럽고 짧은 금발 머리에 에워싸인 마크의 동그란 얼굴은 《이상한 나라의 앨리스》에 나오는 체셔 고양이를 연상시켰다. 만일 그가 서서히 사라진다면 뒤에는 미소가 아닌 강렬한 명상적 찌푸림이 남을 것이다. "배우기 위해 직접적인 경험에만 의지하는 대신, 우리는 머릿속에서 시나리오를 쓸 수 있습니다. 기본적으로 경험을 모형화할 수 있는 거죠." 하지만 이런 메타인지 능력에는 그만한 대가가 따른다. 인간은 그 자신의 내면적 상태(고통과 피로 같은 '내수용' 자극)를 평가하는 능력이 형편없기로 악명이 높다.

 "모든 증상이 뇌를 통해 여과된다는 점을 기억할 필요가 있어요." 마크가 말했다. "심장병과 호흡기 장애 같은 일상적 질환을 앓는 사람을 대상으로 한 수많은 연구는, 환자가 진술한 내용과 폐 기능 검사 수치 같은 질병의 척도와의 연관성을 보여주려 애를 썼습니다. 그런데 그 상관관계는 일반적으로 형편없었지요." 우리는 자신이 얼마나 아프거나 건강한지 파악하는 데에 별로 능숙하지 않다. 기능적 신경 장애를 앓는 경우, 객관적인 질병 상태(전혀 존재하지 않거나 심각하지 않은)와 뭔가 심각하게 잘못됐다는 그들의 주관적 인식의 차이는, 그 자체만으로 두드러진 신체적 증상을 일으키기에 충분했다. 그것은 일종의 자기충족적 예언, 즉 두뇌의 잠재의식적 주장을 통해 반대되는 모든 증거에도 불구하고 정말로 아픔을 경험하는 하나의 방식이었다. 내적 자극을 잘못 해석하는 것이 본질적으로 내성의 오류인 것처럼, 내성은 기존의 사태를 더 악화할 수도 있다. 마크는 이렇게 말했다. "저는 내성적인 은거 환경에서 증상이 더 악화하거나 새롭게 촉발된 환자를 여럿 봤습니다."

크리스 에클리스턴은 내게, '고통이 본질적으로 우리를 자신 속으로 끌어들이는 원치 않은 자기중심주의'란 사실을 상기시킨 적이 있다. 문제는 마크 에드워드의 환자나 내 아버지처럼 고통과 해악의 연결고리가 끊어진 만성 통증의 경우였다. 이때는 경고음은 울리지만, 중단시킬 수는 없었다. 설령 고통이 해악과는 무관한 거짓 경고음이란 것을 의식하더라도, 두뇌의 고통 중추는 계속해서 그 위험이 진짜인 것처럼 반응한다.

크리스는 이렇게 말했다. "만일 당신이 만성적으로 경고 신호를 받는다면, 당신은 만성적으로 해악의 위협에 방해받고, 행동을 취하도록 만성적으로 자극받으며, 추가적인 위험 신호를 감지하기 위해 만성적으로 경계 태세를 취하게 됩니다."

명상은 고통의 원천인 자아의 허구성을 입증함으로써 만성적 고통을 완화하는 경향이 있다. 우 빤디따도 "명상 도중 통증이 일어나면, 그저 그것을 대면하라"라고 말했다. 만일 고통이 일어났다면 결국 사라지기 마련이었다. 윌로비 브리튼과 마크 에드워드의 작업이 입증해낸 사실은, '명상에 내재한 내향성이 몇몇 사람의 증상을 악화하거나 심지어 일으킬 수도 있는 만큼, 명상의 혜택을 보편적인 것으로 간주해서는 안 된다'라는 것이었다. 기능성 신경 장애가 있는 사람을 위한 재활 치료는 종종 잘못된 내적 모델 대신 외적인 자극을 선호하도록 두뇌를 설득하는 과정을 포함한다. 예를 들어, 허약함 같은 신체적 증상을 겪는 환자에게는 전신 거울 앞에서 운동하도록 권한다. "그런 식으로 당신은 몸과 관련된 내적 모델이 아닌 거울에 비친 자기 몸을 통제하게 됩니다." 마크가 말했다. "그러면 당신은 움직이지 않는다고 생각했던 다리가 실제로는 움직여진다는 사실을 이해하기 시작합니다." 여기서도 문제는 자기 자신에게 과도하게 관심을 쏟는 데에 있었다. 따라서 치료를 위해서라면 그 관심을 다시 밖으로 돌려놓을 필요가 있었다.

무엇보다 마크는 내성의 부작용이 기능성 장애 환자뿐 아니라 일반인에게도 나타날 수 있다고 생각했다. 인간의 두뇌가 예측 기계처럼 기능한다는 사실을 떠올려보자. 뇌의 반성적이고 내성적인 측면은 환경에 대한 예측 모델을 구축하는 경향이 있다. 예를 들어, 맛있어 보이는 버섯 같은 새로운 자극과 마주쳤을 때, 기존의 모델을 토대로 자극의 특성을 추론해 숲 한가운데서 거품을 물고 쓰러질 가능성을 최소화하기 위해서이다. 예측 오류, 즉 내적 모델과 현실의 차이는 두뇌를 거쳐 내적 모델로 통합할 가치가 있는 중요한 정보로 분류된다. 이런 식으로 내적 모델은 끊임없이 정제되며, 결과적으로 놀랄 가능성을 최소화한다.

조현병이 있는 사람은 이 예측 모델이 약하거나 없어서, 감각 자극의 흐름이 주변 맥락을 드러내 주는 기억을 거치지 않고 직접 유입된다. 피트 길크리스트Pete Gilchrist는 신의 은총을 누린 절정을 체험하는 동안, 모든 것을 놀라움으로 경험했다. 그리고 로널드 랭은, 어느 날 저녁 공원으로 산책하러 갔다가 세상과 '극도로 합일된' 느낌에 휩싸인 한 조현병 환자의 사례를 보고했다. 그 환자는 자신의 경험을 초월적인 것이 아니라 무서운 것으로 묘사했다. 그가 그 합일 상태를 자신이 잃을까 두려워하던 자아 감각에 대한 위협으로 받아들였기 때문이다. 필라델피아협회에서 평범함을 강조한 이유도 여기서 찾을 수 있다. 그들은 환자가 외부 세상에서의 삶을 평범한 것이 아니라 끊임없이 두려움을 일으키는 놀람의 연속으로 경험한다는 사실을 알았던 것이다.

환각제도 똑같은 방식으로 작용한다. 환각 약품은 두뇌의 예측 능력을 마비시키기도 하는데, 길바닥에 붙은 껌을 보면서 혁신적이라고 느낄 수 있는 이유이기도 하다. 사람의 예측 능력(환경에 대한 정확한 모델을 구축하고 정제해 나가는 능력)이 정규 분포 곡선의 형태를 띨 수밖에 없다는 점을 감안하면, 우리 중 일부는 조현병이나 환각제가 아니어도 놀람을 최소화하는 데에 그다지 능숙하지 않다. 따라서 그 모든 놀라움과 정신질환에 노출될 확률도 더 높다는 결론에 이른다. 이들에게서 가족이나 친구, 익숙한 환경 같은 일상적 버팀목을 박탈한다면(많은 은거지에서 하듯이), 그들은 과도한 놀라움을 피하려 자신의 약한 내적 모델로 끊임없이 물러날 테고, 그 모델은 더 약화할 것이다. 결과적으로 그들은 심각하게 안정감을 잃을 것이고, 심지어 마크의 설명처럼 통증이나 허약함, 발작 같은 신체적 증상을 발달시킬지도 모른다. 마크는 이렇게 말했다. "특정한 몇몇 사람에게는 내성적인 은거 활동이 위험할 수도 있다는 말은 결코 과장이 아니에요. 일반적인 관점에서 보면 아무 문제가 없어 보이는 사람일지라도 마찬가지입니다."

공식적으로 진단받기 이삼 년쯤 전에, 어머니는 연필로 얼룩덜룩한 그림자를 그리기 시작했다. 가끔은 턴스털 숲이나 던위치와 월버스윅 사이에 있는 염습지 근처의 잡목림에서 찍은 사진을 보고 그리기도 했다. 또 어떤 때는 정원에 이젤을 세우고 부드럽게 드리운 자두나무 그림자를 그렸다. 어머니가 가끔 잘 해내기도 하고 좌절하기도 하는 도전 거리였는데, 그중에서도 빛이 그림자 속으로 희미하게 사라지기 시작하는 흐릿한 경계 영역을 묘사하는 일을 특히 어려워했다.

어머니를 담당하던 노인학자는 그릇된 안도감만 안겨준 인지 평가를 18개월간 거듭한 끝에 마침내 루이소체 치매와 결합한 파킨슨병이란 진단을 내렸다. 당시 나는 숲속의 그림자를 그리는 어머니의 행위를, 그녀의 의식을 얼룩지게 만든 뇌 속의 공간에 대한 본능적 두려움의 표현으로 간주하고 싶은 충동에 휩싸였다. 그저 그림자가 그리기 좋은 대상에 불과했는지도 모르지만, 상태가 악화하면서 어머니가 얼룩진 그림자에서 완전히 검은 대상으로 관심의 초점을 옮겼다는 사실은 나의 추측을 뒷받침하는 듯했다. 어머니는 수채 물감을 섬세하게 배합한 뒤, 6각형의 작은 꽃병에 꽂아 벽난로 위에 진열해둔 검은색 팬지꽃을 그리고 또 그렸다. 각각의 그림은 배경이 너무 어두워서 일정한 각도로 빛에 비춰 봐야만 꽃의 윤곽이 드러날 정도였다. 내가 거실에 걸어둔 어머니의 그림 한 점은 멀리서 보면 벽에 난 구멍처럼 보였다. 꽃이 얼마나 아름다운지 보려면 숨이 액자 유리에 습기를 차게 할 만큼 가까이 다가가야 했다.

이후 어머니의 병세는 급속도로 악화했다. 누군가 치매를 악령의 빙의에 빗대는 말을 들었다면 나는 아마도 과장된 상투어라며 무시했겠지만, 어머니는 정말로 완전히 다른 의식에 조종당하는 것 같았다. 마치어머니의 두뇌 피질에 들어찬 단백질이 그림자가 아닌 의식적 개체 그자체인 것만 같았다. 언젠가 어머니는 내게 지팡이를 휘두르기까지 했다. 분노에 차 목소리를 높인 적이 단 한 번도 없었던 나의 온화하고 애정 넘치는 어머니가 말이다. 나는 어머니가 명상을 했더라면 어땠을지생각해 보았다. 명상이 과연 효과가 있었을까? 명상이 뇌의 노화를 늦추고, 그녀의 인지 예비력cognitive reserve[•]을 강화하고, 병의 진행을 억제할수 있었을까? 그 후 며칠 만에 섬망증이 통제할 수 없을 정도까지 치닫는 바람에 어머니는 병원에 입원했고, 더 이상 집에서 함께할 수 없다고진단받았다. 아버지 댁에서 15킬로미터쯤 떨어진 곳에 있는 양로원으로 어머니를 모셨다. 원점으로의 회귀였다. 6살 무렵, 어머니는 서식스주에 있는 한 기숙학교로 가게 되었는데, 당시의 기준으로도 음침하고엄숙한 곳이었다고 한다. 어머니가 그곳에 있는 동안 해군 대령이었던외할아버지는 지중해 지역으로 이동했고, 외할머니는 외할아버지를 좇아 항구에서 항구로 옮겨 다녔다. 그런데 이제 삶의 다른 쪽 끝에서 어머니를 맞이한 것은, 덜 배타적일지는 몰라도 생기 없기는 마찬가지인또 다른 감옥이었다. 이곳에서 어머니는 싸구려 안락의자에 홀로 앉아

• 뇌의 퇴행성 변화에 대처하는 능력 – 옮긴이

불편하고 얼떨떨한 상태로 팔걸이를 두드리며 여생을 보낼 운명이었다.

그런데 그때 기적적인 일이 벌어졌다. 어머니가 의식을 다시 회복한 것이다. 병원에서 어머니는 의식이 완전히 혼미해진 상태로, 자신이 입스위치 교외의 노인 병동이 아닌 엠파이어 스테이트 빌딩이 내다보이는 오성급 호텔에 와 있다고 주장하곤 했다. 마치 어머니의 자서전을 구성하는 페이지들이 산산이 흩어졌다가 엉뚱한 순서로 다시 맞춰진 것만 같았다. 그런데 양로원에 도착한 지 삼사 일 만에 어머니는, 마치 누군가가 손가락을 튕겨 최면 상태를 깨뜨린 것처럼, 정자세로 앉아 명료하게 대화를 나누고 있었다. 어머니는 자신이 누구인지 잊고 지낸 지난 3개월을 조금도 기억하지 못했다. 돌이켜 생각하면, 어머니의 섬망증은 꼭 필요한 교정 절차가 아니었나 싶다. 내면으로 관심을 돌리라는 잠재의식의 간청인 동시에, 쇠약해지는 조직이 자신의 죽음을 감지하고 보호받을 수 있도록 세상으로부터 물러나는 하나의 과정이었던 것만 같다. 그 후 몇 달간 어머니는 방문객이 가져다준 노란 구륜앵초와 물망초 꽃다발을 꽃병에 꽂아 창틀에 올려놓고 그리면서 시간을 보냈다. 아버지는 침대 위에 물감을 쏟을 일 없이 작업에 몰두할 수 있도록 어머니에게 끝부분이 붓 모양으로 된 컬러링 펜을 가져다주었다. 이제 어머니의 그림은 얼룩진 그림자와 검은색 팬지꽃 대신, 겨울이 찾아들기 전에 마지막으로 꽃을 피운 노랗고 빨간 꽃과 녹색 잎으로 화사하게 장식되었다.

아버지와 나는 미리 애도해두었기 때문에, 3년 후 마지막 순간이 찾아왔을 때의 기분은 마치 차가운 피오르 속으로 헤엄쳐 들어가다가 이제는 숨을 내쉬며 마음을 놓아도 괜찮다는 사실을 깨달은 것 같았다. 어머니의 마지막 순간도 비슷했다. 어머니의 호흡기는 여전히 생존에 집착하며 공기를 허겁지겁 들이마시려 했기에, 들숨은 날숨보다 훨씬 더 시끄러웠다. 그런데 어느 순간엔가 그 분투가 갑자기 중단되었다. 들이쉼과 내쉼, 그리고 그 뒤를 잇는 긴 침묵. 말하는 능력을 잃어버리기 몇 주 전에 어머니는 내게, 죽는 것은 두렵지 않지만 내가 그리울 것이라고 말했다. 그 사심 없는 태도는 아마도 어머니 세대가 죽음을 맞이하는 전형적인 방식일 것이다. 수용적이고 겸허한 죽음, 그 태도는 참으로 어머니다웠다. 마치 그냥 죽는 것만으로는 충분치 않다는 듯, 어머니는 나를 대신해서 슬픔의 짐을 짊어지려고, 마지막 순간까지 나를 보호해주려고 부단히도 애를 썼다.

아버지와 나의 결정적인 차이점은 아버지가 이미 3년 전부터 혼자 생활하고 있었다는 것이다. 아버지는 악화되는 허리 통증으로 양로원을 방문하기가 점점 더 힘들어졌다. 어쩌면 이런 상황이 침묵 속에 혼자 살아가는 홀아비의 삶에 대비하도록 아버지를 단련시켰는지도 모르겠다. 이미 몇 년간 청각 장애를 앓으셨지만, 어머니가 돌아가신 몇 달 후 통화할 때부터 아버지는 내가 말하는 단어를 이해하기 힘들어 하셨다. 발음을 아무리 또렷하게 해도 소용없었다. 혹시 아버지나 내 전화기에 문제가 있는지 의심했지만, 아버지가 간병인에게 소리가 얼마나 불명확한지 들려주려고 스피커폰을 켜자마자 바로 알 수 있었다.

"아주 잘 들립니다." 헤일리가 말했다. "종소리처럼 명료해요."

"어쩌면 아버지 보청기 때문인지도 몰라요." 내가 말했다.

"그건 아닐 게다." 아버지가 말했다. "내가 방금 건전지를 갈았거든."

그런데 이상하게도 아버지는 의사와 대화할 때는 그의 말을 아주 잘 알아들었다. 그런 상태로 며칠, 몇 달, 몇 년이 지났고, 제대로 된 대화를 나누지 못하는 것에 관한 우리의 대화는 지금까지도 여전하다. 가끔 나는 아버지의 장애가 선택적 청력 손실은 아닌지 자문했다. 어쩌면 우리는 한편으론 대화를 간절히 원하면서도, 다른 한편으론 함께 대화하기를 꺼렸던 것 같다. 아버지와 나 모두 내가 아버지의 은둔 성향을 물려받았다는 사실을 감지하고는 그 사실을 인정하기 전에 전화기에서 손을 떼고 싶었던 것이다. 어쩌면 아버지의 청각 장애는 그가 내게서 감지해 낸 은둔 성향을 분명히 의식하지 못하도록 하기 위한 하나의 방어 수단인지도 모른다.

열

세상 끝에 지은 집

처음에 아내는 나의 이번 여행을 내키지 않아 했다. 하지만 결국 아내와 나는 별문제가 없을 것이라는 사실에 동의했다. 인도는 코로나 확진자 수가 많지 않았고, 네팔은 사실상 코로나 청정구역에 가까웠으며, 텐진 빠모와 담마소티는 모든 적절한 예방 조치를 취한 상태였기 때문이다. 이것이 내 마지막 여행이라면 지금 당장 떠나는 편이 더 좋을 것 같았다. 돌이켜 생각하면, 내가 말한 여행을 취소하지 않은 이유는, 그다지 합리적이지 않은 다른 이유를 은폐하기 위한 일종의 가면에 불과했던 것 같다. 사실 나는 이미 페루 여행을 포기한 상태에서 또다시 다른 일정을 취소한다는 것이 영 내키지 않았다. 게다가 나는 텐진 빠모를 방문한 이후 잠시 시간을 내서 필과 며칠 동안 하이킹을 하기로 약속한 상태였다. 그에게 이번 여행마저 포기했다고 말할 수는 없었다.

그동안 나는 동규 가찰 링Dongyu Ghatsal Ling 비구니 사원을 여정의 끝

또는 적어도 최종 정착지쯤으로 생각했다. 그곳은 일반적인 은거가 상상을 초월한 극단적 고행으로 변질되기 시작하는 일종의 경계선 같은 곳이었다. 나는 텐진 빠모를 만나기 위해 히말라야 끝자락에 있는 사원으로 갔다. 런던 태생으로 일흔일곱의 나이에 이 사원의 수장을 맡고 있는 텐진 빠모는, 히말라야의 한 동굴에서 12년간 홀로 명상에 전념한 것으로 유명했다. 사원 바로 뒤에는 다람살라 바이즈나쓰 주요 도로와 아와카드라 불리는 시냇물 사이로 난 오래된 길 하나가 자리 잡고 있었다. 그 길로 들어서니, 웅장한 건물 한 채가 반대편을 마주 보고 서 있었다. 저층부는 밝은 노란색, 그 위는 자주색, 그리고 상층부는 불탑 형태의 지붕으로 장식한 이 건물은, 주변을 에워싼 3미터 높이의 담장을 다 지나친 뒤에야 비로소 모습을 드러냈다.

텐진 빠모가 마당에서 나를 반겨주었다. 다람살라에서 택시를 잡을 때만 해도 날씨가 아주 맑았다. 그런데 지금은 보랏빛으로 물든 두꺼운 구름이 산에서 밀려와, 텐진 빠모의 적갈색 승복과 노란색 속셔츠, 그리고 빨강, 노랑, 청록색의 꽃문양이 새겨진 사원 전체에 독특한 분위기를 드리우고 있었다. 텐진 빠모는 손바닥을 앞으로 내밀면서 하늘을 올려다보았다. "올해는 날씨가 정상이 아니에요." 그녀가 말했다. "한참 날씨가 맑고 더울 때인데, 요새는 매일 폭풍이 밀려와요. 불쌍한 농부들만 힘들게 됐네요."

그녀는 사원 벽 너머의 보리밭으로 내 시선을 끈 뒤, 다시 타시 종에 있는 캄빠갈 사원 방향을 손으로 가리켰다. 텐진 빠모가 속한 종파의 수

장인 제9대 캄트룰 린포체Khamtrul Rinpoche가 머무는 곳이었다. "지금 우리는 사원에서 6킬로미터쯤 떨어져 있어요." 갑작스럽게 미소를 지으면서 그녀가 말했다. "잘된 일이죠. 우린 약간 다르니까요."

다이안 페리Diane Perry란 속명을 가진 텐진 빠모는, 그녀가 두 살 때 돌아가신 아버지가 소유한 베스널 그린 지역의 생선 가게 위층에서 성장했다. 1961년, 18세의 나이에 그녀는 불교로 개종했다. 그녀의 마음을 사로잡은 것은, 샌포드에서 그렉이 너무 억압적이라고 느낀 상좌부 불교보다 훨씬 더 낭만적이고 환상적인 티베트식 불교였다. 당시는 달라이 라마가 티베트에서 탈출해 인도 북부로 옮겨간 지 꼭 2년이 되는 해였다. 1964년, 페리는 다람살라에 있는 달라이 라마의 망명 정부에서 북서쪽으로 120킬로미터 떨어진 달루지로 여행을 갔다. 그로부터 석 달쯤, 그녀는 자신의 '뿌리 스승(root lama)', 즉 구루이자 티베트 불교 종파 드룩파 카규파Drukpa Kagyu의 환생한 스승이기도 한 8대 캄트룰 린포체를 만났다.

그녀는 거의 즉석에서 비구니가 되기로 결심했고, 머리를 삭발한 뒤, 일본인 남자 친구와 올린 약혼 서약도 파기했다. '드룹규 텐진 빠모Drubgyu Tenzin Palmo', 즉 '승계의 교리를 지키는 영예로운 여성'이란 법명을 받은 그녀는, 서양에서 두 번째로 티베트 금강승 불교의 계를 받은 여성이 되었다. 텐진 빠모는 캄트룰 린포체의 임시 사원에 머무는 백여 명의 스님 가운데 유일한 비구니이기도 했다.

이후 그녀는 비참한 경험을 해야 했다. 거의 천 년 동안 티베트의 젊은 스님들은 논리학과 철학, 우주론, 명상, 그리고 지적·영적으로 충분히 성숙했을 때 탄트라 밀교의 비밀스러운 가르침을 교육받으며 학문적 분위기의 사원 문화를 형성했다. 그런데 이 문화는 엄청나게 혹독한 동시에 여성에게 철저히 배타적이었다. 그들이 보기에 여성의 몸은 깨달음을 담기에 적합한 그릇이 아니었다. 당시 텐진 빠모는 고작 21세였다. 티베트 불교를 위해 가족과 연인, 고향 모두를 포기한 텐진 빠모는, 가부장적 도그마 때문에 어쩔 수 없이 그녀와 거리를 두는 자신의 종교 공동체를 바라보며 견딜 수 없는 소외감에 사로잡혔다. "저는 매일 밤 울곤 했습니다. 너무나도 불행했으니까요." 그녀가 말했다.

그러면서도 그녀는 6년 동안 사원을 벗어나지 못했다. 그녀에게 사원을 떠나 더 고립된 라홀에서 생활해 보라고 제안한 사람은 바로 캄트룰 린포체였다. 라홀은 눈과 얼음으로 1년에 8개월간 길이 끊기는 히말라야의 고지대에 있는 계곡 지역이었다. 하지만 이 외진 곳에 와 있으면서도 텐진 빠모는, 넥타리아 수녀나 사라 메이틀랜드처럼 침묵과 고독으로 더 깊이 들어가고 싶어 했다. 1976년, 라하울의 신심 깊은 야크 목축민과 함께 6년을 보낸 후, 텐진 빠모는 다시 해발 4천 미터 높이에 있는 동굴을 발견할 때까지 산 위로 더 높이 올라갔다. 그녀는 그 동굴에서 33세에서 45세까지 혼자 생활했다.

1.8미터 너비에 깊이가 3미터 정도 되는 그 동굴은 동굴이라기보다는 차라리 바위에 난 틈에 더 가까웠다. 그곳을 주거할 수 있는 공간으로

만들기 위해, 텐진 빠모는 라홀의 노동자들에게 도움을 청해 동굴 입구 부근에 벽돌로 벽을 쌓았다. 이 벽은 영하 35도까지 떨어지는 외부의 기후로부터 그녀를 지켜주었지만, 1미터가 넘는 벽의 두께 때문에 거주 공간은 더 좁아질 수밖에 없었다. 그녀는 그곳에다 나무를 태울 수 있는 난로와 노란 천으로 싼 불교 경전들, 제단, 불교식 성화, 세면용 들통 등을 세심하게 배치했다. 침상 같은 것은 없었다. 전통에 따라 그녀는 바닥에 습기 차단용 틈이 있는 0.7제곱미터 크기의 명상 상자 안에 앉아서 등을 곧게 세운 채 잠을 잤다.

그렇게 그녀는 하루에 열두 시간씩 집중적으로 명상하고, 세 시간씩 잠을 자면서 그곳에 머물렀다. 나머지 시간에는 경전을 읽거나, 붓다와 보살들의 초상을 그리거나, 때때로 찾아오는 방문객을 맞았다. 하지만 대체로 그녀는 가끔 들리는 야크 목축민이나 양치기 외에는 그 누구도 만나지 않았다. 끼니는 동굴 입구 아래쪽에 마련한 채소밭에서 기르는 순무로 해결했다. 그녀는 마지막 3년을 완벽한 고요와 고독 속에서 홀로 보냈다. 11세기의 티베트 요기이자 전직 흑마술사 겸 살인자이기도 한 제선 밀라레파Jetsun Milarepa는 '고독의 산(Mountain of Solitude)' 위에 있는 그의 유명한 동굴에서, '튜모tumo'를 만들어낼 정도로 강렬한 명상적 집중 상태에 도달했다고 한다. 튜모란, 종종 벌거벗은 채로 기도를 올리는 은자를 고산지의 매서운 추위로부터 보호해주는 신비스러운 열기를 말한다. 구전 전통에 따르면, 그는 나는 법을 배우기도 했다고 한다.

텐진 빠모에게 그토록 오랫동안 강도 높게 명상에 몰두한 경험이 어땠느냐고 묻는 것은, 빅타리아 수녀에게 그녀의 신에 관해 설명해 달라는 것과 다를 바 없을 것이다. 그런 질문은 아마도 지나치게 친해지려는 시도와 요점을 놓치는 것 사이 어디쯤일 것이다.

"너무 오래전 일이라 기억 나는 게 거의 없어요." 내가 그 방향으로 대화를 이끌기 시작했을 때, 그녀가 따뜻하면서도 단호하게 말했다.

"그래도 그건 초인적인 노력이었어요, 안 그래요? 그건 인정하서야죠." 내가 말했다.

"조금도 초인적이지 않아요. 그 당시에 그건 아주 평범해 보였어요. 사실 제가 계속해서 은거한 건 그 과정을 즐겼기 때문이에요."

우리는 텐진 빠모의 사무실에 와 있었다. 밖에서는 강풍이 마당에 세워둔 깃발을 거세게 혼들어댔고, 창문에서는 빗방울이 흘러내리기 시작했다. 나는 텐진 빠모의 미소가 '한쪽 귀에서 다른 쪽 귀까지 이어진다'라는 말을 자주 들었는데, 직접 보니 그 진부한 표현은 사실을 꽤 정확하게 반영한 것이었다. 그녀의 입 가장자리는 마치 그녀의 얼굴 전체가 광대뼈 아래쪽에서 경첩으로 연결된 것처럼 보조개 속으로 깊숙이 파고들어갔다. 나는 곧 텐진 빠모의 방식을 이해했다. 예기치 못한 순간 급작스럽게 분출되는 강렬한 에너지로 가끔 중단되는 고요하게 전염성 있는 침묵, 이것이 그녀의 익숙한(전반적인) 태도였다.

"저는 수행할 수 있는 조용한 장소를 원했습니다." 그녀가 말했다.

"그 동굴이 바로 그런 장소였죠. 그보다 더 나은 곳은 찾을 수 없을 거라고 생각했어요. 그래서, 맞아요, 저는 거기에 정착했습니다. 그게 다예요. 사람들은 제 말을 안 믿고 제가 겸손을 떤다고 생각하지만, 정말이지 지금 봐도 그건 그냥 특별할 게 없는 평범한 삶이었어요."

특별한 것이 없다라…. 나는 동굴에서 계속 시간을 보내도 더 이상 달라지지 않는 한계점은 없는지, 즉 금욕에도 일종의 인플레이션이 일어나는 것은 아닌지 생각해 보았다. 18세기 말 일본에서는 불 같은 성질로 유명한 우물 채굴꾼 사우나다 테츠야가 지역 창녀의 소유권을 놓고 논쟁하다가 사무라이를 살해한 일이 있었다. 당시 일본에서는 성직자가 되면 처형을 면할 수 있었는데, 테츠야는 일본의 다른 불교 종파들보다 티베트 불교에 더 가까운 진언종으로 개종한 뒤, 야마가타현 북동쪽의 유도노산에 있는 추렌지라는 절로 들어갔다. 성마른 우물 채굴꾼이었던 테츠야는 이제 방랑하는 성자 테츠몬카이로 거듭났다.

그는 곧 영웅적인(혹은 미친 듯한) 자기 포기 행위로 명성을 얻었다. 지금의 도쿄인 에도를 방문했을 때, 그는 눈병이 창궐한 것을 보고는 자신의 왼쪽 눈을 파내 스미다강에 던져버렸다. 전하는 이야기에 따르면, 훗날 그는 사무라이를 죽이고 얻은 그 창녀가 자기희생의 삶을 버리고 함께 도망치자고 설득하자, 방을 나와 자신의 고환을 자른 뒤 갈색 종이에 단정하게 포장해서 그녀에게 건네주었다고 한다.

극단적인 고행으로 40년을 보낸 후 71세가 되었을 무렵, 테츠몬카이는 고행의 수위를 한 단계 더 높이기 위해 '도츄 뉴조 수행'에 입문했다. 이 수행은 수행자 자신을 땅속에 파묻는 행위가 포함된다는 점에서 다른 유형의 고급 명상 기법과 확연히 구분되었다. 이 수행의 준비 과정에는 '모쿠지키 교', 즉 나무를 먹는 고행도 포함되어 있었는데, 이 훈련을 하는 금욕 수행자는 쌀과 기장 등으로 구성된 기존 식단을 산에서 채취한 견과류와 나무뿌리로 서서히 대체해야 했다. 몸을 구성하는 지방과 근육의 비율을 줄여 몸속에 박테리아가 번식하지 못하도록 하기 위한 조처였다. 박테리아의 성장을 더 억제하기 위해 금욕 수행자는 독성 옻나무 껍질로 만든 차를 마시기도 했다. 목표는 수행자가 살아 있는 상태에서 스스로 미라가 되는 것이었다.

이렇게 준비를 마친 테츠몬카이는 나무관에 담긴 채 1미터 깊이의 비좁은 구덩이 속으로 옮겨졌다. 습기를 줄이기 위해 관 주위에 숯을 채운 후 구덩이는 그대로 밀봉했다. 그렇게 테츠몬카이는 산 채로 매장되었고, 물과 공기를 공급받을 수 있도록 대나무 빨대 두 개를 제공했다. 그 암흑 속에서 테츠몬카이는 깊은 명상 속으로 잠겨 들었고, 살아 있다는 것을 알리기 위해 가끔 종을 흔들었다. 종이 더 이상 울리지 않으면 사람들은 대나무 빨대를 제거한 다음, 기나긴 '모쿠지키 교' 과정이 부패를 막아 주리라 기대하면서 시신을 천 일간 방치했다. 부패가 진행되지 않으면 사람들은 그 몸을 다시 파낸 뒤 '소쿠신부츠', 즉 생불로 추앙했다. 그들은 테츠몬카이가 죽음을 속이고 영원한 명상에 들어갔다고 굳게 믿었다.

진언종 불교의 자기고문 성향은 아마도 6세기경 유도노산에서 성행하던 고대의 산 숭배와 밀교, 신도, 도교 등이 한데 뒤섞인 슈겐도 신앙과 관련이 있을 것이다. 전통적으로 슈겐자나 야마부시('산을 경배하는 자'라는 뜻)라 불린 슈겐도 신앙의 추종자는, 테츠몬카이 같은 진언종의 열성분자처럼 고행을 통한 정화를 열렬히 추구했다. 그들은 단식하고, 자지 않고, 겨울철에 폭포에서 명상했을 뿐만 아니라, 뜨거운 석탄 위를 걷거나 나막신을 신고 험한 산을 오르기도 했다. 요즘 야마부시들은 정식으로 계를 받는 경우가 거의 없다. 현재 슈겐도 신앙은 중년의 사업가들이 애용하는 일종의 파트타임 고행 체계로 그 명맥을 잇고 있다. 가끔 산으로 물러나 일상에서는 경험하기 힘든 곤경과 고난에 스스로를 빠트린다.

인내력 시합으로서의 영성. 그것은 내가 담마소티의 지도를 받으며 명상을 수행하기 위해 네팔로 향한 이유이기도 했다. 진정으로 끔찍한 시간을 보낼 때까지는 은거를 제대로 경험해 본 것이 아니라고 느낀 것이다. 내 자아는 채찍질당하고 비난받고 구타당한 뒤 불타는 똥을 왕관처럼 뒤집어쓰길 원하고 있었다. 동규 가찰 링 사원과 관련된 텐진 빠모의 계획 중 하나는 인도와 티베트, 네팔, 부탄 지역의 소녀와 젊은 여성에게 종교 생활 초기에 자신이 누리지 못한 교육의 기회를 제공하는 것이었다. 또 다른 계획은 여성 요기니로 구성된 고대 종파인 톡덴마Togdenma를 부활시키는 것이었다. 그들의 남성 형제인 톡덴Togden은 쇠 수세미 같은 레게머리를 한 채 누더기 같은 흰색 승복을 걸치고 다니는 티베트 불교의 특전 부대로 명성을 떨치고 있다. 열성적인 자메이카 민족주의자로 구성된 네이비 씰 부대를 상상하면 될 것이다. 잠재력이 있어 보이는 소년들은 다른 초심자와 분리되어 한 생애 동안 깨달음을 얻기 위해 몇 년간 엄격한 훈련을 받는다. 여성 종파는 문화혁명 기간에 소멸한 것으로 보았다. 비록 티베트 동부 지역에서 톡덴마가 되살아나고 있다는 소문이 돌기도 했지만, 전통이 끊길 것을 염려한 드룩파 카규파의 스승들은 텐진 빠모에게 인도에서 진행 중인 톡덴마 부흥 운동을 감독할 권한을 주었다. 톡덴마로 인정받으려면 15~20년쯤 고독한 은거 생활을 해야 했다. 남성과 여성 종파 모두에는 신비적 영웅주의 신화가 따라다녔다. 한 톡덴은 강도 높은 명상을 통해 자기 몸뿐 아니라 가족 구성원과 동물을 포함한 62개체의 생명을 비물질화하는 데에 성공했다고 한다. 나는 왜 거기서 멈추었는지 의문을 제기했다. "117개체까지 비물질화한 톡덴도 있었다고 합니다." 그렇다면 왜 1,000명까지 나아가지 않는가? 왜 전 세계를 구제하지 않는가?

답변은 텐진 빠모가 그 극한에 이르기까지 성취해낸 절제에 있었다. 그런데 여기서 말하는 극한은 그녀가 경험한 추위나 고립, 명상적 지구력도 아닌 그녀의 평정심과 연관되어 있다. 그녀가 이런 곤경들을 단순히 견딜 뿐 아니라 즐길 수 있게까지 해준 영혼의 그 극단적인 고요함 말이다. 텐진 빠모의 평정심은 힘들게 얻어낸 은거의 결과가 아닌, 그런 은거를 가능하게 해준 수단이었다.

돔 에릭 바든은 신을 인식하는 것에 관해 '실행되기만을 기다리는 내장된 운영체제'라고 묘사했다. 고요함에 관한 텐진 빠모의 견해도 비슷했다. '우리가 그것을 향해 스스로를 열어젖히기만 하면 그것은 항상 여기에 우리 모두를 위해 존재하고 있다.' 불교도는, 동굴에서 보내는 12년이든 비구니 사원에서 보내는 20년이든, 영적 수행을 심화하는 모든 위대한 노력의 동기가 다른 사람을 돕고자 하는 압도적인 충동이어야 한다고 믿는다. 지혜를 얻으려 애쓰는 것은 결국 다른 사람들에게 보시하기 위해서라는 것이다. 이것이 바로 보디 치타bodhi-chitta, 즉 모든 지각 있는 존재를 향한 연민이다.

그리고 지혜는 자신의 마음과 관계를 맺는 방식과 관련된 것이었다. "불교의 주된 관심사는 마음을 길들이고, 훈련하고, 변화시키고, 궁극적으로는 그것을 초월하는 데에 있어요." 그녀가 말했다. "우리가 은거지에 있든, 옥스퍼드 거리 한가운데에 있든, 우리는 마음을 갖고 있습니다. 지적인 측면뿐 아니라 감정적인 측면까지도 포함하는 마음-가슴(mind-heart) 말이지요. 길들이고 훈련해야 하는 건 바로 그 마음이에요. 그걸 시작하는 방법은, 음, 그러니까 요점은 그 과업을 수행해야 한다는 거예요."

이제 마당 위의 하늘은 어두워져 있었고, 배수관에는 빗물이 넘쳐나고 있었다. "와, 이제 정말로 비가 쏟아지네요." 텐진 빠모가 웃으며 말했다. "보세요. 다르마가 진실하다면 일상의 삶 속에서 우리를 도울 수 있어야 해요. 그렇지 않다면 그게 무슨 소용이겠어요? 산 정상에 앉아 있을 때만 수행할 수 있다면, 그건 무의미해요."

내가 산 정상으로 가는 대신 아내의 말대로 여행을 취소한 후 인류의 대다수처럼 집에서 은거했다고(코로나 팬데믹으로 지구인 대부분이 자택 은거하던 시기) 가정해보라. 그럼 나는 텐진 빠모와 얼굴을 마주하는 대신, 줌으로 그녀와 대화하면서 폭풍이 불안정한 와이파이를 교란시키는 것을 감내해야 했을 것이다. 사실 내가 네팔에 간 것은 고행의 수위를 한 단계 높여 나 자신을 시험해보기 위해서였다. 나는 스스로를 땅속에 묻고 대나무 빨대로 숨 쉬는 극한 상황을 한번 경험해 보고 싶었다. 텐진 빠모는 내게, 다르마를 일상의 삶 속에 통합시키라고 말했다. 그런데 나는 정작 그곳에 갔을 때는 그런 경험을 못 한 반면, 집에 온 지금은 코로나 때문에 하루하루를 극한 상황 속에서 살아가고 있다. 집 안에 멍하니 앉아 나뭇잎 그림자가 부엌 벽에 형체를 드리우는 모습을 바라보는 것은, 늘 지속된 일상 즉 내적 모델인 동시에 그 모델을 교란시키는, 내 삶에서 가장 특이한 경험이기도 했다.

물론 모두가 재택 은거를 하는 것은 아니다. 의사와 간호사, 응급구조사, 버스 운전기사, 사회복지사, 청소부, 그리고 내 아버지의 점심 식사를 준비하는 간병인 같은 사람들은 지금도 수술 마스크나 앞치마 등을 착용한 채 현장에서 활발하게 활동 중이다. 한때 필라델피아협회에서 치료사로 일한 제이크 오스본은 재택근무를 은거와 완전히 반대되는 것으로 생각했다. "저는 극도로 내성적이어서 나만의 시간이 꼭 필요합니다. 그런데 지금은 혼자만의 시간을 거의 누리지 못해요." 거리두기가 시행되기 이전에 제이크는 직업 활동으로의 은거나 다름없는 두 시간의 통근 시간을 매우 소중히 여겼다. 그런데 이제 그는 두 살배기 딸이 계단에 설치한 안전문에 머리를 부딪힐까 끊임없이 걱정해야 하는 처지였다.

그렇지만 평범한 일상으로부터의 이 기묘한 이탈은 명상적 은거에 따르는 일탈과 너무도 닮았다. 이 바이러스가 인류의 변환을 촉구하는 신의 메시지라고 믿는 미국 기독교인의 편에 서는 위험을 감수하면서 말하건대, 때로는 이 코로나 사태가 세상을 하나의 거대한 수도원으로 탈바꿈시키고 사람들에게 서원을 강요하기 위한 신의 계획처럼 느껴지기도 한다.

탈습관화. 솔렘에서 보낸 5일 동안 익숙해진 그 무시간성. 혹은 시간이 지나가는 것을 알아차리기 위해 집중해야 할 정도로 시간관념이 흐려지고 시간의 흐름이 빨라지는 기묘한 느낌. 시간적 순서의 붕괴. 거리두기의 끝이 보이지 않는 상황 속에서 하루하루가 서로를 향해 녹아들고, 미처 살기도 전에 삶이 집어삼켜지는 듯한 이상하게도 추진력 있는 정체감.(돔 에릭 역시 '수도원에서는 시간이 놀라울 정도로 빠르게 지나갑니다'라고 말했다.)

그리고 침묵. 거리두기 이전만 해도 도로는 정신없이 슈퍼카를 몰면서 속도 감시 카메라를 농락하는 소시오패스들의 소형 경기장이나 다름없었다. 그런데 이제 그들은 사라지고 없었고, 도로는 텅 비었으며, 승객이 거의 없는 버스들만 가끔 모습을 드러낸다. 해가 진 후에는 더 황량해서, 어쩌다 불이 들어온 창문 옆에 앉아 있는 극소수의 사람들만이 텅 빈 침묵 한가운데를 구멍 낼 뿐이다.

이 시간을 어떻게 보내야 할까? 집에 머물며 목숨을 부지해야 할까? 사회를 회피하는 것으로 사회를 위해 제 몫을 다하고, 서로를 멀리하는 것으로 서로에게 협력하는 역설적 태도를 취해야 할까? 아니면 반대로 친구들과 함께 공원에 나가 노는 것으로 자신의 독립성이나 공공선에 대한 경멸을 나타내야 할까? 우리 삶에서 스크린에서 일어난 것보다 더 아이러니하고 예상치 못한 반전이 일어난 적이 있었던가? 얼마 전까지만 해도 스크린은 외로움과 사회적 와해를 초래하는 주범이자 무분별하고 자기중심적인 은거를 부추기는 주요 조력자였다. 그런데 이제 스크린은 우리가 친구들을 볼 수 있는 유일한 수단이 되었다. 거리두기가 시작된 이삼 주 후쯤 처음으로 가상 음주 파티에 참석했을 때, 나는 무엇보다 먼저, 가장 부끄러움을 모르는 사람들이 온라인상에서 가장 큰 영향력을 행사한다는 사실에 충격을 받았다. 외투를 벗자마자 개인적인 이야기를 늘어놓기 시작하는 그런 참가자들 말이다. 가벼운 주변 이야기부터 시작해 모든 사람이 대화에 참여할 때까지 서서히 분위기가 무르익는 과정은 화상 모임에서는 불가능해 보였다. 사실 그 파티는 화상 모임이라기보다는 화상 장악 시합에 더 가까웠다. 그것은 마치 극도로 내성적인 사람들로 구성된 지지 집단에 병적인 자기중심주의자들이 끼어들어 훼방을 놓는 것과 같았다. 최근 보도에 따르면, '가상 수도원 은거'나 '고요한 줌 모임'이 점점 더 인기를 끈다고 한다. 이런 모임에 참석하는 사람들은 줌에 로그온한 뒤 빠르게 인사를 나눈 후 다정한 침묵 속에서 몇 시간을 앉아 있곤 한다. 이런 형태의 은거가 점점 더 알려진다면, 사람들의 모습이 담긴 썸네일 화면은 계속 그 수가 늘어나면서 픽셀 크기로까지 작아질 것이고, 모임에 참석한 세계 전역의 사람들은 카르투지오회 수사들처럼 침묵을 지키면서 공동으로 혼자만의 시간을 보내게 될 것이다.

　나는 우리가 기술에 더 깊고 더 철저하게 의존하도록 유혹당하는 것 같다는 인상도 받았다. 만일 그렇다면 코로나가 끝난 후 우리의 사회적 관계망은 더 약화하고 혼란스러워질 수밖에 없을 것이다. 줌 파티나 음주 모임 같은 것은 내던지고 능동적으로 집 안에서 은자가 되어보는 식으로, 바이러스가 제공한 물러섬의 기회를 완전히 활용하는 편이 더 나을 것 같다는 생각도 해보았다. 어쨌든 나는 그 방향으로 향하고 있었다. 그런데 사실 거리두기는 평상시 우리의 은거 성향을 측정하는 하나의 척도나 다름없었다. 코로나의 충격이 별로 크지 않다면 당신은 아마도 은둔 성향이 더 짙을 것이다. 예전엔 미처 의식하지 못했더라도 말이다. 이것은 마치 우연히 건강 검진을 받고 나서, 자신이 걸린 줄도 몰랐던 질병을 알아낸 상황과 닮았다.

　아버지가 건강이 좋지 않으니 12주간 외부와 접촉을 피하라는 의사의 편지를 받았을 때, 나는 어머니가 돌아가신 직후의 기간을 떠올려보았다. 당시 나는 홀아비로 살아가는 아버지의 삶이 어머니가 양로원으로 옮겨간 이후의 기간과 별반 다르지 않을 것이라고 생각했다. 아버지는 이미 사별을 겪을 준비가 된 상태였으니 말이다. 거리두기도 마찬가지였다. 아버지는 거의 10년 가까이 은거 생활을 이어가고 있었다. 석달 더 은거한다고 해서 무엇이 달라지겠는가? 격리 생활의 유일한 차이점은, 아버지의 고립이 더 이상 상상이 아닌 실제적이고 치명적인 위험과 거기서 비롯한 공포감에 영향을 받았다는 것이다. 그렇지만 그 공포감도 시간이 지나면서 점차 희미해졌다. 격리 생활이 그 이전의 자발적 고립 생활과 거의 같다는 사실이 점점 더 분명해졌기 때문이다.

나는 거리두기 이전과 이후의 삶 사이에 놓인 간극을 메우기가 그리 어렵지 않다는 느낌을 받고 있었다. 물론 이것은 상당 부분 나의 유리한 입지 덕택이다. 나는 아직 코로나에 걸리지 않았고, 코로나로 심하게 고통받는 사람을 알지도 못했으며, 약간의 외부 공간이 있는 편안한 아파트에서 가족과 별다른 불화 없이 평화롭게 살고 있었다. 은거와 마찬가지로, 코로나 사태 이후의 삶은 인종과 경제력이라는 경계선을 따라 날카롭게 나뉘었다. 사실, 백인 중산층인 내가 감염을 피하고 고립에서 비롯한 악영향에 노출되지 않을 가능성은, 네팔에 가서 3주간 명상할 수 있는 시간적, 금전적, 문화적 자산을 지닐 가능성과 긴밀하게 연관된다.

여기에 더해 내가 코로나 모드로 유연하게 전환할 수 있었던 것은, 적당히 공부하면서 보낸 이전 18개월간의 자발적 은거와 거리두기의 조건들이 비슷했기 때문인 것 같다. 나라는 인간이 생각보다 훨씬 더 뼛속 깊이 은거 성향이 배어든 사람이었던 셈이다. 완전한 사회적 거리두기를 실시한 몇 주간, 사람들이 점점 서로를 멀리하면서 악수나 포옹 대신 나마스테, 즉 안잘리 무드라anjali mudra를 선호하는 모습을 보는 것은 충격적인 경험이었다. 좀더 보수적인 내 친구들은 인간이 마침내 날것 그대로의 음식을 완전히 포기하는 지점에 이르렀다고 생각했지만, 내 눈에는 거리두기에 내포된 명상적인 측면을 암시하는 행위로 비쳤다.

'격리(quarantine)'라는 단어는 '40일'을 뜻하는 베네치아 방언 콰란테나quarantena에서 비롯했다. 이 개념은 흑사병이 절정에 달했던 1347~1351년까지 거슬러 올라간다. 당시에는 사람들에게 40일간의 이동 금지 조항을 부과했는데, 전염을 막는 효과 때문이 아니라 숫자 자체의 중요성 때문이었다. 모세가 시나이산에서 세 차례에 걸쳐 40일간 머물렀다는 사실과, 예수가 사막에서 고행하면서 보낸 40일을 기념하기 위해 사순절 기간이 40일 동안 이어진다는 사실 등을 떠올려보면 이해될 것이다. 전염병 확산을 억제하기 위해 사람들에게 외부 활동을 자제하라고 요청하는 관행도 결국 종교적인 은거 전통에 뿌리를 둔 셈이다. 코로나가 만연한 지금, 사람들 대다수의 삶은 모든 곳에 있지만 장소를 특정할 수 없는 보이지 않는 힘에 좌우되는데, 내 경우는 아토스산에서 루마니아인 간수가 긋던 성호와 별반 다를 것 없는 속죄 행위로 바이러스를 달래기 위해 애썼다.

손 씻기. 온라인 쇼핑으로 배달된 모든 상품을 항균 물티슈로 닦기. 꽃양배추 때문에 코로나에 걸릴 가능성은 희박해 보였지만, 나는 그것마저 물티슈로 닦았다. 배달 직원이 바이러스 묻은 손가락을 집어넣었을지도 모른다는 생각에 잎 사이의 틈까지도 세심하게 신경 써가면서. 수전 손택은 병자에게 '아름다운' 죽음을 선사하는 폐결핵이 삶을 '영성화'한다고 했다. 그렇다면 코로나는 삶을 수도원화하고 있었다. 의례적 행위를 통해서만 누그러뜨릴 수 있는 더 높은 힘을 구실 삼아 우리에게 스스로를 고립시키라고 요구하면서. 코로나는 삶의 덧없음을 환기하는 바니타스 정물화와 다름없었는데, 바이러스가 죽음을 불러들인다는 것 외에 노인이 바이러스에 더 취약하다는 사실 때문이기도 했다. 코로나는 노인이 올해 안에 죽음을 맞이할 확률을 두 배로 증폭시켰다. 70대에 접어든 한 친구는 내게 코로나 이전에는 나이가 들었다는 생각을 별로 해본 적이 없다고 말했지만, 이제는 외면하기 힘든 현실이었다.(노년 세대를 위한 재교육 기관인 모던엘더아카데미에 코로나 바이러스가 퍼졌다고 상상해보라.) 수도원처럼, 바이러스가 재촉한 세상으로부터의 물러남은 결국 세상 모두의 이익을 위한 것이었다. 솔렘의 마이클 신부가 말했듯이, 수도사들은 결코 혼자가 아니었다. 모든 장애물을 뒤로하고 영원과 마주하는 수도사들의 과업은 이제 우리 모두에게 부과된 의무가 되었다. 무시하려 아무리 애를 써도, 정기적으로 뉴스에 보도되는 사망자 수가 그 과업을 우리에게 끊임없이 환기한다.

코로나 이후 몇 주가 지나면서 새로운 일상은 참신함을 잃었고, 이제 내 눈에는 이 자발적인 고립 생활이 미신적 의례와 병적인 강박증 사이의 무언가로 비치기 시작했다. 예를 들어, 내가 귤을 씻는 과정은 광기와 신중한 세척 작업 사이의 어딘가에 걸쳐 있었다. 플라스틱 그물망에 든 8개의 귤을 모두 씻지 않을 방법은 없을까? 아마도 없을 것이다. 그래서 나는 그물망을 찢은 뒤 손을 다시 닦고 귤을 하나씩 씻기 시작했다. 귤을 하나하나 씻는 불편함과 그것을 그냥 지나치지 못하는 내 강박관념에 화를 내면서. 그리고 화가 가라앉은 뒤에는 항균 세제의 거품이 껍질에 난 작은 구멍들을 덮은 모습을 발견하면서. 이런 식으로 9주를 보냈지만 나는 여전히 집 앞의 정원 울타리에 있는 쓰레기통보다 더 먼 곳까지 나가볼 엄두가 안 났다.

어느 토요일 오후, 초인종 소리에 문을 열어보니 오랜 친구 줄스와 데이비드가 십 대 자녀들과 함께 정원 입구 근처에 서 있었다. 아이들이 벨을 누른 뒤 부모 곁으로 달아난 것이다. 그들은 내게, 날이 좋은 오후인 데다 우리 집이 산책로 가까이 있어서 어떻게 지내는지 한번 들러봤다고 했다. 나는 지난 두 달간 집을 떠나본 적이 단 한 번도 없다고 말했다.

"왜?" 줄스가 말했다. "무서워서?"

좋은 질문이었다. 두려움 때문이었을까? 나는 내가 두려움 때문에 필요 이상으로 움츠러들었다고는 생각하지 않는다. 하지만 제대로 답하지 못한 나는(은거를 시작한 이상 끝을 봐야 했다는 식의 답변을 중얼거렸던 것 같기도 하다) 오래도록 어머니를 돌본 후 런던으로 돌아왔을 때의 그 어색함이 되살아나는 것을 느꼈다. 사교 능력을 잃어가면서 느껴진 그 어색함이 내 답변이었다. 나는 무섭지 않았다. 그저 집에 은거하기를 선호하다 보니 사교 능력이 좀 떨어진 것뿐이었다. 아내는 밖으로 나가 조깅을 하거나 정육점 앞에서 줄을 섰고, 때로는 목요일 저녁 6시마다 2층 창문 앞에 앉아 보위Bowie의 노래를 부르는 젊은이를 구경하기 위해 인근 도로에 모인 사람들과 함께 시간을 보내기도 했다. 나 역시 창문을 열기만 하면, 샐퍼드에서 집중력이 향상되었을 때 들은 그 희미한 속삭임처럼 그의 노랫소리를 들을 수 있었다. 거리두기 11주차쯤 되던 어느 날, 산책하러 울타리 밖으로 조심스레 나섰다가 그냥 중단하고 집으로 돌아와 버렸다. 거리를 유지하기 위해 길 위에서 방향을 틀거나 도로 쪽으로 몸을 피하는 사람들의 모습이 너무 낯설었기 때문이다. 내 눈에는 그들의 행동이 현대 도시의 인간 소외를 풍자하는 은유적 발레 공연처럼 비쳤다. 내가 지나친 사람 중 절반 정도가 내게 길을 내주는 시늉만 했다는 사실은(나 역시 몸짓만 한 경우가 있긴 하지만) 그 경험을 더 슬프고 낯설게 만들었다. 이런 변화가 끝없이 계속되지는 않겠지만, 어쨌든 세상은 이상하게 돌아가고 있었다.

나는 오래도록 오스카의 소식을 듣지 못했다. 내가 아는 사실은 그가 이탈리아에 집을 샀고 그 집이 폐허라는 것, 그리고 그 폐허를 자수 작업장으로 탈바꿈해 베니스의 위대한 직물 상점들과 경쟁을 벌이겠다는 생각이 지극히 오스카다운 발상이라는 것뿐이었다. 그가 보낸 사진을 보고서야 비로소 그가 무슨 일을 벌이는지 감을 잡을 수 있었다. 오스카가 말한 '집'은 18세기 무렵 베니스 지역의 총독을 배출한 귀족 가문이 휴양지로 마련한 성이었다. 그 성은 버려진 채 수십 년간 방치됐고, 2012년 발생한 화재로 지붕마저 4층 아래로 굴러떨어진 상태였다.

이런 작은 단점들 때문에 물러설 오스카가 아니었다. 그 성에는 지금은 황량하지만 한때는 아름다운 자연 정원이었던 900평 규모의 부지가 딸려 있었고, 부속 예배당도 있었으며, 갈대 속에 숨겨진 커다란 호수도 갖추었고, 마을로 이어지는 도로로 난 1.5 킬로미터의 진입로도 따로 있었다. 베니스는 그곳에서 남서쪽으로 56킬로미터 정도 떨어진 곳에 있었다. 북쪽으로 약 40킬로미터 정도 떨어진 곳에는 돌로미티 산이 맑은 날 내리치는 천둥처럼 솟아나 있었는데, 그 사이의 광대한 평원은 너무나도 특색이 없어서 주위를 에워싼 나무들이 아니었으면 성의 풍경을 망칠 정도였다. 구글맵으로 보면 그 집은 황량하고 적막해 보였다. 부지 안으로 들어가서 보면 숲속 깊은 곳에 와 있는 느낌을 받을 것이다. 그곳은 사막 한가운데 있는 은자의 오두막처럼 광활한 평원 한가운데에서 스스로 독립성을 주장하는 독특한 유형의 안식처였다. '세상 끝에 지어진 집—' 오스카는 사진과 함께 보낸 편지에서 그 성을 그렇게 불렀다. '동쪽을 마주 보고 있는—거인들의 고요한 세계—'

그는 긴 줄표를 사용하길 좋아했다. 오스카에게 그 표시는(말로 다할 수 없는 것을 나타내기 위해 긴 줄표를 사용한 에밀리 디킨슨처럼) 말로 형언할 수 없는 세계를 향해 놓인 건널 판자와도 같았다. 지역 당국은 그 건물에서 손을 떼길 간절히 바랐기 때문에 오스카는 그 성을 헐값으로 사들일 수 있었다. 이런 거래가 가능했던 것은 그에게 돈이 거의 없어서이기도 했다. 아무튼 그는 약간의 자금과 관리 보조금을 확보하자마자 성채 개조 작업을 시작했다. 이곳에다 다시 벽체를 세우고, 저곳의 정원에서 물을 빼내는 식으로. 어머니에게 물려받은 소소한 유산 덕분에 그는 지붕과 바닥 장선*을 사들일 수 있었다. 오스카가 보낸 사진 중 하나에는 줄무늬 잠옷 바지를 입고 3미터 길이의 침대 위에 누운 그의 모습이

● 마루 밑을 일정 간격으로 가로로 대어 마루청을 받치는 나무 – 편집자

담겨 있었다. 사이프러스 나무가 내다보이는 그 거대한 2층 방은 총독이 사용한 침실이었는데, 창틀에는 유리가 하나도 없었고 회반죽을 칠한 황량한 벽들만 바깥바람을 막아주고 있었다.

그는 여생 동안 그곳에 머물 계획이었다. 오스카는 112세까지 살고도 남을 인물인 만큼, 어떤 면에서는 참 괜찮은 선택 같아 보였다. 구십 대에 접어든 그가 양단으로 장식한 망토를 두르고 무릎에 거위를 안은 채, 아직은 4분의 3쯤 완성된 지붕 처마를 올려다보며 감탄하는 모습을 상상하는 것은 그리 어렵지 않았다. 그는 지난 6년간 크레타섬에 가본 적이 없었다. 때때로 그는 그 동굴로는 충분치 않다고, 더 영구적인 은둔처가 필요하다고 생각했다. 시간과 비용과 애정을 온통 쏟아야 하고, 그래서 더더욱 그곳에서 여생을 보낼 수밖에 없는 그런 장소 말이다. 지난 14개월 동안 로위나는 세 차례 방문하면서 매번 3~4일가량 머물렀다. 오스카는 나머지 시간을 혼자 보내면서, 망가진 전기톱 대신 도끼로 나무를 베고, 너무 추울 땐 본관 대신 예배당에서 잠을 잤다.

하지만 그런 고립은 때로 참담한 심정을 불러일으키기도 했다. 거리두기 이전만 해도 오스카는 너무 바빠서 비참하다고 생각할 시간조차 없었다. 그런데 바이러스 때문에 의무적으로 고립된 지금, 그에겐 정말로 선택의 여지가 없었고, 자신이 이 일을 진정으로 원하는지도 확신할 수 없었다. 이곳에 살던 가족도 전염병이 확산하던 동안 이 성으로 피신했지만, 전염병이 사라지자마자 냄새나고 시끄럽고 흥미로운 도시로 돌아갔다. 그곳으로 옮긴 지 오래되지 않았을 때 오스카가 좋아한 것 중 하나는 성과 도시 사이의 거리였다. 이곳에 있으면 세상과 어느 정도 거리를 둘 수 있을 뿐 아니라, 앞으로 일어날 일을 예측할 수 있었다. 예를 들면, 오스카는 비계공* 파올로가 도착하기 10분 전에 적재함이 낮은 트럭을 덜컹거리며 몰고 오는 모습을 지켜볼 수 있었다. 하지만 이제 이곳을 방문하는 사람은 없었고, 오스카는 종종 총독의 방에 앉아 사이프러스 나무들이 모여드는 소실점을 응시하면서 자신이 스스로를 지우고 있지는 않은지, 안정감을 얻기 위해 시작한 건물 복구 작업이 사실은 자기부정 행위가 아닌지 자문했다. 총독이 아닌 은자였던 그는 서서히 풍경 속으로 녹아들고 있었다.

나는 텐진 빠모와 헤어진 뒤 티베트 망명 정부 맞은편에 있는 맥그로드 간즈의 한 아파트에서 필과 재회했다. 아파트는 다람살라에 있는 언덕 위에 자리를 잡고 있었다. 이 고산 지대에서 내려다보니 세상은 정말로 수도원처럼 보였다. 계곡이 가린, 눈으로 뒤덮인 산봉우리들은 너무나 고요하고 비인간적일 정도로 광대해서 종과를 알리는 종소리처럼 우리의 자의식을 차분히 가라앉혀 주었다. 비구니 사원을 휩쓴 폭풍은 지나가고 없었지만 하늘은 여전히 흐렸고, 잿빛 안개구름이 걸린 계곡 날씨는 몹시 추웠다. 우리는 한동안 산들이 내려다보이는 고원의 목초지 위에 누워 있었다. 원래 이맘때면 등산로가 한창 붐비지만, 델리에서 코로

● 높은 곳에서 공사할 수 있게 하는 가설물을 전문으로 설치하는 사람 – 편집자

나 확진자가 나온 후로는 등산객과 순례자들의 발걸음이 뜸해졌다고 필이 설명해 주었다. 눈 덮인 산 위의 라헤시 동굴로 향하는 인도인 두세 명을 제외하면, 히말라야에는 우리 둘밖에 없었다.

"너, 걱정돼?" 내가 물었다.

"바이러스는 별로 안 무서워." 필은 풀잎을 꺾어 엄지와 검지로 이리저리 굴려댔다. "어쨌든 아직은 아니야. 내가 걱정하는 건 바이러스에 대한 사람들의 반응이야."

"그게 무슨 소리야?"

"사람들은 이 사태에 대한 책임이 서양인에게 있다고 생각하는 것 같아. 난 이곳을 20년간 방문했고 항상 안전하다고 느꼈거든. 근데 이젠 등 뒤를 조심하게 됐어. 정말이야. 상황이 아주 안 좋아."

트럼프, 볼소나로Bolsonaro•, 모디Modi(힌두교 근본주의에 중도 우파 성향의 인도 총리). 모두 겪는다는 사실만이 유일한 위안인 지금의 위기 상황을 국수주의를 부추기는 데에 활용해 더 많은 정치 무관심층과 은거자를 양산할 수도 있다는 생각을 어렴풋이 했다. 나는 나만의 개인적인 걱정거리가 있었다. 다음날 고라크푸르시로 날아간 뒤 담마소티가 운영하는 명상센터까지 5시간 동안 버스로 여행할 예정이었는데, 사람들이 네팔 국경을 넘지 못한다는 소문이 떠돌고 있었다. 나는 그냥 집에 머물 것을 그랬다며 후회하기 시작했다.

• 국수주의적 성향을 지닌 브라질 대통령 – 옮긴이

"언제든 여기로 되돌아와도 좋아." 필이 말했다. "도로 건너편에는 방이 있는 식당도 하나 있어. 3일간 제대로 등산을 해보는 것도 좋지."

"그것도 괜찮겠네."

"그런 뒤에 만일 네가 은거를 원한다면, 주변 사원에서 오두막을 빌릴 수 있는지 알아보면 돼." 필은 자리에서 일어나 눈 덮인 산을 가리켰다. "그게 아니라도 동굴은 얼마든지 있으니까."

그의 말은 반농담조였다. 필이 손을 내밀었다. 나는 그의 손을 잡고 몸을 일으켜 세웠다. 맥그로드 간즈는 우리 발아래로 3시간 정도 내려간 곳에 있었다. 안개가 올라오고 있었고, 안개가 산 전체를 집어삼키기 전에 서둘러 그곳을 떠나야 했다.

첫째 날 나는 더위 때문에 몹시 고생했다. 담마소티는 내게 이메일로, 그 지역은 종종 전기가 끊긴다고 했다. 그때만 해도 그의 말을 그곳의 한적함과 간소함, 진실성을 부각하는 하나의 증거로 받아들였다. 이제 나는 그의 메일이 순전히 경고성이었다는 것을 이해하게 되었다. 시설 한편에 자리 잡은 내 작은 은둔처는 다르마 홀보다 훨씬 더웠다. 그 상황을 견뎌내기로 결심한 유일한 이유는 다른 명상가들 때문이었다. 그들은 명상 방석 옆으로 새어 나오는 땀에도 아랑곳하지 않은 채 초인적으로 명상에 몰두하고 있었다. 이런 상황은, 단지 몹시 고통스러울 뿐인 경험을 정말로 정신 줄을 놓아버릴 만한 경험으로 탈바꿈시키고 있었다. 삶은 둑카였다.

그렇게 나는 방문을 열고 모기장으로 어깨를 휘감은 채 내 오두막 안에 앉아 있었다. 마치 바깥의 대나무에 서식하는 털투성이의 거대한 붉은색 독거미가 거미줄로 나를 묶은 뒤 소화액을 주입하기라도 한 것처럼. 숨 쉴 공기가 없는 듯 느껴질 정도로 습기 가득한 그런 환경에서는 호흡에 집중하는 것조차 도전 거리였다. 내가 들숨을 알아차릴 수 있을 정도로 마음을 가라앉힌 순간, 호흡 및 산소 결핍과 연관된 다양한 생각이 블랙 프라이데이에 할인 매장을 찾는 사람들처럼 밀려들었다. 공기를 들이쉰 뒤, 그 안에 숨 쉴 수 있는 내용물이 거의 없다는 느낌을 받았을 때의 그 공포감. 고작 이틀 전에 필과 함께 산 위에서 시원한 미풍을 쐬던 기억들. 저산소증을 겪는 코로나 환자와 그들의 인공호흡기에서 나는 쉬익 쉬익 소리. 당장 이 사원을 빠져나가 집으로 가는 다음 비행기를 잡아타고 싶다는 절실한 욕구 등등.

네팔에 들어오기는 생각보다 쉬웠다. 국경을 폐쇄한다는 소문은 근거가 없었다. 나는 버스에서 내려 국경 관리인에게 5만 원 정도를 건넸다. 운전사가 살아 있는 닭 한 상자를 들고 버스에 타려는 승객과 실랑이 벌이는 모습을 지켜보며 1시간가량 기다렸다가, 다시 버스를 타고 네팔로 들어왔다. 늦은 오후가 되어서야 명상센터에 도착했다. 명상센터는 나무를 심은 마당 주위에 배열한 낮은 층의 밋밋한 벽돌 건물과 스무 채가량의 현대식 꾸띠kuttis(명상용 오두막)로 구성되어 있었다. 입구의 요란한 흰색과 황금색 아치를 제외하면 이 오두막은 교외 삼림 지대에서 볼 수 있는 변전소 같은 모습이었다. 목 부분을 타원형으로 파낸 듯한, 땀에 흠뻑 젖은 티셔츠를 입은 명상가들은 사라니야 센터에서처럼 느린 속도로 나무 그늘이 드리운 정원을 가로지르는 타일 보도를 걷고 있었다. 시선을 땅 위에 고정한 채 오직 몸이 움직이는 감각만을 알아차리려 애쓰면서.

이곳의 행동 수칙은 전체주의에 가까운 엄격을 강요한다는 점만 제외하면 반테 타라까가 제시한 것(대화, 절도, 섹스, 마약, 음주, 핸드폰 사용 금지)과 별반 다르지 않았다. 첫째 날 아침, 식사를 마치고 내 꾸띠로 걸어가던 중에, 나는 비구니 스님에게 걸음걸이를 늦추고 두리번거리지 말라는 충고를 들었다. 나는 바닥 타일에 시선을 고정한 채 느린 속도로 걷기 시작했다. 그날 오후, 점심을 먹으러 식당으로 가다가 곱슬머리에 패턴이 새겨진 알라딘 바지를 입은 젊은 남자와 마주쳤다. 시선을 땅에 두려고 갖은 애를 썼지만, 그가 내게 말을 걸고 싶어 한다는 느낌을 강하게 받았다. 나는 그를 힐끗 올려다보았다.

"안녕하세요." 그가 입 모양으로 말했다.

또 시작이군, 나는 생각했다. 또 다른 반동분자였다. 몇 초 뒤, 이곳의 사야도인 담마소티가 명상 홀의 코너를 돌아 나왔고, 나는 또 혼나기가 두려워 시선을 아래로 떨궜다. 담마소티는 그 비구니 스님보다 한결 나았다. 적극적으로 따뜻한 모습을 보이지는 않았지만, 적어도 나를 세속성과 망상으로 가득 찬 삼사라의 결정체로 보지는 않는 듯했다. 삭발한 머리에 적갈색 승복을 걸친 그는, 마치 아픈 목을 악화시키지 않으려 조심하는 사람처럼 부드러운 가성으로 말을 걸어왔다. 나는 둘째 날 가진 첫 번째 면담에서 찌는 듯한 더위를 참기가 너무 힘들다고 시인했다.

"그 어려움을 이용하세요." 그가 말했다. "더위를 관심의 초점으로 사용하세요. 그 느낌에 아주 강력하게 집중해보세요. 어떻게 느껴지는지 세부적인 느낌을 알아차려 보세요. 느낌을 알아차리고 있다고요? 그건 느낌을 알아차리는 것이 아닙니다. 더 강력하게 알아차리세요."

다섯째 날 아침, 곱슬머리를 한 그 젊은 남자가 내가 꾸띠 밖으로 나오는 것을 보고 멈춰 세웠다. 나는 미안한 표정을 지으며 입술에 지퍼를 채우는 시늉을 했다. 하지만 그 젊은이는 뜻을 굽히려 하지 않았다.

"죄송해요." 그가 말했다. 억양은 미국인과 비슷했지만, 완전히 미국식은 아니었다. 아마도 이스라엘인이었을 것이다. "하지만 이건 중요한 문제예요."

그에 따르면, 인도 정부가 이 시간부터 관광객의 모든 비자를 무효화한다고 한다. 이 곱슬머리 친구는 그 사실을 어떻게 알아냈는지 말하려 하지 않았다. 오솔길 위에서 잡담을 시도하는 반항적인 성격으로 미루어 보건대, 그는 자신의 꾸띠에 위성 전화기를 숨겨두고도 남을 인물이었다. 나는 내 꾸띠로 돌아왔다. 말 잘 듣는 요기였던 나는 그 시점까지 전화기의 전원을 끈 채 여행 가방 안에 넣어두고 있었다. 하지만, 인도로 돌아갈 수 없다면 집으로 가는 비행기도 잡을 수 없다는 사실을 깨닫고 규칙을 약간 어기는 것도 괜찮겠다는 생각이 들었다. 나는 전화기의 전원을 켜봤다. 수신 신호도, 깜박임도 없었다. 사실 내가 공황 상태에 빠질 직접적인 이유 같은 것은 없었다. 카트만두를 경유하도록 비행 경로를 조정할 시간은 얼마든지 있었기 때문이다. 나는 단지 이 일을 걱정하느라 정신이 분산되는 것을 원치 않았을 뿐이다. 초반엔 더위에 적응하느라 고생했지만, 지난 몇 개월간의 규칙적인 수행이 이제 그 결실을 보기 시작한 것 같았다. 18시간 동안 명상하면서 보낸 넷째 날, 내 마음은 셸퍼드에서 경험한 수준의 유연함을 회복했다. 아니, 사실은 그 단계를 능가했다. 나는 방석 위에서 그다지 자세를 바꾸지 않고도 서너 시간 동안 앉아 있을 수 있었다. 이런저런 생각들은 일어났다가 아주 쉽게 사라지곤 했는데, 이 상태는 곧 저절로 유지되기 시작했다. 어렵고 황량하고 불친절해 보이던 것들이 이제는 사랑처럼, 부드러운 포옹처럼 느껴졌다. 따뜻한 바다에서 헤엄치는 듯한 그 느낌. 담마소티는 스트레스를 주의 집중의 대상으로 활용하라고 말했지만, 사실 내가 여행 일정을 최대한 빨리 확정 짓고 싶었던 것은 명상이 너무 잘되고 있었기 때문이다. 나 같은 초심자로서는 일정과 관련된 이런 일들이 너무 신경이 쓰였다. 곱슬머리 남자도 보이지 않아서 나는 본관에 들러 전화를 쓸 수 있는지 물어보았다.

"전화는 안 됩니다." 비구니 스님이 말했다.

"네, 그건 저도 압니다. 전 그저 이런 급박한 상황에서는…"

"전화는 안 돼요."

"알겠습니다. 그럼, 컴퓨터를 좀 쓸 수 없을까요? 10분만이라도."

"안 됩니다. 전화도 안 되고 컴퓨터도 안 돼요."

"이건 아주 다급한 문제예요, 아시겠어요?"

답변이 없었다. 붓다는 '그대가 화의 첫 번째 희생자라는 사실을 기억하라.'라고 말했다. 그러니 심호흡하고 그냥 놓아 보내자. 이 모든 일은 삼사라의 환영일 뿐이다(None of this is actually happening). 결국 우리는 타협했다. 나는 아침 식사 후 1시간 동안 사원 밖으로 나가도 좋다는 허락을 얻어냈다. 그 비구니 스님은 수도원 일대 밖에서는 수신 신호가 잡힐지도 모른다고 생각했다. 다음 날 아침 7시 무렵, 날씨는 이미 30도를 넘어서 있었다. 사원 정문을 나와 5분쯤 걸었더니 붓다의 탄생지로 알려진 마야데비 사원이 모습을 드러냈다. 때 묻은 백색 페인트와 각 코너를 흐물흐물한 붉고 노란 깃발로 장식한 그 사원은, 밖에서 봤을 때는 영국의 침체된 해안 리조트에 있는 1930년대식 해수욕장처럼 보였다.

핸드폰을 확인했지만 여전히 신호가 잡히지 않았고, 남은 시간은 47분뿐이었다. 나는 다시 명상센터로 가는 갈림길로 돌아와서 다른 쪽 길로 계속 걸어가 보았다. 그 길에는 스리랑카, 태국, 한국, 프랑스 같은 부유한 나라가 후원하는 사원이 늘어서 있었는데, 그 모습은 불교 박람회라기보다는 차라리 10년 넘게 코로나로 방치된 라스베이거스 같았다. 짓다 말았거나 이미 허물어지기 시작한 건물 중 다수는, 콘크리트 기단부로 핏빛 녹물을 떨어뜨리는 보강용 철골이 노출되어 있었다. 베트남 사원 밖에서 약한 신호가 하나 감지되었지만, 항공사에 전화를 걸자마자 곧 끊어져 버렸다. 세 번의 긴 신호음에 이어지는 서비스 불가 알림. 나는 땀에 흠뻑 젖은 채로 수도원 일대를 빠져나와 도시 쪽으로 계속 걸어갔다. 여행자용 숙소, 샌들과 유심칩 등을 파는 가게(여기서도 신호는 잡히지 않았다)를 차례로 지나친 후 지평선으로 뻗은 늪지대 사이의 흙길에 이르렀을 때, 내 폰이 다시 생기를 되찾기 시작했다. 강한 와이파이 신호! 종교적인 순간이었다.

나는 신호를 놓칠까 두려워 그 자리에 우두커니 선 채 버브Verve의 '비터 스윗 심포니Bittersweet Symphony'에 귀를 기울였다. 그 음악은 곧 상담원과 연결된다는 활기찬 목소리 때문에 2분 간격으로 단절되었다. 나는 채소 폐기물 위를 맴도는 흐릿한 얼룩이 혹시 모기떼는 아닌지 확인하려고 눈을 가늘게 뜬 채 저편을 바라보았다. 내가 발가락 사이에 방충제를 뿌렸던가? 그 순간, 오, 실제 목소리가 인사를 건네 왔다. 죄송합니다, 카트만두로 가는 항공편은 이미 마감되었습니다. 나는 1주일 후에 다시 시도해보기로 했다.

내가 배운 바로는 은거는 두 종류가 있는데, 특정한 은거가 어떤 종류에 속하는지는 은거자의 태도에 달려 있다. 깨달음을 향해 나아가고자하는 충동과 연관된 열린 은거와 어둠 속으로 더 깊이 숨어들고자 하는 충동과 관계된 닫힌 은거, 두 유형으로 구분한다. 한적한 장소는 두 유형에 모두 적합하지만, 은거는 수도원이나 쇼핑몰, 동굴, 길거리 등 모든 장소에서 가능하다. 은거는 장소가 아닌 정신 상태의 문제이기 때문이다. 한 가지 분명한 사실은, 행복이나 충족감을 얻고자 한다면 은거를 긍정적인 용어로, 즉 삶을 회피하는 은거가 아닌 삶을 향해 나아가는 은거로 정의해야 한다는 것이다. 이렇게 하면(숨 쉴 틈을 마련할 수 있도록 일상으로부터 한걸음 물러서면) 상당한 보상을 얻을 뿐 아니라 그 보상을 토대로 현존하기 위한 전제 조건인 깨어 있는 삶을 확립할 수도 있다. 집중력 향상. 산만함, 스트레스, 불안, 우울감 감소. 스트레스에 반응하는 성향 및 과잉 반응에서 비롯한 불필요한 고통으로 괴로워하는 성향 감소. 문제 해결 능력 향상. 노화에 따른 인지 장애 및 치매에 대한 저항력 강화. 이것들은 은거가 제공하는 더 크고 중요한 혜택의 부분에 지나지 않는다. 눈과 귀를 닫고, 진부하거나 완고해지며, 내적 모델에만 의지하려 드는 정신적 노화 과정을 억제하거나 역전하는 것이야말로 은거로 얻는 가장 핵심적인 혜택이다. 우리의 내적 모델은 현실을 통해 쇄신되지 않고 유지될수록 그만큼 더 부정확해지며, 세상을 점점 더 그릇된 방식으로 인식하게 된다. 열린 은거는 단순히 닫힌 은거의 반대일 뿐 아니라, 닫힌 은거를 예방하는 최상의 수단이기도 하다.

알아둘 만한 가치가 있는 몇 가지 요점이 있다. 첫째, 적은 노력만으로도 놀라울 만큼 빨리 변화를 경험할 수도 있지만, 장기적인 효과를 내려면 강도 높은 훈련을 통해 스스로의 신경망을 재조직할 필요가 있다. 둘째, 강도 높은 훈련의 가장 어려운 측면은 너무 강도 높게 훈련하지 않으려고 애써야 한다는 점이다. 스스로에게 집중을 강요하는 대신, 고요히 머물면서 지루함을 편안하게 받아들여야 한다. 무언가가 변해서 힘들게 노력하던 것이 수월해지고, 주세페 파그노니가 '활동적인 이완'이라고 묘사한 역설적인 상태에 이를 때까지.(즉각적으로 수동적인 자각의 태도를 보일 수 있다고 주장하면서 '노력 없는 명상'을 지지하는 전통도 있다. 하지만 노력하고 애쓰고자 하는 본능을 놓아버리는 일은 그 자체가 하나의 엄청난 도전이다.)

다음과 같은 사실도 언급해둘 필요가 있다. 1)일정한 수준의 집중을 성취하는 것은 좋은 느낌을 불러일으키거나 심지어 황홀할 수도 있지만, 이런 경험 때문에 자만에 빠지는 것은 마라의 열 번째 부대에 정복당하는 것과 다름없다. 2)대양 같은 느낌이나 지복감, 혹은 신과의 합일감 등은 말로는 표현할 수 없다. 3)비슷한 경험을 누리는 사람들과 시간을 보내는 것은 즐거울 수도 있지만 때로는 위험할 수도 있다. 4)점점 나아지고 있지만, 은거는 지금까지도 종종 특권층의 전유물로 인식된다. 5)마음챙김은 전통적 맥락에서 분리된 덕에 더 넓은 대중에게 다가갈 수 있었다. 하지만, 이렇게 유행한 마음챙김 명상은 자기 계발의 수단으로 이용되거나, 무아無我의 교리를 이용한 온갖 유형의 사기꾼과 나르시시스트와 얼치기 예술가를 양산했다. 기독교가 약화한 이후 달리 믿을 만한 무언가를 찾는 사람들의 열망과 결합한 결과였다. 6)자신의 은거가 열린 은거의 옷을 입은 닫힌 은거는 아닌지 주의 깊게 살펴야 한다.

닫힌 은거를 먼 곳에서 찾을 필요는 없다. 지극히 현대적인 현상이기 때문이다. 은거는 새너제이행 칼트레인 기차 안에서 다리를 쩍 벌리고 앉아 있던 승객의 두꺼운 헤드폰 속에도(비록 영역 침해에 더 가까워 보였지만, 양다리를 벌려 공간을 차지하는 그의 태도 속에도) 있었다. 또한 은거는 공원이나 광장, 간선 도로처럼 개인적으로 이용할 수 있는 공용 공간에도 있었다. 이런 공간은 잘못된 언행으로 경비원에게 나가 달라는 소리를 듣기 전까지는 자유롭게 이용할 수 있다. 은거는 공유된 모든 것을 싫어하는 후기 자본주의의 논리 속에도 있었다. 은거는 중심을 잃고 터무니없을 정도의 극단성을 띠게 된 정치 양극화 속에도 있었다. 은거는 백신이 자폐증을 일으키고, 5G가 면역체계를 약화하며, 사탄을 숭배하는 소아성애자로 구성된 도당이 세계를 지배한다는 믿음 속에도 있었다. 은거는 자신과 생각이 다른 사람에 대한 지지를 철회하며 귀를 틀어막는 캔슬 컬처 속에도 있었다. 그동안 민주주의는 은거 중이었다. 그동안 이성은 인구 증가와 지구 온난화, 해수면 상승 등을 억제할 가능성과 함께 은거 중이었다. 하지만 그동안 가장 심하게 모습을 드러내지 않았던 것은 바로 우리 자신의 미래였다. 우리는 너무 내적 모델에만 의존했고, 지금까지 살아온 것처럼 살아도 된다는 안일한 환상을 지나치게 신뢰했다.

이런 관점에서 보면, 지금은 세상으로부터 물러서기에 적합한 때가 아닌지도 모른다. 한때 이탈함으로써 일상에 더 깊이 참여하게 되고, 한동안의 은거로 세상 속에 더 강력하게 현존하게 되는 경우가 아니라면 말이다. 물론 우리는 내면의 성찰이 모든 사람을 위한 것은 아니라는 사실도 기억해야 한다. 자아 감각을 일시적으로 잃어버리는 것은 사람에 따라 짜릿한 경험이 될 수도, 무시무시한 경험이 될 수도 있다. 홀로 은거하면서 정신 이상을 겪지 않으려면 엄청난 정신력을 갖추고 있어야 한다. 그렇더라도, 나는 지금까지의 경험을 통해 은거 활동이 비록 신의 존재나 사후세계, 윤회 등을 믿게 하지는 못해도 저 너머의 무언가를 향해 마음을 열게(나이가 들고 세상이 재앙을 입는 방향으로 나아갈수록 더 많이) 할 수는 있다는 사실을 깨달았다.

다시 꾸띠로 돌아와서, 명상하는 도중에 땀을 너무 많이 흘리는 바람에 안경이 코밑으로 계속 흘러내렸다. 담마소티는 더 강력하게 알아차리라고 했다. 그런데 내가 알아차린 것은 알아차림의 종류가 하나 이상이란 사실이었다. 생각, 생각. 예를 들자면, 물리적인 인상에 관해 내가 노트에 기록한 내용들이 그랬다. '체서 고양이를 연상시키는 동그란 얼굴.' '보트 모터에 시동을 거는 듯한 웃음소리.' 이것이 정말로 알아차림일까? 아니면 사물을 단어로 감싸는 행위에 지나지 않는 것일까. 이 모기장에 에워싸인 내 몸처럼. 다시 복부로 돌아와서. 일어남, 사라짐.

일어남, 사라짐. 일어남, 사라짐. 내 꾸띠의 열린 문으로 기분 좋은 미풍이 불어 들어왔다. 잠깐만. 밖에 거미가 없네. 그럼 내 꾸띠 안에 있다는 말인가? 걱정, 걱정. 다시 호흡으로. 붓다는 '그것이 네 마지막 호흡인 것처럼 호흡하라'고 말했다. 그런데 집중의 강도가 아무리 높아도 거미 독은 마비와 질식사를 초래할 수 있었다. 코로나 병동들. 다음번 호흡을 위해 분투하는 상황에서 어떻게 호흡에 집중할 수 있단 말인가? 생각, 생각.

오늘은 약간 시원하다. 하지만 오른쪽 엉덩이에 통증이 극심하다. 내면화한 담마소티가 '그것에 집중하라'고 말한다. 그것을 극심하다고 이르길 중단하라고. 물론 그가 옳았다. 그 통증은 7~8개의 다른 감각으로 갈라지며 바스러지기 시작했는데, 그중 어느 것도 고통으로 경험되지 않았다. 그 감각 중 하나는 흥분처럼 느껴지기도 했다. 모든 것이 견디기힘들 정도로 명료했다. 이미 렌즈를 낀 상태에서 다시 안경을 착용한 것처럼. 나는 나 자신의 내적 모델을 재조정하고 유연하게 만드는 중이었다. 텐진 빠모는 명상에 관한 신경생물학적 설명에 관해 이렇게 말했다. '그들은 탐색하는 중이에요. 그건 훌륭한 일입니다. 그들이 해답을 가지고 있다고 생각하지만 않는다면 말이에요.'

현재는 모든 국제 항공편이 중단된 상태이다. 소설이나 희곡 아이디어가 하나 떠올랐다. '어 핸드풀 오브 더스트A Handful of Dust'를 불교식으로 각색하는 것이다. 한 부유한 서양인이 네팔의 명상센터에 오랜 시간 동안 갇혀 제정신이 아닌 벨기에 출신 사야도에게 경전을 읽으라고 강요받는다. '오늘 우리는 아비담마 피타카Abhidhamma Pitaka를 읽지 않을 것이다… 하지만 내일과 그 다음날, 그 다음 다음 날에는…'

나는 지금 숨을 쉬고 있는 것이 아니다. 숨이 쉬어지고 있는 것이다.

나는 여기에 없다.

나는 거리두기 87일째 되는 날 내 집에서, 닫힌 방문의 뒤편에서 이 글을 쓰고 있다. 따뜻한 6월의 오후인지라 창문을 살짝 열어두었다. 글쓰기를 멈추고 주의를 기울이면 이웃에 사는 젊은 친구가 '라이프 온 마스 Life on Mars'를 부르는 소리를 들을 수 있다. 정원에 있는 버즘나무 가지하나가 창유리를 가볍게 두드린다. 잎맥이 나 있는 나뭇잎의 밑부분은 광택 없는 흐릿한 녹색을 띠는데, 너무도 섬세해서 내 폐의 기관지에서 갈라져 나온 작은 공기 통로에서도 느껴질 정도이다. 아이들은 정원에서 서로에게 호스로 물을 뿌리며 놀고 있다. 비명과 함께 날아든 물줄기가 창문 위에 물거품을 남긴다. 저 멀리 어딘가에서 염주비둘기 울음소리가 들려온다. 구 구우 구. 내 방 위에 있는 부엌에서는 탁자에서 의자를 잡아끄는 소리와 삐걱대는 소리, 그리고 나의 주된 관심사인 내 아내의 발소리가 들려온다. 이어지는 긴 침묵.

감사의 말

'용서하세요, 아버지. 저 때문에 은자의 삶을 고수한다는 아버지의 규칙에 금이 가게 됐네요.' 이 책을 위해 자료조사를 시작할 무렵, 나는 이 일이 스스로 은둔을 선택한 사람들의 삶 속으로 얼굴을 들이민다는 점에서 모순을 내포하는 것은 아닌지 의혹을 품었다. 나는 누더기를 걸친 은자가 막 1만 번째 호흡을 헤아리려는 순간, 쾌활하게 인사를 건네며 산 정상에 이르는 멍청한 등산객이 될까봐 걱정되었다. 하지만 내 걱정은 지나친 것이었다. 사회에서 물러나는 것에 관한 책을 쓰기 위해 조사 작업을 하는 일은 애초에 생각했던 것보다 훨씬 더 사교적인 과정이었기 때문이다. 내가 이 여정에서 만난 수많은 수도사와 명상가, 예술가, 묵상가를 하나로 이어주는 무언가가 있다면, 그것은 그들의 친절함과 인간을 이해하는 데에서 솟아난 따뜻한 인류애였다. 나는 이 책에 등장하는 모두에게, 이 작업을 기쁨으로 가득 채워준 그 모든 이들에게 깊은 감사의 빚을 졌다. 사회적인 접촉이 가장 희귀한 자원이 되었던 여정의 막바지 무렵에 나를 만나준 분들에게는 더더욱 말이다.

사라 메이틀랜드나 랜디 스카우그, 텐진 빠모 같은 주요 인터뷰 대상자를 비롯한 각 분야의 전문가 및 학자는 대체로 본명을 그대로 사용했다. 몇몇 예외가 있지만, 내가 은거지에서 만난 사람들은 사생활 보호를 위해 익명을 사용했다. 그들의 이름이 무엇이었든 나는 그들 모두에게 크나큰 감사를 드린다. 특히 자신의 전문 영역에서 내가 범한 오류를 바로잡아준 모든 분께 감사하고 싶다. 명상의 신경과학 부분을 검토해준 주세페 파그노니 교수, 고통의 심리학 부분을 검토해준 크리스토퍼 에클리스톤 교수, 기능성 신경장애와 내성의 위험성 부분을 검토해준 마크 에드워드 교수, 요가의 생리학적, 신경학적 효과 부분을 검토해준 삿비르 싱 칼사 교수, 트라피스트회와 수사들의 생활 부분을 검토해준 에릭 바든 신부, 솔렘과 베네딕도회 부분을 검토해준 마이클 보젤 신부, 까말돌리회와 뉴 까말돌리 허미티지에서의 생활 부분을 검토해준 키프리안 신부, 시토회의 건축 양식과 서양 수도원 제도의 역사 부분을 검토해준 막스 스턴버그 교수, 로널드 랭과 필라델피아협회 부분을 검토해준 제이크 오스본 등이 그들이다.

본문에는 언급하지 않았지만 복잡하기로 악명 높은 여러 영역에서 귀중한 조언을 해준 분들도 있다. 소아즈SOAS 대학의 짐 맬린슨Jim Mallinson 박사는 요가의 역사와 형이상학, 경전상의 근거 등을 이해할 수 있도록 도와주었다. 내게 구조와 경계 단계에 관한 빅터 터너의 이론을 소개한 앙카라 영국 협회(British Institute at Ankara)의 존 맥마누스John McManus 박사에게도 깊이 감사드린다. 자아 개념의 간략한 역사를 다룬 부분을 쓰는 동안, 나는 존 바레시John Barresi와 레이몬드 마틴Raymond Martin 교수의 탁월한 논문 '프롤로그로서의 역사: 자아에 관한 서양의 이론들(History as Prologue: Western Theories of the Self)'에서 많은 것을 배웠다. 이 주제에 관해 자신의 의견을 들려준 케임브리지 트리니티 칼리지의 존 마렌본John Marenbon 교수에게도 고마움을 표하고 싶다. 패트릭Drs Patrick과 나일 캠벨Niall Campbell 부자는 내게 고통의 관문 통제 이론과 과자극 진통에 관해 가르쳐준 탁월한 교사들이었다. 맥스 브라이언트Max Bryant와 엘리스 데니스Elise Dennis는 게임과 VR 기술에 관한 내 지식의 간극을 손쉽게 메워주었다. 로빈 베어드 스미스Robin Baird-Smith는 바쁜 일정 중에도 시간을 내어 다양한 가톨릭 교단에 관한 자신의 생각을 공유해주었다. 동방정교회에 관한 내용을 검토해준 알프레드 오스본Alfred Osborne, 맥도웰 같은 예술가 공동체에 대한 내 오해 몇 가지를 바로잡아준 데이비드 메이시David Macy에게도 큰 빚을 졌다.

여행 중에 도움과 조언, 친절함을 베풀어준 다음 분들께도 감사를 전하고 싶다. 듀디 애플턴, 폴리 아스토, 파크민스터 카르투지오 수도원의 돔 진 바보, 타즈 바시르, 캐서린 바빈 커리, 줄리아 빈드먼, 리디아 블레이즈델을 비롯한 마블 하우스 프로젝트의 모든 분, 데이비드 보더니스, 일라나와 데이비드 브라이언트, 미안나 버링, 나탈리 첸, 캐롤라인 처브 칼데론, 그리샤 콜먼, 디미트리 콜링릿지, 로버트 콜린스, 올리버 크레스크, 칼 달비아, 리사 듀보, 앤드리아 엘리엇, 다니엘레 앱스타인, 질 에로트, 존 에반스, 호프 갱로프, 로리 골든, 제스 그리브, 젠 하네티, 제프 해리슨, 다나 혹스, 제를린 헤세, 아만다 휩시, 파울라 휴스턴, 다니엘라 인티어리, 해리엇 자먼, 애쉬 존스, 나스린 무니 카비르, 캐서린 캘리, 한느 크리스텐슨, 모니크 레데스마, 마크 레비, 리사 리틀버, 에덴 매크닛, 길 멜러, 케빈 머독 목사, 로지 페핀 반, 마운트 성 베르나르 수도원의 루퍼스 파운드 신부, 로리 푸트남, 시몬 콰터만, 안토니아 쿼크, 샤파락 라히미, 보고 싶은 고故 재키 사코치오, 베카 살비던트, 디나 샤피로, 야스민 시일, 시모어, 에이미와 허드슨 새그니트, 루퍼트 숏트, 브룩 싱어, 폴리나 슬리와 박사, 폴 스미스, 한스 쉬베르센, 뉴 까말돌리 허미티지의 이사야 타이허트 신부를 비롯한 모든 수사분, 루번 토마스, 지나 발렌타인, 리즈 바터, 빌럼 부바르, 카렌 왓슨, 퀴덴햄에 있는 카르멜회 수도원의 크리스티 윌리엄스와 마가렛 얌 등이다.

이 책의 일부는 〈1843 매거진〉과 BBC 라디오 3번 채널을 통해 먼저 발표되었다. 〈1843 매거진〉의 내 편집자인 로지 블라우와 라디오 방송을 의뢰한 던컨 민슐, 그리고 프로그램을 제작해준 키이란 버밍험에게 깊은 감사의 말을 전한다.

시작부터 이 프로젝트를 적극 지지해준 클레어 레이힐과 책의 초고를 읽은 뒤 솔직하고 통찰력 있는 피드백을 전해준 아래의 친구들에게도 특별한 감사를 전하고 싶다. 줄리아 브에노, 앤디 미첼, 페드로 라모스 핀토, 그리고 현상의 본질을 꿰뚫어 보기 위해 명상할 필요조차 없는 제임스 레버 등이다. 제임스는 그 자신만의 독특한 시각으로 사물을 바라볼 줄 아는 친구이다.

이 모든 일은 내 출판 에이전트인 윌 프랜시스가 없었다면 불가능했을 것이다. 그는 법의학적인 지성과 전략적인 정신을 더없이 친절하고 힘을 주는 성격과 하나로 결합한 인물이다. 렌 발콤과 커스티 고든을 비롯한 쟁클로 앤 네즈빗의 모든 분께도 감사의 말을 전한다. 보들리 헤드 출판사의 내 뛰어난 편집자 스튜어트 윌리엄스는, 확고하고 명료한 판단력과 선승들도 시기할 정도의 고요한 목적의식을 지닌 채 막막하던 집필 초기부터 나를 이끌어 주었다. 아마도 그보다 더 나은 편집자는 찾아보기 힘들 것이다. 나는 매우 독창적인 방식으로 책을 홍보해 준 에이든 오닐과 섬세하고 능숙한 솜씨로 원고를 교열해준 피오나 브라운, 그리고 윌 해먼드와 로렌 하워드를 비롯한 빈티지 사의 나머지 구성원들에게도 큰 빚을 졌다.

마지막으로 내 아버지 잭과 돌아가신 어머니 클레어에게 평생 사랑과 지지를 보내주셔서 너무 감사하다고 전하고 싶다. 그리고 아내 니키에게도. 그녀는 이 책의 모든 부분을 읽고 의견을 들려주었을 뿐 아니라, 처음으로 책의 아이디어가 떠오른 그 순간부터 나의 자문관 역할을 도맡아 해주었다. 내가 조사하러 해외에 나가 있는 동안 자신의 새 책 작업과 가족을 돌보는 일을 병행하면서. 니키와 에디, 그리고 라프는 내가 은거하는 안식처이자 기쁨의 원천이다.

예술가 공동체 및 예술가들

- Berger, Ted et al., 'From Surviving to Thriving: Sustaining Artist Residencies' (Alliance of Artists Communities, 2012)
- Carey, John, The Intellectuals and the Masses (Faber, 1992)
- McGee, Micki (ed.), Yaddo: Making American Culture (Columbia, 2008)
- Wiseman, Carter (ed.), A Place for the Arts: The MacDowell Colony, 1907-2007(MacDowell Colony, 2007)
- 스티븐 그린블랫, 《1417년, 근대의 탄생》, 이혜원 옮김, 까치, 2013

불교

불교 명상 및 철학

- The Dalai Lama, Dzogchen: Heart Essence of the Great Perfection (Shambhala, 2020)
- Kornfield, Jack, Bringing Home the Dharma: Awakening Right Where You

Are(Shambhala, 2011)

- Pagnoni, Giuseppe and Guareschi, Fausto Taiten, 'Remembrance of things to come: a conversation between Zen and neuroscience on the predictive nature of the mind', Mindfulness, vol. 6, no. 4 (2015)
- Palmo, Jetsunma Tenzin, Into the Heart of Life (Snow Lion, 2011)
- Thurman, Robert A., Essential Tibetan Buddhism (Bravo, 1997)
- Watts, Alan, The Way of Zen (Pantheon, 1957)
- 비키 매켄지, 《나는 여성의 몸으로 붓다가 되리라》, 세등 옮김, 김영사, 2011
- 빠드마쌈바와, 《티베트 사자의 서》, 중암 선혜 옮김, 정우서적, 2020
- 우 빤디따, 《번뇌를 위한 자비는 없다》, 윤승서 / 이승숙 옮김, 불광출판사, 2018
- 조셉 골드스타인, 《마인드풀니스》, 이성동 / 이은영 옮김, 민족사, 2018

불교의 영향을 받은 마음챙김 및 명상
- 저드슨 브루어, 《크레이빙 마인드》, 안진이 옮김, 어크로스, 2018
- 샘 해리스, 《나는 착각일 뿐이다》, 유자화 옮김, 시공사, 2017
- 존 카밧진, 《존 카밧진의 왜 마음챙김 명상인가?》, 엄성수 옮김, 불광출판사, 2019
- 앤디 퍼디컴, 《당신의 삶에 명상이 필요할 때》, 안진환 옮김, 스노우폭스북스, 2020

기독교
가톨릭 수도원 생활
- Barnhart, Bruno, Second Simplicity: The Inner Shape of Christianity (Paulist Press, 1999)

- Consiglio, Cyprian, Prayer in the Cave of the Heart: The Universal Call to Contemplation (Liturgical Press, 2010)
- Coomans, Thomas, Life Inside the Cloister: Understanding Monastic Architecture: Tradition, Reformation, Adaptive Reuse (Leuven, 2018)
- Corrigan, Felicitas, Benedictine Tapestry (Darton, Longman and Todd, 1991)
- Griffiths, Bede, The Golden String: An Autobiography (Templegate, 1954)
- St Thérèse of Lisieux, Story of a Soul: The Autobiography of Saint Thérèse of Lisieux, transl. Clarke, John (ICS, 1996)
- Thurston, Bonnie Bowman, Merton & Buddhism: Wisdom, Emptiness and EverydayMind (Fons Vitae, 2007)
- 아빌라의 성녀 데레사, 《아빌라의 성녀 데레사 자서전》, 고성 밀양 가르멜 여자 수도원 옮김, 분도출판사, 2017
- 토머스 머튼, 《칠층산》, 정진석 옮김, 바오로딸, 2009
- 토머스 머튼, 《토머스 머튼의 영적 일기》, 오지영 옮김, 바오로딸, 2009
- 패트릭 리 퍼머, 《침묵을 위한 시간》, 신해경 옮김, 봄날의책, 2014

기독교와 수도원의 역사

- Brown, Peter, The Making of Late Antiquity (Harvard, 1978)
- Brown, Peter, 'The Rise and Function of the Holy Man in Late Antiquity', Journal of Roman Studies, vol. 61, 80-101 (1971)
- Henry, Patrick (ed.), Benedict's Dharma: Buddhists Reflect on the Rule of Saint Benedict (Riverhead, 2001)
- Saulnier, Dom Daniel, Gregorian Chant: A Guide to the History and Liturgy, transl. Berry, Dr Mary (Paraclete, 2009)
- Varden, Erik, The Shattering of Loneliness: On Christian Remembrance

(Bloomsbury, 2018)

- Williams, Rowan, The Way of St Benedict (Bloomsbury Continuum, 2020)
- Wroe, Ann, Francis: A Life in Songs (Cape, 2018)
- 누르시아의 베네딕도, 《베네딕도─수도규칙》, 이형우 옮김, 분도출판사, 2020
- 디아메이드 맥클로흐, 《3천년 기독교 역사》, 박창훈 / 배덕만 / 윤영훈 옮김, 기독교문서선교회, 2013
- 베네딕다 워드, 《사막 교부들의 금언》, 허성석 옮김, 분도출판사, 2017
- 성 어거스틴, 《성어거스틴의 고백록, 선한용 옮김, 대한기독교서회, 2003

동방정교회 및 수도원 생활

- Leigh Fermor, Patrick, The Broken Road: From the Iron Gates to Mount Athos(John Murray, 2013)
- McGuckin, John Anthony, The Orthodox Church: An Introduction to its History, Doctrine, and Spiritual Culture (Wiley-Blackwell, 2008)
- Norwich, John Julius and Sitwell, Reresby, Mount Athos (Hutchinson, 1966)
- 디모데 웨어, 《동방정교회의 역사와 신학》, 이형기 옮김, 한국장로교출판사, 2008

힌두교
요가와 인도 철학

- Cahn, B. Rael et al., 'Yoga, Meditation and Mind-Body Health: Increased BDNF, Cortisol Awakening Response, and Altered Inflammatory Marker Expression after a 3-Month Yoga and Meditation Retreat', Frontiers in Human Neuroscience, vol. 11, article 315 (2017)

- Dalrymple, William, Nine Lives: In Search of the Sacred in Modern India (Bloomsbury, 2009)
- Mallinson, James and Singleton, Mark (eds.), Roots of Yoga (Penguin Classics, 2017)
- Remete, Shandor, Shadow Yoga, Chaya Yoga: The Principles of Hatha Yoga (North Atlantic, 2009)
- Sadhguru and Subramaniam, Arundhathi, Adiyogi: The Source of Yoga (Harper Element, 2017)
- Singleton, Mark, Yoga Body: The Origins of Modern Posture Practice (OUP, 2010)
- Wu, Yin et al., 'Yoga as Antihypertensive Lifestyle Therapy: A Systematic Review and Meta-analysis', Mayo Clinic Proceedings, 94(3), 432-46 (2019)
- 작자 미상, 《바가바드기타》, 정창영 옮김, 무지개다리너머, 2019
- 파라마한사 요가난다, 《요가난다, 영혼의 자서전》, 김정우 옮김, 뜨란, 2014

명상 및 신앙의 신경과학

- Gard, Tim, Lazar, Sara et al., 'Fluid Intelligence and Brain Functional Organization in Aging Yoga and Meditation Practitioners', Frontiers in Aging Neuroscience6 (2014)
- Dahl, Cortland J., Lutz, Antoine and Davidson, Richard J., 'Reconstructing and deconstructing the self: cognitive mechanisms in meditation practice', Trends in Cognitive Sciences xx 1-9 (2015)
- Lazar, Sara et al., 'Meditation experience is associated with increased cortical thickness', Neuroreport, 16(17), 1893-7 (2005)
- Marchant, Jo, Cure: A Journey into the Science of Mind Over Body

(Canongate, 2016)

- Pagnoni, Giuseppe and Cekic, Milos, 'Age effects on gray matter volume and attentional performance in Zen meditation', Neurobiology of Aging, 28, 1623-7 (2007)

- Pagnoni, Giuseppe, Cekic, Milos and Guo, Ying, '"Thinking About Not Thinking": Neural Correlates of Conceptual Processing during Zen meditation', PLoS ONE, 3(9) (2008)

- 대니얼 골먼 / 리처드 데이비드슨, 《명상하는 뇌》, 미산 옮김, 김영사, 2022

- 앤드류 뉴버그 / 유진 다킬리, 《신은 왜 우리 곁을 떠나지 않는가》, 이충호 옮김, 한울림, 2001

요양원, 정신질환, 고통

- Britton, Willoughby B., 'Can mindfulness be too much of a good thing? The value of a middle way', Current Opinion in Psychology, 28, 159-65 (2019)

- Bryer, Jackson R. and Barks, Cathy W. (eds.), Dear Scott, Dearest Zelda: The Love Letters of F. Scott and Zelda Fitzgerald (Scribner, 2019)

- Clay Large, David, The Grand Spas of Central Europe (Rowman & Littlefield, 2015)

- Cooper, R., 'Seeking Asylum: R.D. Laing and the Therapeutic Community', in Rachid, Salman (ed.) R.D. Laing: Contemporary Perspectives (Free Association, 2005)

- Eccleston, Christopher, Embodied: The Psychology of Physical Sensation (OUP, 2016)

- Kabat-Zinn, Jon, Full Catastrophe Living: How to cope with stress, pain and illness using mindfulness meditation (Piatkus, 2013)

- Melzack, Ronald and Wall, Patrick, The Challenge of Pain (Penguin, 1982)
- Menezes Jr, Adair and Moreira-Almeida, Alexander, 'Religion, Spirituality, and Psychosis', Current Psychiatry Reports, 12, 174-9 (2010)
- Palmer, Richard, "'In This Our Lightye and Learned Tyme": Italian Baths in the Era of the Renaissance', Medical History, Supplement No. 10, 14-22 (1990)
- Sass, Louis, Pienkos, Elizabeth and Nelson, Barnaby, 'Introspection and schizophrenia: A comparative investigation of anomalous self experiences', Consciousness and Cognition 22, 853-67 (2013)
- 로널드 랭, 《분열된 자기》, 신장근 옮김, 문예출판사, 2018
- 수전 손택, 《은유로서의 질병》, 이재원 옮김, 이후, 2002
- 팀 파크스, 《가만히 앉아 있는 법을 가르쳐 주세요》, 정영목 옮김, 백년후, 2012
- 필리프 아리에스, 《죽음 앞의 인간》, 고선일 옮김, 새물결, 2004

자아

- Barresi, John and Martin, Raymond, 'History as Prologue: Western Theories of the Self', The Oxford Handbook of the Self (OUP, 2011)
- Lindahl, Jared R. and Britton, Willoughby B., "'I Have This Feeling of Not Really Being Here": Buddhist Meditation and Changes in Sense of Self', Journal of Consciousness Studies, 26, No. 7-8, 157-83 (2019)
- Marenbon, John, 'The Self', in Cameron, Margaret (ed.), Philosophy of Mind in the Early and High Middle Ages (Routledge, 2019)
- 켄 윌버, 《의식의 변용》, 조효남 옮김, 학지사, 2017
- 프리드리히 니체, 《도덕의 계보》, 박찬국 옮김, 아카넷, 2021

고독, 침묵, 은둔

- Campbell, Gordon, The Hermit in the Garden (OUP, 2013)
- Parks, Tim, Cleaver (Harvill Secker, 2006)
- Schama, Simon, Landscape and Memory (Knopf, 1995)
- Stoppard, Tom, Arcadia (Faber Drama, 1993)
- Updike, John, 'The Hermit', The Music School (Knopf, 1966)
- Winnicott, Donald, 'The Capacity to Be Alone', The International Journal of Psychoanalysis, 39, 416-20 (1958)
- 디아메이드 맥클로흐, 《그리스도교의 역사와 침묵》, 배덕만 옮김, 기독교문서선교회, 2017
- 미셸 드 몽테뉴, 《몽테뉴 수상록》, 손우성 옮김, 동서문화사, 2007
- 사라 메이틀랜드, 《침묵의 책》, 홍선영 옮김, 마디, 2016
- 수잔 케인, 《콰이어트》, 김우열 옮김, 알에이치코리아, 2012
- 올리비아 랭, 《외로운 도시》, 김병화 옮김, 어크로스, 2020
- 에밀리 디킨슨, 《에밀리 디킨슨》, 김천봉 옮김, 이담북스, 2012
- 앤서니 스토, 《고독의 위로》, 이순영 옮김, 책읽는수요일, 2011
- 제임스 그레이엄 밸러드, 《콘크리트의 섬》, 조호근 옮김, 현대문학, 2021
- 프란츠 카프카, 《법 앞에서》, 전영애 옮김, 민음사, 2017
- 헨리 데이비드 소로, 《월든》, 홍지수 옮김, 펭귄클래식코리아, 2014

기술

게임, 인터넷 중독, 가상현실

- Alter, Adam, Irresistible: Why We Can't Stop Checking, Scrolling, Clicking and Watching (Bodley Head, 2017)
- 재런 러니어, 《가상 현실의 탄생》, 노승영 옮김, 열린책들, 2018

실리콘 밸리와 캘리포니아의 반문화 운동

- Barbrook, Richard and Cameron, Andy, 'The Californian Ideology', Science as Culturevol. 6 (1996)
- Kripal, Jeffrey J., Esalen: America and the Religion of No Religion (Chicago, 2007)
- Markoff, John, What the Dormouse Said: How the Sixties Counterculture Shaped the Personal Computer Industry (Viking Penguin, 2005)
- Turner, Fred, From Counterculture to Cyberculture: Stewart Brand, the Whole Earth Network, and the Rise of Digital Utopianism (Chicago, 2006)
- Wolfe, Tom, The Electric Kool-Aid Acid Test (Bantam, 1971)
- 로널드 퍼서, 《마음챙김의 배신》, 서민아 옮김, 필로소픽, 2021
- 에릭 슈미트 / 조너선 로젠버그, 《구글은 어떻게 일하는가》, 박병화 옮김, 김영사, 2014

기타

- Fadiman, James and Frager, Robert (eds.), Essential Sufism (HarperOne, 1997)
- Seymour, John and Sally, Self-Sufficiency (Faber, 1973)
- 마이클 폴란, 《마음을 바꾸는 방법》, 김지원 옮김, 소우주, 2021
- 빅터 터너, 《의례의 과정》, 박근원 옮김, 한국심리치료연구소, 2005

찾아보기

우리는 왜 혼자이고 싶은가

초판 1쇄 인쇄 2023년(단기 4356년) 11월 23일
초판 1쇄 발행 2023년(단기 4356년) 11월 30일

지은이 | 냇 세그니트
옮긴이 | 김성환
펴낸이 | 심남숙
펴낸곳 | ㈜한문화멀티미디어
등록 | 1990. 11. 28 제21-209호
주소 | 서울시 광진구 능동로43길 3-5 동인빌딩 3층(04915)
전화 | 영업부 2016-3500 편집부 2016-3507
홈페이지 | http://www.hanmunhwa.com

운영이사 | 이미향
편집 | 강정화 최연실
기획·홍보 | 진정근
디자인·제작 | 이정희
경영 | 강윤정 조동희
회계 | 김옥희
영업 | 이광우

만든 사람들
책임 편집 | 강정화 디자인 | 하하하
인쇄 | 천일문화사

ISBN 978-89-5699-463-5 03100